大陸看臺灣歷史

南地有佳人，離岸芳菲撒。
渡盡劫波每望鄉，要把蘭州駕。

趙國明 著

松燁文化

大陸看臺灣歷史

目錄

作者的話
推薦序
    趙國明《大陸看臺灣歷史》序
    推介一部新式臺灣史
    詩情畫意識臺灣

第一章 無紀年時代（公元 230 年前）
——海洋族群在匯聚在初墾，打造臺灣人特有的精神

第一節 遠古時期臺灣風物
    一、導言：山海秀結話寶島
    二、「浮福建」——造化的威力
    三、住在海底的「海峽人」
    四、臺灣少數民族祖先從哪裡來

第二節 新石器時代臺灣風物
    一、謎一樣的「大坌坑」
    二、四千六百年前那場殘酷的浪漫

第三節 夏商時代臺灣風物
    一、東夷人遷臺
    二、生活的大師
    三、「營埔人」在行動

第四節 周朝時臺灣風物
    一、海上越人
    二、縱谷裡的驚豔
    三、勾踐外越接澎湖

四、越王浮海與夜光螺
第五節 秦漢時期臺灣風物
　　一、徐福屬下的另類嘉南
　　二、閩越王孫的漂泊
　　三、十三行爛鐵釘

第二章 臺灣紀年時代的開啟（公元230年到1604年）
——沿海民眾拓展生存空間，中原王朝謀求行使主權

第一節 三國時臺灣風物
　　一、衛溫率兵赴夷洲及其命運
　　二、將軍沈瑩首記臺灣
　　三、夷洲風情意如何
第二節 兩晉南北朝時臺灣風物
　　一、孫恩盧循起義波及臺灣
　　二、流落臺灣的劍
第三節 隋朝時臺灣風物
　　一、喜愛砍人頭的琉球人
　　二、隋煬帝發兵征琉球
第四節 唐宋時期臺灣風物
　　一、詩人族長首墾澎湖
　　二、侵擾及分屯
第五節 元朝時臺灣風物
　　一、元帝經略臺澎
　　二、汪大淵記述臺澎
第六節 明朝時臺灣風物
　　一、風口浪尖的「福爾摩沙」
　　二、奔向臺灣的漢族流民

三、被忽略的民族英雄——沈有容

　　四、第一篇剿倭「戰地紀實」——陳第與《東番記》

第三章 西荷侵占及初步大開發時期（1604年到1661年）——西荷奴役體系逐漸崩潰，臺人民族意識首次亮相

　　第一節 爭奪澎湖階段

　　　　一、沈有容一罵收荷軍

　　　　二、西勢東漸蓄謀臺灣

　　　　三、荷軍再侵澎湖遇抵抗

　　　　四、明軍再驅逐荷蘭

　　第二節 西荷分據臺灣階段

　　　　一、「開臺王」顏思齊

　　　　二、殖民者分占臺灣

　　　　三、西班牙人擴張受阻

　　　　四、鄭芝龍的「三反」或「五反」

　　　　五、日本海盜火拚荷蘭人

　　　　六、招降鄭芝龍，粉碎荷蘭夢

　　　　七、麻豆社起義

　　第三節 荷蘭獨占臺灣階段

　　　　一、荷軍驅逐西班牙人

　　　　二、荷蘭人的稅有多重

　　　　三、郭懷一起義

　　　　四、鄭成功謀收臺灣

第四章 收復後至歸統時期（1661年到1683年）
　　　　——按照傳統文化經營臺灣，堅守明朝正朔以求克復

　　第一節 鄭成功經略臺灣

一、鄭成功收復臺灣
　　　二、鄭成功神祕死因
　第二節 文功武治
　　　一、「臥龍」陳永華
　　　二、孤膽將領──江勝與邱輝
　　　三、「臺灣孔子」沈光文
　第三節 關於鄭經
　　　一、鄭經的荒唐與繼志
　　　二、鄭經打敗荷蘭「出海王」
　第四節 統一臺灣
　　　一、鄭經的煙霧彈
　　　二、「先王之志不可墜」
　　　三、羞於剃髮，三談破裂
　　　四、把痛苦交與酒色
　　　五、臺灣最後主動提和議
　　　六、澎湖大戰
　　　七、兩岸首次統一
　第五節 平臺功臣
　　　一、爭議施琅
　　　二、「破肚總兵」藍理
　　　三、功臣亦叛將，奉令殺少主
　　　四、「平臺策士」一計收萬兵

第五章 歸政統一時期（1683年到1895年）
──不斷調整政策以防分裂，官民聯手對抗外侮侵犯
　第一節 固臺政策及臺民起義
　　　一、軍政牽制固臺灣

二、吳球、劉卻在諸羅舉義
　　三、「鴨母王」朱一貴反清
　　四、林爽文起義——以反貪的名義
第二節 族群的崛起及融合
　　一、臺東崛起卑南王
　　二、族群爭鬥與融合
第三節 勝敗榮辱兩件事
　　一、姚瑩擊敗英艦
　　二、牡丹社事件背後
第四節 清廷的臺灣政策及臺灣近代化功臣
　　一、從渡海巡臺到臺灣建省
　　二、沈葆楨保臺、治臺
　　三、臺灣首任巡撫劉銘傳
第五節 臺民抗擊日軍
　　一、臺灣一割怒天下
　　二、成立地方抗日救亡政權
　　三、抗擊侵略者
　　四、黑旗軍首領劉永福
　　五、春愁難遣丘逢甲
　　六、英雄徐驤：我願死戰不生還

第六章 日據時期（1895年到1945年）
——堅持抗日鬥爭五十整年，對祖國的認同發自內心
第一節 「前七年」武裝起義階段
　　一、黑旗軍將領林大北首義
　　二、俠客賴乾刺殺日方第一高官
　　三、抗日三猛——「獅虎貓」

第二節 「後八年」武裝起義階段
    一、蔡清琳聯手山地少數民族起義
    二、黃花崗英雄赴臺起義
    三、熱血警察余清芳舉義
    四、山地英雄們的絕頂起義

第三節 非武裝抗日階段
    一、林獻堂開啟非武裝抗日運動
    二、蔣渭水因反日十餘次坐牢
    三、把根留住——連橫寫《臺灣通史》

第四節 堅持抗戰到勝利
    一、二等公民的長夜
    二、霧社起義——高山少數民族的一次強烈反擊
    三、臺灣義勇軍的作為
    四、臺灣青年反戰暴動
    五、臺灣祕密抗日行動
    六、臺灣光復，點亮被壓抑五十年的喜悅

第七章 戰後時期（1945年至今）
——自強不息迎來民主時代，放棄隔絕共謀兩岸發展

第一節 退守臺灣初期
    一、香煙點燃「二二八」事件
    二、政治高壓下的快速重建
    三、1950年白色恐怖
    四、反對獨裁的雷震事件
    五、1950年海峽風雲
    六、臺灣「土改」——耕者有其田

七、經濟搭上特快列車
第二節　共識「一個中國」
　　　一、首次臺海危機與「和平解放」口號
　　　二、戰後國共首次密談及其中止
　　　三、炮打金門——國共反美的雙簧戲
　　　四、祕密特使轉達和平統一方案
　　　五、蔣介石再拒「兩個中國」陰謀
　　　六、國共第三輪密談終成遺憾
第三節　西式民主運動
　　　一、政治開放中的陰影
　　　二、《大學》雜誌事件——政治革新第一呼
　　　三、中壢風雲——許信良的努力
　　　四、美麗島事件——在野派的叫板
　　　五、江南事件——名記者的硬骨頭
第四節　親情的呼喚
　　　一、于右任的渴望
　　　二、老兵王錫爵駕機歸來
　　　三、臺灣老兵的鄉愁
　　　四、大陸民航包機首日飛臺
　　　五、兩岸實現「三通」

後記
附錄
　　百年臺灣詠懷
　　主要參考文獻

大陸看臺灣歷史

作者的話

　　大陸和臺灣的經濟改革均發力於1970年代末，分別由鄧小平和蔣經國這兩位莫斯科中山大學的同班同學強力發動。其結果是兩地同時走上了現代化的道路，真可謂「復道行空」，殊途同歸。由於兩岸資訊的逐漸開放，人們對這一時期臺灣所發生的大事的瞭解也越來越多。甚至有書刊對臺灣百姓的生活、心態做全景式的勾描。

　　關於臺灣，關於臺灣的歷史，我們究竟瞭解多少？這不僅是我們大陸人應該關注的話題，同時也應是臺灣同胞們迫切想瞭解的事。據我所知，臺灣一些人（包括個別學術界人士）認為，臺灣的歷史開始於荷蘭入侵以後，在此之前稱為史前時期。先不提這種說法是否科學，對於臺灣的過往歷史，臺灣的朋友是否也會有「不識廬山」的困惑呢？

　　其實，不僅是最近三十年，此前的數百年、數千年，臺灣島及島上的人們都始終與彼岸一樣，是一個「同呼吸、共命運」的生命共同體。換言之，臺灣是中華民族歷經風雨、自強不息的一個歷史縮影。

　　臺灣人民世代相傳著中華文化——吃苦耐勞、勇於進取、愛好和平、團結互助，而臺灣人民崇高的愛國意識和民族精神，又是維繫這種中華文化的根本所在，也是抗擊外侮的精神動力。這是所有關於臺灣故事的主線，其中不同時期，其側重點及定位也不一樣。為便於記憶，我歸納如下：

　　無紀年之時代——海洋性格的族群在匯聚，打造臺灣人特有的個性。

　　明朝末期以前——沿海民眾拓展生存空間，中原王朝謀求行使主權。

　　西荷據臺時期——西荷奴役體系逐漸崩潰，臺人民族意識首次亮相。

　　明鄭臺灣時代——按照傳統文化經營臺灣，堅守明朝正朔以求克復。

大陸看臺灣歷史

清朝統一時期——不斷調整政策以防分裂，官民聯手對抗外侮侵犯。

日本據臺時期——堅持抗日鬥爭五十整年，對中國的認同發自內心。

二戰以後時期——自強不息迎來民主時代，放棄隔絕共謀兩岸發展。

兩萬四千年前，一些「飛土逐肉」的先民來到當時還是陸地的海峽地區，這些「海底人」的生活方式是怎樣的？最後又為何葬身海底？不同時期到達臺灣的族群，在此分享自然、分享自由，雖有爭鬥，卻始終沒有出現一個統一全島的王室，你知道真正的原因嗎？自古以來，殉葬十有八九是被迫的，而四千五百年前的臺南一貞烈女子卻心甘情願為夫殉葬，令人稱奇的是，她被學術界一致認為是代表了歷史的進步，為什麼？每個王朝對應下的臺灣是一個什麼樣的狀態？歷史上曾有多個王朝派兵臺灣，卻始終未能有效管理，原因何在？

隨著荷、西入侵，以及鄭成功收復臺灣，臺灣進入了移民大開發時代，風雲際會，各類人、事及其引發的謎團，令人目不暇接。如荷蘭人有意挑撥「番漢」關係以分治，可謂撕裂臺灣族群關係的始作俑者，這種撕裂和仇視直接導致郭懷一起義的失敗。還有，民族英雄鄭成功治軍太嚴，易怒暴亡的背後竟有鮮為人知的祕密。再比如，鄭經的爭權伐異卻又勵精圖治，再驅荷蘭卻又廣結貿易，最終頹廢卻又恪守底線等等。撥開這些紛紛擾擾的事件的浮塵，你會發現一個內核的精神：那些以殖民掠奪為目的的「大開發」，最終會「成長」為兩岸人民互相協助、共驅外侮的「演練場」；那些旨在夯實海外基礎、建設新家園的「大開發」，勢必是傳統價值的移植。世易時移都逃不過民族意識的甦醒和堅持。

大海賦予臺灣人民自由的個性，以及為自由敢於犧牲的精神。面對怎樣強大的外國侵略者，他們都毫不畏懼，從不妥協，前赴後繼，視死如歸，並與大陸人民一起共進退。

蔣介石退據臺灣後，並不閒著。一方面對黨外勢力進行無情打擊，另一方面著力引導經濟，形成政治上高度集中、經濟上初步繁榮的奇特現象。他還是一位堅定的民族主義者，他堅決反對美國的「臺獨」計劃，並與其子蔣經國作出不懈的努力。臺灣在蔣經國的推動下實現了經濟騰飛，並開放臺灣老兵回大陸探親，開啟了兩岸交流的先河，而就在他排除阻力實施兩岸統一的步驟時，他的那顆可

貴的「中國心」停止了跳動。

　　本書力圖融詩歌之美、史料梳理於一體，利用考古最新成果及鮮為人知的歷史檔案，介紹歷史中最真實、最重要的人和事。本書以時間為經，以臺灣歷史大事和重要人物為緯，意在凸顯出臺灣特有的開放包容、崇敬自由的精神風骨，同時也展示了兩岸人民自古以來休戚與共、血肉相連的歷史畫卷。

大陸看臺灣歷史

推薦序

趙國明《大陸看臺灣歷史》序

張海鵬

　　史學界對於臺灣歷史的關注正在加溫，臺灣史著作也在陸續出版。近些年我讀到過的臺灣歷史著作，就通史類說，舉例而言，有廈門大學陳孔立教授主編的《臺灣歷史綱要》（九州圖書出版社），有中央民族大學張崇根著《臺灣四百年前史》（九州出版社），有臺灣學者宋光宇著《臺灣史》（人民出版社），還有臺灣學者戚嘉林著《臺灣史》（海南出版社）。這幾本都是很不錯的有關臺灣歷史的學術著作。我和陶文劍教授也合作主持了一本比較普及一點的《臺灣簡史》和一本學術專著《臺灣史稿》的編撰，前者已在南京鳳凰出版社出版，後者即將付梓，準備提請讀者批評。

　　當然，海內外出版的臺灣歷史著作不止以上羅列的這幾本。讀過這些著作，我們會發現，除了對某些具體的歷史事實有不同認識外，在如何看待臺灣歷史的基本線索等若干重大問題上，存在著極為原則的分歧。一種意見認為，臺灣只有四百年歷史，史明的《臺灣四百年史》是一個範本，我們常常聽到一些人說臺灣四百年史，就是以此為本；也有人說臺灣歷史是荷蘭人開闢的，「福爾摩沙」是臺灣歷史的開始，2003年春臺北故宮展出的「美麗的福爾摩沙」，就是這種史

觀的反映。還有一種見解，是杜正勝主持臺灣教育工作時制定的中學歷史教科書編寫大綱，以所謂「同心圓」理論為指導，突出臺灣的所謂主體性，把中國當作外國，所謂孫中山是外國人，這些觀點都是儘量把臺灣歷史與中國歷史分割開來。

另一種意見認為，大陸閩粵沿海人民自古就是開發臺灣的功臣。歷史上最早開發臺灣的人，或者說臺灣最早的居民，是大陸閩粵沿海人民和來自菲律賓等地的南島人。陳壽編著《三國志》載，早在荷蘭人來到臺灣一千六百年前，即東吳黃龍二年（公元230年），東吳衛溫、諸葛直奉命率軍來到夷洲（學者一般認為這個夷洲就是臺灣），軍事行動雖然只有一年（「軍行經歲」），卻因水土不適、疾疫纏身而返。這是有歷史記載以來中國官方第一次派出官員到臺灣。過了幾十年，東吳丹陽太守沈瑩撰寫《臨海水土異物誌》，準確描繪了夷洲的地理方位和風土人情。這是歷史上臺灣地區的風土人情第一次被記諸歷史。這些記載否定了臺灣歷史只有四百年的說法，否定了所謂美麗之島——「福爾摩沙」是由葡萄牙人發現的謬說。本文開始列舉的那幾本臺灣史，都是持這樣的觀點。

分析以上不同學術觀點的臺灣歷史著作，我們可以發現，前一種是「臺獨」論者；後一種是一個中國論者。主張一個中國論者是從最基本的歷史事實出發，全面地歷史地看問題；主張「臺獨」論者，是截取歷史事實中的一個局部，歪曲了臺灣歷史的基本性質，不是歷史主義的態度。這種史觀，不僅在現實實踐上是不可取的，在學術上也是不可取的。

我面前擺著的這本臺灣史著作，是青年作者趙國明（荒芒）的作品，題名為《大陸看臺灣歷史》，是一部對祖國寶島的歷史充滿了激情的書。作者是一個媒體人，報紙專欄作家，出版過長篇小說和近體詩集，很有成就。作者又是史學訓練出身，在從事媒體業務、文學創作的同時，下工夫蒐集有關臺灣歷史的資料，懷著對臺灣和臺灣歷史的熱愛，撰寫出這樣一部融史學與文學於一體的臺灣史書。作者自稱這本書「融詩歌之美、史料梳理於一體，利用考古最新成果及鮮為人知的歷史檔案，介紹臺灣歷史中最真實、最重要的人和事」。筆者讀過書稿後，深然其說。作者在章節開頭和行文中，結合歷史故事，創作了大量詩歌，題

寫了章節的說明，配上了圖畫，讀者可不要誤解本書是文學作品。本書確是一本史書，是一部剪裁得體、有史料根據，參考了眾多臺灣史著作，有個人歷史眼光和判斷，配以詩歌、散文和圖畫的新型史書。在這裡，詩歌、散文和圖畫，平添了史書的文學之美，能夠吸引讀者眼球，吸引讀者讀下去，本質的東西是史學的真實、史學的判斷，是講述真實的臺灣歷史。

我懷著深深的興趣讀過此書，深感專業歷史學者的歷史著作，守於嚴謹，而缺少文採，使讀者有枯燥之感。本書作者兼有文學和史學修養，史學書兼有文學特色，可以說，這是史學著作走向大眾的一種好的形式。謹特向讀者推薦，希望讀者喜歡這本書，透過這本書，瞭解臺灣的真實歷史，喜歡寶島——臺灣。

推介一部新式臺灣史

張景旭

恰逢兩岸關係開創和平發展新局面之際，趙國明（荒芒）先生撰寫的《大陸看臺灣歷史》一書和讀者見面了。本書是一部用詩話體風格介紹臺灣古今歷史的開拓性著作；是一部力圖融知識性、藝術性和可讀性於一體的歷史著作。本書的出版發行，必將對人們瞭解臺灣發揮應有的積極作用。

學術著作往往是嚴肅的、枯燥的。有關臺灣的歷史著作尤其如此。究其原因，學者們更多地關注論證和考證的細節，而輕忽故事的經營，更別提詩歌這一純文學因素的加入和領銜。《大陸看臺灣歷史》一書就是這樣一部探索詩意表達的新式文本，是一部將古今中外的歷史資料、考古發現、分析推理和近體詩融會貫通的通史類著述。

這本書裡有許多的「新」。

一是定位新。該書是首部史料詳實而又別開生面的臺灣全史素描。

臺灣史上有文字記載的，近代明鄭之後較多，早期《三國志》、《隋書》等史冊中有一些片段，而遠古夏商以前更是難尋歷史的蹤影。這就需要根據史料和最近考古發現去反推、去梳理，因此文本的敘述要大量地關乎出處以及辨偽，否則會面臨內行人士和讀者的質疑，而這些東西太多又會影響可讀性。《大陸看臺灣歷史》一書則在梳理史料和考古成果時較好地關照了敘述方式，用推理的形象故事和通俗而又詩意的敘述，以中國歷朝作為參照的時間坐標，以片段的方式亮出該時代的聲音和容貌，讓臺灣的遠古「復活」、還原。

　　就以第一章中的《住在海底的「海峽人」》和《四千六百年前那場殘酷的浪漫》二文為例。作者並未糾纏於考古新發現，而是結合這些遺址文明的文化特徵，著重敘述了兩個淒美而感人的愛情故事，而愛情故事又不是目的，是為了介紹遠古人群的桃花源式的生活場景和精神風貌。住在海底的「海峽人」，與峻美的山水、各種動物和諧共處，卻又在滅頂的水災來臨時，表現了無私奉獻的精神。而那場殘酷的浪漫，以對一個殉情女子的行為的肯定，表現人類對於群婚制的厭惡和對甜美婚姻的歌頌。

　　又如第二章《衛溫率兵赴夷洲及其命運》一文。《三國志》中有關衛溫赴臺的描述很簡單。對於東吳艦隊的構成、赴臺灣的登陸點、軍隊活動，以及抓壯丁的原因都未介紹，而該文卻根據考古發現，為我們描繪了一個相對細緻的復原圖，一個相對完整的渡海故事。

　　總之，書稿中的歷史資料比較豐富且新，而考古發現更是本書的一個亮點，以及故事、想像的支點。有了史實的權威性，以及詩歌和詩意的表達，使得該書介於史書和故事書之間，它比一些臺灣通史類著作更平易，比《我們臺灣這些年》更權威、嚴肅。

　　二是主線清晰而新穎。透過一個主線來貫穿整個臺灣的歷史，而每一章又是這一主線的不同側重點。這一條主線就是「臺灣人民的性格和精神的源頭，臺灣人民與大陸的精神的聯繫」。

　　臺灣的歷史事件和人物浩如煙海，如何取捨，如何減裁，一定要有個標準。標準不同，文本的內容、價值以及史實的判斷也不同。例如，書中把從衛溫赴臺

到明末之前的這一段歷史的主線定為：「沿海民眾拓展生存空間，中原王朝謀求行使主權」，這是準確而可信的。臺灣與大陸一峽之隔，且先住民大都是從大陸而來，作為開疆拓土的古代中國王朝，尋求文化上的拓展和聯繫，是當時的通常做法。

西荷據臺時期和日本據臺時期的主線，則分別側重在「臺灣人民民族意識的首次亮相」和「堅持抗戰，堅守民族意識」上；對於明鄭時代、清統時代，主線的側重點分別放在用中華傳統文化理念來經營臺灣、防止臺灣分裂上；而二戰以後的臺灣的主線，則定在爭取民主，促進和平統一上。

明晰而新穎的主線抓住了臺灣歷史的魂，也增添了本文的條理性。

三是觀點新。新的觀點貫穿在書中，比比皆是，不僅文章中有，就連詩歌中也有大量的獨家觀點。

對於許多歷史事件中存在的空白點，或是重大事件留下的謎團，作者敢於提出自己的觀點和判斷。比如，作者對徐福船隊被颱風吹散，部分船隻來到臺灣的論證，很有新意：作者對照《史記》與舊時日本僧人留學中國時的口述實錄，發現了船隊出發時和到達日本時人數上的差距，得出至少有一大半的「振男女」散落在海中諸島。

書中還重新評價鄭成功父子：鄭成功不是完人，治軍嚴苛，巨壓之下易怒激變；鄭經並非一無是處的割據者，他是驅荷的英雄，也算是明朝的孤臣，他任用陳永華，對提升臺灣的經濟文化，做出了重大的貢獻。

再比如，對蔣氏父子在臺灣的評價，既客觀地介紹了其在臺灣的高壓統治，又肯定了他們對於堅持與維護一個中國原則所做出的不懈努力；而對於其在臺灣恢復經濟、實現騰飛的一系列做法，則是持高度褒揚的態度。真正做到了用唯物主義的方法來分析歷史。

書中近體詩則是作者集中闡發觀點的又一載體。比如，在介紹于右任登高望大陸時，作者的詩中寫道：「天長存纓鼙，日久化甘霖。」論及施琅率水師與鄭軍進行澎湖決戰，雙方將士各有死傷時，作者有詩議之：「……古今同理論，白

骨讓藍圖。」此觀點既有對生命消逝的悲憫，又含著對歷史規律的感慨。 像這樣觀點鮮明又詩意盎然的詩句，書中俯拾皆是。

　　作者懷著甘為「祖國和平統一促進派及架橋人」的滿腔熱忱，憑藉自身的學術專長，兀自經年，在穿越永遠沒有盡頭的時空隧道之中，從若有若無、似隱似現的歷史陳跡中不斷有所驚喜、有所發現，不斷地對史料有所搜討考辨。最終以「蚍蜉撼樹，螞蟻啃骨頭」的精神，創作了有關臺灣的詩詞五百餘首（書中選其二百首），人物、事件一百三十餘篇；該書利用考古最新成果及鮮為人知的歷史檔案，再現了不同時期臺灣風雲變幻的一個側面，勾勒出臺灣人民熱愛臺灣、開發臺灣、保衛臺灣的歷史軌跡。這種愛國意識和民族精神是中國必將走向復興統一的強大動力。共同的血脈和文化，共同的中華民族的復興遠景，把兩岸同胞緊緊地聯繫在一起。

　　新的時代，新的氣象，新的理念，新的創造。我願意向讀者推介這本書。

詩情畫意識臺灣

楊金亭

　　這是出自青年作家之手的關於臺灣歷史的一部作品。如作者所提示的，本書雖然以「臺灣歷史中最敏感、最重要的問題」為表現對象，它卻不是一部通常的臺灣史或地方誌的著作。這是因為，它所涉及的有關上述內容，是透過「融詩歌之美、史料梳理與手記於一體」，用詩詞和文章的形式來完成的。因此，它應當是一部關於臺灣歷史、現實題材的文學創作，以詩歌和散文的形式來講述臺灣。不論是從文學與歷史，還是從文體建設層面來說，本書都有著開拓性的創新意義。

當然，任何創新都是在繼承前人遺產的基礎上進行的。《大陸看臺灣歷史》的文本，在我們三千年的文學史上雖無先例可循，但還是可以找到與之有關的參照系的。首先，古往今來的文人多是詩、文、史兼擅的大家，他們的文史著作中，多有詩意的閃光。如司馬遷的《史記》被魯迅稱為「無韻之離騷」；而杜甫「安史之亂」以後的詩作，則被後人稱為「詩史」。這個傳統，影響到文體的發展，便是自宋代開始，詩詞便逐漸進入了小說領域。據魯迅《中國小說史略》說，這些話本的文章「是各以詩起，次入正文，又以詩結，總是一段一段的有詩為證。」不過這種夾雜在說話中的詩詞，除引用前人的現成之作外，說話人自撰的詩詞，則多是平平應景之作，談不上詩詞品味的。至於文人創作的小說，如四大名著，藉著詩詞，以增強小說藝術感染力的地方，也時有所見。其中，只有曹雪芹的《紅樓夢》中代人物吟詠性情之作，真正達到了詩詞美的極致境界。很可惜，這種詩文相得益彰、很有民族特色的小說，在五四新文學運動以後產生的現當代小說創作中，早已絕跡了。

荒芒（趙國明）的《大陸看臺灣歷史》，對上述「話本」或「小說」中詩文並用的文體，無疑是在有選擇地承傳的基礎上，做出的一種全新的文本創新。所謂承傳，是書中有詩詞有話的形式與「話本」結構相似。其中的詩已不是那種「說書人」隨口而出的「詩曰」或「有詩為證」的泛泛應景之作，而是作者有感於臺灣歷史規定情境下的人文、自然和風物而創作出的言志抒情的詩篇。其中不少佳作，已具有了臧克家大師所強調的「思想新、感情新、語言新」，是具有「舊體新詩」品格的當代詩詞了。至於書中「話」的部分，則已經揚棄了話本中說話人的交代敘述語言，而代之以記事、抒情的散文話語。以這樣的詩詞、散文「話臺灣」的歷史，不論從文學還是史學角度來說，都應當是文本的創新；而且是一次難度很大的開拓性的文本創新實踐。如果作者沒有對臺灣歷史文化豐富的積累，沒有對詩詞和散文藝術規律的深刻把握，是很難駕馭這種詩文相互為用的文本，較好地完成這部頗具規模的《大陸看臺灣歷史》的。所幸，這位文壇新人是詩人，又是作家，他的新舊體詩和小說創作實踐，已足以使他悟出並把握了詩與文在藝術表現層面上的分野。

清人吳喬對同樣源於生活的詩與文的藝術區別，曾有過一個很形象的比喻：

同一種米可以做飯，也可以釀酒，正如同樣的內涵可以寫文，也可以作詩。「文之辭達，詩之辭婉……文之措辭必副乎意，猶飯之不變米形，啖之則飽也。詩之措辭不必副乎意，猶酒之盡變米形，飲之則醉也……」（《圍爐詩話》卷一）荒芒以詩詞、散文組合的文本《大陸看臺灣歷史》，之所以成功，就表現藝術而言，便是得力於作者對詩文兩種文學形式各自藝術優長的體悟和把握。即以「飯不變米形」、「措辭必副乎意」的散文記敘、描述臺灣歷史文化風物的本真，而以「酒形質盡變」、「措辭不必副乎意」的詩詞，言志抒情，表現臺灣的人文精神，使兩者虛實互補，相得益彰。作者化通俗歷史讀物的寫作為歷史題材的文藝創作，較好地完成了這部雅俗共賞的普及臺灣歷史知識的書稿。

　　書中收入了作者以臺灣歷史文化風物為題材創作出的眾多近體格律詩，運用了五七言絕句、律詩、排律、詞等多種形式。題材之大、時空之廣、聲韻之新，在當前的詩詞創作中，都是獨一無二的探索性的創新之作。既然是探索創新之作，在思想和藝術統一上所達到的完美和諧程度，還有這樣那樣的不盡如人意之處，想來是可以理解的；難得的是，作為一名詩人的探索創新，他已從當下詩詞創作中存在的公式化、概念化的「非詩」和泥古復古的「死詩」兩大誤區中脫穎而出，為當代詩壇奉獻出一部「與時代同步，用自己的聲音，為人民歌唱」的、具有臺灣詩史價值的詩作。如果說，書中文章所表現的是臺灣的物質文明史，那麼，這些詩詞所表現的則是臺灣人民的精神文明史。有了這樣的分工，才使得詩稿與文章各自得到了「合目的性」的審美發揮，進而使本書取得了「文本知識性、文學性、趣味性」相結合的可讀性效果。

　　這裡提到的「自己的聲音」，則是一個作者走向成熟的標誌。有了自己的聲音，詩中便有了詩人自己，有了在詩人生命中流淌的個性話語，即古人所說的「詩家語」——「生命留痕化作詩」。18世紀俄羅斯文學大師屠格涅夫有言：「在任何天才身上最重要的東西，卻是我想稱之謂自己的聲音的東西。」（《文藝美字辭典‧文藝個性》212頁）在這裡，我引用了這位大師的話，當然不是證明我所談論的這位青年詩人的作品已經是天才之作，只是說明《大陸看臺灣歷史》這部書中，一系列詠懷臺灣古蹟、歌唱或評論臺灣現狀的詩中，確已有了不少以個性鮮明的「詩家語」創作出的有詩味、有新意且合律的詩篇。閱讀這個全

新文本中的詩詞文章，可以讓讀者在詩情話意的審美感受中，認識和領略臺灣的過去、今天和明天。這或許就是《大陸看臺灣歷史》的旨歸所在。

一篇讀後感，拉雜寫來，意猶未盡，且仿效本書體式，賦得小詩一首作結，兼與作者、讀者交流。

何堪佳節倍思親，

潮來潮去望月輪。

盼得三通歸一統，

詩成恃史佐評論。

大陸看臺灣歷史

第一章 無紀年時代（公元230年前）——海洋族群在匯聚在初墾，打造臺灣人特有的精神

遠古和洪荒，古越到夏商，說不盡海陸升降、閩臺滄桑；春秋的明月，秦漢的風光，照拂這東南一隅、熱土海鄉。那些先人何曾停下過匆忙的腳步！他們分別是怎樣的族群？

為自由，為生存，敢冒險，敢闖蕩。比如古越族逐獸而行，成為「海峽人」；東夷人與浪為友，逐島漸進；海上越人執著於異域的狂想；徐福餘部九死而不悔；閩越王孫渡海自耕。

善於吸收先進文化。比如東夷人遷臺，吸收眾家之長；太魯閣族群脫離泰雅族，發明新語言；「十三行」人利用港口貿易，學會大陸的冶鐵技術。

思想意識根植於大陸文化，延續故鄉的風俗習慣。比如營埔人的墳墓都面向大陸。「左鎮人」、大坌坑人和卑南人的風俗習慣，無不打上母地文化的烙印。

本章亮點還有很多，一些內容是近年來考古界和學術界的新發現、新觀點。比如：臺灣海峽最晚在距今六千年前形成；土著居民中曾經有黑矮人族群，但好色的民風使其自取滅亡；四千六百年前的那場殉情事件，代表了臺灣人對濫情的厭惡……

第一節 遠古時期臺灣風物

一、導言：山海秀結話寶島

殘雲蕩盡碧波分，川島秀結如永春。

何處憂思觀美景，玉山[1]登眺最銷魂。

這把泥土，這把泥土／春雷打過，野火燒過／杜鵑花層層飄落過。

玉山因其積雪如玉、白石閃爍而得名。（供圖／「好野人」）

當臺灣歌手張明敏以其獨特的顫音深情地唱起《送你一把泥土》，每個炎黃子孫都會從中感受到對故鄉和祖國的深深眷念。臺灣這塊「祖先耕過，敵人踏過」的土地，和中國其他土地一樣「如此多嬌」、「引無數英雄競折腰」。

臺灣東臨太平洋，西隔臺灣海峽與福建相望。

第一章 無紀年時代（公元 230 年前）——海洋族群在匯聚在初墾打造臺灣人特有的精神

臺灣海峽呈東北—西南走向，北通東海，南接南海，是中國也是國際海上交通要道。這條海峽像一面鏡子，收藏過古今中外無數鮮活的面容——

開拓的先民如東夷人、百越人、華夏人等，這些來自沿海的「邊緣人」共同開發臺灣，並形成臺灣人特有的性格和精神，這就是：敢於冒險，敢於犧牲，彼此尊重，互不干涉，各居一隅，學會分享。而當外侮進犯，根植於民眾內心的中國意識自動反彈，於是武裝起義風起雲湧，直至臺灣光復。

強調主權的將帥如衛溫、沈有容、鄭成功等，這些大陸王朝的代表，以他們的忠勇實踐著開疆復土、行政保民的宏願。颱風每至，檣傾楫摧，病疫光顧，將士凋零，這都不能阻止他們堅毅的目光穿越水霧，抵達遠方。

還有提升文明的建設者如陳永華、沈葆楨、劉銘傳等。

當然也還有趾高氣揚卻又不得不黯然離去的侵略者如威德士、揆一、安藤利吉等。

臺灣本島就像一葉飄浮在大海上的蕉葉，而澎湖列島、蘭嶼、綠島、釣魚島等八十多個大小島嶼，則像珍珠般分布在這葉芭蕉的周圍。

臺灣島與大陸最近的距離只有一百三十公里，可恰恰是這短短的水路，曾阻斷多少先民開拓的腳步，粉碎多少王侯征服的夢想，嚇倒多少高官赴任的船帆，灑下多少老兵盼歸的眼淚。如今，兩岸開放，實現了「三通」，海峽再不是畏途險路，旅遊的大軍浩浩蕩蕩。甭說是乘飛機片刻即達，就按航船的正常速度，早晨從福建平潭啟程去臺灣淡水，當天下午便可回到平潭，真可謂「輪船何必羨雲帆，百里長峽半日還」。

臺灣本島多山，島上三分之二為山地。中央山脈宛如一道屋脊，縱貫臺島南北，與雪山山脈、玉山山脈、阿里山山脈和臺東山脈一起組成五條蜿蜒起伏的巨龍，自東北向西南平行伏臥。就在這些千巒爭高、萬壑競流的茂林山谷間，曾生活著多支山地少數民族——泰雅、太魯閣、阿美、布農等，他們射飛逐鹿、紡織做陶、飲酒飲血、踏棘如風，過著何等愜意的生活；也正是這些山地英雄憑著他們原始的弓刀和剽悍的習性，以最慘烈最持久的抵抗為這些大山平添了尊嚴和榮

光。

「灼灼青華林，靈風振瓊柯。」臺灣是森林的海洋，森林覆蓋占全島面積的一半以上。《採檳榔》、《老椰子樹下》等膾炙人口的情歌就是以當地典型的植物切入主題的。臺灣樹木種類近四千種，其中尤以臺灣杉、紅檜、樟、楠等樹聞名於世，樟樹上的提取物更居世界之冠。

臺灣高溫、多風、多雨，屬熱帶和亞熱帶氣候，年平均氣溫22℃，真可謂是一方熱土。臺灣水稻一年三熟，又有寒、暖流交匯，有「魚米之倉」的美稱。臺灣盛產蔗糖，可謂「水果之都」，這種「甜蜜的事業」正強勁地朝海外輻射。

此外，臺灣還有「東南鹽庫」、「蘭花王國」、「蝴蝶王國」、「珊瑚王國」等美譽。一句話，臺灣是一個「山海秀結、豐衍膏腴」的寶島。

臺灣在戰國時代的第一個名稱為「島夷」，同一時期也曾稱過「瀛洲」；前後漢和三國時代稱「東鯤」、「夷洲」、「澶洲」；隋至元朝稱「琉球」、「流求」等；南宋時澎湖已屬福建路，元至明代設巡檢司；明萬曆時稱臺灣。臺灣在不同的稱謂下有著不同的故事。

二、「浮福建」——造化的威力

水進為峽退是山，游魚幾度進村玩。

人間敬畏天神力，豈料冰河才是緣。

福建沿海自古以來有一個傳說，即「沉東京，浮福建」，人們對這句話的理解分歧很大。第一種觀點就是指地質變遷：現在的福建，原來大部分位於海面以下，東面的臺灣海峽中曾有一塊名叫「東京」的陸地，後因海侵和地殼運動，「東京」沉到了海底，而「福建」卻露出海面，並不斷抬升，成為今天的樣子。另一種說法，福建其實沒浮，只是相對東邊地帶沉陷而言，福建是上浮了。

2007年4月13日，《東南早報》曾報導，泉州石獅地區發現一個刻有「東

京」二字的古蹟，本次發現的地點是不是流傳於福建的古東京大道？媒體邀請當地考古學家一起考證，結果未能確證。

有關「沉東京，浮福建」的說法，還是眾說紛紜。再列舉坊間流傳的幾個說法：

之一：東京是宋朝的開封。傳聞中「東京大路」就是指讀書人赴京的一塊路碑。開封後被金國占領，其作為政治文化中心的地位被削弱，福建地區的地位浮了上來。

之二、之三：「沉東京」意味宋朝滅亡，或指臺灣被日本占領。

「天地且不言，世人浪喧喧。」其實，對「沉東京，浮福建」一說，現代科學給出了答案：臺灣不僅是東海大陸架的一部分，而且臺灣的基本地形與大陸的地塊相同，在地質成分上，是與福建、浙江兩省相同的酸性火成岩體。

據最新科技考古成果表述，早在六億年前古生代晚期造山運動開始時，臺灣海峽地區便出現了「臺灣灘」，這是海峽中的最高處，深度僅二十公尺，但兩岸間許多地區依然連為一體。到一億九千兩百萬年前，發生劇烈的地殼運動，大陸出現喜馬拉雅山脈，臺灣出現中央山脈，兩岸間的地貌表述為「地中海」。到第三紀中新世（距今約兩千三百三十萬年～約五百三十萬年）末，臺灣海峽地區發生斷陷，海水入侵，大陸和臺灣初步分離。

但是「陰陽無停機，造化渺莫測」，大陸與臺灣在分離後又曾連在了一起。這是因地球氣候的冷暖變換導致海平面升降所致。這種海平面的升降有三輪。據《臺灣四百年前史》[2]表述，其中第二輪的海進發生於距今四萬年前，海退在距今兩萬五千年前；第三輪的海進發生在距今一萬二千年前，海退在距今約五千年以前。在第二輪海退時，中國東部太平洋沿岸海水退縮達六百千公尺，東海海面比現在低一百五十多公尺，臺灣海峽乾涸成陸，臺灣成為大陸東緣的一部分。

據碳14測定，距今一萬四千四百年前，海面比現在低一百一十五公尺，一萬兩千年前比現在低五十至六十公尺，距今七千年到六千年間，臺灣海峽的海面達到現在的高度，即海平面與海底的深度平均六十公尺左右。[3]

自此開始，兩岸間的來往由陸地轉為海上。也有地質學家認為，這還不是臺灣與大陸的最後一次分離，據測定，最後一次完全分離是在五千四百年前，因海水下降，當時有「東山——澎湖」陸橋連接兩岸。但大陸橋並未持續多久，便因海水上升而使陸橋中斷。

　　據科學考證，大自然的造山造海力量，不僅造出了臺灣的中央山脈，還確實把臺灣從福建外移了一百三十千公尺。上海同濟大學海洋地質專家汪品先院士關於「冰期時中國海」的研究表明，如今的東南沿海一帶在當時應處濱海平原，距離當時的海岸線還很遠。臺灣學者也認為，距今四萬四千年和距今一萬五千年，臺灣東側是當時海岸線的一部分。只是在地殼運動造成臺灣海峽之後，臺灣作為濱海地帶的特點隨之消失，而更像是從福建所在的大陸向西太平洋漂移出去的一塊。

　　臺海曾經是陸地並與福建相連，後因冰期的作用，海水上升，臺灣島好像隨海水「漂」出福建，因此有人送給臺灣一個雅號——浮福建。

三、住在海底的「海峽人」

暑往冰川瀑在崖，溝峽晴翠住人家。

採桑漁獵無閒日，還趁月光忙績麻。

　　在第四紀冰河期（距今兩百五十萬年～六千年），因地球氣候的冷暖變換，冰期和間冰期的交替出現，[4]海平面隨之升降，以致海峽地區時而成為陸地，時而成為汪洋，時而只剩「陸橋」連接兩岸。

　　臺灣海峽的升降，也就是所謂的海進和海退。據資料表明，臺灣海峽的海底就像一條河谷，有向南和向北兩大河系，這是當它還是陸地時，被河水衝擊、侵蝕而形成的。而且，在這兩條河的兩邊都曾有人類居住，他們就是被後世傳為神奇的「海峽人」。

第一章 無紀年時代（公元 230 年前）——海洋族群在匯聚在初墾打造臺灣人特有的精神

「海峽人」存續的年代是什麼時候？正是上文提到的在兩萬五千年前至一萬兩千前之間。「海峽人」當初為了在寒冷的冰紀中求生存，以氏族「游群」為單位，手持帶有「銳棱」的石矛和棍棒，尋著山羊、水鹿、古菱齒象、野馬等動物的蹤跡，經由現福建東山島向澎湖地區進發。他們一路採集、捕獵，一路不停地跋涉，過著游牧般艱苦的生活。

當時的臺灣正值「雪山冰期」時期，高山上大量積雪在重力和巨大壓力的作用下形成冰川，往下漫延，平原地帶變成茫茫的冰雪。憑著氏族頭人那神奇的本能，「海峽人」察覺到了微妙的溫差變化。當他們來到澎湖海溝（當時為河谷）時，發現了這裡彙集著大量的果樹、魚類和斑鹿、山羊等動物，還有較暖的氣溫，不禁大喜，於是他們作出了一項重大決定——將生命的棲息地鎖定在河谷沿岸。

好一個「山重水複」的去處，好一片開闊平坦的河灣！這裡魚躍鳥飛，林密果甜，猛　戲水，野馬奔馳，鹿羊巡逡。這是一個自然和諧、人獸共存的世界，每當夕陽西下，篝火燃起，「海峽人」便圍坐在一起，烤食著獵捕而來的野味；這是一片地處狹谷的「Ｖ」形生存走廊，雖然視野受限，但由於低山環伺、溝壑縱橫，他們便多了一些庇護，這種隱祕的安全讓他們很自在很自足。

氏族以母係為親，共用工具，共同漁獵，分穿獸皮，分享食物。或居山坡洞穴，或居平地木棚。人無貧富貴賤之分，家無地域門戶之別，真可謂大同社會，老少怡然。每到葉落天寒時節，大人小孩便會沿河翻山，與其他部落交換生活用品。在這些交換的用品當中，竟有骨針和用來佩帶的裝飾品——石珠、磨光的貝殼，從此細微處可以看出，「海峽人」已經在全世界的範圍內率先進入了磨製時代，其生產力不可謂不先進。

「海峽人」在長達一萬餘年的繁衍生息中，經歷了許多次的變化，也伴隨著許多淒美而感人的畫面。這些畫面並非指遷徙過程中綺麗的自然風景，而是指他們面臨天災時的態度和表現。當大自然以激烈的方式向他們施壓時，他們並未驚慌失措，並未輕易離開家園，而是稍稍挪了一些位置，冷靜地作壁上觀。比如那次最猛烈的火山爆發，當火山噴發時煙火干雲，聲如雷鳴，數十里外皆可聽聞，

且晝夜不止。火山口大如廣場，放射出巨大的黑石、硫磺等混合物。熔漿噴射則紅如赤柱，沿堆流下則如金黃之鋼水。

火山、地震、狂風暴雨都曾摧毀過他們的家園，但並未能摧毀他們重建家園的決心；冰紀中最冷的寒季，以及隨之而來的食物匱乏也都未能改變彼此濃濃的親情。直到「間冰期」結束，大地逐漸恢復生機，他們又在與自然的鬥爭中掌握了更多的本領。而隨著「間冰期」的結束，海水也在逐漸上升，河谷地帶首先被海水淹沒，變成巨大的湖泊，這迫使「海峽人」一代又一代地向高地移住。湖泊雖越來越大，但湖濱的臺地卻一直是「海峽人」居住的首選之地。

就在一萬兩千年前的那個夜黑風高的悲劇一刻，海水隨著風暴，隨著海底火山和海嘯翻捲而來，「海峽人」猝不及防，大部分人被洶湧的海水捲走，甚至連住在較高處的那個氏族人家，也是險象環生。氏族中的那名被後世稱道的奇男子，上下奔跑將幾名孩子送到「澎湖山」尖上，當他再次下山營救其妻時，巨濤像猛獸一樣到他的腳上，他使足了力氣，力圖扶助她攀上更高的岩石……她和孩子們得救了，但奇男卻被瞬間暴漲的海水挾裹而去。她和孩子們在「澎湖山」上聲嘶力竭地呼喊著他的名字，驚魂未定地看著「一半是海水，一半是火焰」的奇觀，彷彿那海裡的火焰正是地府的引路之燈，照亮他回家的路。他們不敢相信，就在昨天白天，這位他們最引以為傲的親人，還首當其衝，用石刀砍死那頭闖入的犀牛，這麼一位強壯、矯健的人如今卻被水魔帶走……

就這樣，「海峽人」隨著一場戛然而至的海升消失了，那極少數的劫後餘生最終融入其他的族群。千萬年來，海峽的水面上變幻了多少船舶的身影，而海底再也沒有了人氣，再也沒有了那生動的生活場景。只有那些被海水吞噬的生命，還堅守在最初的家園，等待著後世的造訪，等待那萬古期待的訴說。

以上有關「海峽人」的細節是合理想像，但「海峽人」在考古史上是確實存在的，考古發現證明了這一點。據《人民日報》海外版1999年9月5日及次日的報導，1998年11月，泉州考古愛好者劉志成從福建漁民在新竹海域撈出的眾多化石中，發現了一件人類骨骼的化石標本。該標本表面呈棕褐色，經廈門大學考古專家、中科院古脊椎研究專家以及中科院資深院士賈蘭坡先生的聯合鑑定，肯

定這是晚期智人男性個體的一根肱骨，石化程度相當高，絕對年代距今兩萬六千年至一萬一千年左右。賈蘭坡建議將其命名為「海峽人」。2005年又在當地發現了一個人類的化石，這次的化石為「海峽人」的右脛骨化石。與「海峽人」一起在同一海域被發現的，還有骨器和一件留有多處人工刻痕的哺乳動物下頜骨，以及上千件古菱齒象、四不像、野馬等暖溫帶動物化石。

考古結果證明，「海峽人」是在距今一萬到三萬年前最後一個「盛冰期」，海峽還是陸地時，追逐動物由中國大陸來到臺灣海峽的。其實，臺灣海峽形成中與形成後，均有人群去臺灣。臺灣與大陸的聯繫，一開始主要是由百越族，特別是居住在福建的閩越族進行的。兩岸的古越人因生存需要，頻繁穿梭在這一被後世視為最敏感的地帶。只是當時的飛鳥所棲之木，早已成為現在的海底沃土。

「海峽人」左肱骨化石（上）、右脛骨化石（下）（採自《海峽都市報》，2005）

四、臺灣少數民族祖先從哪裡來

陸橋追虎到臺灣[5]，光景自足人未還。

百越延綿南島進[6]，密了平埔密高山。

　　臺灣少數民族中，有高山十二族和平埔十族兩大類。這些先民當初浮海去臺，「葛苗為帶草為衣」，是臺灣最初的開拓者。居住在高地的稱為高山少數民族，它們是泰雅族、賽夏族、布農族、鄒族、魯凱族、排灣族、卑南族、阿美族與雅美族，其中雅美族只住在臺灣東南方的一個名叫蘭嶼的小島上。2004年1月，因「太魯閣之戰」和太魯閣公園而聞名於世的太魯閣族群終於獲得官方的承認，成為第十個高山少數民族，而此前的近百年，太魯閣人一直被認為是泰雅族中的亞族。兩者在風俗習慣上有眾多的相似，比如兩個族群都曾有過獵殺人頭的習俗，成年男人會在臉上刺青，成年女人都會編織精美衣物，還有喪葬、婚禮習俗都很相似。兩者最根本的區別是語言的完全不通。人類學家認為，太魯閣離開泰雅族後，在長期的生產和部落融合中，其語言已發生了較大的變化。2007年1月，生活在臺東花蓮，原劃歸為阿美族一支的撒奇萊雅族群又獲官方承認，成為臺灣第十一個高山少數民族。2008年4月，原歸屬泰雅族的賽德克族群得到官方承認，成為臺灣第十二個高山少數民族。

　　平埔十族，顧名思義是曾生活在平地的民族。這十個民族，散居在臺灣島各地，在長期與漢族通婚的過程中大多被漢化，只有邵族和噶瑪蘭族被認定了其少數民族的身分。其中邵族共有四百人左右，分布在日月潭附近；噶瑪蘭族現分布在花蓮縣，子女從母居。

　　據臺海出版社出版的《臺灣百科知識》介紹，2001年，臺灣少數民族人口為四十一萬五千。

　　這些臺灣少數民族的祖先當初是從哪裡來的？

　　結論性的表述如下：臺灣早期住民中，大部分是從中國大陸直接或間接移居而來，少部分屬於尼格利陀種的矮黑人和屬於琉球人種的琅嶠人，還有小部分是從南洋群島移居來的南島語族。這些臺灣早期住民是現今臺灣少數民族的祖先。

第一章 無紀年時代（公元 230 年前）——海洋族群在匯聚在初墾打造臺灣人特有的精神

這一共識的形成，在學術界經歷了一個考古驗證和爭鳴研討的過程。

臺灣和大陸考古學家何傳坤、祁國琴和韓康信根據考古新發現、新成果，證明在三萬年前更新世晚期，臺灣和大陸有「陸橋」相連時，「左鎮人」從大陸東南經過長途跋涉到達了今天的臺南縣左鎮鄉菜寮溪一帶。部分學者認為，臺灣高山少數民族和平埔族有可能是「左鎮人」的後代，而不是公元前三千多年渡海到臺灣的人群的後代。雖然目前尚未找到兩個古人類之間同出一門的相關考古資料，但不能保證今後就找不著。

據《臺灣四百年前史》闡述，「左鎮人」在距今五千年前忽然「消失」了。他們與臺灣成為海島後，經由海上傳進來的新石器時代的文化，找不出可以連接的關係，未能找著其創造新石器時代的文化遺留。也就是說，又有新的人群經海上來到臺灣島生息繁衍，創造了新石器時代諸文化。這些新來的人群正是現在高山、平埔少數民族的祖先。這些人從何而來？

中華民族史研究會會長史式教授和臺灣著名歷史學家黃大受，把臺灣發現的一些遺址與代表古越人生活的浙江河姆渡文化遺址等進行了對比後認為，距今六千年到四千五百年間，臺灣少數民族中的泰雅等族的祖先就開始從大陸東南沿海陸續遷入臺灣。

而近年復旦大學透過抽取當地古人遺骨和現代居民與臺灣高山少數民族人群的DNA對比，證明了臺灣布農族、阿美族等少數民族祖先是上海地區百越族後裔，由此下結論說高山少數民族祖先是從上海地區移民過去。

問題是臺灣少數民族涉及高山少數民族和平埔族共二十多個少數民族，是不是都從大陸而來？大多數考古專家和學者認為，他們中的絕大部分與大陸人有著共同的血緣、共同的祖先。也就是說還有一些特殊的情況，這些特殊的情況是什麼？

比如，《隋書》記載，陳稜率軍在今天的臺南登岸時，曾派一位被稱作「崑崙奴」的隨軍翻譯前往「羅檀洞」，要求酋長投降。現代學者大多認為，「崑崙奴」就是馬來半島的矮黑人。據此，筆者認為，當時臺江一帶的部落聯盟長所在部落與矮黑人種有一定的親緣關係。他們中的相當一部分人因被隋軍俘虜而離開

35

了臺南，餘部也大都與後來的非矮黑人部落融合。

南宋《汪大猷神道碑》中也有記載毗舍耶蠻襲擾澎湖民眾之事：「流求……毗舍耶蠻，揚帆奮至，肌體漆黑，語言不通……」而這個毗舍耶人就是矮黑人。

事實也證明了這一點。在新竹、苗栗山區，每兩年都會舉行著名的「矮靈祭」，族人每逢祭奠期間，大都放下平日的工作，從各地回到山區參加活動。透過各項儀式以及唱歌跳舞，通宵達旦，以祈求風調雨順、平安豐收，這種「矮靈祭」就是賽夏族人的特殊祭儀。[7]但這並不是說賽夏族人是矮黑人，而恰恰是賽夏人因集體殺死了「好漁色」、但確實曾幫助過他們的矮黑人，為了表示懺悔和紀念，賽夏人每兩年都要舉行盛大的祭奠歌舞活動，這一活動一直延續發展到現在。據資料記載，當地的矮黑人餘部後來被其他部族所融合。

陳孔立教授在其主編的《臺灣歷史綱要》一書中曾表示：臺灣少數民族包括尼格利佗種的矮黑人、琉球人種的琅嶠人以及起源於中國北部的南亞蒙古人。其中大部分少數民族屬南亞蒙古人，他們是直接或間接從大陸移入臺灣的。

蒙古人種分多支南下，到達中國東南地區成為百越族。百越中的閩越人在新石器時代中期或晚期，有一部分人群從中國東南沿海分數批渡海到臺灣，並與來自南洋群島的少量矮黑人融合，成為高山少數民族中魯凱人、排灣人、雅美人、阿美人、卑南人的祖先。也就是說，高山少數民族的祖先一部分也是直接從中國東南沿海去臺的百越族，只有一部分來自馬來西亞、印尼。

在古代，絕大多數臺灣土著居民都是從古中國大陸遷徙而至；南宋特別是明末以後，隨著大開發時代的來臨，遷入臺灣的漢民越來越多，占臺灣總人數90%以上。臺灣曾有過荷蘭人、西班牙人、日本人等外民族入侵的歷史，有極少數的臺灣人與之通婚而帶有異族血統，這在世界其他的殖民地都是普遍存在的現象，根本改變不了臺胞的漢族血統。

因此從血緣上看，臺灣人就是中國人。

第二節 新石器時代臺灣風物

一、謎一樣的「大坌坑」

採石、漁獵、赴雄關，不抵婦人捏土丸。

莫道男兒非主力，專家只認罐和壇。

臺灣在距今七千年前，進入了新石器時代。當時的地球徹底結束了冰期，人類開始過起農業生活，開始飼養農畜、製陶並使用磨製石器，村落開始形成。臺灣新石器時代文化的早期代表有多處，最具代表的是距今七千年至五千年的大坌坑文化。

1962年，臺灣大學師生考古隊發掘了新北市八里鄉大坌坑遺址。以後許多考古學家又在臺灣許多河岸、海岸，包括澎湖、臺南等地區，都發現了大量遺址，人們把這種以粗繩紋陶為代表的新石器時代統稱為「大坌坑文化」。

製陶場景想像圖。製陶時陶女們先塑土成形（採自臺灣史前博物館）

據劉益昌在《臺灣的考古遺址》中分析：生活在臺北盆地的大坌坑文化居民，是沿著淡水河向上游遷徙進入的，一部分人在抵達淡水鎮之後繼續向東到達東海岸的宜蘭蘇澳鎮。結合他們使用的磨製石器和陶器，説明他們除採集野生植物、打獵和到河海中捕撈貝螺魚蝦外，還砍伐森林，過著刀種火耕的農業生活。最早種植的可能是芋和山藥。從陶器上的繩紋以及出土的紡輪等來看，他們已懂得利用植物纖維織布縫衣，編織漁網，以繩塞船縫。

這些生活在古臺北地區的男人負責製作石器，他們要上山開採板岩等石材，到河灘挑選鵝卵石做成石斧、網墜等。最難的要數石鏃的製作了，不僅要磨出尖兒和邊鋒，還要鑽孔，如此才能更好地固定在箭桿上。

男人還是氏族或部落的戰士，他們與其他氏族爭奪土地、獵場和捕撈區，抵禦外來部落的侵犯，為此英勇作戰不惜犧牲。在臺灣的一些文化遺址墓葬中多有身中箭鏃的現象。比如，在臺南科學園區的大坌坑文化遺址發現了墓葬群，在不到一百平方公尺範圍內發現十五具人體骨骸，都有拔牙的習慣。其中有兩具骨骸很特別，一具缺頭顱及第一節頸椎，另一具男性骨骸留有兩支石鏃，應該屬於中箭而死。兩具骨骸屬同一時期。學者張崇根認為，這些氏族成員曾代表氏族部落與其他的部落爭奪土地、獵場、捕撈區，或是為保衛氏族部落的安全奮勇抵抗而犧牲的。當然也有可能是這樣的情況：他們在外出獵頭過程中遭到抵抗反被人獵頭，被人射殺。因為從文獻記載中得知，這些住在臺南一帶的古臺灣人有拔牙和獵頭的習慣。[8]

臺南南關里東的文化居民是大坌坑文化的晚期代表。如果説臺北地區的大坌坑文化居民以採集植物、狩獵和種植芋、山藥為生，那麼，臺南地區的文化居民就是以種植穀物以及趕小海為生。

有關他們的農耕活動，考古學家推測，他們大都採取燒墾的方式。首先用石斧砍伐樹木，引火焚燒樹枝野草，其中引火焚燒這一環節，不是為了增加肥料，而是為便於開出新地；然後再用石犁、石鋤、掘棍等工具進行播種。由於不懂得

灌溉施肥，他們只好在地力用盡後廢棄舊耕地，另墾新地。

　　此時的社會已處於父系氏族社會的早期，男人正從母系柔韌的陰影下掙脫出來，越來越顯示出天生的優勢。男性的強勢一開始就意味著承擔更多的犧牲和義務：除了繁重的勞動、戰鬥，還要協助女人完成「家庭作業」，比如剝下樹皮，切成單索，與女人一起製繩編網。

　　男人如此辛勞，卻擔負不了劃時代的「重任」。原來，在當時，女人的最大貢獻是製作陶器，而陶器是歷史上區分舊石器與新石器時代的最直接的識別物。此前，土著居民要想吃到煮熟的肉類，只能不斷地用燒灼的石塊丟入盛水的石器中，直到水沸騰。這樣做既麻煩又不乾淨，於是精明的女人們發明了製陶。這些女人用夾著細砂的泥土，用靈巧的雙手，製作出罐、缽、盤、碗和紡輪等，再用粗繩纏在小棍上輕輕摁拍陶胚以作飾紋。由於陶器口緣下方的主體部分常飾以粗繩紋，因此大坌坑文化又被稱為粗繩紋陶文化。

　　這些陶器在外形上還有一個特點：形狀各異，形態豐富多樣。有的口大，有的口窄；有的頸厚，有的頸細；有的折肩，有的溜肩；有的呈鼓腹狀，有的呈直桶狀；有的底部有環底、平底，有的底部帶圈足並且有孔。陶女們雖然會製作陶器，但當時的技術還很原始，所製出的陶器還不夠精細。由於火燒的溫度不高，也還未掌握燒窯技術，陶面大都呈現暗紅或深褐色。

　　在包括製陶等居家生活方面，男人還處於配角，最多替女人打打下手。從這個角度來說，「婦女能頂半邊天」，巾幗亦敢賽鬚眉。

　　這些會製陶且會磨製石器的高手是從哪裡來的？學者們的意見很不一致。

　　大多數學者根據考古研究認為，他們來源於華南和東南沿海。第二種觀點認為，是浙江河姆渡文化人渡海而來。第三種觀點比較新穎，認為是環渤海沿岸海岱地區的東夷族人在經海路向北遷徙時受冬季風的影響到達臺灣。因為東夷人的葬俗有蹲踞、仰身直肢、側身屈肢等葬式，有單人葬、男女合葬；有的無葬具；有的使用木棺，有的使用石板棺為葬具。有拔牙習俗、兼種稻粟。東夷人的這麼多特質與大坌坑文化晚期的臺南地區文化居民都是相契合的。特別是兼種稻粟，只有在中國黃河下游的平原及海岱地區才會有這種情況。

當然還有一種觀點說，大坌坑文化與越南和平省發掘的和平文化有關係。

大坌坑文化的來源說法很多，也是當前學術界關注的焦點所在，因為該文化是臺灣新石器時代的早期，涉及臺灣少數民族的來源問題。

從上述四種說法來看，可以斷言：臺灣新石器時代大坌坑文化來源於亞洲大陸。

二、四千六百年前那場殘酷的浪漫

臺女殉夫獨樹旗，群婚將轉欲還迷[9]。

此情可堪成標榜，人畜有別芝與泥。

據《臺灣四百年前史》記載，1995年底以來，由朱正宜率領的「南科考古隊」在臺南科學園區發現了新的大坌坑文化遺址——南關裡東文化遺址，年代距今五千年至四千六百年。在這一文化遺址裡，第一次發現了棺木板、青年男女合葬墓、缺頭顱的男性骨骸，以及身中石鏃的骨骸等。據新華社消息，其中那名身中石鏃的男子約三十歲，初步判定是被人從背面左側放冷箭射殺，一支石箭射中左胸，一支貫穿左側骨盆。

在這些被發現的遺骸中，一對約二十歲的男女的合葬墓引起人們的最大關注，因為這是臺灣在考古發現中的第一例男女合葬墓。[10]合葬墓裡的情形十分特殊，男左女右，女子比男子矮一個頭；女的頭偏向男的一側，枕在男的左肩頭，右臂搭在男性左肩上，其狀極其親密。考古學家認為，這是一次性墓葬，不是在不同時期分別放進去的。從該墓葬形式看，這對青年夫妻實行了沒有葬具（棺材）的裸葬。

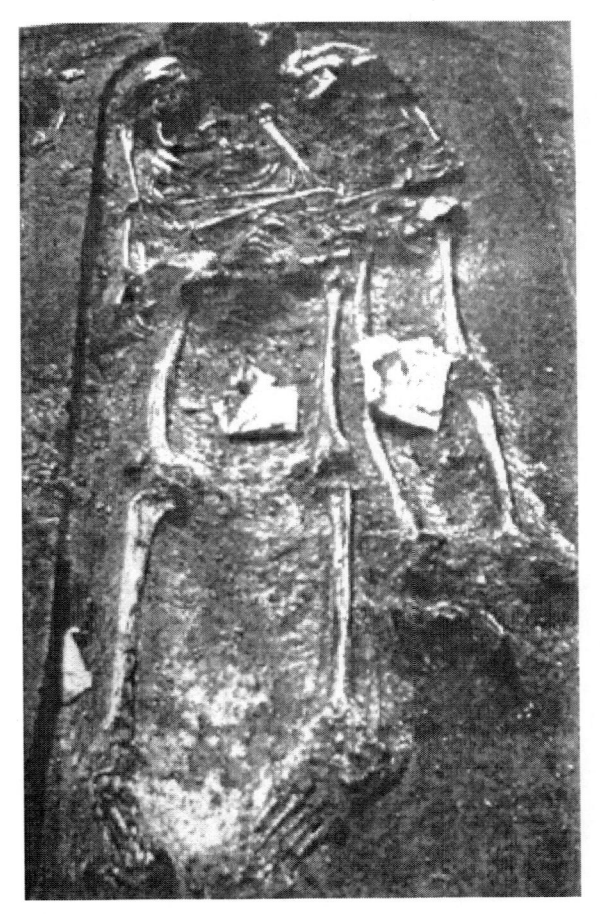

第一章 無紀年時代（公元 230 年前）——海洋族群在匯聚在初墾打造臺灣人特有的精神

臺灣最早自願殉葬的女人（右）（臺灣《聯合報》記者郭先盛攝）

　　這位高大威猛的青年阿男生前很風光：他肌肉發達，臉塗樹油，只穿著短褲，善使石矛、石刀和弓箭，「射飛漁耕」是樣樣精通。在保衛部落的戰鬥中，他勇猛頑強，常常斬獲敵方的人頭，他也藉此在青年後生中嶄露頭角，被任命為軍事首領的護衛。為此他贏得了部落諸多女人的青睞，特別是酋長家那位冷豔嬌小的「部落之花」，對他也頗有好感。她叫阿女，已到了談婚論嫁的年齡，按規定，酋長給她在庭院中另建閨房，由父母作主，在男青年中擇其優者，讓其與阿女夜晚相會，這就是我們現在所說的試婚。這種試婚，可以不停地換人，看對方

41

身體狀況、裝束舉止，還有是否談得來，總之，直到女方滿意為止。經常會出現同時對幾個人都滿意及以身相許的情況，許多人並沒有固定的配偶，也沒有嚴肅意義上的婚姻程式。阿女最反對這種風俗，強烈要求父親推遲她的「擇偶」。她知道，一旦答應「擇偶」，父親第一個目標就是軍事首領文弱的兒子，這是父親已經承諾別人的事。其實，她心中已鎖定了勇士阿男，只是不好意思對他提起，可作為貧困孤兒的阿男又不可能入父母的法眼，因此她每每於閨房中暗暗落淚。其實勇士對她也是心有所寄，但由於她並未宣布「擇偶」，且都盛傳她會到軍事首領家當媳婦，因此他未敢貿然表示。

又一年春天，西關的外族乘老冤家東關部落酋長生病之際，向東關發起了進攻，企圖奪得部落聯盟的控制權。戰鬥中七名外族獵手快速穿過東關村前的竹林，突破了部落的最後防線。他們此行是要殺死酋長全家，並燒毀其宅院。按照部落規矩，誰殺死了其他部族的酋長，誰就是該族群的新任酋長及軍事首領。現在他們已衝進酋長家的用柵欄圈起的庭院，酋長次子率幾名家丁各拿石刀、石斧相迎，但未到跟前便被外族獵手舉箭射倒。臥床的酋長招呼其妻及驚恐的女兒阿女，拿棍棒準備以死相拚。危急時刻，「踏棘如飛」沾滿敵人鮮血的護衛阿男奉命追趕到此，他大喝一身，快速從七名獵手的背後襲擊，三刀將落在後面的三人砍倒，另四名獵手便將阿男圍住，用箭射，用投槍刺，都被阿男一一化解。阿男越戰越勇，用他的快速移動及短兵格擋技術，不停地跳著包圈，在攻防轉換的瞬間，尋找對手的破綻，然後一擊致命。如此，他又擊倒了三名敵人，自己也受了重傷。最後的那個外族壯漢趁阿男靠牆喘息之時，用石刀衝阿男的頭猛劈過來，下肢不能動彈的阿男也只好用盡全力以石刀迎擊，兩刀相撞，響如霹靂，石刀雙雙迸斷震碎。壯漢虎口麻木，愣了一下，轉身向院外跑去。正在這時，阿女手握石矛衝出，隨手擲出，矛頭穿掉壯漢的右耳，鮮血淋漓，壯漢手捂耳朵，腳底不減速度，逃遁而去。

阿男成為部落的英雄，阿男的故事也在部落內外流傳著。除了英雄救美的故事外，還有之後阿女給阿男包紮傷口、服侍阿男的故事：他們互吐愛慕，互訴衷腸，最後約定終身。由於阿女的行為不合理法，由於軍事首領在氏族會議上的發難：「這兩個彌麟[11]呀，雙雙地犯戒啦！不可在本氏族待了，假如果他們還想

在一起的話。」老酋長最終只好把將阿女驅除出氏族，如此，才能成全他倆的好事。

他們成為一對彼此相愛的情侶，流落到海灣附近一處山丘，過著最簡單的生活。這種貧苦、辛苦的生活，他們卻甘之若飴。幸福感使他們對生活充滿了熱愛和好奇，他們以更大的熱情投入到部落簡樸而又火熱的生活中去。

阿男到山裡伐來荊棘作為樊籬，又請鄉人幫忙，親自動手蓋了兩間小屋；他製作了幾樣實用的武器：把鹿角磨尖作成鹿角矛，將木箭、石箭改成木桿石鏃箭；將青石砸成碎片，然後磨製出別緻的網墜。捕魚打獵是他日常的工作，他還馴服一條黃狗作為幫手。當然，保護妻子和村社是他當仁不讓的事。

按風俗，女孩在出嫁後，應該打掉上面的兩顆牙齒，以作標誌，就像我們現代人約定，已婚女子戴戒指時應戴在左手無名指上一樣。但阿男知道阿女愛美，便鼓勵她保留自己的牙齒。

阿女像其他普通女子一樣善織細布，而且是帶有一些簡單小斑紋的布。阿女還跟民間學會了醃魚肉，並且將多餘的魚肉送與鄰居或是用來交換穀物。閒時，阿女還幫助阿男和其他的男人剃髮，剃髮是氏族的風俗。阿女還向當地的民眾學會了製陶，並向阿男學會了磨製石器。

這是一種共同勞作、分享收穫的生活，雖然大家的物質條件不富裕，但他們很滿足。因為他們彼此相愛，又善於生活，真是讓人只羨鴛鴦不羨仙。

荒芒有詩記之：

遠浦風生幾葉飄，河灣晒網且聽潮。

夫妻唱響《耕織曲》，雙宿竹林看月高。

考古學家認為，這一遺址文化總體符合大坌坑文化特徵，即以粗繩紋陶器為標誌，不同於臺灣北部大坌坑文化的是，這裡最大的特徵是除了漁獵生活以外，人民在山地和平原同時種植了粟和水稻。至於南關裡東遺址文化的來源，考古學者多認為是東南沿海的閩越族人。上文細節便是根據南關裡東遺址文化的諸特徵合理推想而成。

第一章 無紀年時代（公元 230 年前）——海洋族群在匯聚在初墾打造臺灣人特有的精神

問題是這位勇猛的男子和這位嬌小的女子為何英年早逝。他們是因為意外死亡而被合葬的？就像同時代的堯部落的酋長之女娥皇、女英奔赴九嶷山，為南巡治水而死的舜帝殉情，她們哭了九天九夜，眼睛哭腫了，嗓子哭啞了，直到眼睛哭出血淚，死在舜帝的旁邊；就像兩千四百年後的焦仲卿與劉蘭芝雙雙為情而死，於是「兩家求合葬」，合葬時想必植有松柏梧桐，「中有雙飛鳥……仰頭相向鳴」，只是「這世界變化快」，原先的松柏梧桐早已被一層一層的歷史覆蓋，終定格在現代臺灣高新科學園內。

　　扯遠了。但如果不是雙雙自殺，那是因為什麼？是深愛的妻妾自願殉夫而死？如果是這樣的，她是選擇怎樣的死法？頭枕男子肩頭所顯示的是死前的從容和幸福，還是死後被安排的造型？他們為什麼要選擇「親土而眠」的裸葬？這是一種浪漫，還是一種無奈？

　　該墓葬留給學術界許多不解之謎。不過有幾個問題學術界已經給出了令人信服的答案。這是一次殉夫事件，丈夫因戰鬥負傷而死。在殉夫的性質上，從其葬姿看，並非強迫而是自願。為什麼會出現這種情況？當時處於父系社會早期，部落正從群婚制到對偶制過渡，這種過渡正是由那些以群婚為恥、渴望貞潔的婦女所完成。這位嬌小的女子既然爭取到了她的幸福和榮譽，她就會倍加珍惜，這或許是她自願殉夫的原因。這種特定階段的自願殉葬代表了一種進步，雖然此種殘酷的形式令人難以認同。

　　那是一個多麼感人的場面！唯其是臺灣史上第一例殉情事件，才更加令人震驚和好奇。先是男人對這個世界充滿留戀的眼神，愛妻的痛不欲生，然後是故事的高潮：女人在男人的阻止聲中決然自殺，他們互抱對視，平靜地等待死神的到來，眼中沒有恐懼，只有幸福；最後是寂靜，是鄉親們用木板抬著他們去安葬，讓他們保持死時的恩愛姿態。

　　這一過程一定會有淒美的對白。

　　阿男：我、就要死去，希望你幸福，那麼多勇士、獵手，你——

　　阿女：（痛苦地）請你等一等，我想和你一起去死！沒有了你，我一個人還有什麼意思，我忘不了你，我會想你的，這更痛苦。

阿男：別、這麼、想，我會——不安的。感謝——你的相伴，你的情意——永世不忘。讓我們深埋——它，像大海深藏珍珠。好好地活，我在下面等你。

　　阿女：（決絕地）反正我們最後都要回歸大地，與其到那時重新拾起，不如，我們共赴黃泉。（轉臉抹脖，血流如注）

　　阿男：（猛坐起）你——（淚流、呼吸急促）

　　阿女：親愛的，我來了，（爬向丈夫），你只屬於我，我也只屬於你。

　　阿男：（快要窒息）你——怎麼——這麼——傻……（伸雙手迎接）

　　阿女：我願意，只要和你……

　　阿男：來——枕、我、手，小彌麟。

　　阿女：我——真幸福，我的——尪[12]。

　　對於一個真實而又淒美的殉情故事，每個人都會設計出不同的對白。有的平實，有的煽情，有的則充滿懸念。總之誰也不能真正還原當時的場景，但誰都會記住四千六百年前臺南有位閩越族女青年，曾用自己的生命，用過激的方式，向世人表達自己的觀點和感受：愛情、婚姻也可以神聖，而濫情則不值一提。

　　另外，大部分學者認為，他們選擇裸葬，是因為他們的家庭太清貧，置辦不起看起來很昂貴的葬具；也有人認為是他們雙雙猝死，天熱來不及打造葬具。但同一地點，有無木棺作葬具者都很多，這說明當時的部落中已經出現了貧富分化。

第三節 夏商時代臺灣風物

一、東夷人遷臺

　　夏啟少康逐九夷，私心正義暫不提。

一枝浮海驚雷過，花放雲集[13]淡水西。

　　距今四千年左右，夏朝與東夷族發生了兩次大規模的戰爭。一次是夏朝初年啟廢除禪讓制而激怒大禹指定繼承人——東夷部落首領伯益，這場戰爭相當激烈，東夷族戰敗被殺者不計其數。戰後的族人或表示臣服，或遠逃他鄉，特別是山東、河北、蘇北東部濱海地區的東夷人更是乘船浮海，踏上遙遠而又危險的求生之路。另一次大規模的戰爭是時隔五十多年的「少康復國」戰爭。這場戰爭的背景是，東夷部落首領后羿篡國之後又被其賊臣寒浞取代，寒浞屠殺夏朝宗族並追殺夏啟的侄孫少康。結果少康在同宗和夏朝舊部的幫助下，剿滅了寒浞率領的東夷軍隊。為了尋求一片生存的樂土，東夷殘部再次面臨大規模的海上遷徙，其中有部分族群透過陸路或乘帆船向南「逐島漸進」。

　　他們帶著固有的文化離開了故地，[14]身邊的器具有石菜刀、孔石鐮、柄石鐮、孔石斧，還有黑陶、彩陶以及鼎和鬲。沒有人知道他們經歷了怎樣的疾風狂瀾、饑寒病害，也沒有人知道他們為了生存作出過怎樣的自衛和犧牲。他們只有一個信念：一直向南，直到找到屬於他們的樂土。在長達幾年甚至二三十年的遷徙中，東夷人不斷汲取了當地的文化因素。比如說，他們向浙江良渚文化人學會了製作新型的收割工具——石耨刀和靴形石刀；向浙江河姆渡文化人學會了製作木工用具——有段石錛；向福建沿海的當地居民學會了製作新型的砍伐工具——有肩石斧。

　　至今在浙江紹興會稽，還存有一些規模較大的以東夷首領伯益命名的「伯益廟」（又稱土地爺廟），甚至在廣東省汕頭市礐石風景區白花尖大廟內還有一座伯益的戎裝像。據傳，這些廟是後人為紀念伯益利用土地發明了中國最早的屋舍而興建的。愚以為，這是東夷人在南遷過程中將最具威望的首領進行傳揚並逐漸被後人認同的結果。

　　為了快速適應浙江、福建沿海農業的特點和海洋環境的變化，東夷人將本民族性格中兼收並蓄的稟賦發揮到極致。每到一個能暫時容身的處所，他們都會將種粟的經驗傳授給當地居民，同時也十分留意當地先進的生產方式。就這樣，他

們將百越人的文化加以混合改造，融會貫通，最終形成一個嶄新民族的文化特徵。

也許是東夷人想尋找一個遠離大陸、沒有戰爭、沒有國王、沒有剝削的樂土，也許是他們在「逐島漸進」的過程中遭到當地居民的拒絕，也許是接受早先流落在大陸沿岸的東夷族人的建議，他們最終決定去臺灣開拓。

史學界有一種觀點，這些東夷人在南去臺灣的過程中，有一些閩、浙籍的當地居民，跟隨他們一起去了臺北。還有一種推測，廣東珠江三角洲地區也有人在同一時期來到了臺北附近。[15]不管實際情況如何，史學界認為，這些來自大陸不同地區的族群落腳於古臺北盆地和臺灣北部沿海，並成為臺灣高山少數民族居民的一部分，其中的一支選擇了臺北湖中的孤島生息繁衍。在東夷人到達臺北之後，他們再次改造不同的文化，使之熔為一爐，比如學會製造繩紋紅陶、網形陶、各種骨製工具，製作精美的小石錛用以裝飾，製作冠頭石斧用來祭祀。經過數代人的磨合，他們共同創造了輝煌、獨特的臺北圓山文化。其獨特的生活習俗包括：燒飯時不用釜而用帶支架的罐；有拔牙、獵頭、死後埋入貝丘、陪葬狗骨等習俗。

然而更多東夷人來到了臺南地區。據考古發現，在距今約4000年，今臺南縣牛稠子來了一支製作、使用繩紋紅陶的農民，他們在牛稠子世代相延了近千年，並創造了牛稠子文化。牛稠子文化的特點有：種植稻粟（同時種植稻粟的，只有中國黃河流域的東夷人）；彩陶製作，有紅色、紅褐色、黑褐色和黑色之分，紋樣也是變化多端；有拔牙和獵頭習慣；使用石板棺等。考古學家和學者們普遍認為，牛稠子文化是從大坌坑文化晚期發展而來的。

具備海洋性格的東夷人渡海來到了臺灣，成為臺灣少數民族中重要的一群，其最搶眼的文化優勢是：百折不回，善於汲取不同文化。這也成為後來臺灣少數民族最重要的文化和精神。

二、生活的大師

吊腳樓前事務多，[16]卉服[17]製成又下河。

兒童舀水學陶土，獵戶唱歌鵝應和。

　　當大陸中原的夏王朝已進入青銅時代，一峽之隔的臺灣地區正值新石器中期。雖然如此，臺灣各地少數民族的生產方式和生活方式，特別是在器具的製作上還是很有特色的。他們的文化既有相同性，比如兼種稻粟、拔牙、獵頭和使用石板棺等；也有著明顯的不同之處，以器具製作為例，臺北地區的有肩石器、臺中地區的灰砂陶、臺灣南部的彩陶，這些器具的製作工藝獨特，具有不可替代的特性。

臺北芝山岩文化居民製作陶器群復原圖（採自劉宜昌，1992年）

第一章 無紀年時代（公元230年前）——海洋族群在匯聚在初墾打造臺灣人特有的精神

自公元前兩千年開始，有一群特別神祕、特別有才華的居民在臺北盆地周圍聚居，正如前文介紹，他們是越人和東夷人的融合體，先後創造了芝山岩文化和圓山文化。他們中的拓荒者來到了淡水河及其上游的基隆河、新店溪、大漢溪的中下游地區。當時的臺北盆地是一片雜草叢生、河汊縱橫的荒蠻之地，人們大多選擇在盆地邊緣的高地，或是河岸階地、海岸平原居住。圓山就是臺北盆地臺北湖中的一個高出的小島。

圓山文化時代的人們用碎石鋪地基蓋房子，過著定居生活。他們興建石製工具製造場；用草拌泥作牆，搭建大型的露天陶窯，並建有半圓形的屏壁以擋風。

他們用磨製的石斧、石錛伐木建房或製作獨木舟；用大石鏟、大石鋤墾荒種地；用燒製的陶罐、鉢、碗等器具來煮飯舀水。他們既養豬、狗，又在山川間逐鹿打獵。不僅如此，他們還在海邊和河中捕撈魚貝，什麼水晶螺、小旋螺、中國田螺、臺灣小田螺、牡蠣、烏蜆，以及各種各樣的魚，應有盡有。

圓山文化人製造了一種帶有倒鉤槍頭的骨製魚叉，根據考古學家的復原，這可能是「脫頭漁槍」。當漁人擲出脫頭漁槍射中大魚時，大魚掙扎逃逸，會使得槍頭和長柄脫開，而僅以繩相連。浮出水面的槍柄恰可以引導漁人緊追其後而逮住大魚。

最能代表圓山文化的器具是有肩石斧和有段石錛。有肩石斧因石器的兩側明顯凹入，像人的兩肩，有段石錛因其背面或正面的下端比上端厚，像是分成了兩段。兩種石器之所以那麼設計，是為了便於裝柄，使之更加穩固。這兩種石器在新石器時代最為先進，傳布得也最遠，甚至在商周時期的大陸以及印度洋地區都在使用。

據考古發現，在距今約四千年前，臺南縣牛稠子地區來了一支製作使用繩紋紅陶的農民，他們當中有許多是「大師級」的非物質文化傳承人。除此之外，在高雄、屏東和澎湖發現的遺址也同屬於一種文化。其中最驚人的發現是高雄林園鄉的鳳頭鼻遺址。此遺址裡有一個干欄式建築。簡單地說，就是底下架空的建築，地板離真正的地面還有很大的距離，有些類似南方的吊腳樓。上層住人，下

層為木樓柱腳，多用竹片、木板鑲拼為牆，可圈養牲畜，或堆放農具、柴火、雜物。有的還有閣樓及附屬建築。一般干欄都依山傍水，面向田野，前景開闊，採光也好。這種建築式樣是氣候潮濕、雨量充足的熱帶、亞熱帶地區普遍採用的民居形式，便於通風和防潮防汛、防止獸蟲侵襲。

另外，在遺址的柱洞中發現洞底有一層瀝青，說明他們已懂得利用海底漏出來的石油殘渣作房柱防腐之用。這在中國考古史上似屬首例。

這一時期的居民已經掌握了彩陶製作技術，色彩有紅色、紅褐色和黑色。關於彩繪方式，一是用梳或箆形工具壓印，二是以軟「筆」沾彩繪於器表燒成。

西海岸臺中縣清水鎮內東端牛罵頭山遺址文化的晚期，正對應著金石並用的夏朝末期，這些文化居民使用的陶器以紅色和褐色的灰砂陶為主。有一件盆形陶器，腹部由雙層合併而成，其外層剝落一段，暴露出的內層面上布滿繩紋痕。這件雙層合成盆，恰恰說明這是一個新手的習作：因為還未能掌握燒製火候，只能在前輩的指導下改製而成。

東夷人、百越人在臺灣彼此學習，取長補短，拓墾山川，所使用工具以及生產、生活的情況都隨著環境的不同而發生了變化。雖然由於波濤阻隔，他們沒能與中原王朝保持同步的生產力，但正是他們的早期開拓，奠定了臺灣的未來。

三、「營埔人」在行動

濁水[18]清清向上游，烏溪初墾廟初修。

石槌舂米還逐鹿，住室朝東是客愁。

據《逸周書・商書・伊尹朝獻》記載，伊尹受命擔任四方令，管理四方部族。有文獻還記述了嶺南各地向殷商王朝進貢，貢品包括「倉吾翡翠」、「南海之炬」等。當時商朝疆域的南界還在長江流域。越人的進貢，反映了作為主體民族的華夏族不斷發揮其影響力，逐步形成與古越人的交往和交流的事實。

第一章 無紀年時代（公元230年前）——海洋族群在匯聚在初墾打造臺灣人特有的精神

正如大禹作為首領時曾越界去會稽（紹興）召開諸侯大會、四方來獻一樣，有人認為，商王朝對越族地區也有過類似的巡視和威懾。

商朝時直接與臺灣發生聯繫，是由生活在王朝東部的東夷部落完成的。據考古發現，臺灣南部屏東縣車城鄉龜山遺址，出土了紅釉黑陶碗等獨特的器皿，其文化相貌與其他所有的遺址文化不同，卻與東夷部落的文化相貌相同。學者張崇根認為，東夷之所以離開原居住文化區，一方面是他們早就是航海能手，又從事海上捕撈，主動出航與被動受風浪推動的漂流，都是他們能夠到達臺灣等島嶼的原因。另一方面，與商紂王「為虐東夷」帶來的政治災難有重大關係。東夷人為避戰亂，向東北、西南遷移，或漂流到海上去尋找一方安身樂土，因此他們得以來到臺灣等島嶼安家定居、生息繁衍。

中原商朝五百年，臺灣地區與之對應的是營埔文化的前三分之一時期。營埔文化主要分布在臺灣西海岸中部的臺中、彰化、南投三縣境內大肚溪和濁水溪中下游一帶的河邊階地和丘陵上。主要遺址有臺中縣大肚鄉營埔、彰化市牛埔等十多處遺址，其中以營埔等三處遺址最為典型。

這時的中原地區文化在世界上遙遙領先，創造了璀璨的青銅器和甲骨文文明，而一水之隔的臺灣仍然處於新石器時代中期。雖然如此，營埔文化居民對環境的利用和適應能力增強了。首先是隨著海岸的後退，其居住地不斷地向西擴展。其次，由於人口的增加，營埔文化居民沿著河谷不斷向東推進，海拔越來越高。大約在三千五百年前，也就是商朝初期，營埔文化居民中能製造紅色素面陶器的一支人群出現在濁水溪上游烏溪河谷，並繼續向上游遷徙，到達現今國姓鄉境。人口分布範圍不侷限於沿河的低位階地，人們也能生存在較高的丘陵地帶。隨著家園的變化，製陶原料也發生了變化，黑陶器成為他們生活的主色調。

營埔居民文化人在陶器的製作和使用方面有了進步，用灰黑陶逐漸代替了紅陶。陶器顏色受陶土成分以及燒成氣溫影響。若陶土中含有一定鐵的化合物，則具有助熔作用，在露天通風情況下，陶泥中的鐵就會氧化，表現為紅陶。後來人們逐漸學會掌握燒窯的技術，即燃料在缺氧狀態下悶燒，陶土裡的鐵成分因為缺氧，從而既保持黏土的灰黑顏色，又使陶質堅硬。因此，相對於紅陶來說，灰黑

51

陶代表技術上的進步。營埔居民在使用陶器時還加入了磨光和彩繪的技術：其彩繪顏料多是紅色和黑色，紋飾以平行線、斜行方格為主。

此外營埔人在石器製作方面也有特點，比如石刀種類比較多，還發明了用於鑽孔的石錐。其中一種經磨製的扁平石劍運用最廣。該石劍柄部有孔以便穿繩後纏於右手腕上。使用時左足向前，在距敵約兩公尺時忽然立定，同時右足向前，右手斜上掄擊，隨著一聲嘶喊，敵人頭部被擊應聲倒地。同時，他們還熟練掌握種植稻粟的技術，過著一種「不仕亦不貧，本自足饗餐」的原始共產主義生活。

營埔文化居民當時也種植稻與粟。何以證明？在營埔出土的陶片上有穀粒印痕，經專家鑑定為米痕跡；在營埔黑陶層器上發現稻殼痕跡，最後也被證實。而關於粟種植，主要遺蹟見於營埔文化遺址陶片的紋飾，比如圓圈紋和羽毛紋代表粟桿戳印和小米穗按壓。

營埔文化居民建造房子時，很有想法，很會就地取材。他們用板岩石塊圍繞外牆，以起加固作用；有的房子沿著脊線有板岩立柱。這樣的房子結實耐住，又架構簡單。

營埔文化中的一種風俗讓人浮想聯翩。1981年臺灣考古學家石璋、陳仲玉負責對同屬於營埔文化的南投曲冰遺址進行多次發掘。其中有四十八座房基，一百七十一座墓葬。這些住房正門朝東，同時所有墓葬中，有一百五十七座都是東西的方位。這種有意識的安排住宅和墓葬方位，學術界有人認為是出於宗教信仰，也有人認為是出於對故鄉的懷念。

第四節 周朝時臺灣風物

一、海上越人

麒麟[19]轉世夢臺東，閩越多災水上逢。

第一章 無紀年時代（公元230年前）——海洋族群在匯聚在初墾打造臺灣人特有的精神

自古人心逐樂土，長眠山海亦英雄。

越來越多的可靠史料和考古實物證明了周王朝和南越民族的關係。西周王朝鼎盛時期已實現了對周邊少數民族的統治與控制，並建立了相應的機構和專職官員。[20]

西周時，包括泉州及海島在內的東南地區叫做「七閩地」，按許慎解釋，「閩」指的是居住在中國東南的越人。據文獻記載，那時至少有一支越人是居住在海島上。這些越人為何居住在海上，主要原因是躲避戰亂。周朝時大的戰亂有兩次，一是西周初年，商紂王之子武庚叛亂，周公旦率軍並號召諸侯平叛，歷時三年。其間，一部分東夷人為避戰亂，浮海至臺，這一點已為兩岸考古界所證實；另一次是西周建立後，據《古本竹書紀年》載，「周穆王四十七年，伐越，大起九師」。大兵所至，玉石俱焚。在這民族拓展的劇烈陣痛中，越人出走是可能的。

當然，西周時越人已經掌握了高超的製船和航海技術。《周書》記載：「周成王時，於越獻舟。」越人既擅長航海、捕撈，也擅長農耕，有能力到達神祕而神往的海島。

越人隨風和洋流渡海到臺灣，多在臺灣西海岸海濱地區落戶生存。而東夷人隨洋流隨風南下，則往往會在臺灣東海岸登陸。近年來，兩岸一些學者發現了大陸東夷文化與臺灣東海岸的諸多文化有大量的相似之處，且東夷文化的年代要早得多。由此推測東夷族人可能被周朝統治者征討而外逃，到達了臺灣，並把故鄉的文化習俗帶至東海岸。

這裡所說的東海岸文化主要指卑南文化和麒麟文化。其中麒麟又叫巨石文化，是一個充滿疑惑而又神祕的文化。在臺灣東海岸的花蓮縣三個鄉、臺東縣三個鄉鎮共十五處，考古學家們發掘出巨石文化遺址。其中臺東縣成功鎮麒麟地區為代表遺址。這是一個以岩棺、石柱、石像、有孔石盤、石輪等所組成的獨具特色的巨石文化群落。比如岩棺，這些居民慣於將露頭的岩石就地鑿成長方形岩棺。據資料介紹，成功鎮白守蓮遺址的一具岩棺，長約2.1公尺，寬約1.2公尺，

深約1.2公尺，外壁由上緣向下約六十公分處雕刻有高三十公分的十個角狀突起，有規則地分布在岩棺四周。在石棺裡面的一隅，鑽有直徑約三公分的孔，通到外表。其他的岩棺與之相比大同小異。

這種岩棺是就地製成石棺後再搬到墓地的。這就說明，他們在雕鑿、搬運這樣龐大笨重的岩棺時，表現了他們的力學知識（如利用圓木滾動）和搬運技巧。岩棺表面的角狀和突起部應該是為便於搬運而設計的。對於岩棺的用處，有人認為，這是那些「頭人」為自己死後復活而準備的空間。按當時人的邏輯推理，石棺不會腐爛，如此會保證人在復活之前，肉體不會腐敗。更多的考古學家推測，這些巨石與生活並無關聯，可能與宗教祭祀或儀式有關。學者劉益昌則認為，它可能是一種儲水設備。其內的小孔，是用來分流的。但為何要貯水，是為飲用還是為灌溉，還是有宗教上的用處，至今是個謎。

在花蓮縣豐濱鄉貓公遺址出土了圓形岩棺。日本學者認為，這是阿美人傳說中的用法：是石煮法中用來盛放燒熱的石頭的容器。石煮法是用來幹什麼的，不得詳知。

白守蓮遺址還出土了一個石質人物浮雕像，高七十六公分。兩手下垂，竟在膝部相合。其造型與善雕刻的排灣人風格大相逕庭。也許這是麒麟文化居民對祖先或英雄人物崇拜的一種記錄。[21]

如果說巨石文化受越人文化影響，還少有回應的學術意見，那麼，臺灣大湖文化的來源，則有更多的學者認為是「越人東渡」的結果。在臺灣高雄縣路竹鄉社西村大湖地點曾發掘到遺址，這就是考古史上著名的大湖文化遺址。據碳14測定，存續年代始於約三千年前，這正是中原地區西周王朝的初期。後來同一時期臺南許多地方發現的其他遺址統稱為大湖文化。大湖文化居民已掌握了彩陶技術。他們的生產工具，除了紡輪是陶製的外，農業和漁獵工具都是石製的。且最大的特點，就是農具都比較大，以便於收割稻粟。

西周末年，臺灣一些地區一直延續著「獵頭」的惡俗。誰殺敵越多，家裡積攢的「頭骨瓢勺」越多，就越被族人稱道。

此外，一些地方當時還流行過一種陪葬的風俗。1997年臺灣考古工作者在

同屬於大湖文化的臺南縣官田鄉烏山頭遺址，發現距今兩千八百年左右的「俯身葬」骨骸八具。成年男性都在1.7公尺以上，女性則在1.5公尺和1.6公尺之間。他們個個頭朝北方，成為陪葬風俗的犧牲品。其中有一具是無頭顱骨骸。

大湖文化中的鳳鼻頭遺址文化人的來源，學術界未有定論，學者陳孔立認為，該文化受到大陸東南沿海馬家浜—良渚文化的影響；劉益昌認為，鳳鼻頭文化受福建曇石山文化影響，但並非直接的移民。而張光直認為，不僅受曇石山文化影響，而且是一源關係。總之，認為受東南越人文化的影響較多、較主流。

二、縱谷裡的驚豔

古村平地玉石溝，只剩婦孺作主謀。

敢問少年何處去，軍營呼嘯度春秋[22]。

臺灣有一個神祕的地方，曾為荒煙漫草的峽谷原野，曾為漢人拓墾的新興家園，曾為日寇踐踏的哀鴻墓地。近代以來，這塊神祕的地方一直讓考古專家和學者感到好奇，而多次前往一睹芳容。早在日據初期，就有日本人類學家發現，那兒地表上立有一些排列有序的高大石柱，並留影存證。但這些石柱所為何用，世人都不明白。二十多年以後，日本學者鹿野忠雄開始把這些石柱當作考古遺址來加以研究，並著文進行介紹、推測。這些數不清的板岩石柱是人類居屋的殘留，一個古代部落曾在此繁衍生息。1945年，兩名考古學者首次對最大立石的周圍進行試掘，初步發現地下的陶器、骷髏等人類的遺存。

臺灣光復以後，這些人類的遺存先後被定為縣級、省級古蹟，但始終未進行過開掘和實質性的保護。真正的保護源於一次大型基礎設施的施工。

1980年7月，臺東縣卑南山東南山麓下的卑南鄉南王莊，失去了往日的寧靜：南迴鐵路卑南新站即臺東站在此開工。當鐵鎬、挖土機的聲音在為臺東的未來譜曲宣講的同時，也「吵醒」了在地下沉睡三千餘年的寶貝。

確切地說，這種不經意的開掘，造成了對歷史遺存的較大破壞。一時間，這個在臺灣歷史上曾因出過卑南王而聞名的地方再次吸引了世人的眼球，輿論及社會各界對此非常關注。臺東縣政府便委託臺灣大學考古學家進行搶救性考古。搶救性考古工作歷時九年，共分十三梯次，成果斐然。無論是發掘面積、出土石棺及遺留在其中的各種隨葬品都創臺灣考古史的紀錄。尤其是大量精美玉器重現於世，令人驚豔。到目前為止，已出土石板棺一千多具，各類文物及器具等達一萬多件，是目前臺灣所發現的最大、最完整的史前人類遺址。

卑南文化聚落復原想像圖。正面是都蘭山，房屋以石板作支撐，牆壁和屋頂用竹子和茅草製成。（採自《卑南文化公園解說手冊》）

作為臺灣新石器時代晚期的代表，卑南遺址中最吸引人的地方，首先在於數量如此之多的用板岩拼建而成的石板棺，它們多是成群分布，專家說這都是家族墓地。問題是該地區屬平地，周圍沒有這種細密光潔的板岩，這些作為房屋立柱和板棺材質的大型板岩產自幾十里以外的中央山脈，在當時沒有現代化運輸手段

的情況下，卑南先人們是如何搬運這些板岩的呢？

原來，在中央山脈和海岸山脈之間有個臺東縱谷，有條名叫卑南溪的大溪沿著縱谷南下，在縱谷的南端從卑南山麓東南側也就是卑南遺址東側進入太平洋。於是卑南先民利用這些支流溪水和卑南大溪，從遠處的中央山脈上採得板岩，再不辭勞苦地用木筏和船將這些板岩運到村裡。從對石料的挑剔到不厭其煩地輾轉搬運，可以看出卑南人對生命的敬畏，對死亡的重視。

卑南文化的下葬方式，是依一定的模式，視死者身材大小的需要，直接在墓穴內拼成長方形的「石板棺」，以埋葬死者。棺中一般隻有一人，也有兩人或多人一棺的。臺灣學者據此推論並已找到相關證明：和多數傳統山地高山少數民族的習俗一樣，卑南文化人實行的也是「室內葬」，也就是說，族人死後被埋葬在屋大陸面下。

為什麼會選擇如此奇怪的墓葬形式？按我們現代人的感受，這很恐怖呀！雖然是親人躺在自己的腳下，距離自己更近了，但畢竟咫尺之間就是生死，畢竟我們難抵對死亡的恐懼。白天情況可能還好，到了夜晚一定是恐懼難當、夜不成寐呀！這裡涉及卑南人對死亡和原始宗教的理解。卑南人認為：生命是永遠輪迴的，死可以是輪迴的開始，死可以穿越黑暗，重獲生命；所以要善待自己的生命及死亡，所以要把自己埋在自家的屋裡，以便不迷失方向，以便隨時和家人在一起。這真是——

屋中地下預約歡，生死輪迴憑玉棺。

石板千斤何所運，溪流縱谷到平川。

卑南文化遺址讓人嘆為觀止的是，在墓葬中發現了大量的玉器。目前已發掘出五六千件玉器，約占總文物數量的一半。

卑南玉器用途廣泛，可分為裝飾品、工具類和武器類。玉器式樣繁多，風格別具；造型上，以玦形耳飾最富於變化，其中人獸形玦造型可作為代表，已成為臺灣史前博物館的館徽；製作工藝上，長玉管的中空貫穿技術最令人稱奇。這種長玉管長達數十公分，在無鐵器的時代是如何製成的？

據臺灣《聯合報》報導，根據明朝《天工開物》一書推測史前人類玉器加工的器具與方法，即在竹子中塞入加水的解玉砂，如此轉竹磨玉，解玉砂與玉相磨便可造孔。但這仍僅限於猜測，無法證實。

卑南玉器是臺灣史前文化的奇葩，它們的燦爛與精緻，讓遠離開化的史前臺東變得豐富多彩。

使用這些棺材和器具的人都是些什麼人？有專家認為，這些先人首先是卑南族人。卑南族男子約在十二歲左右進入少年會所，接受年長者的教導，學習射獵、格鬥等各種技能，直到二十三歲取得結婚的資格。其間每年12月底，卑南族會所裡的男子會舉行大獵祭，成年男子會組織上山圍獵。

關於卑南文化人是誰的祖先，臺灣省專家一直有爭議，但以下的觀點被大多數人所認同——

卑南文化的晚期有兩個演化方向：一是往山區移民，成為後來排灣群（包括排灣人、卑南人、魯凱人）的祖先。理由是卑南文化人和排灣族都住石板屋、葬在石板棺，都有拔牙的習俗。其次，排灣、魯凱舊社出土的陶器器形和卑南文化晚期非常接近。

另一個演化方向，就是留在原來的平原及海岸臺地，成為阿美族的祖先。

關於誰是卑南文化人的祖先，目前沒有統一的觀點：一種是傾向於卑南文化來源於臺灣大坌坑文化；一種觀點持多元論，以為卑南文化人既來自於大坌坑文化，也可能由臺灣附近地區移入；臺灣著名學者宋文薰則明確提出，卑南文化來源於中國南海和東海地域的史前文化；大陸學者張崇根在宋文薰的觀點基礎上提出，卑南文化更應來源於環渤海的東夷文化，並從拔牙、石板棺、種稻粟、玉飾、用陶器蓋住死者頭部等七項文化特質，說明兩者的相似之處。不管哪種觀點，都直接和間接地說明卑南與中國大陸的親緣關係。即使是卑南文化來源於臺灣本島的大坌坑文化，而大坌坑文化也是來源於大陸東南沿海，這已被大多數學者所接受。

偏僻卑南，精彩其玉。卑南玉器以其精美的造型及精湛的工藝獲得了世界的

關注，就其規模及製作水平而言，絕不亞於當時的西周。如果不是因為西周社會已廣泛使用青銅器，看了以上的介紹，人們或許會認為卑南文化更能代表中國走入世界文明前列呢！

三、勾踐外越接澎湖

海貝為環滿面春，門牙磕斷再迎婚。

陶衣[23]彩繪年年製，慣用石棺厚葬人。

《越絕書》、《吳越春秋》等古文獻中多處提到「東海外越」。《越絕書》第八卷有言：「勾踐徙治山北，引屬東海，內、外越，別封削焉。」意指越國在勾踐統治時期，越人分為內越和外越兩部分。古代的「東海」是廣義的，涵蓋今天所分的渤海、東海和黃海。「東海外越」應指包括臺灣在內的海外島上居民。據史書記載，外越的第一個重要地區是指「東洲沙土」，即今舟山群島之嵊泗洋山海域。

外越也包括澎湖。有史家認為，早在春秋時期，澎湖便屬於越國疆界，至少當時的越國與澎湖地區存在著軍事上的聯繫。公元前494年，吳王夫差打敗越國，越王勾踐淪為階下囚，屈身事吳。越國成為吳的屬國，人民成為亡國奴。不甘為奴者多有出走，首選地就是去附近海域的島嶼，成為外越的一員。

這些外越流民來到澎湖時，正值當地人丁銳減、土地幾近荒蠻。[24]一些小村落分布在海濱沙地或珊瑚礁林區，周圍有一些無名的小溪提供淡水，具體位置是現在白沙鄉的吉貝、湖西鄉的沙港、馬公鄉鎖港、七美鄉的南港等地，[25]有的村落當時已無人煙，只留下人們曾經住過的痕跡。外越人在這些舊村落的基礎上重建家園，他們靠捕魚和採貝維持生存，製作細紋紅陶器和磨製石器，編織漁網，並用貝殼作刮器、貝匙、貝環。雖然該地區的土壤氣候條件不適合種植家鄉的水稻，好在他們能很快地適應新環境。

在與當地人交往的過程中，外越人發現了澎湖人的風俗習慣很特別。比如男

從女居，子女從母居；有石板棺葬死者的厚葬風俗等。其中最讓越人驚奇的是當地有一種「斷牙」的習俗，就是在結婚時必須用石頭磕下上顎側門牙齒兩顆。

具體做法是，男女相愛並確定關係後，女方告知父母，並攜少年來見。結婚時女子用石鑿、石斧磕斷兩枚牙齒送給男子，無須斷齒的男子則如獲至寶。

這些當地人來自何方？學者臧振華認為，磕牙者是來自臺灣本島南部的繩紋紅陶文化居民，他們只是到澎湖作短暫停留，開採玄武岩等資源。[26]同屬於這種文化的屏東縣恆春鎮的墾丁和鵝鑾鼻也保留著磕牙的習慣，其磕牙磕得更狠——磕掉上顎側門齒及犬齒各兩枚。

其實，臺灣南北許多地區都有女子「鑿齒」的風俗，但什麼時候拔牙、拔幾顆以及是否男女都拔，則各地不一樣。

四、越王浮海與夜光螺

爭立復國皆刻薄[27]，垂綸射獵意如何！
攜妻耕種經風雨，秋月春風任蹉跎。

螳螂捕蟬，黃雀在後。正當吳越爭雄東南，大動干戈之際，中原地區發生了劇烈的封建制革命。隨著鐵器的出現，作為戰國七雄之一的楚國國力迅速增強。公元前334年，楚威王揮戈東進，滅掉了奴隸制的越國。越王無疆被殺。這對於越國是一次空前劫難，國家被滅，人作鳥獸散。《史記》有云：「越以此散，諸子爭立，或為王，或為君，濱於江南海上……」據《唐書》記載，無疆的次子名叫蹄，受降後被楚王冊封於歐餘山（浙江吳興縣）的南面，即歐餘山之陽，其子孫便改姓歐陽。

無疆的其他子孫去了哪裡？史料表示，更多的宗室和貴族大規模逃至福建各地，與當地的部族融合雜居，形成新的族種——閩越族。

有沒有越王子孫浮海去臺？據三國時期吳國太守沈瑩所著信史《臨海水土

志》記載：「夷洲……山頂有越王射的，正白，乃是石也。」這裡所說的夷洲是不是臺灣，現在史學界雖還有爭議，但大陸的學者及論著絕大多數認為，夷洲就是現在的臺灣島。[28]本書將在後面的文章中詳細交代。按這樣的觀點翻譯上述古句，意思便是：臺灣島……山上有一個越王用來射箭的靶子，是白色的，且是用石頭做的。

另據宋代大型全國性區域志《太平御覽》記述：「夷洲，四面是山（溪），頂有越王釣石在焉。」這兩部書裡提及的夷洲「越王」指的是誰？臺灣學者連橫在所著《臺灣通史》中指出：「楚滅越，越之子孫遷於閩，流落海上，或居澎湖。」也就是說，不僅臺灣島上有越王子孫，澎湖也有。想來他們曾有匡復天下的幻想；曾像先王勾踐那樣臥薪嘗膽；有過立靶騎射的歷練。但終於在疲憊和絕望之後寄情山水，把竿垂綸。

至於那些逃避戰亂的平民百姓則更多，他們於不同的時間進行渡海，到達了澎湖和臺灣西海岸的諸多地方。有兩個閩地家族（有人說也包括王室成員）隨風飄至西南海岸的離島──琉球嶼。該島的景色非常優美，登高眺望，可見重巒疊翠，滄海縈迴，驚濤如雪，橫無際涯。而太陽初升時最美，彩霞似錦，掩映著海波，其色其景瞬息萬變。當然，這些良辰美景對於流亡苟活的人來說，無暇消受。他們更在乎的是如何適應這裡的條件以求生存。他們發現這裡盛產魚蝦，特別是夏天更多，流亡者便在黃昏漲潮前撒網於海濱，兩端用長繩繫住。夜裡潮滿，龍蝦覓食，潮退時龍蝦便會觸網被纏。他們還注重其他海洋資源的開採。比如採集蠑螺、夜光螺，特別是每到春夏夜光螺的繁殖旺期，男女老少齊出動，去珊瑚礁洞穴採拾夜光螺；或是在退潮後去岸邊淺水區撈取，這時的水深只有半公尺左右。

夜光螺又叫夜光蠑螺、夜光貝，蠑螺科中最大的一種。夜光螺螺殼有厚厚的珍珠層，再加上夜光螺體內孕育著一顆夜光珠，螺體越大，夜光珠便越大。每到夜晚，發光的夜光螺在移動的人們的手裡成為海邊絢爛的風景。夜光螺不僅是一道鮮美的佳餚，而且其貝殼天生就是高貴的裝飾品和家庭用具。

不僅如此，用夜光螺入藥，可清熱解毒、消食止痛，用於瘧疾、疥癬、濕熱

痢疾等，真是渾身是寶的靈物。

明明是避難的流民，卻在島上過起了神仙般的生活。這真是——

國人笑我遁滄波，我笑國人眼太拙。

冒死赴鯨成樂土，異鄉贈我夜光螺。

第五節 秦漢時期臺灣風物

一、徐福屬下的另類嘉南

將尋樂土拓荒蠻，假借求仙人未還。

舟師正渡忽吹散，卻有一枝向玉山。

歷史上最早與臺灣有過聯繫的人，除了那些冒險渡海求生存的普通百姓，史料記載的就是秦始皇與徐福。

徐福是秦代方士，齊國琅琊人，即今山東膠南琅琊鎮人。他曾兩次愚弄秦始皇，請求帶人入海求仙丹。秦始皇「忽聞海上有仙山」，便龍顏大悅，當即授權叫他辦理。《史記》也確實記載過，始皇派徐福至蓬萊、方丈、瀛洲求取仙藥，數年後未得，徐福詆騙秦始皇說神仙索要諸多禮物。《史記·淮南衡山列傳》云：「遣振男女三千人，資之五穀種種百工而行。徐福得平原廣澤，止王不來。」意思說，秦始皇命令徐福率領三千名童男女，並配備眾多工匠以及五穀，以此作為禮物，去海中仙島求藥。最終，徐福率眾來到一處富饒的平原，便稱王不再回來。

徐福率船隊東渡圖（採自《中國海洋報》，2009年3月24日）

　　徐福去往的地方是哪裡，《史記》上沒有指出。後人以為是臺灣或琉球、呂宋島，也有說是美洲，但大多數人認為是日本。

　　最初提出徐福東渡日本的是五代後周的和尚——義楚。在其所著史籍《義楚六帖》中有這樣的句子：「日本國亦名倭國，在東海中。秦時，徐福將五百童男、五百童女止此國，今人物一如長安……有山名『富士』……徐福至此，謂蓬萊，至今子孫皆曰秦氏。」義楚稱這一說法是日本來華僧人弘順對他所說。

　　《三國志·吳書·吳主傳》中就有徐福去向的記載，孫權「遣將軍衛溫、諸葛直將甲士萬人浮海求夷洲及亶洲。亶洲在海中……方士徐福將童男童女數千人，止此州不還。世相承有數萬家，其上人民，時有至會稽貨布……」

第一章 無紀年時代（公元230年前）——海洋族群在匯聚在初墾打造臺灣人特有的精神

根據這一段記載，兩岸的學者有不同的推論，一些臺灣學者沿用並發揮連橫《臺灣通史》的說法，認為徐福率眾來到了臺灣，世代繁衍至數萬戶家庭，人民還經常乘船到浙江的會稽地區去交易。至於為何徐福沒能給臺灣帶來文明和文字的紀錄，那是因為後來徐福帶去的主幹人群，在秦朝滅亡後，跟著原先越國的逃亡者返回到福建和浙江。

這顯然不能讓人信服。

北京大學歷史系副教授劉華祝在接受《北京科技報》採訪時以《三國志》中的記載為依據認為，從陳壽的敘述可以斷定，亶洲不會是呂宋島，因為陳壽說亶洲有人口「數萬家」，而呂宋島至元世組時仍「民不及二百戶」。那麼，這裡的亶洲到底是哪裡呢？法國人希格勒在其著作《中國史乘中未詳諸國考證》中指出，亶洲即是日本島。

在日本的史籍文獻中，關於徐福東渡日本的記載舉不勝舉。日本學者奧野利雄先生考證徐福東渡後主要活動地域在日本九州的熊野一帶。

據臺灣學者彭雙松先生統計，日本各地與徐福姓名聯繫在一起的墓、祠、碑、宮、廟、神社等遺址有五十餘處。

本文之意不在考證徐福所率船隊的主幹究竟去了哪裡，而是想說明船隊的「散股」與臺灣島的關聯。因為在對船隊出發和抵達的歷史敘述中，有個細小的地方被世人忽略，這就是人數的變化。

據此，筆者認為，徐福率船隊去往日本或是更遠的海上，途中多次遇颱風狂瀾，只有很少的一部分人成功抵達，大多數船隻被吹散或葬身海底。

《史記》記載東渡的人有三千名童男女及眾多工匠，而《義楚六帖》表示「徐福將五百童男、五百童女止此國」。說明最後成功抵達的只有一千人左右。筆者相信，這一數字的變化不是誤記，而隱藏著一個歷經艱險的故事。

海中諸島與大陸碧水相隔，洋流交匯；風雲聚散，瞬息多變。從古代到明、清，風向、風級等氣象條件一直決定著一支船隊的生死和最終規模。如本書所介紹的，古代就有河北、山東地區的漁民在捕魚時被風浪吹至臺灣的情況。徐福在

第一章 無紀年時代（公元230年前）——海洋族群在匯聚在初墾打造臺灣人特有的精神

去往日本的漫漫海途中，船隊遇風吹散、折損的事情幾乎不可避免。

數以千計的男女被風所驅漂到諸島，其中就有臺灣以及琉球群島，也許還會有到美洲的。那些被風吹至臺灣的人是在什麼具體方位？可能性較大的是臺灣西南海岸的嘉南平原。

嘉南平原背山面海，一面是重巒仙煙，一面是波濤環伺。那個時候，陸島間很少來往。島上原來的住民與渡海而來的新移民雜居共處，他們穿戴極少，在山林海上射飛漁獵，過著共同勞動、共同消費的原始部落生活。

被風吹散的船隻載著童男童女、工匠們停泊在嘉南平原的海濱，隨後他們中有人憑鄉音找到了在此生活了千百年的東夷族人。提起大陸的情況，東夷土著居民們「不知孔子，更無論嬴政」。更讓徐福的「童子軍」驚訝的是，許多東夷土著居民都拔了上下四顆牙齒，一笑起來滑稽得很，還有人死後都用石板棺入殮，這些野蠻和笨拙的方式早就被大陸的東夷人所摒棄了。再說，東夷族當時已經融入華夏，古老的東夷民族已不再作為一個群體存在了。

讓他們驚喜的是，這裡的農作物與家鄉的一樣，山丘上種著粟，海邊平原上種水稻，每當海風吹過，像一片綠色波浪傳向遠方。這正符合加入者的心意，他們帶來了大陸的耕作技術和手工技術，更為重要的是他們帶來了鐵器時代的訊息。他們在這片平原上繁衍生息，並與當地的民眾和平共處。

虎旅捲來山地崩，越人驚渡赴臺風。秦始皇滅掉六國之後，派出五十萬大軍征伐廣東、福建和浙江，即所謂南越、閩越和於越，並剝去閩越王無諸的王號。對於老百姓來說，最不堪重負的是苛刻的刑罰和苛捐雜稅。為逃避戰亂和政府的壓迫，一部分越人流徙到臺灣和澎湖等島。

從中國古書上無法知道臺灣島內具體的情況，根據後來臺灣考古資料得知，這些漂過海峽的大陸的「種子」，相當一部分定居在臺南西海岸嘉南平原的海岸低地、臺地和丘陵地區，比如蔦松、大湖和覆鼎金地區。蔦松文化早期居民留下最多的遺物是陶器。這些陶器不但與前一階段同地區的文化不同，也與臺北和臺中的同時代文化迥異。列舉如下三點：絕大多數陶器為高硬度的夾砂紅褐色素面陶，陶面上還有貝殼印紋；一些陶器頸部以下有三圈圓點紋；器類古怪，如四耳

65

鉢、象足罐和鳥形陶製品。專家認為，以上三點其文化源頭都是來自古代閩浙地區。如三圈圓點紋陶，很像福建漳州出土的錐刺圓點紋陶器；象足罐與浙江地區出土的象鼻罐一脈相承；鳥形陶器與古越人的圖騰崇拜有關。

從這些陶器風格可以看出製陶者所在族群特徵和文化心態。這真是——

象足陶罐亦無奇，他處習俗本地泥。

四耳鉢聽八面唱，嘉南開放向東西。

正是因為秦末越人的到來，以及徐福船隊「童子軍」的加入，加速了臺灣濱海地區的民族融合，也加速了當地石器時代向鐵器時代的轉化。

二、閩越王孫的漂泊

耕種桃源觀海潮，雕欄遺忘劍方銷。

落霞無限歸無計，笑看小兒學製陶。

公元前198年，漢高祖以滅秦有功而復立越王之後騶無諸為閩越王。六年後，漢廷封同為越王之冑的騶搖為東甌王，兩位王分別建都東冶和東甌，也就是現在的福建福州和浙江永嘉。

公元前154年，吳王劉濞策動東甌王謀反，事敗之後，東甌王殺掉劉濞以謝罪。劉濞之子劉駒「亡走閩越」，慫恿閩越王騶郢攻打東甌。公元前138年，「閩越發兵圍東甌」。東甌王向漢廷求救，並請求「舉國徙中國」以避侵擾，得到許可。於是率部遷移巢湖，東甌國自此滅亡。

三年後，閩越王騶郢又發兵擊南越（今廣東），受阻後被其弟餘善殺死以求和。漢武帝應允，並下詔封未曾參與叛亂的無諸的孫子騶丑為越繇王，給餘善以「東越王」的封號，令兩王並處於福建境內。

公元前111年秋，同樣不服漢朝中央政權管轄的東越王餘善暗地裡聯合南越，公開反漢。漢武帝大怒，調集大軍從四面合攻。大兵壓境，餘善部屬反戈，

第二年越繇王居股等殺死餘善，並投降。武帝封居股為東成侯，並將其部族遷往江西九江。

　　漢武帝考慮到「閩越悍，數反覆」，為免除後患，下令將閩越的百姓遷往江淮間。對此學術界普遍認為，漢王朝不可能把閩越、東越之民盡遷江淮，必定有一部分躲避到山林深處，是為後世的「山越」之民；也有一部分人包括少數王親貴族流移到臺灣、澎湖等海島，他們知道阻止統一是不可能的，既然自己不想作順民，那最好漂泊海外。這真是——

　　此生念想無拘束，

　　亡命汪洋自隱瞞。

　　不說閩越地區從此人氣蕭條，發展進程中斷，且說那些逃往澎湖和臺灣的王室宗親，或許會尋找以往前來避難安身的族群。鄉音容貌應猶在，只是王氣已消。生活還得繼續，他們必須和前人一樣，盡快找到生存之道，只是在適應當地「射飛游牧」的習俗過程中，他們經歷了常人無法感知的亡國之痛。畢竟他們和兩百年前來到這兒的王室成員有所不同：前者屬隱居，是直接選擇了一個自由的去處；而他們則是戰敗後不得不找個保命之所。時代不同，心境也不一樣。他們只有在難得一暇的空隙裡回憶那曾經的雕欄玉砌，也會在端起田頭陶杯之時溜一眼風中弦月、夕陽西下。

　　據張崇根先生在其《臺灣四百年前史》中分析，這部分越人很可能來到臺南西海岸以及向東延伸到屏東縣車城鄉一帶。正是這些越人的到來，才引起臺灣南部文化的變異，比如到達屏東的史前居民製造了非實用性的陶偶，以及使用紅色帶釉的陶器，而陶紋卻是有別於臺灣其他地區的人形紋等。

三、十三行爛鐵釘

　　銅器若非渡海門[29]，臺灣落後幾年輪。

　　呼兒喚女尋石去，學做神山煉鐵人。

有關臺北十三行文化有兩個傳說：一是它的來歷，一是發生在那裡的部落故事。

相傳清康熙年間，臺灣商家借淡水河之利，在河口地帶經營與大陸之間的海路貿易。當時有十三家大商行分駐河口南北兩岸，其地名便因此被稱為「十三行」。現屬於新北市八里鄉轄地。

另一個傳說在臺灣廣為流傳：一千多年前，在十三行地區的少數民族部落中，一直保守著一個事關部落命運的大祕密，一個有關礦藏的祕密，但是誰也不知道它埋在何處，誰也不敢輕易踏入猛獸、毒蛇守護的險境。於是聰明美麗的部落公主便發出「英雄帖」：誰能幫部落破解這一謎團，誰便可成為公主的夫婿。於是四鄉八村的勇士、獵人結伴進山，前往搜尋，就在所有的人都疲倦退出之時，一位「打鐵達人」開始登場亮相……

你可能猜到了，這個傳說講的是關於找礦煉鐵的故事。

鐵，這個黑暗中的烈火，象徵著新世紀的光明；鐵，這個當時的高科技，代表了人類所憧憬的文明。拿現在的情景作喻，它相當於我們現代人發明了電腦網路，改變了我們的生活習慣和思維模式；它相當於我們現代人發明了宇宙飛船，帶領著我們去探索完全陌生的生存空間……

回到十三行文化的正題。1960年代，在淡水河口的南岸，臺灣考古界挖掘出陶器、鐵器、墓葬等各類豐富的史前遺物，該處遺址被命名為「十三行文化遺址」。該遺址的主人生存於距今約一千八百至五百年前，在文化上屬於臺灣古代時期的鐵器時代，是目前臺灣唯一確定擁有煉鐵技術的歷史居民。

1999年，考古學家臧振華在《臺灣考古》一書中指出，十三行遺址中的文物包括三十枚漢代到北宋年間鑄造的銅錢，最早的是東漢光武帝時（公元40年）所鑄的五銖錢。這些錢是何時透過何種途徑進入臺北地區的？臧振華認為，當時的十三行文化居民也與島內外其他人群（包括漢人）進行交易，交易物品包括漢人的青銅刀柄、銅器、銅錢和瓷器。這些文化居民很可能就是臺灣平埔族中

的凱達格蘭人。

迄止到東漢初期，中原地區不僅進入鐵器時代已經五六百年了，而且創造了無比燦爛的華夏文明。這種文明由於東夷族和越族的逐漸融入更顯得生機勃勃。而此時的臺北地區則由於東夷人和越人的移入剛剛進入鐵器時代。準確地說，整個臺灣地區大致在公元前後進入鐵器時代，而且是金石並用，其中鐵器尚被視為稀有物品。個中原因除了冶煉的「高科技」不普及外，還有就是與臺灣的鐵礦石主要分布在臺北地區有關。

鐵器時代，這些居民生活在臺灣本島的有四個地區，即臺北的十三行、西海岸中部地區的番仔園、臺南地區的蔦松以及東海岸花蓮縣的靜浦。這四個地區都處於原始社會的後期，彼此獨立的部落是當時的社會組織形式，其中十三行最典型。據《史前時期的臺灣》介紹，在十三行遺址中已發現煉鐵作坊三處，有鐵渣近一千公斤，還有附在陶片內壁上的鐵砂，據考古學家解釋，可能是用陶器盛裝高溫鐵砂所致。[30]此外還發現了煤塊和用來砸碎鐵礦石的石槌。

在地層中還發掘出高度氧化的釘形鑄鐵兩根，以及生鏽腐蝕嚴重的鐵成品，如鐵刀、鐵矛、鐵鋤等。還有一些生產工具，如銅匕首柄和銅鏃等。

也有一些學者根據碳14測定的年代和其他一些證據，推測十三行文化遺址這些煉鐵作坊、鐵渣可能是東吳偏將衛溫、諸葛直所率軍隊留下的遺蹟。這是後話。

實際上，十三行遺址中最多的文物是陶片，其中被稱為鎮館之寶的是人面罐。它是單把的折肩陶罐，上面有用刺點紋繪成的人面造型，眼耳鼻口俱全，表情生動，代表了十三行文化居民精湛的陶藝水平。據當地專家研究推論，這種出土於墓葬的人面罐其用途可能是用於宗教祭祀，平時不常使用。值得研究的是這個人面像是以誰為原型，是傳說中的人物，還是現實中的德望者？從雕像上，很像女性。

其實，上述四個地區並非處處都是鐵器的原產地，除了十三行遺址發現了煉鐵作坊之外，其他地區都還沒有類似的發現，也就是說其他地區的鐵器都是透過移民攜帶或是透過貿易而來。福州地方志上就記載了，當時東冶（福州）港的貿

易已很興旺，不僅與當時的臺灣和日本有聯繫，而且開闢了與東南亞、南亞、非洲等地的海上貿易航線，成為中國最早的貿易港口之一。

關於臺灣在進入鐵器時代之前，有沒有一個青銅時代，這方面史料不多。大部分學者認為，青銅器和銅製品都是從大陸透過交易而獲取的；也有少數學者認為，十三行文化居民曾製造過極為少量的銅器。

得益於商品交易和訊息交流，受大陸文明的直接或間接影響，臺灣在公元前後進入了鐵器時代。

注　釋

[1]. 玉山：位於臺灣中部，北起三貂角，南接屏東平原，長約三百公里。據新技術測得其主峰玉山海拔三千九百五十二公尺，不僅為臺灣最高峰，也是中國東部最高峰。

[2]. 張崇根著，九州出版社2008年2月版。

[3]. 關於臺灣海峽海水的深度，有多種說法，大陸書籍多稱，一般水深不超過一百公尺，其中四分之三的海域水深不足六十公尺，較淺海域水深一般不超過四十公尺。

[4]. 第四紀冰期又分四個冰期和三個間冰期。冰期來臨時，地球的年平均氣溫曾經比現在低10℃～15℃，全球有三分之一以上的大陸為冰雪覆蓋，海平面下降一百三十公尺。間冰期時，氣候轉暖，海平面上升，大地又恢復了生機。

[5]. 指臺灣海峽水位很低時，自福建東山島到澎湖、臺灣島有陸路相連。

[6]. 百越，這裡指渡海的各部越族人群；南島，指住在馬來等島嶼上的人群。

[7]. 參見1997年臺灣立人高級中學歷史考卷。

[8]. 獵頭：獵殺人頭，古臺灣一些氏族的風俗之一。

[9]. 意指當時人們的慾望取向發生了轉變，即從群婚制向一夫一妻制過渡。

[10]. 據報載，此例發生於四千五百多年前，一說四千六百年前。

[11]. 彌麟：古臺灣人互稱對方或自稱的一種方式。見《臨海水土異物誌》記：夷州「呼民人曰彌麟」。據明宋濂等編修的《正韻》解釋：「閩」字切成兩音，便是彌「彌麟」。此為閩越族人的讀法。

[12]. 尪：閩越古語，丈夫、夫君的意思。

[13]. 雲集：指東夷人汲取不同的文化因素。

[14]. 關於臺北圓山文化人的來源，許多考古學家和學者認為，圓山文化人還在大陸時就融合了浙江、福建兩地越人的不同文化。其中，學者張崇根和一些日本學者認為，圓山文化人與北方的東夷人有關。

[15]. 根據新的考古資料發現，學者林華東認為，有肩石斧及有段石錛最早是由珠江三角洲和浙江河姆渡遺址分別引入臺灣北部的。

[16]. 干欄建築與吊腳樓的最大區別在於干欄建築四面都懸空，而吊腳樓有一面倚著斜坡或有基石支撐。

[17]. 卉服：《尚書·禹貢》敘述了四千年前的中國地理。此篇中有「島夷卉服……織貝……錫貢，沿於江海，達於淮泗」的敘述。意思是說，這些沿海的島民們都穿著用草編的服裝，帶著鑲有貝殼的織料，受命每年沿著江海去交納貢賦。

[18]. 濁水：此處指濁水溪，其上游叫烏溪。

[19]. 麒麟：此處本意指臺東縣成功鎮麒麟等地區。

[20]. 《周禮·職方氏》記載：「職方氏掌天下之圖，以掌天下之地、辨其邦國。」

[21]. 見張崇根《臺灣四百年前史》。

[22]. 指卑南族人的男子自小進會所接受訓練。

[23]. 陶衣：把較細的陶土用水調和成泥漿塗在陶胎上，陶器表面留有一層薄薄的色漿，這種色漿稱「陶衣」。

[24]. 學者黃士強著書認為，澎湖紅陶文化大約在四千年前，但不知何故，

他們離開了澎湖。大約兩千多年的時間，澎湖地區人煙稀少，一直到宋代，漢人才自大陸大量移入。

[25]. 考古學家在澎湖六個鄉共發掘出八個同屬於細紋紅陶文化的遺址，它們與臺灣西南及南部的同類遺址並稱牛稠子文化。

[26]. 考古學家臧振華著書披露，臺灣中南部製作石器的原料——玄武岩來自澎湖，並發現澎湖七美鄉南港遺址是一處石器製作場。

[27]. 刻薄：指太高太嚴而難以達到的要求。

[28]. 沈瑩的《臨海水土志》後來散佚，其部分內容散見《後漢書》和《太平御覽》等文史書籍。臺灣地區有少數專家據宋朝的《太平御覽》記載夷洲「四面皆山」，推測夷洲是三國的夷洲，是指今天的沖繩群島，卻不願據更早的史書《後漢書·東夷傳》及其他古書上記載的「四面是山溪」，進行推斷。

[29]. 海門：泛指臺灣西岸的港口。

[30]. 黃俊凌著、林仁川主編：《史前時期的臺灣》第四章，福建教育出版社，2007年。

第二章 臺灣紀年時代的開啟（公元230年到1604年）——沿海民眾拓展生存空間，中原王朝謀求行使主權

東吳衛溫赴臺，帶著大陸王朝欲行主權的使命，雖然海風驟起，浪遏飛舟，但他的目光已打向遠方。其後的隋煬帝、宋時的汪大猷、元朝皇帝，還有明朝沈有容率水師驅倭保民，都顯示了王朝這樣的決心。

另一方面，中國大陸沿海的一些族群，出於逃避統治階級壓迫，或是出於冒險的性格，不斷地移民臺島，並與土著居民一起拓墾、經營，如晉時的白水郎，唐朝的施肩吾、明時的漢族流民和海商，都是這方面的代表。

本章講述從東吳衛溫初赴臺灣到荷人首侵澎湖前發生的重大歷史事件和重要人物。主線是中原王朝對臺灣的早期經略、遙制和直接管轄這一演變過程，同時也介紹了每一歷史時期有趣的或是特別的歷史現象。比如衛溫領軍治理臺灣整整一年，卻因為痢疾而前功盡棄；隋煬帝出於憤怒才出兵臺灣，又在洩憤之後撤兵；琉球人喜愛砍敵人的頭顱以炫耀；一把從中原血腥戰場流落到臺灣的劍繼續著自己的傳奇……

第一節 三國時臺灣風物

一、衛溫率兵赴夷洲及其命運

已啟雄心滄海進，卻遭瘟疫萬屍悲。

開邊歸客身先死，隔海壯丁空盼回。

　　三國時期，東南濱海地區隸屬於吳國臨海郡。由於與魏國在北部的爭鬥處於相持階段，東吳孫權只好南征。據福建地方志記載，早在公元208年，孫權便命大將陸遜率領號稱二十萬人的東吳軍隊成功占據福建，並留下部分將士進行管理、開發。東吳軍隊還先後征服朱崖與安南，即今天的海南及越南部分地區。緊接著，鋒芒畢露的孫權有意利用其水軍優勢拓海擴疆，目標鎖定在民間有來往但仍被稱為神祕之境的夷洲與亶洲。

　　大多數學者認為，夷洲就是現在的臺灣島。臺灣史學者郭廷以在《臺灣史事概說》中表示，東吳沈瑩所著《臨海水土異物誌》中「夷洲」的地理位置和自然環境，與現在的臺灣島無甚差別；特別是「山夷」的社會組織和生活習慣，與今天臺灣少數民族當時的發展水平及習俗正相吻合。從而印證了《三國志‧孫權傳》中衛溫等所到的夷洲便是今天的臺灣。

第二章 臺灣紀年時代的開啟（公元230年到1604年）——沿海民眾拓展生存空間中原王朝謀求行使主權

衛溫率船隊到臺灣，開啟了大陸與臺灣大規模交往的新時代（任小石 作）

　　大陸學者張崇根則有更細緻系統的論證。其中有兩點較能說明問題：一是根據考古發現，在距今一千八百年的新北市十三行文化遺址中，發現了三個煉鐵作坊，出土有成噸的鐵渣。這與衛溫一行到達夷洲的時間相吻合；二是臺北地區發現了三國時期吳國特有的指掌型古磚。《臺灣通史》作者連橫親眼見過這種古磚，他曾在《雅言》中詳說它的長寬厚，並表示它與《吳中金石錄》中所載的赤烏磚相似。據他表述，該磚當時被臺北博物館所收藏。學者吳壯達等人認為，這

幾可判定當時的夷洲就是現在的臺灣島。

中國大陸的中學歷史教科書一直沿用「夷洲就是現在的臺灣」這樣的觀點。

話說回來，孫權有意遣水師去夷洲，便問計大將軍陸遜，未料陸遜明確表示反對，說如此遠行則「風波難測，民易水土，必致疾病，今驅見眾，經涉不毛，欲益更損，欲利反害」。他主張在國內休養生息，以圖將來統一全國。本來，陸遜的話應該引起孫權的重視，至少也應該讓士兵在近海島嶼常做適應性訓練，但東吳南征的連連勝利讓孫權對平海的困難不屑一顧。

當時東吳的造船業十分發達。在建安郡（今福州）設有監管造船的官署，並分別在今天的浙江溫州市、平陽縣以及福建的連江縣等地設置造船廠。其中出產於連江縣的「五合海船」最為著名，它由五個巨型楠木板做成。

東吳的水師在當時的各國也處於優勢地位。首先是船隻體積大，如《吳書》上曾說，當時能載馬八十匹的還算小船，最大的船可載千人以上。其次東吳水師的數量多，有艨艟、樓船、鬥艦、走舸、運船等不同功用的戰船，更有聞名於當時的「明星級」船號，如飛雲、蓋海、赤龍、馳馬、長安、大舶、青龍戰、晨鳧等。樓船用於指揮，可遠攻近戰，相當於旗艦；艨艟就是專門用來撞敵人的衝鋒舟，兩頭裝上尖角，包上鐵皮；鬥艦稍大，四周建女牆，船內又建棚，適合近距離的廝殺；走舸是一種更加輕便的戰艦，用於快速襲擊，偵察敵情。據《三國志·吳志》記載，至東吳被滅前，共有各種船隻五千餘艘。

如果派這樣一支由數十艘大船組成的艦隊拓展荒蠻之島，豈有不成之理！

公元229年，孫權稱帝，封諸葛瑾為大將軍、左都護，領豫州牧。孫權有無徵詢諸葛瑾的意見，信史上沒有記載，但從孫權點將的兩個人來看，大約此事與諸葛瑾的舉薦有關。

公元230年，也就是孔明四出祁山伐魏的那一年。孫權派遣偏將軍衛溫、諸葛直率領約一萬名官兵浮海遠征夷洲，出征日選在當年正月二十四日，出征地點選在當時東南沿海政治經濟和對外交通的重心——章安縣（今福建臨海縣靈江北岸章安鎮）。出征之時，舉行了簡短而隆重的起航儀式，士兵們群情激昂，真可

謂——

　　白羽[1]思飛艦似填，

　　氣吞滄海鼓喧天。

　　艦隊揚帆出海，浩浩蕩蕩，自臺州灣東向南航行，開始尋找夷洲。一路上劈波斬浪，場面煞是威風。

　　衛溫祖籍豫州潁川（今河南許昌），疑為周文王第九子康叔之後。諸葛直的來歷也有爭議，大多認為是諸葛謹這一支的血脈，當時諸葛謹的長子諸葛恪已經二十七歲。

　　從這次遠征所遺留的東吳指掌型古磚等物證，史學家推論：吳軍當初是從臺灣北部的淡水溯江而上，來到新店溪流域。

　　臺灣人所使武器是石刀石劍或是骨角，而吳軍的武器都是「高科技」的鐵製兵器，早在春秋時期，吳戈、寶劍便聞名於世。但是，吳軍登上臺島時，頑強的島民卻並不畏懼，他們與強大的吳軍展開白刃戰，終因武器低劣而戰敗。因此，衛溫率軍以極少的傷亡代價征服了夷洲。但吳軍在臺灣立足未穩，便遭受到幾乎是滅頂之災的非戰鬥性減員的重創，這就是水土不服。由於缺乏醫藥，疾病叢生，《三國志·吳志》稱「士卒疾疫死者十有八九」。唐代詩人陳陶有云：「可憐無定河邊骨，猶是春閨夢裡人。」此句用來形像這些士兵妻子枉然盼歸的心情，也是恰當不過的。

　　既然水土不服，為什麼要在臺灣「軍行經歲」，逗留一年多呢？具體原因史書上語焉不詳。後人據史料推測：衛溫認為水土不服是暫時的，他們必須堅持下來，打擊盜匪，安撫民眾，組織開發，把臺灣建設成為一個攻占亶洲的補給地、根據地，並留駐臺灣，在臺灣行使主權，這是他們此行的任務。他們在盛產銅鐵礦石的基隆和淡水地區建起三個大型煉銅煉鐵作坊，以生產兵器；他們就地取材建起了窯場，用窯場燒製出東吳特有的赤烏掌型磚，蓋起了許多兵營，用以鎮守。此外，他們征服了臺灣北部許多地區，與臺灣人進行了廣泛的接觸，但由於彼此言語不通，因此常引起民間的誤會。他們對當地的自然狀態和社會面貌進行

了實地考察，比如哪裡的部落彼此互不統屬，哪裡的地形是有盆地有山地等。

雖然條件惡劣，但衛溫和諸葛直還是克服困難，在沿河歸順的村落確認了長老代行管理。有關政治、經濟、軍事、行政上的管制、管理，以及文化上的交流，現在已無從細考。

就在衛溫和諸葛直苦心而艱難地經略臺灣之際，不料，夷洲的風雨雷電讓這些心存高遠而準備不足的將士嘗到了苦頭。臺灣山島多濕且多瘴氣，環境惡劣，據史料記載，即使到17世紀，臺北盆地還「草叢高過人頭頂……大蛇吞食小鹿」，一片荒蠻。習慣於大陸條件的東吳將士一時無法適應海島的氣候，特別是瘴氣和水土不服，使他們患病後成批地死亡。由於疾病傳染未得到控制，而且越演越烈，士兵們思鄉心切。衛溫與諸葛直合計：長此以往，所剩將士不足以堅守夷洲，弄不好會因疾病和夷洲人的反抗而全軍覆沒。最終他們不得不放棄已經營、堅守一年的臺灣，沒有也無法請示孫權便打道回程。

或許是損兵折將太甚，怕回去不好交差，或許是證明自己確實征服過夷洲，衛溫、諸葛直決定徵用當地人補充兵源，最終設法「得夷洲數千人還」。因此，後來一些史學家認為，孫權派衛溫去臺灣是為了抓壯丁，這是不對的。我認為，抓壯丁不是初衷，而是衛溫的無奈之舉。

這些古臺灣人最終被集中安排一處，還是分散分給高官為奴，無從得知。但在閒暇時悲切地思親，應是人之常情。正如一千七百多年後，臺灣老兵思念大陸親人一樣。荒芒有詩：

登高不向海，勞作為眠休。

夜起何驚異？窗含月似鉤。

衛溫、諸葛直鎩羽而歸，使東吳的拓海計劃自此破產。孫權既後悔又生氣，後悔未聽陸遜之言，氣憤衛溫他們沒有盡力完成任務，遂以「違詔無功」之罪將他倆投入獄中。可嘆一代開邊英豪未戰死沙場，最終死在短視君主的刀下。

衛溫渡臺，雖然以失敗而告終，但它是有文字記載的大陸王朝最早經略臺灣並顯示主權的行動。它促進了大陸人民對臺灣的瞭解和開發，加快了臺灣地區從

石器時代向鐵器時代過渡的步伐。此後，臺灣便被宣稱是臨海郡的一部分，這只是孫權平衡心中失落感的一種辦法。

二、將軍沈瑩首記臺灣

訪談非是記無聊，隔海風行草木嬌。

太守閒來玩雅興，卻成青史比風騷[2]。

沈瑩，三國時期吳國人，生年不詳，死於晉太康元年（280），也就是司馬昭之子司馬炎稱帝的那一年。生前曾為臨海郡和丹陽郡太守。[3]

據史料記載，大約在264年至280年間，沈瑩寫過一本書，名叫《臨海水土異物誌》，具體生動地記述了「夷洲」也就是今臺灣的地形、氣候、土壤、植被、農業、漁業、民俗風情等。書中記載，臺灣「在臨海東南……四面是山溪，眾山夷所居……人民各自別異……土地富饒，既生五穀，又多魚肉……能作細布」；「女已嫁，皆缺去前上齒」。

大陸看臺灣歷史

東吳太守、《臨海水土異物誌》作者沈瑩將軍（任小石 作）

　　此書雖然已經流失，但其核心內容記載在由翰林學士李昉奉詔主編的北宋四大部書之一《太平御覽》的第780卷，《資治通鑑》第71卷「魏紀三」也注引了此文，全文共約五百字。

　　從所記內容來看，這是當時最完整的有關臺灣的文字介紹。如果說數十年前衛溫遠征打破了人們對海島的神祕感，那麼，《臨海水土異物誌》則使人們對夷洲情況有了更多的瞭解。

據報載，《臨海水土異物誌》所記夷洲的自然條件與今臺灣省北部現狀吻合，而所記當時臺灣人的風俗習慣等也可從今臺灣省高山少數民族中找到。比如「夷王」稱呼部落成員特別是已成丁的未婚青年為「彌麟」，也就是後來臺灣西海岸平埔族所稱的「貓鄰」；他們有缺齒、獵頭、男人穿耳等習俗。

從沈瑩的文中可看出，當時的臺灣人還處於原始社會母系氏族公社階段，以氏族或部落為單位從事生產和生活，氏族或部落首領就是當地的「夷王」；生產力低下，雖有銅鐵，但不知利用；他們喜食醃製的魚，等等。

據《吳志·孫亮傳》、《晉紀》、《晉書·地理志》及《宋志》等記述，「太平二年（257）春二月……以會稽東部為臨海郡」；又，「丹陽太守沈瑩率眾三千濟江……沈瑩領丹陽銳卒刀盾五千，號曰青巾兵……」資料表明，東吳沈瑩率領的五千精兵，全是山越之民，是專門負責治理閩浙沿海和東夷島嶼的政事，而沈瑩則是當時統率越民軍的太守。

對於沈瑩為何能寫成這部介紹臺灣的第一書，因為史料缺乏，已無從考據。史學界有兩種說法：一是沈瑩當初曾作為士官參與了衛溫征服臺灣的戰鬥，或是作者沈瑩曾深入臺、澎地區進行過調查研究，親自目睹和考察了當地的風土人情；二是沈瑩透過採訪歸來的官兵及被擄回的夷洲人而寫成此書。

想來，第二種說法更可信，因為沈瑩不可能親歷遠征。一是在他寫的文字裡沒有關於他在夷洲當地現場採訪和觀察的記錄；二是年代不符。從公元230年遠征到公元280年沈瑩在丹陽太守任上戰死，其間已有五十年的跨度，以當年赴夷洲士兵為二十歲計算，假設沈瑩當年去過臺灣，那麼到他戰死時應該為七十歲，七十歲還任太守，這與當時吳國的相關規定不符。

沈瑩寫此書的動因是什麼？記錄遙遠而又神祕的異域，其目的是什麼？有人說他是想為歷史存檔，或是想迎合世人獵奇的心理而成就自己的修史之名。這些說法都有失偏頗。真正的原因是，沈瑩作為左將軍兼東海前沿的地方太守，有心完成前輩衛溫、諸葛直的未竟事業，實現先王孫權曾經規劃的開疆拓土的政治遺願。因此他未雨綢繆，蒐集整理相關的地理資料，以備自己平時溫習和他日渡海所用。誰料新君無意進取，吳國江河日下，此書便退為史料。

公元280年，西晉乘吳主孫皓貪暴、人民怨聲載道出兵來攻，沈瑩與右將軍諸葛靚一起協同丞相張悌，出兵牛渚以接應吳國的都督伍延。晉軍攻勢很猛，吳軍本來就人心渙散，一遇晉軍猛攻便望風而降，伍延制止不住，被俘而死。沈瑩建議不可渡江，以逸待勞與敵決戰，如此或許能勝，否則，一旦失敗，則吳不保。話音未落，或報晉軍已順江而來，勢不可當。在生死關頭，沈瑩與丞相張悌選擇為國殉職，戰死沙場，而不作逃遁計。《三國演義》一百二十回中對此有細說：

靚謂悌曰：「東吳危矣，何不遁去？」悌垂泣曰：「吳之將亡，賢愚共知；今若君臣皆降，無一人死於國難，不亦辱乎！」諸葛靚亦垂泣而去。張悌與沈瑩揮兵抵敵，晉兵一齊圍之……

沈瑩最終死於戰場，向世人展示了一名將軍的忠勇和無畏的英雄氣概。如果說他的「死有氣節」為他迎得了一時的英名，那麼，他的不為時人所知的《臨海水土異物誌》卻為他贏得了千秋功名。《臨海水土異物誌》彌補了《三國志‧吳志》對於臺灣記載的不足，為後人研究兩岸交往史提供了寶貴的資料，成為臺灣有明確紀年的標誌。

三、夷洲風情意如何

男兒醉酒骨為矛，織女拔牙最是嬌。

木鼓一敲齊赴會，獵頭高掛數英豪。

夷洲民、山夷、夷，是距今一千七百多年前三國吳國人對居住在今臺灣島上的民族的稱呼，《三國志‧吳志》記載，當時的臺灣人經常渡海到會稽（今紹興）出售其自織的細布、斑文布。臨海郡的人在海上作業時，遇有風暴，經常到臺灣避災，亦有移居臺灣者。因此有史家據此史實認為，一千七百多年以前臺灣與浙江、福建等沿海地區同屬三國時吳國的臨海郡。

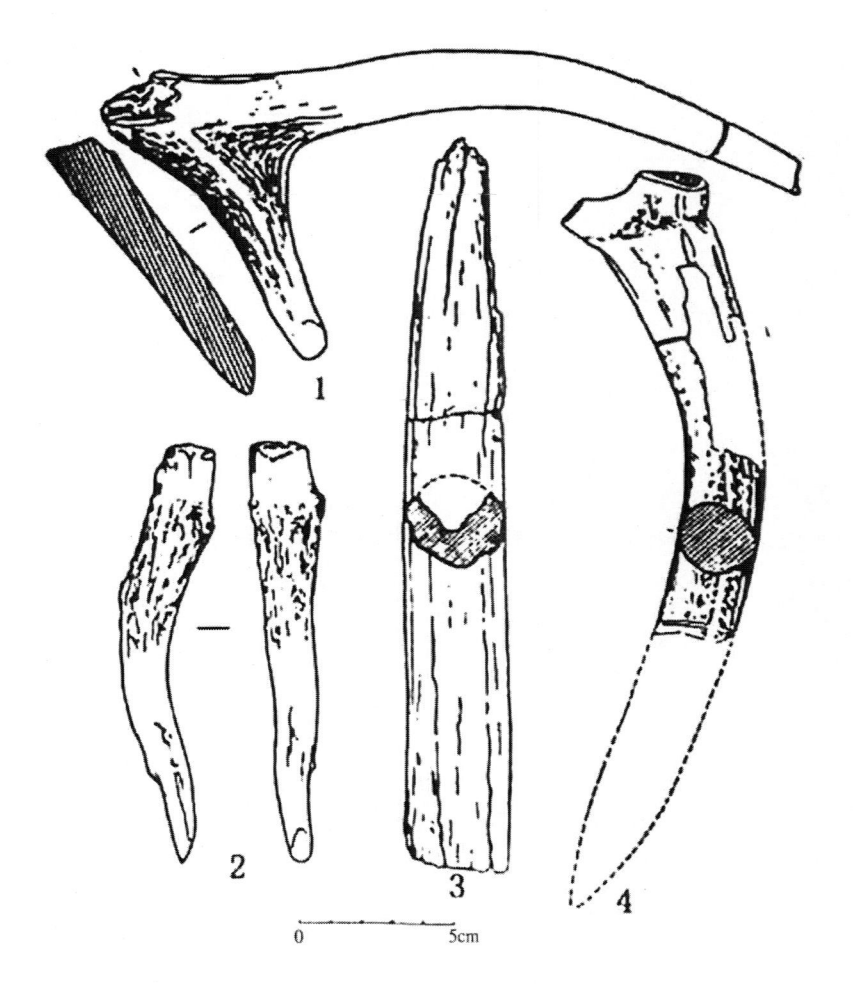

1、2. 式鋤　3. 矛形器　4. 殘角器

臺灣史前文化時期鹿角示圖（採自張崇根《臺灣四百年前史》，2007）

臺灣族群的社會生活和風俗習慣具體如何？沈瑩撰寫的《臨海水土異物誌》「夷洲條」有交代，此條目現僅存五百字。根據此文的輯注本，特翻譯整理如下：

臺灣在臨海郡東南，當地氣候炎熱，沒有霜雪，草木四季常青。四面都是山

溪,是各族群居住的地方。山頂上有逃難後居此的越王的箭靶,是白色石頭做成的。

臺灣人沒有統一的社會組織,以氏族和部落為單位,從事生產和生活,互不干涉。

男人都剃去頭髮並且有穿耳洞的風俗,而女人不用穿耳。所建房屋,周圍都種有帶刺的樹木作為藩障。此島土地肥沃,既生五穀,又多魚肉。

女子善織細布,也能紡出帶有斑紋的布匹,這種布內有徽記,有紋理,裝飾性很好。

當地也出產銅鐵,但很少作為武器的,戰鬥時只用鹿角作矛。箭頭和刀斧都是用青石磨製而成。他們將珠貝貫穿後作為裝飾品。其飲食不注重清潔衛生。為在炎熱氣候中保存食物,他們把魚肉醃在大陶罐中,經歷一個多月,便可食用,這種食物被當作招待客人的佳餚。部落領袖稱呼已成丁的未婚青年為「彌麟」。首領召集民眾時,用木棍敲擊中間掏空的長木頭,聲音像鼓一樣可傳四五里遠,居民聽見後紛紛趕來。

打仗時將敵人的頭砍下來,掛在院中的大木杆上,幾年都不摘下來,以彰顯自己的戰功。

吃飯時他們的習慣是面對面地蹲著或坐著。

他們用粟造酒,用木槽貯存,用高約七寸的大竹筒舀著喝。他們常以唱歌的方式進行娛樂,但歌聲聽起來很淒厲。

男女婚嫁由父母決定,女孩子出嫁後都要打掉上面的一顆門牙。

浙江南部和閩北沿海的移民,大都依著深山建屋,其建築形式是干欄式。他們的居處、飲食、衣服、被飾等都與夷洲民很相似。比如父母死亡需殺狗祭奠,用長方形的器皿盛屍。飲完酒,歌舞結束後,仍然把棺材懸於高山岩石之間,並不採用土葬的形式。這些移民,男女都不穿鞋。今天的浙江瑞縣、福建福安縣的民眾是他們的後代。他們都喜愛吃猴頭羹,以菜相伴可醒酒,美味超過許多肉食。

第二節 兩晉南北朝時臺灣風物

一、孫恩盧循起義波及臺灣

流蕩難逃稅萬重,揭竿蘿斷向臺澎。

颱風吹散雲還聚,天性海鷗任去從。

兩晉時期大陸與臺灣本島幾無直接交往的記錄。可以明確的是,金門開發於一千六百年前的東晉。當時北方處於連年戰亂和災荒之中,占北方總人口八分之一共九十萬人南遷。東晉末年,劉裕北伐,中途為奪皇位而退回,關中、河南得而復失,流民爭相南渡避居東南海島,其中包括金門。至今,金門的民間信仰和喪葬、敬祖等民俗都遵循著中原古禮。史學界有人認為,極有可能有族群繼續南渡至澎湖。

其實兩晉時,大陸與臺澎地區的聯繫只會更多。其中孫恩、盧循起義的影響最能說明問題。

山東瑯琊人孫恩南遷浙江後,於公元399年,率領貧苦百姓起義,起義軍自舟山群島登陸,連敗官軍,八郡紛紛響應。孫恩先後兩次進攻首都建康(今南京),未果,再次退入海島。402年,孫恩舉軍第四次登陸進攻臨海失敗,投海自殺。餘眾大部分由其妹夫盧循率領,少數乘舟散落諸島,有人認為可能有飄落臺島者。

次年盧循與東晉大將劉裕戰在金華、溫州和福州,連打三仗,都未取得勝利。最終盧循聽取起義隊伍中白水郎(即船民)的建議,率軍乘船穿過臺灣海峽。行進中有浙江籍的將領建議占領臺灣,並以臺灣為基地,從長計議。此建議被急於報仇、志在推翻東晉王朝的盧循所否決。

公元404年,盧循從珠江口登陸番禺,後攻占廣州。410年,盧循率軍向首都建康進擊,一路上十萬義軍鬥志昂揚,勢如破竹,但由於盧循在進攻首都時優

85

大陸看臺灣歷史

柔寡斷，延誤了戰機，最後在回撤時連連失利。公元411年農曆三月，盧循攻番禺不下，轉至交州，一個月後，兵敗自殺。

這些義軍中的主力首數三吳[4]、紹興地區的佃農，其次是東南沿海的白水郎。兩晉時期，福建沿海的白水郎，常被抓去充當官府的造船工匠並代替軍士耕種屯田。

「作活每常嫌費力，移居只是貴容身。」痛恨壓迫和奴役的白水郎總是想方設法脫身，加入海上的逃亡大軍。而當孫恩、盧循起義時，他們聞風而動，欣然參加，而且是隊伍中最頑強的一部分。起義失敗後，他們或留在廣東、福建沿海的島嶼上，或輾轉於臺澎地區。

白水郎向來以反抗壓迫、崇尚自然著稱

成書於南朝宋時的《太平寰宇記·泉州風俗》載：「泉郎（白水郎），此州之夷戶……即盧循之餘……散居山海，至今種類尚繁。其居止常在船上，兼結廬海畔，隨時移徙。」

有史家認為，起義失敗後有部分浙江籍的農奴和佃農因無地和恐懼不敢再回到原籍，而是乘船渡過臺灣海峽，幾經輾轉與早在一千多年前就生活在那裡的「老鄉」匯合。

這個地點就在臺中地區。

1990年代，考古學家在臺灣西海岸中部的臺中縣大甲鎮番仔園一帶發現了幾處遺址，據《臺灣四百年前史》敘述，番仔園遺址是在公元370年至530年之間。專家分析，番仔園人最大的特點是埋葬死者時採取俯身葬，這與其他地區大為不同。在發掘出的十六座墓葬中，包括一個六歲小孩，都行俯身葬。他們中有的頭部圍繞著鵝卵石，或套進陶器，有的腰背部壓著木炭和大石頭。這有可能表明死者的特殊身分，也有可能是對非正常死亡者所採取的壓勝做法。因此有專家認為，古人之所以採取俯身葬法，是為了讓死者特別是非正常死亡者盡快去往陰曹地府，以免再回陽間作祟；也有專家認為，俯身葬法是為了更好地讓死者背著祖先來與家人相見。

俯身葬習俗在臺灣地區只有番仔園一帶獨有，它的源頭在大陸，這是兩岸學者、考古學家的共識。黃士強、何傳坤等認為，番仔園文化的源頭是浙江紹興地區發掘的良渚文化；張崇根認為，番仔園文化主人是來自太湖地區馬家浜文化的後代。

孫恩、盧循起義的主力正是來自良渚文化區域和太湖地區的農奴，這些縱橫四海、不甘壓迫的英雄們怎麼也沒料到，在臺灣還有一個與他們說著同樣方言的先輩遺族，正是這一與臺灣平埔族稍有融合的氏族伸開雙臂接納了他們。在這裡，他們過上了相對安定和富足的海濱生活。他們的勞動方式也有所改變：除了

熟悉的打魚技能，他們還向當地族群學會了圍獵，尤其是女人融合了當地的紡織技術。這真是——

陶輪[5]緩動線出匣，縷縷春暉配韶華。

不負碧波常出沒，游嬉漁獵是村娃。

二、流落臺灣的劍

英雄出土震臺南，陶罐如新劍鏽癱。

陶罐只為人間愛，劍帶血腥怎比攀。

　　1500年前，在臺灣臺南縣出現過一位劍客。他的音容笑貌已無人能說清，有關他的情況也不太清楚。只知道他常出沒在曾文溪流域，尤其古臺南地區的海邊集市，更是他淘換兵器的理想之處。他自小學武，長大了也沒有一件趁手的兵器。他的心中一直思念著一把長劍，可是一直未能如願。夢想中的這把寶劍隨著他的長大更加清晰：它是一把長六十公分的圭形寶劍。為找到它，他走遍了臺中和臺南，但由於兩個地方均無煉鐵場所，偶有鐵鏃和鐵網墜等小型鐵器，大多是與臺北地區交易而來。於是他決定長途跋涉，前往臺北十三行這一臺灣鐵器時代的科技中心。途中他經歷了九死一生，見證了部落之間的殺伐，戰勝者炫耀著他們的戰利品——人頭；他見證了部落為少男少女舉行的成人禮——無麻醉拔牙；他見證了各種各樣的葬禮。他經過艱辛的探訪終於找到了這把寶劍，從一開始使用時，就得心應手，可謂人劍合一。

　　在回家路上，他內心激盪，自覺擔當除惡揚善、化解民間衝突重任，此行為為他贏得了諸多部落的敬重。也許他也有過力不從心的時候，比如在經過泰雅族聚集的村莊時，遭遇一群渴望得到「獵頭」（指敵人頭顱）以求得結婚資格的泰雅族少年。因言語不通，他們交起手來，少年們持石刀爭相攻來，劍客持劍或擋或削，將石刀化為數段。少年們羞忿憂懼之下，呈扇形分開，搭弓射箭，再看劍客舞起長劍，用劍光裹住自己，光圈之外，石鏃化為煙塵火星。總之，他制服了

這些渴望建功的莽撞少年，但令他遺憾的是，他不能說服當地的部落長老放棄獵頭、面紋的習俗。即便如此，也不能改變他的願望：寶劍在手，就要讓它成為一件制止流血、護衛生命和善良的法器。

其實，這把寶劍並不是臺北地區鍛造的，而是來自於大陸，是透過南安郡（郡政府設在今福建省南安市豐州鎮）的海船來到「海上絲路」的第一站——臺北地區。至於這把劍的來歷、它的主人以及它曾見證了哪些重要事件，無人得知。也許它來自南北朝的中心城市——建康和洛陽，它見慣了虐殺和鮮血；也許它在這些瘋狂的人手中，也曾是嗜血成性的凶器。

不說它見證了後趙國王石虎殺死兒子石宣一家，雖然最疼愛的六歲孫子苦苦哀求，終不得寬赦，劊子手當頭就是一刀，小小的腦袋頓時鮮血噴湧，小小的手裡還緊攥著爺爺的半截衣帶；也不說它見證了中原地區五胡中匈奴、羯、氐、羌四族所建的十多個國家及其族人全部在虐殺中滅絕；更不說它見證了宋、齊兩朝共出現了九個暴君，他們共同的做法是根除前朝的血統，以及肅清身邊的宗親。

殺人和被殺的絕不僅是皇族，在那個舉國瘋狂的殺虐中，最悲慘的還是充當工具的士兵和無辜的百姓。資料表明，此時中國的人口從南朝初年的六百九十萬銳減了一半以上。

倒是大陸東南一帶因遠離戰場而成為烏雲夾縫中的亮點，成為中原百姓冒死前往的樂土。而北方的文化和工具也被帶往了南方，這就是為什麼當時中國人口凋零，文化、藝術和科技卻超速發展的原因。當時「海上絲路」的運作更多地帶有走私的成分，而那把寶劍正是不知倒了多少次手才來到臺灣。

相對於當時的大陸南部，臺灣算得上樂土。各部落語言、文化的迥異使臺灣從未產生過一位統一全島的英雄。他們各自安於一隅，抑或根本無實力吞併其他部落。那位劍客最多也是在若干個漢族部落間，才能有所作為。

這把劍是真實存在的。2006年臺灣南科考古隊在臺南縣新市鄉挖出了這把距今一千五百年的鐵劍。鐵劍與一具十八歲男子的墓葬遺骸一同出土，劍長約六十公分，劍柄已經腐爛，劍身也因氧化而鏽蝕得厲害。據考古隊負責人朱正宜指出，南科考古隊在臺南縣挖掘多年，至今也只有不到二十件完整的小型鐵器出

土。至於這把被稱為「臺灣第一劍」的來源,他認為,該地區尚未發現煉鐵的遺址,加上煉鐵需要高溫,技術需求高,因此推斷鐵劍應是外來的。當時的男性都有配刀劍的習慣,但鐵器非常珍貴,能夠配鐵劍者或可證明他的特殊身分。但這位勇士為何年紀輕輕就死於非命,目前尚不得而知。

再鋒利的寶劍也抵不上歲月的侵蝕,再無情的歲月也阻止不了英雄的流芳。

第三節 隋朝時臺灣風物

一、喜愛砍人頭的琉球人

刀耕火種粟為先,酋長行藏有洞天[6]。

才下浮標聞號角,蛟龍呼嘯共圍殲。

自隋朝及其以後,約七百年間,臺灣在歷史文獻中進入了「琉求」[7]時代;歷經隋、唐、五代、宋、元數朝。《隋書》之《琉求國》條稱:大業六年(610),「……帝(隋煬帝)遣武賁郎將軍陳棱,朝請大夫張鎮洲率兵自義安浮海擊之(琉求國),到高華嶼,又東行二日至鼊嶼,又一日便至」。

根據《潮州府志》關於潮州的沿革記載:隋文帝「開皇」九年,省義安郡置潮州,隋「大業」三年復改為義安郡。由此可知,陳棱當初是從潮州出兵琉求的。

琉求是哪裡?據連橫在其所編《臺灣詩乘・卷四》中對這段文字的考察和解釋:「夫琉求者,臺灣也。高華嶼則今之花嶼,而 鼊嶼為奎壁嶼,二者均在澎湖。

《新唐書》卷四十一志第三十一的「泉州清源郡」一條中,對琉求國去程的

記載更詳細:「自州（泉州）正東海行二日至高華嶼,又二日至 鼊嶼,又一日至琉求國。」

其實,琉求這一稱謂在當時特指隋軍所到過的臺灣西南部地區。當時的臺灣還處於原始社會後期的部落聯盟時期,由部落聯盟大酋長和部落首領管理行政事務。為了擴張並保衛本部落的土地和人民,臺灣人推選族群中最勇敢的人擔任軍事首領。據《隋書‧琉求傳》記載,歡斯渴剌兜是一個部落聯盟的大酋長,歡斯是姓,渴剌兜是其名,部落的人都尊稱他為「可老羊」,他的妻子叫「多拔茶」。歡斯所居住的叫「羅檀洞」,周圍有三圈壕溝柵欄,羅檀洞的房屋多達十六間,室內鑲有精美的雕刻。

歡斯大酋長出行時乘坐木製的獸形車,左右各有一些扈從推車前行,而開道的人多達數十名之多。各部落首領所乘木輪車要小得多,車的外觀也是獸形。那陣勢正如下句描述:

木獸行街雷電過,

扈從徒步快如狼。

隋朝時臺灣人的生存狀況如何?筆者根據史料記載歸納翻譯如下:

第一,古臺灣人大都體格健壯且善於奔跑,他們天性好鬥不怕死。按照部落的約定,氏族之間發生武力衝突時,其他氏族不可前往救助。戰鬥時雙方各出三五個勇士上前跳罵,隨後相互攻擊或投擲標槍。如一方戰敗,為其搖旗吶喊的族人便作鳥獸散,全部逃之夭夭。隨後派出勇者向對方承認失敗,在求得和解之後,給本族的死者收屍,並聚眾吃掉死屍,把骷髏頭獻給部落聯盟大酋長。大酋長就賜給他一頂帽子,這是一種榮耀,一種認可,領帽者往往會成為氏族的新任首領。

臺灣人作戰時使用的武器主要是刀、劍和弓箭等,這些武器大多是用骨角製成,鐵製武器很少也很小。臺灣人當時已經發明了鎧甲,只不過鎧甲的材料不是鐵而是苧藤和熊豹皮。

第二,臺灣的賦稅、刑法,由部落長老或部落代表會議決定,大酋長和各部

落首領並沒有獨斷專行的權利。部落平時不收賦稅，即使遇到部落有事不得不收稅時，也是按照公平的原則來平均收稅。用刑沒有固定的標準，都是臨時定奪。具體做法是，犯罪者先由部落首領定罪，如有不服者可上訴部落聯盟大酋長，由大酋長責成屬下議定裁決。罪輕者將被捆綁，杖責坐牢；罪重者將被鐵錐鑽頂而死。

第三，臺灣人有語言無文字，不知曆法。他們根據月亮的虧盈來確定時節，根據草木的枯敗來確定年歲。

第四，臺灣的自然資源很豐富，不僅包括山上的各種樹木、動物，還包括海裡的魚蝦貝螺。經濟以燒墾農業為主，石鋤仍是臺灣人的生產工具，作物有稻粟黍麻和各種豆類，這也是古臺灣人食物的主要來源。另外，他們還上山打獵，並將捕獲的野豬、野雞飼養起來；他們會在閒時下海捕魚，以豐富自己的「菜籃子」。

第五，居處和衣飾方面的情形。古臺灣人「深目長鼻」，部落首領與部落成員之間不分等級，因此不存在跪拜的禮節。由於住房並不寬敞，因此一個家庭中，父親往往與未結婚的兒子合睡一張床。

古臺灣人用木槽盛海水曝晒來取得食鹽；用樹木的樹液作成調味的醋；用米和麥子釀造清淡的酒。他們吃飯的方式很特別——用手抓飯。

古臺灣人不管男女都用白苧麻繩纏髮，具體纏法是用麻繩紮好辮子，然後從脖子後盤繞到額頭。男女都配帶有帽子，但各有講究。男人的帽子是用鳥的羽毛做成，上面裝鑲有珍珠和貝殼，並用紅色的羽毛裝飾；婦女的帽子則是用帶有羅紋的白布做成，其外形呈正方形，且套上了鏤空的獸皮，色彩斑駁。

古臺灣婦女對衣飾很講究。她們的上衣綴有不同顏色的獸毛和海螺；下衣鑲上小貝殼，行走時貝殼的撞擊聲如同珮玉；耳上佩有玉墜，手上戴有臂鐲，脖子上掛著珍珠。婦女編織的斗笠很特別，不是用竹子為材料，而是用蔓藤來編織，並用鳥獸的毛作裝飾。

第六，臺灣人置辦紅白喜事時，有著獨特的風俗習慣。男女雙方兩情相悅，

男方可直接上門表明心意，無須顧及什麼禮教。當然，結婚前男方需準備一些酒菜和珠貝作為聘禮。按照當地風俗，婦女生完孩子後，一定要煮食自己的胎盤；為了使自己的體形盡快恢復，她們會在屋裡生火蒸三溫暖。

臺灣人的喪葬習俗是，在死者將要斷氣時，把他抬到庭院之中，親友哭泣之後，替死者洗浴淨身，然後用長布纏繞屍體，再用葦草裹住，直接埋入坑中，地面上無須起墳。如果死者是老人，其子女在幾個月之內不可以吃肉。

紅白喜事常常伴有宴會歌舞。宴會中，客人必須要等到叫到自己的名字時才能飲酒，這一點就連部落聯盟大酋長也不例外；在歌舞表演時，往往是一人唱眾人和，歌聲哀怨，邊唱邊搖手踏腳。

第七，有些習俗已經關乎他們的原始宗教和信仰。他們信奉山海之神，平時用酒肉祭奠，戰時用所殺之人來祭神。具體做法是，將死者頭顱懸掛在樹上，並以此為靶用箭射擊，旁邊壘起石頭繫上幡布作為神靈。大酋長會以擁有眾多的骷髏為榮，而尋常百姓家的門上必定都掛有獸頭骨角。

另外，男子常拔去鬍鬚和鬢角，除去身上的毛；婦女用墨在手上刺青，其圖案都是蟲蛇。

二、隋煬帝發兵征琉球

君王拓海尋常事，黷武窮兵最是癲。
風破水天難照影，卻羞丟臉[8]水之邊。

隋朝在征服閩中過程中建立了一支海師，這支海師巡邏於臺灣海峽，有人發現遠方有陸地罩著煙霧，這就是臺灣。公元605年，隋煬帝命朱寬到海外求「異物」，朱寬請教海師長官何蠻，後者便告訴他說：東邊的海島叫琉球，但不知有多遠。公元607年，一心想有所作為的隋煬帝下令羽騎尉朱寬與何蠻一同入海「求訪異俗」，就是瞭解風土人情。經過艱難的航行，終於到達臺灣，因「言不

相通,掠一人而返」。

隋煬帝東幸圖(古畫)

第二年,隋煬帝又令朱寬前往「慰撫」表示關心照顧,但臺灣當地酋長不從,僅取得他們的布甲而返。隋煬帝感到失卻了顏面,大為惱怒,決定武力征討。

此間國內矛盾因隋煬帝營建東都、開鑿大運河的勞民政策,以及幸遊江都時的鋪張揮霍而日益激化。雖然民怨沸騰,但是「奈何昏王心,不覺此怨尤」。轟轟烈烈的農民起義正在緊張的醞釀之中,但隋煬帝當時的心氣很高,就在南北大運河鑿成的公元610年,隋煬帝作出了向東部擴邊的決定,其中包括臺灣和遼東(包括朝鮮半島)。真是「荒娛未央極,始到滄海頭」。

大業六年農曆二月十三日,即公元610年3月13日,隋煬帝派遣武賁郎將陳

棱、朝清大夫張鎮周率領來自東陽（今浙江金化、永康等地）的將兵一萬餘人第三次去臺灣。時值清明節之前，臺灣海峽只有東北季風或西北風，以及自黃海南下的寒流。陳棱一行自廣東潮州揭陽起航向琉球（臺灣）進發，先是循海岸航行，然後經福建的東山島，再到澎湖的花嶼（高華嶼）、奎壁嶼（今馬公島），又東行三日到臺灣本島。

陳棱一行登陸的地點在哪裡？

史學家張崇根認為，以當時的風向、海流看，陳棱一行只能在臺灣本島西南部的一個叫北港的離島登陸，或稱大員港，即今臺南市安平所在地。

當時有十一個離島自北向南排列，其中第五個島叫一鯤身，就是北港所在地。這些離島與岸邊有一個東西寬約三千公尺、南北長達十五公里的大海灣又叫臺江，可泊數百大船，北港的對岸就是當時位於海岸上的臺南市。這個臺江在一千兩百年後消失了，在嘉慶、光緒年間，兩場大雨讓曾文溪帶走大量泥沙，臺江終變成了一片桑田，這是後話。

陳棱率大軍的一部分在今天的臺南安平鎮登陸，「琉球人初見船艦，以為商旅，往往詣軍中貿易」，隨即發現不對，連忙回撤，但已來不及。隋軍以風捲殘雲之勢一路殺掠，離島上的土著居民紛紛逃匿。陳棱又率大軍橫渡臺江，在今天的臺南市登上臺灣本島。

傳說中當地土著曾與隋軍有過短暫貿易（古畫）

　　根據魏徵等人撰寫的《隋書》介紹，以及兩岸史家對現在世居少數民族的分類來看，陳稜大軍接觸的人以一族為主，也有其他族人，也就是臺南和北港兩地的臺窩灣族人以及臺南以南地區的排灣人。

　　陳稜派一位被稱作「崑崙奴」的隨軍翻譯前往「羅檀洞」，要求大酋長歡斯渴剌兜投降，遭到嚴詞拒絕。

　　歡斯領導的部落聯盟，共有「四五帥」，也就是由四五個部落組成。對應的地區包括離島及對岸的臺南，還有就是臺南以南、有食人風俗的「南境」區域。

　　當時的臺灣人，尚武之風盛行，「王之所居，壁下多聚骷髏以為佳。人間門戶上必安獸頭骨角」。

　　這些「深目長鼻」、「以白苧繩纏髮」、戴著鳥羽帽的琉球男人們面對陳稜大軍，並沒有選擇屈服，他們穿著苧甲，手裡大多提著石刀、骨劍和弓箭，也有薄小的鐵器，奮起抵抗。

具體戰鬥過程如《隋書》交代：「棱率眾登岸，遣鎮周為先鋒。其主歡斯渴剌兜遣兵拒戰，鎮周頻擊破之。棱進至羅檀洞，其小王歡斯老模率兵拒戰，棱擊敗之，斬老模。其日霧雨晦冥，將士皆懼，棱刑白馬以祭海神。既而開霽，分為五軍，趨其都邑。渴剌兜率眾數千逆拒，棱遣鎮周又先鋒擊走之。棱乘勝逐北，至其柵，渴剌兜背柵而陣。棱盡銳擊之，從辰至未，苦鬥不息。渴剌兜自以軍疲，引入柵。棱遂填塹，攻破其柵，斬渴剌兜，獲其子島槌[9]。」

儘管歡斯及其部眾很頑強，但由於兵力和武器裝備都很懸殊，再加上對手是隋朝的常勝將軍，琉球人很快便招抵不上。歡斯被殺，而他的離欄玉砌也被隋軍付之一炬，死傷者不計其數，大量民眾和財富均被當作戰利品帶回大陸。

當時隋軍從臺灣擄掠而來的人口，《隋書》各章節記載不一，有說「獻俘萬七千口，頒賜百官」的；有說「擄其男女數千人，載軍實而返」的。明代的《閩書》說共有五千多戶琉球人被安置在福州的福盧山（今福清市龍田）。這是福建歷史上的一件大事，對以後閩中的經濟、文化、人種等都產生了重大的影響。同時，這一強擄事件，對臺灣卻產生了很壞的影響，如此多的青壯勞力的喪失，對於當時急需勞動力的臺灣來說無疑是釜底抽薪，元氣大傷。據史料記載，東晉時閩越地區各縣的人口平均約三千人，而臺灣地區的人口則更少。這真是：莫贊隋煬勤動武，琉球晚育五十年！

隋煬帝遠征臺灣，其初衷是彰顯其大隋的武功和霸氣，以泄前兩次招撫受拒之恨。這次開疆拓土雖是封建王朝確立和鞏固統治範圍的常用手段，但由於未考慮對臺灣的長久性經略，隨著大軍的回撤，中國大陸王權與臺灣的聯繫又被一望無際的驚濤駭浪所阻隔。

相對於衛溫首次率軍去臺灣長時間駐紮，隋朝這次行為的意義要遜色許多。兩次出征雖然都掠了數千人回了大陸，但它們有一個最大的不同，就是隋朝在征服的過程中，帶著報復情緒，到處掠殺，這成為後世詬病和史家鄙視的原因之一。儘管如此，也有史家認為，隋煬帝對臺灣的行動，畢竟給後來的歷朝歷代統治者，提供了進一步瞭解臺灣軍情、民情的機會，由唐朝政府修撰的《隋書‧琉球國傳》即部分使用了這次遠征所帶回的第一手資料。

最後交代一下主將陳稜的歸宿：陳稜回朝後受到隋煬帝褒獎，官升右光祿大夫，後又在「平叛」過程中連連取勝，因而連升三級，直至官升信安侯。但最後一次「平叛」卻以慘敗告終。隋煬帝死後，他投靠自己的對手——起義軍首領杜伏威，終不被信任而遭殺。

第四節 唐宋時期臺灣風物

一、詩人族長首墾澎湖

宦海汙濁退意生，誓將一葉向東瀛。

汗滴晴日耕煙雨，海外尋得五柳[10]風。

唐李世民統治的貞觀年間，馬來群島連下暴雨鬧洪災，一些流離失所的災民駕竹筏避難至臺灣。靠岸地點在當年隋朝大軍登陸的北港。所不同的是，此時的北港已是「國破民殘，勢窮蹙」，馬來人得以在此立足。在唐代，更有漢人移民臺、澎，進行墾荒，臺中人的祖先就來自中國大陸北方。

據報導，2008年兩岸三所考古研究機構，對從臺中惠來遺址挖掘出的一千三百年前的俯身遺骸進行DNA抽樣實驗，從DNA序列顯示的結果證明，臺中惠來人源自中國北方，也就是山東、河北到東北這個範圍。[11]該處遺址出土的人骨有二十九具，臺灣科博館從2006年起，和上海復旦大學及花蓮慈濟大學合作，以惠來遺址出土人骨嘗試進行古代DNA實驗，選取了三顆來自不同個體的牙齒，最後成功抽出一個樣本的粒線體DNA。粒線體DNA是母系遺傳，可以瞭解個體的母系血緣。

另據1981年10月出版的《臺灣省地圖冊》中的《臺灣簡史》提到，在唐朝，東南沿海人民為逃避戰亂，出現過移居澎湖和臺灣的現象。唐朝進士施肩吾

率族人到澎湖定居，就是基於這樣的大背景。

唐文宗太和初，公元827年左右，約四十五歲的狀元（有的書上說只是中舉）、詩人施肩吾率族人去澎湖。當時澎湖列島，不但島上的居民稀少，而且經濟落後，生產力低下。施肩吾定居澎湖，給澎湖帶去了先進的科學文化知識，開發了農業生產，被後人譽為「開發澎湖第一人」。

關於施肩吾率族人赴澎湖還有一段有趣的故事。施肩吾號東齋，出生於浙江睦州分水縣內（現杭州西部的桐廬縣分水鎮）。天資聰穎、勤奮用功的他先後在分水縣安隱寺和龍口山讀書。公元820年，施肩吾考中狀元，遣任江西觀察使。在科舉時代，狀元桂冠自然是令人矚目。於是安隱寺賜名為龍門寺，龍口山因施肩吾在此讀書時曾起五色雲，被認為是吉兆，更名為五雲山。更有甚者，因施肩吾家在分水與新登兩縣交界處，兩縣父母官互爭其籍貫和生長地，以顯己功。

考取功名的施肩吾卻高興不起來。科場和官場的黑暗讓他心灰意冷，特別是在京師長安，他看到朝內大臣互結朋黨，互相傾軋，頓覺仕途險惡，宦海難渡。他一心想回歸故里，常憶少時就讀山寺的清靜時光。為此，他在江西任上還去過江洲修仙學道。後來他辭官回鄉，但家鄉也非樂土。最終他以非常的魄力率領族人渡海涉險，追尋心目中恬靜和諧的境地。

當時在澎湖定居的漢民很少，大都是來自閩地的越人。還有一些就是臺灣島西南部地區的族人，他們是為了開採石礦而在此做短期停留。澎湖列島大都還沒有開發，施肩吾及其族人的到來，為澎湖帶來了浙江先進的冶煉技術和耕作技術。這真是——

澎島正愁無冶術，

浙民東渡送耕風。

關於施肩吾有沒有去過澎湖，在史學界曾經一直存在爭議。持確定觀點的一方以連橫《臺灣通史》中的記載為最，持質疑者有的在其著作中認為，施肩吾沒去過澎湖，他的名詩《題澎湖嶼》其實講的是古代被稱為澎蠡的鄱陽湖。還有學者言之鑿鑿地論證，施肩吾去過臺灣的澎湖，但沒有舉族遷往。直到近年桐廬縣

大陸看臺灣歷史

分水鎮施家村意外發現了施肩吾的家譜——《施氏宗譜》，並且新華社發了通稿，這一爭論才告一段落。譜中記載，當年施肩吾辭官隱居後，率族人遷居臺灣澎湖。

施肩吾是中唐時詩人和作家，有十卷本的《西山集》和道教著作傳世。《全唐詩》存錄其詩一卷，計一百八十四首，後人評論他的詩作「新奇瑰麗，別具一格」。

在他的詩作中有對開發澎湖的記敘。在《續修臺灣府志》中，有他的一首《題澎湖嶼》詩：「腥臊海邊多鬼市，島夷居處無鄉里。黑皮年少學採珠，手裡生犀照鹽水。」此詩描寫出由大陸去的漢族人民和臺灣當地各族人民一起生活和勞動的情景。特別是最後一句描寫的情景很傳神——夜晚，少年手舉火把，照著海水，捕蚌採珠。

他還有一首詩不能不提，該詩可證明當時由大陸到澎湖、臺灣去的人很多很頻繁，這就是《贈友人歸武林》，此處摘其後四句云：

去去程何遠，悠悠思不窮；

錢塘江上水，直與海潮通。

漢人在臺澎地區勞動的場景

二、侵擾及分屯

澎湖多雨粟多栽，紅種[12]強奪究可哀。

風捲惡龍猶未盡，將軍親自駐屯來。

　　南宋初立，戰亂頻仍，渡海到澎湖的人越來越多。比如，據「南市蘇氏族譜」記載：紹興二十五年（1155），德化蘇氏族人遷居臺灣，這是泉州人遷臺的最早記載。另有沿海漁民也常來澎湖捕魚，進而聚居其間。這些遷居者建屋種植，兼做漁業，並與大陸通商。

　　除了遷居事件倍增這一現象外，還有一件讓泉州地方當局頭痛的事，即毗舍耶人來泉州騷擾的事件屢禁不止。後者引起了泉州當局以至南宋朝廷的高度重視，開始重視海防，並計劃「遣將分屯」澎湖。

《宋史》稱：「泉州之東，有海島曰澎湖，煙火相望。……旁有毗舍耶國，語言不通，袒裸盱睢，殆非人類。」

毗舍耶國是臺灣當時除了琉球之外的另一個稱呼，也可理解為臺灣的某部分少數民族部落。

毗舍耶人的一支經常騷擾它的鄰居澎湖，他們經常揚帆而至，將澎湖人種植的粟、麥、麻等作物全部割走，整個一「摘桃派」。據周必大的《汪大猷神道碑》記載，他們「肌體漆黑，語言不通，種植皆為所獲。調兵遣將，則入水持其舟，以而，俘民為嚮導，劫掠近城」。

他們在酋長率領下，千百成群躥至泉州的水澳、圍頭等村莊，肆行殺掠。他們喜歡鐵器和湯勺，遇到村民關門以抗拒時，他們便會拿刀具把門上的檐鐵剡走；看見鐵騎就不要命地爭相卸的鎧甲。與官兵對陣時，他們所使用的鏢槍上都繫著長達十多丈的細繩，這樣做，是為了保證鏢槍上的鐵不丟失。

此外，據史料記載，臺灣族群中的一支還曾掠奪過外島，外島國人用計迷惑，織造一些巨大的浮鞋，投到海中，毗舍耶人看見後大驚失色，以為此島上都是巨人，於是不戰自去。

當時的臺灣已進入鐵器時代，人們已經認識到鐵器這一「高科技產品」的威力。但臺灣少鐵，包括毗舍耶人在內的許多族群還處於狩獵、採集經濟階段的原始社會。對於鐵製武器的渴望，使他們鋌而走險。

與其社會發展階段相適應，這支毗舍耶人有吃人、紋身黥面和赤身的習俗。

南宋的巡防分季節，週期長，不能有效防禦毗舍耶人，另外就是巡防相對於駐屯更費事，花費更多。1171年，汪大猷出任泉州知州，改變每年春季派兵到澎湖駐守、秋末撤回的辦法，決定在澎湖當地造屋。當年他率領各帶家眷的將士，親臨澎湖，在該地建造兵營兩百間，派遣將領至澎湖諸島，進行長期駐守，這才使毗舍國人不敢前來搶劫。

汪大猷在駐屯澎湖之後，採取了與此相應的行政措施，即在那裡推行「編戶」制度，將澎湖劃歸泉州晉江縣管轄，以保證稅收和補充兵源。這是封建政府

第一次在臺澎地區正式駐軍,並進行實質性的經營管理。

汪大猷是浙江寧波大隱鎮人,他爺爺汪洙撰寫的那兩句「萬般皆下品,唯有讀書高」、「將相本無種,男兒當自強」,天下皆知。1137年,汪大猷因為父恩而被任命為江山縣尉。在嚴謹家訓下,汪大猷考上進士,先後升任太子侍講、刑部侍郎、吏部尚書、敷文閣直學士等職,出使過金國。他對宋朝邊疆的保護是有創意的,功不可沒。

澎湖有屯戍的軍隊及家眷,有前來捕魚的漁民和種植粟、麥、麻的農民。澎湖與大陸的來往、貿易是很頻繁的,因此南宋人對臺灣自然很熟悉。大詩人陸游就任福州決曹時曾於1159年乘興航海,事後寫有「常憶航巨海,銀川卷濤頭。一日新雨霽,微茫見琉球」的詩句。

第五節 元朝時臺灣風物

一、元帝經略臺澎

臺海小俘[13]而放行,衙門輕渡島安寧。
應知殺戮多激變,春雨送風水自明。

元世祖憑鐵騎彎弓征服了包括東南亞和朝鮮半島在內的大陸之後,至1281年,出水師十餘萬伐日本,經過幾次戰鬥之後,到了九州海域,眼看就要登陸決戰,忽然颳起颱風將大部分船隻打翻。眾將官各自選擇船艦逃遁,至澎湖及臺灣西岸,又一次遇到大風,最終才回到福建。

元朝征伐日本共有兩次,都因遇風受挫。受挫之後,元朝改變策略。為對日本形成夾擊之勢,元朝政府有意先征服臺灣。

據《元史》記載，至元二十八年（1291）九月，海船副萬戶楊祥請元世祖准許他率六千人的軍隊，前往臺灣招降，如其不聽從就進行討伐。朝廷批准了他的請求。任命楊祥、合迷、張文虎並為都元帥，率兵征臺灣，並設置左右兩萬戶府，由楊祥選拔、任命兩萬戶府的官吏。

未啟海戰，先升三級，這對於楊祥來說是何等的殊榮。元世祖經略海上，必須借助熟悉海戰的漢官，但又有點擔心漢族官員擁兵自重、獨立海外，因此在施予恩惠的同時沒有忘記另派兩名心腹前往牽制，因此出現了以上這種三人同為都元帥的亙古未有的任命。

正在這時，從小生長在福建沿海、熟知海道的書生吳志斗上書朝廷，主張應先從澎湖發船前往臺灣宣詣招降，先瞭解水勢地利，如不歸附，然後發兵不晚。並在奏摺中彈劾楊祥「祥不可信，宜先詔諭之」。最後一句話，是朝廷最擔心的。

最終元世祖採信了吳志斗的建議，因此在一個月之內，朝廷出兵臺灣的計劃發生了重大的變化：改征為招諭。人事任命也相應發生調整，即改任楊祥為宣撫使，佩虎符；阮鑑為兵部員外郎，吳志斗為禮部員外郎，倆人均佩帶銀符，手持詔書前往臺灣。

當時南宋王室後裔、大書法家趙孟頫寫了一首《吳禮部奉旨詣澎湖》詩：「為國建長策，此行非偶然。止戈方為武，入海不求仙。朱紱為朗日，金符出使年。早歸承聖渥，圖像上凌煙。」臺灣史家方豪認為，元使吳禮部是替國家執行長遠的計劃，而不是一次偶然的旅行或訪問。

但這次招諭是不成功的。1292年農曆三月二十九日，楊祥帶著兩次任命所造成的心理落差從汀路尾澳起航，當天巳時（上午9～11時）看到五十里外海洋中正東一長而低的山，楊祥認為是臺灣，率船隊停靠島邊，命令劉閏帶領兩百餘人分乘十一艘小船上岸。因雙方語言不通，引起爭執，元軍被殺三人，不得不撤到船上。為此，吳志斗責斥楊祥貪功壞事，兩人發生爭執。船隊繼續航行，農曆四月初二抵達澎湖，三人再次發生爭執。四月初三吳志斗失蹤，疑被楊祥所害，也有史家認為，吳志斗恐楊祥加害於他，當夜乘小舟離去並未再回家鄉。總之，

失去了吳志斗，船隊便沒有了鬥志，便覺臺灣「煙濤微茫信難求」，船隊折返而回，招諭該島的任務沒有完成。

事後福建官吏奉旨審查吳志斗失蹤一事，楊祥曾被押拘審訊，後遇赦，失蹤案不了了之。

五年後，即1297年，元朝政府改福建省為平海、福州等幾個行中書省，由福州行中書省管理泉州「以圖琉球」。有此一設，泉州漢人更方便遷居澎湖，澎湖居民日漸增多，已逾一千六百人，相應的，往來貿易的船隻每年達數十艘。

就在同年，福州行省平章政事高興上奏表示，臺灣距治下澎湖最近，願意就近招降或討伐臺灣，而不必調動其他地區的兵力，此奏得到元成宗的批准。

同年農曆九月，高興派省都鎮撫張浩、福州新軍萬戶張進二人率軍赴臺灣「招諭」。元軍最終擒一百三十餘人折回。二張率軍是在哪兒登陸臺灣的？歷史上沒有明確交代，但有史家從新北市十三行文化晚期遺址出土的元代飛鳳紋壺推測，元軍是乘船從淡水溯河而上來到臺北盆地一帶，並在此處登陸，向土著居民宣旨招諭的。那只飛鳳紋壺或是元成宗賞給二張所用，或是他們在向當地部落首領招諭時作為信物使用的。因為按照古代的典章制度，以龍鳳花紋裝飾的瓷器，應是為宮廷專門燒製。

宣旨招諭事宜最終不順，元軍與臺灣少數民族之間發生過小範圍的衝突。不同於以往東吳和隋朝進兵臺灣是為了征服，這次元朝是真心招諭，就在第二年正月，元朝政府將所俘臺灣人全部放回，並要求他們回臺灣後，說服當地土著居民歸順朝廷，只是此事已無下文。

元朝兩次招諭的這六年，是元朝積極經略臺灣的時期。為了便於對臺灣的管理，至元朝中期，曾在澎湖設巡檢司。據汪大淵《島夷志略》記載，「地隸泉州晉江縣，至元間立巡檢司」。因為元朝開國皇帝元世祖、最後一任皇帝元順帝都使用「至元」年號，到底元朝是何時在澎湖建立巡檢司的，史家有爭論。清代所修的臺灣地方志，大都指出元代澎湖巡檢司設於元朝末年。許多現代學者認為是在元世祖任期內，其中張崇根考證認為，是在元世祖至元十六到十八年（1279～1281）之間。另外一些學者認為，1281年以前福建和廣東的宋軍還在

抵抗之中，不大可能在這一時期對澎湖地區置吏行政，而更傾向於在1292～1294年間。筆者傾向於最後一種說法，從福建行省平章政事高興的奏摺內容可知，高興把招降臺灣作為分內的事，意味澎湖巡檢司的設立在此之前不久。

巡檢司之制創於北宋朝，福建沿海就設有多個巡檢寨。元朝滅宋，卻沿用了宋朝時的制度。巡檢，是職位最低的九品官，主要負責巡邏和查緝罪犯，相當於基層治安機關。元朝有規定，徵稅之事本由各地稅務官專辦，但澎湖鹽課相對較少，故未設稅務官而由巡檢兼辦。

澎湖巡檢司的出現，說明元朝政府已經在這個地區設置了行政管理機構。

二、汪大淵記述臺澎

澎島無奇草色新，茅屋釀酒主人吟。

羊群遍地無須牧，滄海更飄一片雲。

汪大淵（1311～？），江西南昌人，大航海家。汪大淵從小聰明好學，深得父母鍾愛。父母望其長大成才，故取《論語》中「煥章」作為他的字。年少時，汪大淵便遊歷了當時中國也是世界最大商港之一——泉州，目光所及，到處是各種膚色和操各種語言的人們；到處是琳瑯滿目、堆積如山的中西商品；港灣裡停泊著各種各樣的大小船隻，特別是那些中外商人、水手所講的外國風情，是那樣的生動、有趣。這些都深深地激發了汪大淵的好奇心，促成了他兩度遠洋航行的壯舉。

1330年和1337年，汪大淵兩次由泉州出海遊歷菲律賓、爪哇、馬爾地夫等數十個國家和地區。他也曾登上臺灣遊歷考察。1349年，應政府之請，汪大淵將其見聞寫成《島夷志略》一書。這本書曾在後來的戰火中遺失，只有其中的一部分留存下來。雖然如此，我們還是能看出，該書對澎湖的地理環境、社會狀況作了詳細的記述。

汪大淵畫像及根據其專著出版的校釋本

對澎湖的敘述汪大淵是以親歷者的口吻：澎湖「島分三十有六（現確定有六十四個小島），巨細相間」。山坡和田隴相對，其間有沿海七個小村的村民住在這裡，他們還以家鄉的村名來命名新的村落。島上有草無木，土地貧瘠，不宜種植水稻。泉州人用茅草作瓦建屋居住。一年中以炎熱時間居多，風俗古樸，人多長壽。男女都穿著長布衫，用土布織成的帶子繫腰。島民煮海水製鹽，釀高粱做酒，採魚蝦螺蛤作為輔助的食物，晒乾牛糞作為燃料，用魚膏作為食油。地產胡麻和綠豆等作物。島上的山羊數以萬計，每戶以「烙毛刻角」為記號，白天夜晚都讓牠們在一起，不用歸圈，順其自然，「遂其生育」。當地人和來自大陸的商人都從中得到了厚利。

他對臺灣的描述，更為生動，現摘錄並根據相關資料譯釋如下：

地勢中間高四周低，就像穹廬；樹木茂密，且多合抱之樹。山有中部的諸羅山、最南端的重曼山、安平的虎頭山、中南部的打鼓山等，這些山都很高峻，從澎湖島觀望感覺很近。我曾攀登過這些山，觀看海潮的消長，凌晨時觀望太陽從

第二章 臺灣紀年時代的開啟（公元230年到1604年）——沿海民眾拓展生存空間中原王朝謀求行使主權

107

暘谷升起,當時,紅光滿天,山頂全都被照亮。

臺灣土地肥沃,適合種植各種農作物。氣溫從冬到秋漸熱,風俗與澎湖存在差異。島上渡河不用舟船,而用木筏。

男子、婦人多有捲髮,他們以花布為衫,雖與澎湖一樣煮海水為鹽,但釀酒的原料卻是蔗漿而不是高粱。人們懂得部落首領地位的尊貴,以及父子親情的禮義。若逢其他部落來犯,他們就生割敵人的肉來吃,並將敵人的頭懸掛在木竿上。

臺灣地產沙金、黃豆、黍子、硫磺、黃蠟、鹿、豹、麂皮;貿易的貨物有土珠、瑪瑙、金珠、粗碗,還有處州的瓷器等。

《四庫全書總目》在評價中指出:「大淵此書,則皆親歷而手記之。」因此,《島夷志略》自元以來,為中外研究海上交通的學者所重視,校注的人很多,最權威版本是北京大學蘇繼廎教授校注本《島夷志略校釋》。《島夷志略》在國外也有很大的影響,凡是研究元代東亞、南亞諸國及海上交通的外國學者,都一定閱讀該書。

汪大淵兩次個人壯舉比鄭和航海還早數十年,比哥倫布航海要早兩百多年,所著書籍成為中國瞭解世界、促進中外商貿發展的見證和指南。長期以來,對於旅行家,人們只記住明代徐霞客,而普遍忽視對後世影響更大的汪大淵。是否因他是元朝的臣民?還是因他的書宣揚了元朝的威德遠大?不得而知。

近來,人們開始重新認識汪大淵的價值,比如有出版家把他的書定為「影響中國的一百本書」之一。但是一些地方在舉行國際旅遊節時,都提到「中國徐霞客」,而不會考慮具有世界意義的「中國汪大淵」,可見成見不是一朝一夕能改變的。

第六節 明朝時臺灣風物

一、風口浪尖的「福爾摩沙」

君言倭寇總來擾，我看封關怒海潮[14]。

巨獸[15]掙扎虛耗死，安能阻退兩毒梟！

　　農民出身的朱元璋稱帝後，非常重視農業，卻輕視並放棄宋元以來向海外貿易的政策，再加上倭寇頻繁騷擾中國沿海，因此他決定閉關鎖國，實行海禁，「海民不得私自出入」，否則，「必置之重法」。明王朝實施的海禁政策，嚴重損害了東南沿海，特別是地狹人稠、「以海為田，以販番為命」的漳州、泉州一帶百姓的利益，造成了海禁與走私的矛盾與鬥爭。

　　為防邊患，朱元璋派出他的同鄉好友、信國公湯和經略海上，要求他「築城增戍，以固守備」。老將湯和沿海巡行，在倭寇易於登陸的重要地點修築城防工事，這樣的工事有登州、萊州等五十九座。家有四人便需有一人當兵守城。由於澎湖「島民叛服難信」且倭寇頻頻騷擾，湯和曾奏請朱元璋將澎湖的百姓移至大陸。洪武二十一年（1388），明朝廢除澎湖巡檢司而「墟其地」，將臺灣海峽這個日後成為群雄爭奪的海上通道拱手讓出。但事與願違，澎湖從此成為沿海越來越多的漢民逃避明朝苛捐雜稅的樂土，也成為倭寇、海寇進行走私和掠奪的巢穴。

大陸看臺灣歷史

明朝開國元勳、抗倭老將湯和塑像

　　明朝的海禁政策隨著時局的變遷有所改變，如隆慶初年（1567～1572），准許到東西二洋貿易（但不准到日本）；後由於西歐海權國在中國沿海瘋狂搶劫和販賣人口，便又恢復禁海。總之，整個明朝在絕大多數時間裡，都實行了海禁政策。

面對希望得到中國商品的世界需求，明王朝採取了一個叫「朝貢貿易」的辦法，這也是實施海禁政策的另一方面。按此政策，有與中國通商意向的國家，必須先得到中國的冊封，建立宗主藩屬的關係，然後由明廷出具「勘合」，規定人數、船數和停泊港口，然後才允許通商互市。明朝初期，八九個小國與中國建立了這種朝貢關係，後期只有三個。這種由朝廷壟斷的朝貢貿易，非但不能促進明朝商品的流通（交換來的東西多用於皇室），也滿足不了外國的需求。最關鍵的是，它阻塞了正當的民間商人的國際貿易，以致釀成種種事端：民間海盜集團、倭寇以澎湖、臺灣為巢穴，進行武裝走私和搶掠大陸沿海商船；西、荷等西方列強頻頻染指臺海，也幹著搶劫的勾當，為害至深。

早在明朝建立時，歐洲國家正經歷由封建制度向資本主義轉變的時期。為擴大商貿和資本原始積累，許多國家都希望能與中國通商互市，但與明朝閉關鎖國的政策相衝突。同時，日本也處在這一矛盾之中。

16世紀下半葉到17世紀初，正是中國明朝統治走向衰弱之時，而西歐正歷經了對中國臺灣有著深遠影響的兩件事：一是葡萄牙人在開闢新航線的五十年後，於1553年武力租借了澳門，完成了馬六甲—澳門—日本這個海上貿易三角航線；二是包括荷蘭在內的尼德蘭（低地）地區爆發了旨在脫離西班牙殖民統治的資產階級革命，並於1609年1月9日獲得了事實上的獨立。

在此期間，西班牙和荷蘭這對冤家死敵就已經沿著葡萄牙開闢的航線相繼來到遠東水域，圍繞商業利益展開了角逐。特別是荷蘭成立了東印度公司，這是一家以爪哇為據點，擁有艦隊和官方色彩的商貿殖民團體。

荷蘭、西班牙都渴望在中國邊境獲得一塊立足點，以便對中國進行直接貿易，美麗富饒的臺灣成為他們覬覦的對象。自從葡萄牙人用貪婪的眼神讚美臺灣為fomosa後，臺灣在西方列強的眼裡便成為最好的殖民地和針對明朝貿易的橋頭堡，他們忍受不住心中的惡念，一個個虎視眈眈，隨時準備武力奪取。

正是在這多種矛盾衝擊之下，原來平靜的臺島，成了福建沿海漁民、農民及商人謀生、活動和開發的新天地；也是海盜集團、倭寇的藏身之所和明軍圍剿他們的戰場；更成為日本以及荷蘭、西班牙等殖民者意欲征服的貿易支點。

二、奔向臺灣的漢族流民

地少人多海禁嚴，去留難定夜無眠。

暫將一葉趨臺北，人作流民海作田。

臺澎在荷蘭侵占臺灣之前有多少人？作者綜合歷史上諸多資料得知，漢族在臺人數共有一萬多人，另外澎湖約有三五千人。這些漢民大多是來自福建漳州和泉州的農民、漁民與商人，他們是開發臺灣的新生力量。

《明經世文編》記載，往來於澎湖和今臺南市安平鎮之間的船隻每年約有數十艘，最多上百艘。這樣的規模並非短期交流才能達到。明朝開國後採取了海禁政策，福建沿海的商賈和漁家可愁壞了——「守成無以存活命，出海難歸作棄民」。他們需冒被官府懲罰的風險，才敢與臺灣和國外進行貿易。臺灣開發最早的地區是臺南市周圍，明嘉靖初年，就有了福建泉州移民的遺蹟，該地區也是臺灣漢族移民最多的地區。此外，臺灣北部的淡水和基隆等地也陸續出現了漢族移民。初時，臺灣少數民族不願也不敢與大陸漢民交往，直到明朝嘉靖末年以後。據《閩書》和《明史》記載，明嘉靖末年，即1560年代，以臺南市為中心的中南部地區和北部的基隆都遭到過倭寇的焚掠，家園被毀，他們不得不扶老攜幼離開海濱，向山後丘陵地帶避居。時間一長，少數民族自然為日用品短缺而發愁。忽見從大陸和臺灣北港（安平港）飄來的漁船，於是他們下山與漢人頻頻交往、貿易，直到這些漢人與當地的居民語言逐漸相通，生活習慣也逐漸相同。1962年，盛清沂在臺灣北部新北市萬里鄉進行考古調查，證明萬里鄉萬里村背後，已有漢人聚落。他們「進入番社從事硫磺、鹿皮的交易」。

大陸漢人與臺灣少數民族聯繫最多的時候是在明穆宗以後。隆慶元年（1567）明穆宗批准福建巡撫塗澤民的「請開海禁疏」，准閩人憑船引（執照）興販東西洋，但不准去日本。此時船引僅發了五十張，後在萬曆年間有大幅增加；所徵船引稅明顯低於去東西洋，兩種船引稅率始終保持著一比三的關係。正如曹永和在《明鄭時期以前之臺灣》中所說：「當時明當局雖沒有在臺灣設官

建置，但對臺灣的雞籠、淡水、北港等地區與大陸沿海一帶港口作同等的看待。」

明政府不僅在貿易管理上，將臺灣視同大陸東南沿海地方，執行同一政策，而且當少數民族與漢族漁民、商人的利益受到來自倭寇的侵犯時，也毫不遲疑地派遣軍隊去臺灣驅趕。明萬曆三十年冬十二月初七日（1603年1月18日），福建浯洲（今金門）將軍沈有容奉密令到「東番」剿倭，大獲全勝。

去臺灣的漢族人口中還包括武裝走私集團。明朝海禁政策下曾出現過多支海上武裝走私集團，官方稱之為「海寇」。他們大多是因為生計所迫，才鋌而走險的。每個集團人數從數百到數千不等。雖有掠奪的一面，但他們要求從事海外貿易活動、到臺灣屯駐墾殖，則是值得肯定的。

這些集團（特別是後期走私集團）的存在客觀上加強了大陸與臺灣的聯繫，成批的沿海漢人開始移居臺灣，並對臺灣進行前無古人的大開發。

三、被忽略的民族英雄——沈有容

橫劍於波斬惡龍，十年海上駐春風。

唇槍赴會憑孤膽，火器難敵熱血紅。

收復臺灣的第一人不是鄭成功而是沈有容。

戚繼光抗倭，日人紛紛潰逃。他們後來以澎湖、臺灣為據點，繼續騷擾中國沿海地區。當時沈有容鎮守在晉江縣石湖，經常得到有關倭寇侵擾的報告。

萬曆三十年（1602），一股倭寇據臺南沿海大員灣（後稱臺江，今臺南市安平一帶）三個多月，為非作歹，「漁民不得安生樂業」，臺灣少數民族不敢出門射鳥捕鹿，對此，他們深為憂慮。當年農曆十二月，沈有容接到密令，要他去臺灣剿倭，這正合沈有容的心意，他早就立下志願要平息倭患，為國立功。

沈有容，字士弘，又號寧海，安徽宣城人。武舉人出身，孩提時即「走馬擊

113

劍，好兵略」。年輕時，他參加了許多大型的戰鬥。他不僅作戰勇敢，而且還是個火器專家。沈有容曾在明北部邊境率二十九名健卒星夜遭遇三千蒙古鐵騎，身中二箭，手刃六人，最後全員退返從而一戰成名。此後，沈有容又先後參加過萬曆朝鮮之役和東南沿海剿倭戰役，是一位身經百戰的名將。戎馬倥傯，他練就了過人的膽量和智慧。

1597年，日本權臣豐臣秀吉發動了第二次侵朝戰爭，並準備從南北兩線夾擊大明。明廷迅速做出反應，在閩浙沿海集結大量水師，嚴陣以待。不僅如此，明廷還接受了福建巡撫金學曾的建議，用這些水師主動出擊日本。沈有容因赫赫戰功，被聘為最重要的將領之一。就在明朝緊鑼密鼓準備出兵時，豐臣秀吉病亡，日本隨著戰場的失利，很快撤離了朝鮮。而日薄西山、缺乏底氣的晚明政府見好就收，最終拒絕了大臣出兵的奏議。

這之後不久，沈有容調任浯銅（廈門）游擊指揮。此地水師素有「吃空額」陋習，沈有容赴任後，「痛洗夙弊，鼓舞士卒」，士氣為之一振。此時倭寇正橫行海上，福建各個水寨巡邏兵船多有被倭寇劫掠的，只有沈有容一軍在萬曆二十九年（1601）四月初七日生擒倭寇十八名，斬首十二級。

1602年，一股倭寇到達臺灣後，在大員（今臺南安平）建立了據點，四處劫掠。並向東南沿海前往臺灣的商人、漁民收取保護費。包括臺灣少數民族在內的臺灣人都深受其害，紛紛躲避。

1603年1月18日，沈有容奉福建巡撫朱運昌密令，親率二十一（一說二十四）艘木製戰艦在風寒浪大最危險的時間出海驅倭。當天夜裡颳起大風，巨浪滔天，所有的戰船被浪衝散，失去了隊形，最終有十艘戰船失蹤。據《明史》記載，他們用了三天渡過了海峽。十二月初八與倭寇相遇，「將軍率諸將士殊死戰，無不一當百；賊大敗，盡出輜重投之於海令我軍拾，而姑少緩師。我軍無一人取其秋毫，戰益力，斬馘火攻，須臾而盡。」戰鬥中，沈家軍殺死倭寇多人，並縱火燒沉了倭寇的戰船，最終又將十五名倭寇斬首，解救了被拘押的三百七十多名當地百姓。倭寇殘餘倉皇逃離，臺海從此十多年未再發生類似的事情。沈有容渡海平倭是中國軍隊在臺灣本島的第一次反侵略鬥爭，也顯示了中國政府對臺

灣行使主權的過程。

沈有容大獲全勝之後，登陸大員。臺灣當地部落頭目大彌勒率領幾十名部落成員，上前拜見，並且獻上鹿肉、相贈美酒，以表示對他為臺灣除害的喜悅和感激。

平倭鬥爭勝利後，沈有容被調到泉州任都司。而荷蘭人也於第二年即1604年用武力占據澎湖列島。又是沈有容率領五十艘戰船前往交涉，結果沈有容是一「罵」成名，斥退荷蘭侵略者。澎湖人民為紀念沈有容不畏強暴的壯舉，為他立碑備忘，碑上所刻文字為「沈有容諭退紅毛番韋麻郎等」。

1616年，日艦再犯臺灣，途中遇風，日軍將領明石道友率三船被風吹至臺灣，為臺灣居民圍剿，全軍自殺。還有七船被吹至金門島海域，又被沈有容擊敗。

「武德諒雍雍，由來掃寇戎。」沈有容的武功和膽略在當時沿海被傳為佳話，尤其他的武德更是為世人稱道。在對付外國侵略者時，該用威時就用威，該用武是即用武，真正做到了有理有據有節。

沈有容於1624年患上重病，1627年去世，此前一年西班牙殖民者占據了臺北的雞籠。

沈有容在任期間，保臺灣、澎湖、金門諸島免受東洋西洋的侵害，是一位鮮為人知的民族英雄。

四、第一篇剿倭「戰地紀實」——陳第與《東番記》

將軍一怒江湖去，人在田園心未寧。
白髮騎鯨思蕩寇，卻因文采樹英名。

陳第（1541～1617），字季立，號一齋。福建連江人，著有《東番記》、《毛詩古音考》等。他是明代名將、旅行家和古音韻學家，曾隨抗倭名將俞大猷

學兵法，更是戚繼光手下愛將。

嘉靖四十二年（1563），戚繼光率軍追擊倭寇到連江縣，倭寇逃至沿海一礁嶼。礁嶼與陸地間是大片潮間帶，漲潮時是一片汪洋，落潮則是一片無法行走的泥濘。如何越過這片泥濘以消滅殘餘的倭寇？戚繼光聽說連江城裡有個叫陳第的儒生，足智多謀，便親自登門拜訪。陳第感動之下，當即獻策，改造當地百姓使用的一種滑泥板，使之更快捷。只需用腳輕輕一撐泥，滑泥板便會載著士兵快速前行。幾天後，戚家軍乘著這種「腳撐滑板」順利越過泥濘的潮間帶，一舉全殲了礁嶼上的倭寇。此後，二十一歲的陳第以謀士身分留在了軍中，並於明萬曆初年（1573）初仕於古北口。

三十五歲時，陳第在戚繼光旗下戍邊薊門重鎮，後升任游擊將軍。俞大猷去世戚繼光被罷之後，邊境鬆弛，督府腐敗。陳第因不願克剝兵士以奉權貴，上級官員便處處刁難，甚至意欲加害，陳第只得辭官南歸。卸任時，他將自己多年積蓄全都贈送當地群眾，僅留一劍相隨。回鄉後，陳第在西郊建屋讀書著述。他是一位百科全書式的作家，涉獵的內容包括天文、地理、金石、古籍註疏及辨偽、詩辭文章、音韻等。其中《毛詩古音考》、《屈宋古音義》開古音學的先河。

陳第的詩集成就於他七十歲時的一次「行萬里路計劃」。那一年他決定實現自己兒時的夢想，他不顧年邁和子孫的擔心、勸阻，開始歷遊海內，遍及五岳，並在回來後寫成詩集《五岳遊草》。

不過，為陳第贏得美名的還是他的只有一千五百餘字的《東番記》。明萬曆三十年十二月初八日（1603年1月18日），陳第以六十二歲的高齡隨沈有容將軍赴臺剿倭。陳第在臺灣大員（今臺南安平鎮）登陸後，親歷臺南至高雄一帶少數民族聚居的村社，實地考察了少數民族生產生活情況，寫下了《東番記》。

陳第《東番記》成書的年代，正處於大規模開發臺灣的前夕，他逝世後約半個世紀，隨著大陸漢人的不斷遷入，臺灣西南部的少數民族逐步由原始社會向封建社會過渡，且族群也加快了被融合的進程。因此，陳第《東番記》對17世紀初高山少數民族仍處於原始社會發展階段的描述，就顯得彌足珍貴。

臺灣西南少數民族的社會組織是社，這裡的社可能相當於部落，下有氏族和

家庭，還沒有凌駕於社會之上的統治階級，實行的還是原始社會的民主制。據《東番記》介紹，一個社有五六百人到千人不等。人丁興旺的家族長者，大家都會敬之畏之，並願意聽其號令。「族又共屋，一區稍大，曰公廨；少壯未娶者，曹居之。議事必於公廨，調發易也」，「無揖讓拜跪禮」。

他們從事粗放農業和漁獵生產。高山少數民族的狩獵十分發達，他們集體圍獵。平常是禁止捕鹿的，更不許私捕，需待「冬，鹿群出，則約百十人即窮追之」，最後收攏包圍圈將鹿捕殺。狩獵工具已普遍使用裝有鐵鏃的鏢槍。「人精用鏢，鏢竹秉，鐵鏃，長五尺……」但農業生產工具尚未普遍使用鐵器。狩獵所用的鐵器，是透過用鹿鞭等與漢人交換而來。

臺灣少數民族會釀酒，其辦法是「採苦草，雜米釀」；但他們沒有文字也不知曆法，紀歲辦法是「交易結繩以識」，「計月圓為一月，十月為一年，久則忘之」。

少數民族的婚姻方式很獨特：婚前戀愛自由，採取從妻居的招贅婚，處於以女兒承繼家業的母系社會。「娶則視女可室者，遣人遺瑪瑙珠雙，女子不受則已，受，夜造其家，不呼門，彈口琴挑之，……女聞，納宿，未明徑去，不見女父母。」等生下子女，少婦才去男家迎請，男子也才開始拜見女方父母併入贅為婿。「生女喜倍男」，因為女孩子才能繼承財產。

少數民族衣飾非常簡單，居室用竹架構，覆以茅草。另外，他們還保留著拔牙和獵頭的習俗。

《東番記》原文已佚，現只留有片段，看不到對臺南地區西拉雅人的更詳細的介紹。比如狩獵時生吃血淋淋的鹿肉，未滿三十七歲的婦女懷孕時必須墮胎，每歲需裸身一定時日不得穿戴衣物等惡俗；比如處理犯人不以監禁、鐐銬，罕用死刑，年少者必須給老者讓路等文明規定；還有特有的信仰風俗：由女祭師尪姨主持祭祀活動和驅趕邪靈，她們或激動裸跳，渾然無我，或手舞短刀，怒叫驚魂。這些內容見於後來荷蘭人的著述。

儘管《東番記》的殘篇不到一千五百字，但它不僅介紹了臺灣少數民族的社會生活，還著力介紹了臺灣少數民族與大陸漢人的交往和貿易關係。

陳第《東番記》還記載了一個有關鄭和下西洋途經臺灣的傳說：「永樂初，鄭內監航海諭諸夷，東番獨遠竄，不聽約，於是家貽一銅鈴使頸之，至今猶傳為寶。」

如此短文，內容龐實，非大家不能為之。而陳第以六十二歲高齡力請赴臺平倭，其精神可嘉，這正印證了他當年辭官的感言：「吾欲傾撒一腔熱血，為國定封疆大計。壯哉！斯言。」

注　釋

[1]. 白羽：古詩中對箭的借稱。

[2]. 風騷：風指《詩經》中的十五「國風」；騷指屈原的《離騷》。

[3]. 臨海郡的主體，在浙江南部，也包括閩北一小部分地區。丹陽郡，在今南京市的東南。

[4]. 三吳：這裡指太湖周圍以及南至杭州灣的廣大地區。

[5]. 陶輪：用陶器製成的紡織工具。

[6]. 洞天：當時琉求人以一個洞為一個氏族。

[7]. 琉求在隋、唐、宋、元時期的史書上還有其他的寫法，比如留仇、流虬、流求、琉球等。

[8]. 丟臉：指隋煬帝曾派人安撫臺灣西南海灣的部落時遭拒。

[9]. 島槌：大酋長歡斯渴剌兜的另一個兒子歡斯島槌。

[10]. 五柳：陶淵明的別號。

[11]. 中央人民廣播電臺「你好臺灣網」2008年3月19日訊　駐臺北記者陳江濱、謝際爭：《DNA 序列顯示：臺中惠來人源自中國北方》

[12]. 紅種：指當時皮膚偏黑偏紅的臺灣少數民族。

[13]. 小俘：指元軍俘虜一百三十名臺灣人。

[14]. 怒海潮：使海潮發怒。

[15]. 巨獸，指明朝末期。

第三章 西荷侵占及初步大開發時期（1604年到1661年）——西荷奴役體系逐漸崩潰，臺人民族意識首次亮相

西荷殖民者分占中國臺灣後，敲剝臺灣之骨髓，虐殺臺海之民眾，臺灣民眾首次掀起愛國主義浪潮。不管是山區的山胞反抗、平埔族的麻豆起義，還是海商鄭芝龍抗荷、漢人郭懷一舉義，都給殖民者以沉重的打擊，致使西班牙人在北部無法立足，荷蘭人在南部膽顫心驚。而臺灣的漢民日夜盼望並聯絡中華文化的代表鄭成功前去收復臺灣。

中華文化被臺灣人民世代相傳，決定著臺灣人民無法接受殖民者的統治，包括文化中基督教的傳播。

本章整合了西方出版的歷史資料（侵略者的日記）以及大陸國內的研究成果，還原這一段歷史。比如，荷蘭十二任臺灣總督一個比一個殘暴；西、荷殖民者派兵在山間挖地三尺，尋找「黃金河」；與荷蘭人火拚而勝的日本人主動撤離了臺灣，其中緣故非同小可；荷蘭人征服最兇猛的部落後，迫使他們交納「血稅」，並用此卑劣手段撕裂了族群；郭懷一起義失敗的另一個原因——郭懷一的親兄弟向荷人告了密。

本章還介紹了已經霸據臺灣的鄭芝龍為何急著降明降清；鄭成功收復臺灣前還與荷蘭總督鬥法，騙走其道遠而來援的「荷蘭大艦隊」。

第一節 爭奪澎湖階段

一、沈有容一罵收荷軍

荷船掠海到澎橋[1]，閩府單騎訓退潮：

「我破倭賊滄浪赤，爾曹不撤即時消。」

　　荷蘭人渴望與中國通商，以便快速增加原始積累。1602年，荷蘭東印度公司在爪哇成立，不久派韋麻郎（Wijbrant Van Waarwick，今譯作華威克）率領一支艦隊前往中國。這只艦隊由三艘甲船巨艦、數百士兵組成，艦「二十餘丈，外鎏金錮之」，均配有銅鑄大砲，「中具鐵彈丸，重數十斤，船遇之立粉」，士兵也都配有火藥槍。相對於明朝由商船、漁船改裝而來的兵船來說，其戰鬥力何止百倍。

沈有容斥退紅毛番韋麻郎紀念碑，該石碑現仍存於澎湖馬公天后宮二樓內

韋麻郎的艦隊從巴達維亞出發，途中結識了李錦、潘秀、郭震三名中國奸商。

奸商們偽造了一封來自大明附屬國——大泥國（泰國北部）的措詞強硬的求貢國書，先行乘船前往福建，將國書遞交給福建地方政府。他們還與韋麻郎約好，一旦說服福建官方答應通商之後，一定派人告知。但急於求成的韋麻郎等得有些不耐煩，他率領三艘大戰艦直往澎湖，他們於萬曆三十二年七月十二日（1604年8月7日）侵入澎湖水域。這一天正好是中國龍年的立秋。次日，韋麻郎率隊登陸占領澎湖島。

令荷蘭人感到意外的是，當他們上了岸並沒有看見明朝守軍。原來，明朝萬曆年間，澎湖駐軍不是長期守防在島上，而是每年分兩次駐留，分別在清明前十天駐留三個月，稱為「春汛」，霜降前駐留兩個月，稱為「冬汛」。韋麻郎率艦侵入澎湖時，正值明朝軍隊已撤回大陸。因此荷蘭人如入無人之境，占領了澎湖。

韋麻郎一面徵夫伐木築屋，建造工事，一面等待奸商的好消息。韋麻郎不知，在漳州幫他們張羅的三名奸商，先後被福建官方逮捕。原來，三名奸商一經活動，便被參將施德政偵破。福建地方隨即報告兵部，兵部向皇帝報告後，萬曆皇帝指示要「嚴行拒回」，並命令查處勾引荷蘭人前來的三名福建奸商。

福建地方後來又釋放了三名奸商，並要求他們勸說韋麻郎離開。三名奸商當然是有去無回。韋麻郎決定用奸商李錦的計策，派翻譯林玉去賄賂來閩監稅已六年、以貪聞名的宦官高寀，以開闢與中國通商的途徑。說起高寀的貪婪，真是人神共憤。他妄聽神漢說呂宋某山廣儲金銀，於1602年派海澄縣丞王時和一行前往勘驗，殖民當局西班牙人懷疑明朝將派兵奪占呂宋，引發西班牙當局屠殺華僑兩萬五千人。[2]

言歸正傳。荷人韋麻郎派出翻譯林玉意欲賄賂高寀，尚未接觸，林玉即被官

府抓獲。而宦官高寀聞知此事，竟偷偷派爪牙去海上與韋麻郎索賄「三萬金」，結果得到了貴重禮物和韋麻郎的許諾。事後，宦官高寀與福建總兵朱文達相互勾結，企圖說服福建巡撫徐學聚一起上奏，幫荷蘭人與中國通商。頭腦清醒的徐學聚堅持不許，將驅逐荷蘭的事交給了參將施德政與都司沈有容。

沈有容聽說荷蘭強占澎湖，要求通市時，就表示：荷蘭人的本意不是與中國通商，如准許荷蘭人據澎湖與我通商，澎湖就將成為第二個澳門。因此，他和多數福建官員一樣，力主不可通市。

受命之後，沈有容覺得，如靠武力解決荷蘭人，勝和輸都有不好之處。勝，意味著雙方的死傷；輸，則會讓朝廷蒙羞。認為最好去告誡訓斥他們，使他們知難而退。於是他釋放了林玉，以作反間，然後架一艘小船直接去了澎湖。

「濁浪登高箭欲奔，武官出列兩邊分。」當時的形勢一觸即發，明軍做好了充分的戰鬥準備。一方面沈有容得到福建當局的支持，前往勸諭，另一方面，福建地方政府抽調五十艘戰船，由施德政負責在料羅灣結集準備開往澎湖。

1604年11月18日，沈有容單獨前往荷軍據點會見韋麻郎。在談判桌上，他據理力爭，大義凜然。他以「國法嚴禁外人來華通商」為由，要韋麻郎速轉船頭，離開澎湖。他恩威並施，一方面對荷蘭人曉之以大義，強調互市不可能，一方面又一再警告荷蘭人：澎湖這塊領土是萬萬不可能由外人強占的，中國對此絕不會坐視不管。

韋麻郎說：「來者俱言市成，將軍言不成，何也？」並透露他們與權宦高寀已接觸，企圖以高壓之。不料沈有容又說：「堂堂中國，豈乏金錢巨萬萬；爾為鼠輩所誑，錢既不返、市又不成，悔之何及！」

韋麻郎表示不信，其手下一名軍官竟拔出戰刀威脅：「中國兵船到此，想似要與我等相殺，就與相殺何如？」沈有容厲聲說道：「中國甚慣殺賊，爾等既說為商，故爾優容；爾何言戰鬥，想是元懷作反之意。爾未睹天朝兵威耶？」面對著沈有容的凜然正氣，荷軍首領韋麻郎面色如土。他們意識到以當時他們兩艘軍艦的實力，想要強占澎湖島是不可能的。韋麻郎一時語塞，轉而向沈有容道歉，答應說馬上回去，並招待沈有容留下；另一方面，又私下派人與宦官高寀的使者

聯繫。

　　沈有容等了幾天，看不出韋麻郎有撤離之意，便假意說要離開，心存膽怯的韋麻郎立刻趕來相留。沈有容厲聲對他說道：「郎不去，恃汝舟大與？……鑿可沉、撞可破……郎不聞沈將軍破倭奴東海上，海水盡赤？吾不忍若頸之續其後……吾去矣，郎請後勿見我，毋貽空自悔也！」一旁擔任翻譯的林玉也在盡力地勸說、正告。

　　同時，福建政府嚴令，禁止沿海百姓到澎湖與荷蘭人做生意，並派水師封鎖海面；另一方面，施德政所結集兵船開往澎湖海面待命，並準備了許多火船。

　　韋麻郎審時度勢，不得不於當年陰曆十月二十五日率艦隊撤出了強占三個多月的澎湖。這真是——

　　制敵不在多殺死，

　　喝斷長橋[3]有後人。

　　屈原在《國殤》中有言：「誠既勇兮又亦武，忠剛強兮不可凌。」沈有容正是以這樣的大無畏精神，不費一槍一彈趕走了荷蘭侵略者，收復了國家的領土，維護了中華民族的尊嚴。其英雄氣概較之三國時張飛喝退曹軍，還在其上，因為他驅散的是武器更先進的外國侵略者。

　　事後，福建巡撫徐學聚想為沈有容表功，卻因高寀、朱文達之流的橫加阻撓而未果。因此，沈有容並未因斥退紅毛的事而受到任何遷升，但澎湖的百姓們卻沒有忘記他，人們打造了刻有「沈有容諭退紅毛番韋麻郎等」十二個大字的石碑，以記載沈有容的壯舉。但後來這塊碑因戰爭而遺失，直到1919年重修澎湖媽祖廟時，才被發現。因此，沈有容及其故事長期以來，一直被埋沒、被塵封、被忽略。

二、西勢東漸蓄謀臺灣

　　臺灣就在天堂右，鬼怪妖魔口水流。

暗鬥明爭不為鹿，好通山貨到神州。

　　17世紀初，中國所生產的生絲等產品在歐洲備受歡迎，利潤可觀，因此荷蘭人便希望能與中國進行貿易，以謀取絲綢在歐洲交易的先機。於是，荷蘭便於1604年侵占澎湖，意欲將之作為貿易中轉站，誰想被民族英雄沈有容斥回，一無所獲。此事一直讓荷蘭人耿耿於懷，這也讓荷蘭人領教了明朝強硬的禁海態度。

　　荷蘭人心有不甘。1609年8月，派遣船隊駛抵日本長崎平戶港，向當地行政長官說明來意，未料，當月便獲得日本掌權者——德川家康的許可，在平戶開設「荷蘭平戶商館」進行通商貿易。至此，荷蘭終於在遠東地區找到一個立足點。

　　本來，荷蘭在平戶設立商館，是為了變通迂迴與中國貿易的方便，並未急於與中國再次動武。但荷蘭人在日本看見大量的生絲、絲綢不斷自中國進口，這使得荷蘭想與中國通商的念頭更加迫切。1613年，荷蘭駐平戶商館館長享利克‧布勞威為貪念所驅，給東印度公司總督寫信，建議占據臺灣，作為貿易轉運的基地。

熱蘭遮城前的商船（採自李筱峰《臺灣史100件大事》）

　　根據荷人《巴達維亞日記》記載，荷蘭曾為占據臺灣，責成有關方面進行過可行性評估，這一工作歷時數載。荷方認為：明王朝採取閉關政策，自棄於世界潮流之外，荷蘭不能坐視，需要用通商來推動；明朝皇帝軟弱無主見，海岸防備及其設施薄弱；尤其中國大陸沿海及離島，更成為明王朝鞭長莫及之地帶。這真是——

　　赤髮覷覦五綵綢，

　　舉國論戰欲東謀。

　　雖然評估的結果出乎意料的好，但荷蘭人還是沒敢輕易侵入，因為在西方，四個海權國正在重新整合彼此的力量。荷蘭無暇用力實施對東亞的貿易計劃，只能等待中國商船運貨到其殖民地進行貿易。1619年，荷蘭總督彼德遜昆（也有的譯成彼德遜·顧恩、杰恩·彼得慈）擊敗英國人占領的印尼巴達維亞（今雅加

達），並將此地作為向東方發展的大本營。同年，荷蘭與海權國英國建立防守同盟，並於次年組建聯合艦隊，力圖控制臺灣海峽，圍剿西班牙、葡萄牙船隻，捕捉駛往馬尼拉的中國商船，將所有截獲物質與日本進行貿易。也就在同一時間，彼得遜昆在給荷蘭國內的報告中強力主張對中國使用武力，以爭取貿易權。9月間，東印度總公司發回指令，明確表示必要時用武力奪取適當的據點，作為開闢對中國貿易的港埠。至此，荷蘭東印度公司已作好了占領臺灣的心理準備，只要時機成熟，立刻付諸武力。

荷蘭與英國的行徑，讓另一個殖民者憤憤不平，駐馬尼拉的西班牙總督不甘心該國利益受損和安全受威脅，於1621年再度寫信給西班牙決策層，建議占據臺灣，如此，馬尼拉便可與臺灣之間形成相互保護的掎角之勢。

兩大海權國雖然結束了在歐洲本土的爭鬥，但他們均為在遠東爭奪一塊針對中國的地點，作好了重啟戰爭的準備。因此17世紀發生在中國土地上的西、荷、中的戰爭成為不可避免的較量。

言歸正傳。根據荷人《巴達維亞日記》記載，荷蘭人在馬六甲海峽截獲了西班牙馬尼拉總督給國內的文書。得知西班牙企圖占據臺灣的傾向之後，荷蘭駐巴達維亞總部為先發制人，總督彼得遜昆決定派遣艦隊司令官雷也山‧萊爾森（ConnelisReijersen，中國史書上多稱雷約茲、雷爾生）統率戰艦遠征中國。臨行前他向雷也山發出三項指示：總目的壟斷中國與海外的貿易，擠壓葡萄牙人，閃擊並占領澳門；占領澎湖列島以及小琉球（臺灣），控制海上航線；擄掠中國人口以補新殖民地巴達維亞城的勞力不足。

1622年4月10日，艦隊司令雷也山率領八艘戰艦離開巴達維亞，根據其中一艘戰艦的船長邦特庫（W. Y. Bontekoe）的《東印度航海記》透露：總督彼得遜昆曾寫信要求遠征途中的零散的荷船均要向艦隊集結。因此，當荷蘭艦隊在6月22日航抵澳門時已集結了十五艘戰艦，另有單桅帆船，這其中有兩艘戰艦是作為盟軍的英國船。第二天即6月23日，雷也山下令登陸進攻澳門，戰鬥異常激烈，一直持續到次日。由於葡萄牙人和中國居民的聯合反擊，荷蘭最終以失利而告終。喪失了一條戰艦、一百七十餘人（其中戰死一百三十餘人、被俘四十人）

的聯合艦隊，並未在澳門水域逗留，而是聽從了副將高文律的建議，帶著殖民的使命和初敗的仇恨繼續北上，向著他們的第二個目標澎湖進發。其間，兩艘英艦脫離艦群而去。

而此時的明朝內憂外患。東北的女真族步步逼近，中國國內矛盾空前激化，特別是天啟後期，宦官魏忠賢奸佞當道，胡作非為，殺戮忠良。而明熹宗除了專注於木工活，竟仍以天朝大國自視，渾然不知氣數將盡，大廈將傾。真可謂——

西海風雷捲南洋，

天朝猶自夢黃粱。

三、荷軍再侵澎湖遇抵抗

火槍如雨炮如潮，熱血海濱猶在燒。

兒女英雄輕赴死，或舉鋤頭或舉刀。

1622年7月11日，雷也山率領由十二艘戰艦、約千名士兵組成的艦隊再犯澎湖。這一次，荷軍是有備而來，兵力和艦隻分別是十八年前的六到八倍。

同十八年前的情況一樣，駐守澎湖的明朝汛兵按有關規定撤到福建沿海，需等到秋季才會再行駐防。當時留在澎湖的只有散居於列島的約五千名居民，以及汛兵搭建的空茅草屋。

荷蘭第二次犯我澎湖，有無遭到居民抵抗？有無因遭到抵抗而大肆殺戮的情況？由殖民者著述的《東印度航海記》、《雷也山日記》二書均未直接提及。據邦特所著《東印度航海記》記述，7月11日開進海灣之後，自第二日開始「視察各島尋求最便於築城寨之地」，並與在澎湖的中國人接觸，澎湖人要求荷蘭人率船離開此地。

當然，我們不能指望殖民者在書中承認自己是屠殺族群的劊子手，那樣只會給他們自己帶來罵名和麻煩。實際上，面對強大敵人的入侵，英勇的澎湖人民進

行了抵抗。《臺灣歷史年表》記錄：「荷將雷爾生率艦十二艘侵入媽宮港，當時澎湖汛兵已撤離，即在風櫃尾登陸，居民數千人抵抗。」

還有一幅由荷蘭人畫的畫，恰恰證明了澎湖居民不畏強暴、勇於抗荷的事實。人們拿著最原始的農具、漁叉在蜿蜒的種著棕櫚等樹木的海濱，與剛登上海岸、全副武裝的荷軍進行對峙。這個場景可能發生在荷軍首日登岸，也有可能是荷人考察列島時遇到的場景。

面對荷蘭人的侵占行動，澎湖人民奮起反擊（此畫為同時代西方人所畫）

如果說，荷人初登澎湖遭抵抗的細節史無記載的話，那麼，荷蘭人占領澎湖後的種種奴役行為確是板上釘釘的事實。

殖民者所寫的書中記載，占據了澎湖之後，荷軍司令雷也山迫不及待地登高

東望臺灣本島，當日，便派船艦前往偵察。船長邦特庫的船便「開進了福爾摩沙一端的港口，叫做臺灣（Tayowan）」。

荷蘭人在7月11日至18日前已從澎湖試航臺南安平，27日正式從事考察，但結果是未發現比澎湖更適合建城的深水港。於是荷人在1622年8月1日舉行大評議會，會中「決定我城建置於澎湖各島主要地點，該島西南突出之端，並即著手開始工事」。換言之，雷也山最後決定在澎湖興築城寨。

為此，荷軍剝奪澎湖居民賴以生活的漁船，不使他們出海，強迫他們搬石築城，除建造紅毛城，還在風櫃尾、金龜頭、時裡、四角嶼、漁翁島等主要島嶼建築炮臺據點以守海道，控制海峽。

從這些炮臺城堡的規格便可知荷人奴役澎湖居民的程度。據史料表明，鳳櫃尾城堡呈正方形，長寬各五十六點七公尺，城牆高約七公尺。四角突出，設有棱堡炮臺。整個城堡是以土　圍繞四周，上鋪草皮，以做掩體。土　外是很寬很深的壕溝。

澎湖列島上數十個這樣的工程，得需要多少勞力和材料呀！臺灣勞力不夠，特別是所需泥土和石灰等建材，當地也缺乏。雷也山又想起當初離開巴達維亞時，總督彼得遜昆給他的任務，其中之一就是多擄些華人勞工來巴城。於是，他責令部分荷艦去福建沿海擄掠，以解其燃眉之急。

荷人曾於1622年7月、10月和1623年2月、5月乘艦在中國沿岸進行擄掠活動。其中1623年5月，他們把俘虜的中國人帶到澎湖當苦工。《東印度航海記》中記載說：「我們利用他們運土到城堡中去，是的，他們的人數已達一千四百名之多，後來都押送到巴達維亞去出售。」

其實，荷蘭人擄搶的中國勞工遠遠不止這個數，據我方史料顯示，有四千人之多。高強度的勞作和非人的待遇使勞工們忍無可忍，怠工和反抗的情況不斷發生。荷蘭人在城堡建成之後，將手無寸鐵的居民趕到一個地方集中，然後架起大砲轟擊，進行滅絕人性的大屠殺，約一千三百名居民在戰鬥和大屠殺中被殺害。而最終押往巴達維亞的華工，至少有一半以上的人，或因虐待、疾病，或因反抗而客死在途中，客死在異鄉的茫茫水域。

「血似丹霞成川淌,一息尚在亦衝鋒。」澎湖人民英勇不屈,為臺灣人民武裝抗擊外國侵略者作出了可貴的表率。

四、明軍再驅逐荷蘭

白沙[4]風緊海帆鋪,荒島有心人未孤。

高手閉關多忌諱,西夷動武我開誅。

荷蘭人侵占澎湖之後,一邊著手興建城堡,一邊派艦實施武力通商的事宜。1622年8月7日,雷也山派遣三艘船護送荷蘭一商務員前往廈門,以通商公文遞交守備王夢熊轉呈巡撫商周祚。此前,邦特庫率領的幾艘船曾兩次遊至福建沿海進行擄掠、偵察。荷蘭人武力脅迫通商的要求引起中國人的憤慨。據《雷也山日記》所記,「9月29日,中國官員前來澎湖島傳達福建總督之回答,要求荷蘭人由澎湖撤退」,並斷然拒絕荷蘭人通商的條件。

由於沒有得到福建當局允許貿易,雷也山在10月中旬便派出八艘艦進攻廈門。邦特庫在書中說有六七十艘中國商船和戰船被燒毀。荷軍的損失有多少?據福建巡撫後來給朝廷的報告說:「……把總劉英用計沉其一艇,俘斬十餘名。」可見福建當局的代價是很大的,他們對荷艦的威力深有體會:荷蘭戰船「巨炮一發十里,當之無不立碎」。這真是——

怒髮衝冠斬赤仙,

有心殲滅奈船堅。

明水師在廈門阻擊荷蘭艦，荷艦為夾板船，船身配有兩排以上的大砲（歷史圖片）

明政府於1622年12月得知荷人不斷襲擾東南邊境，很是重視，下令新任徐州總兵張嘉策留在福建，代管南路副總兵事，以協剿紅夷。誰知事情就壞在此人手裡。

荷蘭人的進攻並未完全迫使福建當局屈服，廈門處於備戰狀態，這一年的12月下旬，雙方信使又再度接觸。次年2月6日，荷艦總司令雷也山親自抵達福建省會福州，2月11日在城內與巡撫商周祚會談。經過幾天的協商，雷也山與商周祚達成一項諒解。在談判期間，邦特庫的戰艦仍不斷地襲擊福建沿岸，焚燒擄掠，以增加談判的籌碼。

關於雷也山與商周祚所達成諒解備忘錄，在引錄《雷也山日記》的《巴達維亞日記》中有記錄。該記錄其實是由張嘉策與雷也山先商定，然後交與巡撫商周祚簽署的。其核心內容是：

一、荷蘭人離開澎湖，中國願意與荷蘭人在有駐軍領土以外另覓適當場所進行貿易；

二、中國將派遣使節到巴達維亞訂立條約；

三、商周祚承諾若荷蘭人離開澎湖另覓場所，他將不准戎克船[5]前往馬尼拉及其他與荷蘭人敵對的地方貿易。

其中第三條不是商周祚與雷也山的協議，而是商周祚與其翻譯的隨便談話，竟也為作為是正式的條件記錄在案。

這次的談判雙方雖然盡力營造良好的意願，但是因談判未經充分的授權，所簽署的或口頭承諾的便不具約束力，而日後的爭執與誤解也由此而產生。

史家蘇同炳在其《明史偶筆》中認為，商周祚為首的福建官方，對荷艦的威力無能為力，「只有想法子以互市為餌，誘以退出澎湖」了事。朝廷對於商周祚處理荷蘭人的政策並沒有意見，不過，他的三年任期已滿，天啟三年二月八日（1623年3月8日）朝廷已下詔對他另行調用，同時升南居益為福建巡撫。

同月，在雷也山的見證下，中國駛往巴達維亞的使節船在廈門出發，直到當年12月才到達巴城。其間九個月，臺海形勢發生戲劇性的轉化。

雷也山回到澎湖後，並沒有打算離開澎湖，只是在臺南安平建立一些臨時的營寨。因為本來臺灣就是他們侵略計劃的一部分，最重要的是要達成與明朝的通商。而此時還未離開巡撫崗位的商周祚卻以為荷人正在撤離，在給朝廷的報告中自誇道：「諸將懼禍者，復以互市餌之，俾拆城遠徙，故弭耳聽命，實未嘗一大創之也。」他以為已把荷蘭人騙走，事實是他被下屬矇騙而已。一個月後，即1623年5月，荷蘭人變本加厲侵擾海邊，把擄搶到的數以千計的勞力押到澎湖當苦工。消息傳來，商周祚大驚失色，發覺自己被下屬張嘉策矇騙，於是上奏以說明情況，並主張對荷用兵。朝臣在得知相關情況之後非常震怒，御史游鳳翔彈劾張嘉策「詭言紅夷恭順……通夷」，曾授意下屬接荷人賄賂，以促「澎湖互市」。朝廷在查實後最終將其革職。

天啟三年（1623）夏天，新任福建巡撫南居益到任福州，在他的提議下，抗倭名將俞大猷的兒子俞咨皋被起用為南路副總兵。鎮守總兵謝弘儀亦已到任。新的領導團隊組成後，確定了兩手打算，即爭取透過協商手段以驅荷，否則便訴

諸武力。中荷雙方於當年9月開始，以書信往來的方式進行第三輪協商。總兵謝弘儀表示，中荷雙方均被中方的翻譯所誤解，他表示，荷人離開澎湖並釋放被擄商民後，中國會考慮與荷人在巴達維亞進行貿易，而不會在臺灣進行。雷也山則認為中國人毀約，揚言繼續捕捉前往馬尼拉的商人和船隻，並表示不會離開澎湖。

協商的路被堵死，南居益主張用武力驅除侵澎荷軍，而明朝政府也全力支持他的建議。兵部在九月初五（9月29日）以明熹宗旨意回覆南居益說：「一切安攘事務，俱聽便宜行事；庫銀准照前旨動支。」一時間各路英雄齊聚金、廈，空氣中瀰漫著一種昂揚的鬥志。

與此同時，雷也山命令弗朗斯（Christiaen Fransz，一譯法蘭斯尊）率領五艘戰艦向漳州河口方向開進，再次使用以武促商的伎倆。不同以往的是，這次他們「文」了一些，而沒有進行擄掠。10月28日，荷艦封鎖漳州河，並樹起白旗。兩日後派人持信送往福建當局，旨在重申過去的協議。福建巡撫南居益一方面面臨荷軍狡猾的軟硬伎倆，另一方面面臨三百多位當地閩商要求通商、厭惡戰爭的壓力。據邦特庫的書中介紹，當地商人擔心雙方開戰會導致長期無生意可做，曾派代表表達意願。

面對荷軍的「巨艦大砲」，中方毫無與之抗衡的戰艦。最終南居益決定將計就計，透過中間商人表示希望荷軍派人來廈門鼓浪嶼談判。11月15日荷軍頭領弗朗斯率兩艦來廈門。因雙方信任不足，談判在荷船上進行，據《東印度航海記》所記：雙方達成了三點協議。中方乘機提議荷方派出幾位船長上岸會見福建巡撫，以見證簽署協議文件。荷蘭人經過會議後決定由弗朗斯率領一名船長一名商務長執行這項任務，陪同上岸的約有三十人。荷蘭三名代表前往都督府會見，其他荷蘭人在岸上接受廈門官員的款待。

17日在宴席上，弗朗斯及其屬下三十餘名「醉鬼」被明軍制服。半夜裡，守備王夢熊率五十艘火船突攻荷船，爆沉一艘，另一艘被損傷。此役，荷人被擒五十二人，被殺八人。弗朗斯等人後來被押送北京處死。這真是——

妙計相邀頻煮酒，

鴻門宴飲滅狂生。

雷也山經此打擊，元氣大傷，只好龜縮澎湖，在又怕又恨的不安中度過在中國的第二個聖誕節，私下認為中荷之戰不可避免。而此時的南居益也決定馬不停蹄地冒著寒風操練水師。決戰一觸即發。

與此同時，中國駛往巴達維亞的使者船剛剛抵達，中方使者立即與東印度新任總督卡彭蒂爾取得聯繫，並遞上給他的信函。信上表明：「欲在巴達維亞或其他地方進行貿易，則荷蘭人需要退出中國領域之外。」此建議得到新總督的認同。使者正為事情向好的方面轉化而高興，殊不知，千里之外的中荷矛盾已經激化到戰爭的臨界點。

天啟四年（1624）2月8日，守備王夢熊率軍由澎湖最北端島突入到位於白沙島東面的鎮海港，勢如破竹。荷人退守澎湖本島西南端的風櫃城。接著，南居益率第二梯隊進攻荷軍，俞咨皋率第三梯隊也抵達澎湖。明軍於6月下旬對荷軍形成包圍之勢，並在鎮海港築一石城固守，企圖以大軍壓境迫荷蘭人撤離澎湖。但是，荷蘭人卻退守在澎湖風櫃尾城堡，用密集的炮火阻止明軍上岸，藉以拖延時間，等待總部救援。

此時，在澎湖海面上還有一支龐大的武裝海商集團在觀望，勢力最大者為來自日本的華人領袖李旦。他曾在日本與荷蘭人發展貿易，打過交道。海商的存在使雷也山感到安全了許多，對拖延不走更有了膽量。副總兵俞咨皋建議巡撫南居益說服李旦離開澎湖，以孤立荷軍。此計被批准實施，南居益釋放被監禁的李旦的親信，傳話給李旦，希望他戴罪立功。李旦接受了福建當局的要求，引船離去。這一動作讓雷也山始料未及，天天如坐針氈。7月底，明軍調撥火船，分道並進，兵船隨後，直逼荷人風櫃尾城堡，荷方迫於壓力，「乃歸所虜商人三百餘」。

此前，雷也山已向巴達維亞總部總督求救，請求允許他們撤出澎湖。巴達維亞總督對新形勢進行判斷之後，派出艦隊司令宋克（一譯孫克、明史稱為牛文來律）於8月3日來到澎湖，替換已提出辭職申請的雷也山。本來宋克這次是帶著總督「撤出澎湖」命令來的，但當他來到澎湖時，雙方已交手多時，情況十分嚴

峻。弄不好，荷蘭人可能有全軍覆沒的危險。《巴達維亞日記》記載了當時的局面：「白沙島駐有中國軍約四千人與兵船一百五十艘，以後兵數逐漸增加，至是月（指8月）中旬，增至一萬，進出澎湖島。」而荷軍連同臺灣安平的傷病號加在一起才八百多人。宋克不得不派人求見俞咨皋，要求舉行談判。海商集團頭子李旦，成為荷蘭人唯一能選擇的中間人，其實他也與中國官方有著一定的聯繫。

李旦的出現，對荷蘭人最終離澎占臺造成了推波助瀾的作用。

8月中旬，李旦向荷蘭人提出方案，荷蘭必須撤離澎湖，但是福建當局允許他們到臺灣與中國進行貿易，此方案被荷方接受。俞咨皋向荷蘭人「保證退出澎湖島以後之貿易」，但荷蘭人希望透過更嚴肅的交涉與中國簽訂正式的貿易協定，被俞咨皋拒絕，並向其發出最後通牒：書信中早就說好了，如不知足，你們可以退守其船準備接受我大軍的圍剿。

宋克無奈，只好同意在二十天內退到臺灣。最終十三艘荷船依依不捨、緩緩地向著東南方的大員（臺南）駛去，結束了他們對澎湖長達兩年多的占領。

對於荷人被逐出澎湖又盤踞臺灣，荷蘭東印度公司官員及西方學者有「默許說」、「協議說」和中國皇帝「賜予說」，這都是藉口，荷人占臺是蓄謀已久的事。正如福建社會科學院楊彥杰在其著《荷據時代臺灣史》中表明，「福建地方官員與荷蘭人的私下協議，並沒有得到中央政府的認可，所以荷蘭人占據臺灣是『非法的』。」

據《臺灣小志》記載，荷蘭人剛到臺灣時，對島上情況不是很熟悉，為了摸清底細，他們向當地人提出，購買一張牛皮大小的土地暫時棲身。誰知荷蘭人將牛皮剪成一條長長的細繩，圍了一大片土地。荷蘭人就在這片土地上建起了一座城池，這就是後來的熱蘭遮城。

買牛皮之說是傳說，實際上荷蘭人的狡猾遠不止這樣。宋克率艦隊來到安平之時，將一鯤身到七鯤身的原有居民全部趕離，其手段已經不能用「狡猾」二字來形容，而是赤裸裸的武力。

第二節 西荷分據臺灣階段

一、「開臺王」顏思齊

豪俠一怒長風起，四海橫行碧浪傾。

臺下[6]千營刀闢土，逐狼嘯飲到天明。

顏思齊，字振泉，一字樞爾，福建漳州海澄人，是17世紀東亞海上最知名的海商集團頭領，也是臺灣早期的開拓者，被稱為「開山祖」、「開臺王」。

關於顏思齊其人其事，正史中紀錄稀少。因其生平活動與另一活躍於日本、臺灣的大海商李旦相似，所以曾有學者認為顏思齊不存在，其人就是曾調停中荷澎湖之戰的華商領袖李旦。後來有學者找到崇禎八年（公元1635）盧化鰲所著《太史李公居鄉頌德碑記》，其中提到：「自天啟壬戌以後，紅夷與海寇顏思齊交訌……」最關鍵的是明代官書《崇禎長篇》中有片段記載：「初，海寇鄭芝龍先從海賊顏樞泉；樞泉死，遂有其眾。」至此，學界才確認了顏思齊的存在。

目前關於顏思齊的人生經歷多來自具有小說性質的清人江日昇所著《臺海外記》，也有一部分來自荷蘭東印度公司的史料記載。

據多方拼湊的資料整合後，形成顏思齊的生平畫像：生性豪爽，仗義疏財，身材魁梧，並精熟武藝。1612年，顏思齊遭到官家欺辱，一怒之下殺死官家的僕人，逃亡日本，從此以裁縫為業，兼營中日間海上貿易，數年後積蓄漸多，成為富人。其間，顏思齊與經常到長崎貿易的泉州市晉江縣船主楊天生結下深交，結識了一批流落日本、從事海外貿易的閩南人士。由於他廣結豪傑，遠近聞名，日本長崎當局任命他為甲螺（頭目）。

有學者根據荷蘭東印度公司史料判斷，顏思齊是李旦的副手，負責李旦在臺灣的活動和實際運作李旦的海商武裝集團。

顏思齊曾發起「二十八宿兄弟會」，鄭芝龍、楊天生、高貫等都是其中的成

員。1624年，顏思齊曾參與調停驅荷離開澎湖之事。其間鄭芝龍、高貫等人船隊接受福建官方的冊封，共同參與了對荷蘭的戰鬥。這次勝利讓顏思齊對年輕的「兄弟」刮目相看，他決定授權給鄭芝龍統領所有的八十多個武裝船隻，楊天生管理財務，陳衷紀掌理兵員。自己則思討醞釀在日本起事，推翻日本德川幕府一事。

為何要推翻日本德川幕府？只因德川幕府治下，土地兼併嚴重，僅幕府本身便占領全國四分之一的土地，百姓民不聊生，時有起義發生。

顏思齊密謀推翻德川幕府這一情節，史界多認為有推演之嫌，不足採信，亦無史料作為佐證。但有學者亦認為，顏思齊作為勢力雄起的海盜將不可避免地與德川幕府發生齟齬。

話說，正在顏思齊加緊籌劃起義，等待鄭芝龍等兄弟從澎湖回來的節骨眼上，二十八宿之一的李英於酒後向日本女子吐露了這一計劃，日警得知後，實施進攻，顏思齊不得不起而應戰。事敗，顏思齊遭日本德川幕府緝捕。

顏思齊率眾分乘十三艘船出逃。在海上航行時，陳衷紀提議領兵攻取在臺灣的笨港（雲林北港），以其地之肥沃富饒，而且地理位置可以控制中國東南沿海，進而經略四方。顏思齊依此議。

8月23日，顏思齊率船隊抵達臺南以西大海灣，在魍港（另一說在笨港）靠岸。顏思齊見島上果然地肥水美、大片荒野未闢，決意在此開疆拓土，幹一番事業。

8月26日，身負重任的鄭芝龍監視荷蘭軍撤離澎湖，亦得知顏思齊率眾來到離大員不遠的笨港，便領著所有戰艦直奔笨港。

顏以北港為基地，率領眾人伐木闢土，構築寮寨。當時，少數民族以為外敵侵犯，招集族人進行攻擊。顏思齊派人安撫解釋，並商定了彼此的疆界，互不侵擾。

與此同時，派楊天生率船隊赴漳、泉故里招募移民，前後計三千多人。

顏思齊發給移民銀兩和農具等，開始了臺灣最早的大規模拓墾活動。為了便

於管理,他在笨港東南面的一片平野(今臺灣新港)上,建成井字形的馬路,分九區,定首府,中區築大高臺,為「開臺王」府,人們擁顏為開臺王。經過移民的辛勤開墾,島上大片荒地變成了綠油油的良田。

墾荒需要資金投入,顏思齊便開展和大陸的海上貿易。他們用荷蘭的大砲裝備自己的商船,隨著力量的壯大,短短一年,他便在海上樹立霸權。同時組織海上捕魚和島上捕獵,發展山海經濟,以解決移民生產和生活的物質需要。顏思齊常與部眾到諸羅山(嘉義一帶)捕獵。這一帶風景頗佳,溪水奔湧,深林疊翠,唯其如此,顏思齊每每樂此不疲。

不料1625年9月間的這一次,顏思齊圍獵興起,豪飲暴食,不幸染上傷寒病,一病不起,終至英年早逝,年僅三十六週歲。

楊天生等隨即殯殮設位,眾軍掛孝,完百日,方祭奠除靈,葬於諸羅東南三界埔山。

當年12月,大家一致推舉鄭芝龍為盟主,繼續拓墾大業。

盛傳「臺灣」是由開臺王顏思齊命名的,因「灣」內有「臺」,「臺」外有「灣」,所以顏將這海中寶島稱作「臺灣」。後人為追念這位開拓寶島的先賢而修建了思齊閣和懷笨樓。其中思齊閣建在他率眾登陸的地方——今新港的媽祖廟前。思齊閣高達三層二十餘公尺,雕梁畫棟,金碧輝煌,樓內有顏思齊畫像及生平介紹。該樓建於高地,近臨濱海,登樓瞻眺,水鄉景色盡收眼底。另建有一座「懷笨樓」,樓高約十五公尺,樓層高低有致,棟梁堅固,樓內陳列有先人開闢笨港的史料、模型及標本。

如今,思齊閣和懷笨樓已成為臺灣遊覽觀光的名勝古蹟。

二、殖民者分占臺灣

亂雲飛度島如愁,滬尾雞籠已被偷。

天下有無不死客?宜蘭怒火[7]永不休。

第三章 西荷侵占及初步大開發時期（1604 年到 1661 年）——西荷奴役體系逐漸崩潰臺人民族意識首次亮相

　　1624年9月，荷蘭人第一次正式占領臺灣。其登陸點是大員灣的離島「一鯤身」，也就是後來的臺南安平。從「一鯤身」沿東南方向如鏈珠般散布著七個小島，依次稱為二、三、四、五、六、七鯤身，因它的形狀好像浮出海面的鯤身。如果說大員灣像一張彎弓，那麼，一字兒排開的七個小島就連成弓上的弦，而彎弓與弦之間的海域稱為臺江。荷蘭人首先在離島「一鯤身」建築城堡，命名為「熱蘭遮城」，另外，荷蘭人也在臺江對面的赤崁建倉庫、宿舍，逐漸發展出街道和城市，稱為「普羅民西亞城」。這是荷蘭人在臺灣最先建立的兩個據點。

　　西班牙和荷蘭是商業對手，雙方在亞洲地區的競爭已經到了白熱化的程度。當西班牙發現荷蘭人已搶先奪得臺灣的大員一帶時，西班牙人也開始想到臺灣北部一帶來尋找據點。1626年，西班牙駐馬尼拉總督施爾瓦派遣海將卡黎尼‧威德士，自呂宋（今菲律賓）的阿拔利亞港，率船艦兩艘、舢板船十二艘及士兵三百人攻臺。因臺灣南部兩年前已被荷蘭人占據，於是威德士率艦隊沿著臺灣東部海岸北上，於1626年5月11日抵達臺灣東北角地帶，並將該地區命名為Santiago，即現在的三貂角。次日進駐雞籠（今基隆）港，而將港口命名為所謂的「至聖三位一體港」。四日後西班牙人在基隆北邊的社寮島（和平島）舉行占領儀式。

　　為防範荷蘭人入侵，西班牙人隨即強徵當地居民築城，城名叫聖薩爾瓦多城，並建炮臺四座。按設計，聖薩爾瓦多城有堅固的防禦工事，城裡建有市街作為漢人居住地。西班牙人力圖把它打造成用來拓疆及從事貿易的基地和統治中心。

　　就在聖薩爾瓦多城加緊興建之時，西班牙殖民總部換人了。新官上任三把火，駐馬尼拉的西班牙新任總督達伯拉決定趁熱打鐵，命令卡黎尼向西向南擴大控制範圍，擴大貿易。

　　1626年7月，西班牙總督達伯拉親率戰艦六艘自馬尼拉出發，信心十足地向臺灣進發，計劃與臺灣的卡黎尼的戰艦會合後，再征討臺灣大員。不料遇上了颱風，最終艦隊無功而返。同年9月，達伯拉重組了艦隊再度出征。這一次他們到

達了臺灣南部，但剛剛偵測了荷蘭大員港口，艦隊便又被颱風吹回呂宋島。西班牙二征臺灣大員遇阻之後，不知什麼原因，他們放棄了攻占大員的行動，以後一直未再提及。

西班牙人轉而在陸路上擴大占領地。自從進駐雞籠港之後，西班牙人發現該港屬天然良港，四周環境優美，地勢易於控制，於是開始興築堡壘、開建教堂，以便盤踞臺灣北部，與南部荷蘭人相抗衡；另一方面採取懷柔舉措，欲改善與漢人的關係，曾於1626年於北海岸大沙灣（即現今白沙灣）附近建立村落，吸引漢人居住。之後，西班牙由雞籠港一帶，沿著北海岸拓展勢力，逐步瞭解臺灣北部地形與自然資源分布狀況，進而擬定長期占領的計劃。

1628年，西班牙駐臺灣長官卡黎尼欲占領滬尾（淡水），有鑑於以往途中曾遭少數民族襲殺之痛，他派遣軍隊改變行軍路線，沿北海岸線占領滬尾，並構築聖多明各城，同時駐紮守軍。該城後被荷蘭人占領，被當地人改稱「紅毛城」。

西班牙人對臺灣北部這兩個重要港口，苦心經營。比如傳布天主教，1631年，曾在淡水建立玫瑰聖母堂；興建學校，從事土番教化，其範圍擴及金包里、三貂角。為溝通淡水與雞籠間的交通，西班牙人開闢了由雞籠經基毛里（今基市的瑪陵坑）、大巴里（今金山鄉），迂迴北方海岸而至淡水的通道。

西班牙人占據了淡水後，逐步控制了臺北盆地及其周邊的少數民族部落。1634年，又試圖將勢力發展到今天的宜蘭平原。但因為那裡的噶瑪蘭土著非常強悍，所以西班牙人的勢力一直無法進入蘭陽平原。

西班牙人占領臺灣的最終目的是榨取超級利潤，因此西班牙從占領雞籠開始，就積極發展海上貿易。比如，從中國商人手中收購或是從海上奪取中國的生絲，在臺灣北部開採硫磺進行輸出，也低價強買土著的鹿皮。

就這樣利炮鎖江、夷城鎖港，西歐兩大海權國分別占領南部、北部，臺灣處於被殖民者割據的狀態。春草依然，只是城邊的日頭已變成愁的顏色。

三、西班牙人擴張受阻

方失田地又為奴，海景依然美似無。

西艦如鯊吞海面，進得淡水莫將出。

西班牙人占領北臺灣的目的是掠奪財富，賺取無本萬利的商業利潤。

西班牙雖可以像荷蘭一樣出口鹿皮到日本，但其所占領的北部地區大都是丘陵地帶，不可能像荷蘭所掌控的嘉南平原那樣，一年可產一萬七千石的米、糖。於是，西班牙想到了位於臺灣東北角宜蘭地區的蘭陽平原。它是臺灣的第二大平原，僅次於荷蘭人控制的嘉南平原。

宜蘭舊稱噶瑪蘭，又稱哈仔難。其西背大山，東臨太平洋，南北山勢對抱。呈大三角形，唯東面向大海敞開，中間有蘭陽溪分界南北，「沃野三百餘里，可闢良田萬頃」。

西班牙人開始覬覦這片沃土，並於1633年派出探險隊，探險三貂角，結果卻令他們始料未及：探險隊遭到當地平埔族人民的強烈反抗，幾乎全軍覆沒。第二年西班牙殖民者帶著報復的心理進攻哈仔難，當地少數民族奮起反抗，卻因武器懸殊而失敗。噶瑪蘭族人開始逃亡，但他們並未停止戰鬥，西班牙人終未能控制該地區。這真是——

哈仔東開山海間，

紅毛一入哪得還！

中華儒家文化被臺灣人民世代相傳，這就決定著臺灣人民無法接受殖民者的傳教活動。和荷蘭人在臺南傳播基督教受阻一樣，西班牙人在北部傳播天主教也受到了臺灣人民的自覺抵制。在臺灣人民看來，天主教是挾著殖民者槍炮的餘威而來的，傳教士也是侵略者。特別外國宗教不尊重民眾習俗，不允許教民祭祖，讓男女同堂禮拜，這是對祖宗和男女有別的傳統文化的蔑視。因此，臺灣北部人民如古代赴死的勇士一樣，「帶長劍兮挾秦弓，首身離兮心不懲」，不斷襲擊包

括神父在內的西班牙人。1633年1月,神父弗蘭西斯科在關渡[8]傳教,被批拉人[9]殺死。1636年3月,批拉人劫擊淡水河上的西班牙船,殺死路易斯神父。1636年11月,淡水的土著又攻擊西班牙人,殺三十多人。北臺灣少數民族的不斷反抗,動搖了西班牙的殖民統治的基礎。

西班牙人有意在臺灣進行商品貿易,如輸出在北部開採的硫磺和輸出鹿皮,但與中國大陸及日本的貿易都遲遲無法順利進行。中國的海禁政策和戰亂,使得來基隆與西班牙人貿易的中日商船不多;而日本的鎖國政策與明廷相近,其禁止傳教的政策更加嚴厲。日本於1633年開始禁止本國人出海與外國人進行貿易。1636年,日本政府下令禁止本國人出海,嚴禁外國至日本通商和傳教,這對東西貿易產生了巨大的影響,對處於劣勢的西班牙更是釜底抽薪。

北臺灣的惡劣氣候和水土讓許多西班牙移民難以適應,許多人紛紛返回了馬尼拉。駐留臺灣的西班牙官兵和神父,或因傳染過風土病或遭受土著襲擊,其死亡者為數可觀;再加上從馬尼拉運糧而來的船隊,常遭遇颱風而被迫折回或沉沒,使得西班牙海軍的戰鬥力大大削弱,原本企圖驅逐盤處南部之荷蘭人的野心,更是無法順利達成。

無法完成的計劃還有招募漢人和平埔族墾拓臺北盆地。據後來荷蘭人在淡水一帶進行戶口調查後繪製的地圖看,淡水、大漢溪流域的凱達格蘭人有四個社,分別是里末社、瓦列社、擺接社和武勝灣社。前三個社的社址都在今新北市板橋地區附近,只有最大的社群武勝灣社相距較遠,在大漢溪與新店溪的匯流處。

當時的臺北盆地是一個什麼樣的景象?六十年以後,清初官員郁永河曾來臺北採硫並留下了《採硫日記》,從其日記中可知臺北盆地遠遠沒有得到開發,簡直就是一片蠻荒之地,那裡雜草叢生,高者過人,矮者齊肩,拉車從這片濕地經過,就像是行走在地獄。《採硫日記》中還介紹了更為恐怖的事情:

古木互相纏繞,叢生竹子生長其間,咫尺之內看不到任何東西。蝮蛇等許多蛇類,夜晚時會在河邊發出各種鳴聲,有時鼾聲如牛,力量大到可吞鹿,小蛇很會追逐人,速度之快有如飛天。

這樣的環境開墾起來難度很大。遠在馬尼拉的西班牙總督決定縮小臺灣北部的統治範圍，以便集中力量拓殖菲律賓南部的民答那峨，因為那裡的回教民經常發動起義，反抗西班牙的殖民統治。

從公元1635年起，西班牙人開始逐步退出淡水地區，駐臺灣的西班牙軍隊被抽走半數以上返回菲律賓，並於公元1638年先毀棄淡水的滬尾城寨，並縮減基隆的守備範圍，以減少遠途補給的負擔。

中國的鎖國政策以及臺灣少數民族的英勇抵抗使西班牙人惱羞成怒。1639年，殘暴的西班牙總督在菲律賓呂宋島下令屠殺華人，共有兩萬二千名華人華僑死於非命。為此延平王鄭成功在多年後向西班牙總督下過戰書，殖民者一度極為恐慌，此為後話。

四、鄭芝龍的「三反」或「五反」

滄海可當一水渠，貪生何乃太區區！
仙霞嶺上兵不撤，飲馬長江有變局。

鄭芝龍（1604～1662），又名一官，號飛黃，福建泉州府南安人，明末清初最大的海商軍事集團首領。少時喜耍拳棒，不喜唸書，後因家貧，攜兩弟投靠在澳門經商的舅父，其間他學會了貿易，學會了葡文，到過馬尼拉，皈依天主教。後遠赴日本，追隨長崎華僑、也是當時最有勢力的泉州人李旦，並成為其義子。不久另立門戶，率船隊往來中日和越南等地，因熟悉海事及外交，不久他便享譽於華僑界和日本政界。後娶某日本高官家臣的日籍養女田川松子為妻。

鄭芝龍1624年在明廷驅荷行動中，接受了明廷的招撫，由觀望轉而與明軍聯手，最終將荷蘭人驅離了澎湖。

正當他準備按計劃回日本實施結義大哥顏思齊關於推翻幕府的行動之時，事洩而敗。這之前，他曾與顏思齊商量好了詳細的暴動計劃。不久，與抵臺的顏思

大陸看臺灣歷史

齊會合後,在大員(臺南市)以北到嘉義附近沿海一帶組織墾荒,並築十個村寨。雖與荷蘭人有過合作,襲擊前往馬尼拉與西班牙人通商的中國船隻,但在強壯了力量的同時,打破了荷蘭稱霸臺海的局面。

鄭芝龍既是開臺、驅荷的先鋒,又因降清備受爭議

次年9月,李旦、顏思齊相繼病死,眾人在三個月後推奉鄭芝龍。鄭芝龍是所有海商中最具海洋意識和開拓精神的人,甚至在史學界有種說法:他是歷史上重視臺灣在遠東地位的第一人。在兼併其他武裝海商集團的同時,鄭芝龍大力鼓

勵大陸沿海農民移居臺灣。

當時的臺南地區為荷蘭人所統治，荷蘭人在島內修築臺灣城和赤崁城，但駐防軍人較少，而大陸移民卻多達數萬，荷蘭人無力治理全島，赤崁城外便成為鄭芝龍的天下，拓荒的中國人均須向鄭氏納稅，「鄭氏以此富強」。臺灣自此進入了大規模的開發時期。

鄭芝龍還熱衷於海外貿易。商船團以金、木、水、火、土五大船團行駛於日本、朝鮮、菲律賓、中南半島諸國，南至巴達維亞。令旗費依船隻大小，創造年收入高達四百萬兩黃金的龐大事業。

1624年，明朝首次招撫鄭芝龍時，給的官位很低，鄭芝龍也沒有主動出面邀功。鄭芝龍成為集團首領後，攻擊荷蘭軍艦，打破荷軍在海上的絕對優勢。對此，明廷不但未加褒揚，反而以海盜視之，通知福建地方予以緝捕，引起鄭芝龍憤怒，並欲出兵伐明。1627年（天啟七年），鄭芝龍更集結海上兵艦進攻大明的漳浦，明軍無法抵擋，鄭芝龍乘勢占據廈門。

鄭芝龍成為當時臺灣海峽實力最強大的一支武裝力量。用蘇軾一句「天外黑風吹海立」來形容鄭芝龍並不為過。明朝軍隊曾多次進剿鄭芝龍，均莫能勝。但由於其商盜集團天生的對王朝政權的依附性，鄭芝龍逐步由「商業資本道路」轉向「封建官僚地主化」的方向。

1628年崇禎皇帝繼位。這一年也是鄭軍實力增長較快的一年。福建水師曾在這一年從漳州集結了四十多艘帆船，其中有過半的船隻被其劫去。

明廷一方面施行海禁，壓制善良大眾，無視討海人生計，另一方面再度對鄭芝龍加以招撫。當年七月招撫鄭芝龍，兩個月後鄭芝龍接受福建巡撫招安，任「五虎游擊將軍」。

明廷承認鄭軍攻荷有功，並授權與鄭芝龍負責掃蕩橫行在臺灣海峽的海盜。這項工作對於明廷來說是件十分頭痛的事，但對鄭芝龍而言卻是大大的利多。因為他可藉此掃除敵對的同行，並可乘機黑道轉成白道。

之後七年之內，鄭芝龍接連取得「平廣盜、征生黎、焚荷蘭、收劉香」等戰

鬥勝利，其聲勢震動閩海。特別是破除荷蘭人與劉香聯軍，是經過了多年艱苦的戰鬥才取得的。鄭芝龍基本上控制了臺灣海峽。這是後話。

就在招安的當年，福建大旱，百姓無以為生，鄭芝龍建議福建巡撫熊文燦把饑民移居臺灣，每人發給銀子三兩，三人給牛一頭。此建議得到批准後，鄭芝龍以巨船運載數千名饑民去臺灣，「使墾荒食力」，臺灣西岸各地逐漸形成了許多村落。這是歷史上首次大規模有組織地由大陸向臺灣移民。

1644年，明朝首都北京被清軍攻陷，南明永曆皇帝冊封鄭芝龍為南安伯、福建總鎮，負責福建全省的抗清軍務。鄭芝龍將其勢力移至海峽西岸，臺灣自此失去唯一可以掣肘荷人的勢力。

順治二年（1645）閏六月，鄭芝龍兄弟在福州奉明唐王朱聿鍵為帝，年號隆武，鄭芝龍被冊封為南安侯，負責南明所有軍事事務，一時間權傾朝野。

由於與隆武帝、黃道周為首的文官集團不合，無法控制朝廷，又因大軍壓境、其勢難撐而懼憚，鄭芝龍遂動了降清念頭。

1646年農曆八月，為了給清軍入閩掃清道路，鄭芝龍下令撤掉前線仙霞嶺兵防，以讓清軍順利入閩，鄭成功抗命不從，孤軍苦戰，並在後路被抄的情況下突圍南下，最終來到安海。其間隆武帝被俘而死。正是在安海，鄭芝龍父子發生了爭論，鄭芝龍不顧鄭成功的反對，決定降清。父子最終反目，成為中國戰爭史上罕見的一幕。

1646年農曆十一月，清軍統帥博洛用洪承疇之計利誘鄭芝龍，後者赴福州降清，隨後被清軍扣留，送至北京軟禁。1662年，鄭芝龍被清廷處死。

鄭芝龍一生是複雜的一生，既有俠義的一面，也有商盜的一面；既有反抗的一面，又有忠君的一面；既有民族英雄的一面，又有奸商奸雄的一面。

就其一生可圈可點的大事，可用「三反」或「五反」來概括。在接受明朝之前他一直是明朝軍隊的勁敵，幾乎是無往而不勝；他還數次打敗荷軍對中國沿海村莊的騷擾，瓦解荷軍企圖武力逼迫明朝通商的計劃；在投降清軍之前，他是閩粵地區抗清的主力和中流砥柱。此為其一生中最重要的「三反」。

另外，鄭芝龍還應明政府要求，率軍討伐其他的海盜集團對沿海的騷擾；在日本曾隨顏思齊一起舉行過武裝暴動，反對當權者的統治。

依鄭芝龍的實力來看，他完全可以且已經入據臺灣，卻又為何前後降明又降清？有人說鄭芝龍的思想中有為民行善的考慮，但更有「對王朝政權的依附性」，因此每到關鍵時刻不僅想到了無辜的老百姓，更想到了他個人的利益。也有人認為，鄭芝龍對傳統儒家文化的認同是導致他投降朝廷的根本原因。在他看來，海盜永遠是賊，永遠無法與主流文化中的士大夫理想相提並論。真可謂——

最議一生降兩帝，

解民於火少知音。

五、日本海盜火拚荷蘭人

刀劍火拚黑夜長，紅夷怒目向東洋。

膏腴之地豺狼鬥，個個都說我善良。

日本商船來往菲律賓時，都在臺灣停泊中轉，然後收購鹿皮，並與中國船交換生絲。原先各地船隻可以自由出入大員，為限制中日經商，壟斷對華貿易，荷據臺灣第一任長官宋克在占領臺灣的次年7月決定，對所有貿易貨物徵收10%的輸出稅，並禁止居留日本的華人來臺灣。日本人拒絕納稅，有一千五百斤生絲被宋克在游泳時沒收。就在這一年，宋克被憤怒的平埔族人溺斃。

1626年7月，日本人濱田彌兵衛先至泉州，以現款向中國商人購得兩萬斤的生絲，言明將派船來載貨運到臺灣大員（安平）。接著濱田彌兵衛與日本長崎代官末次平藏、投資商野藤來到大員，又用白銀在大員大批地採購鹿皮，然後向荷蘭駐臺灣第二任長官偉斯僱用帆船到泉州取貨。偉斯對來自日本的長崎代官一行人很冷淡，不但拒絕了他們的請求，還禁止日本人派遣其他船隻赴福建取貨，並得寸進尺，勒令濱田繳納十一稅（即10%）。日本人據理力爭，因為在日本，日

本政府並未向荷蘭商館徵收這類稅。偉斯這麼做,其實是在向日本人發洩不滿。因為日本人將荷蘭人向鄭芝龍購買令旗的事當成生意處理,還四處宣傳。荷蘭人是不願意承認向鄭投降的。

日本船長濱田彌兵衛挾持荷蘭臺灣長官努易茲(荷蘭人所畫)

　　此事沒有談攏,日人只好在大員過冬。他們知道,偉斯是個心狠手辣的傢伙。對日本人是這樣,對臺灣人更是這樣。他曾規定,讓只會狩獵而無農耕技術的土著居民每人每年繳付一張鹿皮為人頭稅;又從各處大量捉來漢人,從事開墾、種植。為了震懾人們的反抗情緒,他命令在熱蘭遮城外廣場建立一個絞刑架,可同時處決多人。而每次執行絞刑時,他都強制要求當地人前來觀看。

　　1627年,荷蘭東印度公司派遣特別代表團赴日,意圖改變日本的強硬態

度，改善荷日貿易關係。但這一願望最終以徹底破滅告終，其原因就是代表團團長即荷駐臺灣第三任長官奴易茲的陰險表演。他先到大員後，見到了濱田，為了求得在長崎談判的順利，很爽快地答應了濱田的要求，但暗地裡，他卻授意荷蘭人不可派船，否則便是喪權辱國。荷蘭人的這種做法，讓彌田無比憤怒，決心要給荷蘭人好看。

被拒後的濱田彌兵衛獲悉新港社社民不堪荷蘭當局的虐待，便於1627年帶領該社十六名社民晉見長崎代官末次平藏，並控訴日本人在臺灣受壓迫的情況，藉以挑動日本幕府反對荷蘭。德川將軍獲知後，對荷蘭特別代表團採取不理睬的冷漠態度，奴易茲苦苦久等不獲德川將軍接見，於十二月憤然回到大員。

日本政府強硬的態度讓濱田彌兵衛有恃無恐，膽大妄為起來。1628年4月下旬，濱田又帶三艘船及四百七十人侵入安平，其中包含十六名土著中的十一名倖存者。奴易茲扣押了他們所有的武器和火藥。濱田彌兵衛與荷人幾次交涉未成。不僅如此，奴易茲還將他及土著以不同罪名拘捕、軟禁起來。如此，濱田處於進退維谷之間，即不能得到那遠在福建的兩萬斤生絲，也回不了日本。

6月29日，濱田彌兵衛帶領十二名手下到熱蘭遮城，假裝說獲得日本政府的有關改善日荷關係的信函。奴易茲信以為真，開門迎接並率四名官員在長官廳等候濱田。彌田一行人剛入長官廳，便掏出尖刀，將在場的八名荷蘭人制服。濱田用尖刀抵住奴易茲脖子。荷蘭人聞訊聚集了一百名餘士兵，但無法拯救奴易茲。雙方僵持了五天，荷人死了三人。最終荷人屈服，表示願意接受濱田開出的五點條件。除了要求放人之外，重要的當屬要求荷人成倍地賠償這幾年日人的損失。

7月7日，濱田帶著被扣的生絲、軍火及其他賠償，挾著奴易茲的兒子揚長而去。

濱田彌兵衛的行為受到了日本幕府將軍的嘉許。日本幕府隨即決定，封閉荷蘭在平戶的商館，禁止荷人在日本做生意。並將奴易茲之子一行五人關進監獄。巴達維亞方面感到事態嚴重，在1629年將彼得·奴易茲撤職宣判兩年徒刑，改派普特曼斯為第四任臺灣長官，並遣使赴日斡旋互市一事，被諒解。1632年，巴達維亞決定犧牲奴易茲，將他反綁著引渡給日本監禁，直到1636年，日本幕

府才答應釋放奴易茲和重開交易。奴易茲自作自受，為自己開啟了多年的牢獄之災，其子也慘死於日本的監牢。

不過，日本在臺灣的勢力最終還是被排擠，並且由於對菲律賓的貿易也受到西班牙的打擊，再加上中國武裝海商集團已控制臺灣海峽，日本設想的「日本—臺灣—菲律賓」海上貿易三角航線藍圖灰飛煙滅，德川幕府不得不於1639年頒布「鎖國令」，淡出對遠東的角逐。日本與臺灣之間的貿易聯繫也從此中斷，直到1871年牡丹社事件發生之後。

日荷火拚於臺灣，作為一偶發事件不被歷史重視，其實它的影響很大：一方面它暴露了當時明朝政府對臺灣主權的不夠重視，眼睜睜地「看如此江山，忍歸胡虜？豆剖瓜分」，任由兩個侵略者在自己的國土上撒野，而不聞不問；另一方面，此事件延緩了荷蘭獨吞臺灣的腳步，並促使日本鎖國政策的實施，直接導致日本兩百餘年未染指臺灣。

如此，臺灣便成為荷蘭人在東亞唯一一塊立足之地。

六、招降鄭芝龍，粉碎荷蘭夢

天朝殘喘拒開關[10]，鯨艦侵來未可還？

莫道山高皇帝遠，邊城勇者正值班。

荷蘭侵占臺灣的主要目的在於獲取商業利益，而臺灣西南部的社會狀況更讓荷人對與中國通商充滿野心。

據荷蘭人所撰《巴達維亞日記》記錄，在公元1625年即荷蘭人占據臺灣第二年的4月9日，「在大員灣中，約有一百艘戎克船，是從中國來的，從事於漁業，並收購鹿肉，輸至中國……」

臺南豐富的農、牧、漁業資源，使荷蘭人大喜過望，於是在1625年，荷蘭殖民者開建熱蘭遮城，意欲以此為據點，作為他日與大陸通商的基地。這真是

第三章 西荷侵占及初步大開發時期（1604年到1661年）——西荷奴役體系逐漸崩潰臺人民族意識首次亮相

天堂風水大員灣，

點點漁光戎克船。

但中國的鎖國政策又讓其企圖無法實行。荷蘭人想用武力敲開中國海外貿易的大門——逼迫中國與之通商，至少可以在進犯中國沿海時掠取大量的實惠。

荷蘭人於1630年首次駕艦侵犯廈門，被鄭芝龍擊敗；以後，荷蘭人再犯廈門，被明將鄒維璉所敗。

荷據臺第四任長官普特曼斯在統治臺灣時獲得大量的利益，但為了能獨占中國市場，而禁止西班牙人、葡萄牙人介入，普特曼斯請求巴達維總督派出軍隊，向中國開戰。他認為中國的武器很落後，一旦開戰，荷蘭有十足的獲勝把握。巴達維亞城派了戰艦、大划船十一艘，交由普特曼斯指揮，另有旗艦密德堡及一艘稱作「打狗號」的戎克船。

1633年7月7日荷艦隊進兵南澳，占廈門。7月12日，艦隊司令普特曼斯將艦隊分成兩隊，分別到廈門灣右側、北側，突襲鄭芝龍在廈門灣內正在整修的船隻（這些船隻是在廣東與海盜劉香的戰鬥中受損的）。明軍的船以及鄭芝龍修整過的十多條船全部被摧毀。鄭芝龍大為震怒，因為他本人與普特曼斯的私交不錯，還曾向巴達維亞建議延長普特曼斯的任期。

初戰勝利沖昏了荷蘭人的頭腦，他們不斷封鎖河面和海面，掠奪過往的中國商船。而就在他們得意忘形之時，就在明廷無能為力之時，鄭芝龍行動了。

鄭芝龍對自己的私人海上武力重新進行了配置。使用全新的英國大砲，配上有長年豐富海上經驗的船員，積極準備戰鬥。此外還發出懸賞令：每人給予銀二兩，如果戰事延長，額外給予五兩。每艘放火船有十六人，每人須帶木或草，如果燒了紅毛船，給二百兩，一個紅毛人頭五十兩。

在船艦的準備方面，鄭芝龍在海澄、劉五店、石潯和安海共集合三十五艘大戰船、一百艘放火船，及其他大小船隻共四百。

同時，普特曼斯也聯合了劉香、劉國助等三個海盜集團，嚴陣以待。

10月22日五鼓之時，鄭芝龍不顧惡劣氣候，率軍自頭圍開船，天明時到金門的料羅灣，灣內有荷戰艦九艘，還有劉香海盜船五十餘艘。鄭芝龍下令主攻荷艦。一聲令下，鄭軍約一百四十只船分為兩隊，兩面包抄一齊攻擊。放火船無視荷艦炮火的猛烈及火槍的密集射擊，一一爬上荷艦放火燒船。戰鬥中，二荷艦與鄭芝龍的大戎克船相遇，鄭軍大划船用英國大砲猛烈轟擊迎面而來的荷蘭夾板船，並將之炸沉。

鄭軍的戰鬥力著實讓普特曼斯大吃一驚，他不管劉香的海盜船，率著僅剩的幾艘大船倉惶退出了戰場。

由荷蘭人寫的《熱蘭遮城日記》記錄了當時的戰況：

「（中國）國家艦隊……其兵力約有一百四十至一百五十艘戎克船，其中約有五十艘特別大的戰船。有三艘同時鉤住快艇Brouckerhaven號……對大砲、步槍與火焰都毫不畏懼……快艇Slooterdijck號被四艘他們最大的戎克船鉤住，被他們跳進船來，有兩次把那些中國人打出船外，但最後還是被接著跳進來的人數眾多的中國人所擊破，而被他們奪去了；我們率領Bredam號、Bleyswijck號、Zeeburch號、Wieringen號與Salm號費盡力氣擺脫非常多的火船，向外逃去；受到這場戰敗，我們的力量已經衰弱到本季在中國沿海不能再有任何作為了。」

金門料羅灣一戰焚毀了四艘大型的荷蘭大夾船，重創五艘荷艦，繳獲了一艘，燒死、生擒大批荷蘭人，荷方自報八十三人陣亡。而海盜船更是損失慘重，幾乎全軍覆沒。這就是著名的「料羅灣海戰」，「為海上數十年奇捷」。

料羅灣大捷之後，普特斯曼接受明廷的條件：賠款；不再騷擾中國沿海；無權利直接與中國進行貿易。

荷人被打服之後，海峽就只有劉香的殘餘海盜在作怪了。為了報復普特曼斯與鄭芝龍握手言和，1634年4月9日，海盜劉香率領六百名海盜部隊登陸大員，並架設雲梯爬上熱蘭遮城。荷蘭人立即反抗，當戰鬥處於膠著之時，荷方調集了一千多名臺灣壯男加入戰場，這才使劉香匆忙結束攻城。之後劉香在海上遊蕩掠

奪，並躲避鄭軍的船隊。

隔年5月23日，在廣東海戰中，鄭芝龍攻擊劉香所乘之船，劉香無路可逃，引爆炸藥身亡。此次戰役劉香方面戰死達六七百人。

1636年，鄭芝龍被任命為福州都督，掌控了更大的權力，海盜也漸漸消失。而就在這一年的7月3日，荷據臺灣第五任長官德包爾走馬上任來到臺灣。他是第四任長官普特曼斯的夫人的妹夫。他繼續用普特曼斯的陰招，按照「血稅」的原則，利用向荷軍效忠的新港社武士，來鎮壓其他不服的麻里麻崙等土著部落。

對於幾年前的料羅灣戰敗，以及荷方「屈辱」的承諾，德包爾很是不服。他決定要重啟戰事，一定要達到與中國政府直接貿易的目的。

公元1639年，他派出艦隊再犯福建湄州。但此時的鄭芝龍艦隊正處於巔峰狀態，荷軍遠遠地發射幾發砲彈，未想裝備更好的鄭艦以更密集的砲彈給予還擊，荷艦遭到鄭芝龍水師的痛擊。自此，荷蘭入侵者在福建境內絕跡。荷蘭殖民者被迫與鄭芝龍修好，表示今後不再強行前往福建進行貿易，改由鄭芝龍派船到臺灣進行貿易。

在荷蘭人占據臺灣之初的十多年中，多次進犯中國沿海，均遭失敗。他們不明白的是，為什麼他們作為西方最發達的海權國，卻打不過一個日薄西山的封建王朝？

瘦死的駱駝比馬大。雖然明朝政府面臨諸多內憂外患，其統治也搖搖欲墜，卻有一支戰鬥力較強的海防軍，尤其是「閩海王」鄭芝龍的歸正，致使力量分散的西方勢力備感力不從心。

屢嘗敗績的荷蘭人終於明白：越海威脅，於事無補。於是他們改弦更張，致力於對臺灣的經營和統治。

七、麻豆社起義

三汊港[11]邊溪水渾，母親為姓祖為神。

順從不叫西拉雅[12]，霹靂一聲斬海鯤。

1624年，荷蘭人占據臺南時，西南海濱（具體地域從臺南縣至屏東縣恆春半島）居住著西拉雅族的四大「番社」——新港社、麻豆社、蕭瓏社、目加溜灣社，其中麻豆社實力最大。四大社彼此間或有結盟或有紛爭。同時該地還居住著海盜與日本商人。荷蘭人的侵占使該地的權力關係更加複雜。

雖然麻豆港現在已不復存在，滄海已經變成桑田，但據資料，在當時它是三汊港的一部分，水上交通和貿易十分便利。其間，荷蘭人開始轉向經營臺灣，他們招募自大陸來的勞力開墾土地，剝奪當地人的捕鹿、打魚權；同時荷蘭人徵調平埔人做奴工，強迫他們伐木、搬石、運泥以築城，並不斷地侵占土著居民賴以生存的土地。天生愛自由的西拉雅人民決定「揭竿命爵分雄雌」。

關於麻豆社起義的年代，綜合臺灣學者論述，應理解為一個過程，從1625年到1635年，其間有多次反抗，其中1629年7月、1635年9月的起義最為激烈。

1629年6月13日（一説7月13日），大員第三任長官奴易茲派遣五十餘名防海盜特遣隊的士兵深入麻豆社搜捕「漢人海盜」。麻豆社社民打心眼裡憎惡這些殺其族人、收其重稅的侵略者，有心對抗，但憚於火槍的厲害。面對荷人要求協查的命令，數十名麻豆社民利用對地形的熟悉，帶著荷人穿越山溝，讓敵人疲於奔命，一無所獲。直到黃昏時，疲憊不堪的荷蘭指揮官Hooman下達結束搜索的命令。歸途中到達麻豆河，河水不深，許多帶路的土著熱心地先替士兵們拿槍，然後背著他們渡河。荷兵哪裡想到這是他們早已設計好的一個最重要的環節。背到半途，突然所有的社民猛地側身蹲下，將身上的荷人摔落在水中，並順勢狠命地強壓他們。疲憊且不諳水性的荷蘭人在剽悍的土著按壓下，全部被淹死。起義者還乘勝殺死幾個在蕭壠社布道或行政的荷蘭人。

長官奴易茲獲知六十二人全數被殺後，大為震怒，但因日人濱田彌兵衛事件纏身，無法派兵討伐。麻豆社還聯合目加溜灣社、蕭壠社等其他社群，欲向熱蘭

遮城發起強大攻勢。

　　同年，奴易茲被巴達維亞總部撤換，漢斯‧普特曼斯成為第四任臺灣長官。他是統治臺灣時間最長、最陰險殘暴的傢伙。他決定首先從最近的新港社下毒手。四年前即1625年，新港社曾溺死臺灣第一任長官宋克，次年在荷蘭人強力的攻擊之下，新港人已被制服。但他們並沒有放棄反抗，濱田彌兵衛事件發生時，他們曾尋求日本政府來制衡荷蘭人。陰險的奴易茲以新港住民隱匿逃犯為由，焚毀與濱田彌兵衛前往日本朝貢的理加等十一個人的住宅，全社百姓因恐慌而逃避到深山。為了便於長治久安，作為新港社民回家的條件，荷蘭人按照平埔族的處罰慣例，罰新港社替荷蘭新建一幢住宅，三十頭豬，十包大米。從以後的諸多事件來看，新港社的此次受罰意味著徹底的服從。

　　普特曼斯想到一個陰招，這一陰招加速了荷蘭人對臺灣的控制，使荷蘭人在臺灣受用了三十三年。荷蘭人訓練最先臣服的新港社人去攻擊其他番社，反對者一律絞死。荷蘭人利用新港社的青壯年為自己賣命，普特曼斯稱之為「血稅」。荷蘭人為了騰出精力對付日趨惡化的日荷關係，決定與麻豆社、目加溜灣社進行談判，雙方簽訂了有效期九個月的和約。

　　普特曼斯在1633年金門料羅灣海戰失利，次年又遭海盜劉香襲擊熱蘭遮城。為了提高士氣，也為了證明自己不是無能之輩，他決定在麻豆事件六年後展開報復。

　　荷蘭人時刻也沒忘記麻豆社給他們帶來的重創，時刻在尋機報復。對這一點，麻豆社頭人大加蚋心知肚明，於是他團結一切可以團結的力量，比如日本商人、漢人海盜，共同對付荷蘭人。

　　由於新港社已臣服荷蘭，並接受荷人的「血稅」，這讓麻豆社人非常憤慨。麻豆社與新港社的關係日漸惡化。1635年5月，麻豆社頭人大加蚋宣告將原屬於新港社保護的一個小部落納入自己的保護，此舉立即牽動新港社和荷蘭勢力介入。同年9月，一場嚴重的天花襲擊麻豆社，使其損失了二三百名壯丁。狡猾的普特曼斯在得到來自巴達維亞的增兵之後無恥地趁火打劫，麻豆社人英勇反抗，重創了敵軍。

大陸看臺灣歷史

再次吃了大虧的荷蘭人開始狗急跳牆。1635年11月23日，荷據臺灣長官普特曼斯親自率約五百名荷軍及新港社青年數百人分七隊對麻豆社實施突然襲擊，麻豆社居民倉促應戰，但由於事發突然，麻豆社人的戰鬥力又受到傳染病的重創，因此麻豆社群被荷蘭人各個擊破。在普特曼斯強力的要求下，荷蘭士兵見人就殺。麻豆社人無力制止，第一天就被殺死兩百六十名，其他人逃往森林深處，逃走不及的兒童婦女老人亦不能倖免。

殘暴的荷蘭人一把火把麻豆社燒成灰燼，數以千計的屋子被破壞。

據荷人所寫《巴達維亞城日記》介紹，「進攻時殘留之敵方男女及兒童計二十六人，被新港人所殺，其他居民逃亡……同月28日有麻豆頭人與長輩二人代表該村，先求得該村安全保證之後，與新港社及蕭瓏社的幾個人與牧師尤紐斯同來熱蘭遮城，自認彼等以前所犯之罪，而請求如新港人對荷蘭人同樣方法，准其歸順。」

12月19日，經全體社人同意，麻豆社向荷蘭投降，並獻上檳榔與椰子樹苗，表示他們放棄所有土地，完全接受荷蘭政府統治。

藉著這次軍事行動的得勝，普特曼斯將「血稅」的優勢發揮到極點。幾乎每次行動都會馬到成功。普特曼斯繼續威嚇其他地區的少數民族，讓少數民族部落都獻出他們的土地和財富。

在荷蘭人武力威逼之下，1636年，傳教士尤紐斯召集安平以北十五社和安平以南十三社之平埔族代表集合在新港社，簽署協議，向荷蘭駐臺灣總督普特曼表示服從。

荷蘭人利用少數民族已有的部落議會對土著居民進行管理。東印度公司向「部落議會」宣布總督宣令；長老向公司報告管理情形，長老行使權力時，需受傳教士和公司官員的監督。

自此，臺灣南部平埔族居民最終被納入荷蘭的統治體制之下。

麻豆社起義是荷據時期臺灣少數民族反抗殖民者規模最大、鬥爭最激烈的一次起義，也是臺灣南部少數民族普遍接受荷人統治的轉折點。

第三節 荷蘭獨占臺灣階段

一、荷軍驅逐西班牙人

西夷火併基隆震，虎豹爭雄麋鹿奔。

炮論海權何烈烈，誰管原鄉是主人！

西班牙在基隆的據點已直接威脅到荷蘭前往日本通商的船隻，荷蘭人絕不會坐視西班牙的挑釁行為；對於西班牙而言，既然地理位置不如荷蘭人，不如奪取荷蘭人的據點，取而代之，如此，巨額利潤便可收入囊中。

荷蘭、西班牙兩國分占中國臺灣南北，雙方都恨不能「吃」掉對方，相互間展開了歷時十六年的殖民地爭奪。真是——

有心獨占田和鹿，

二虎一山哪共容！

西班牙所占北臺灣並非貿易的精華地帶，該地帶遠遠不如荷蘭人所占的嘉南平原富饒，因此西班牙在臺灣的發展明顯處於劣勢。為改變此種地位，馬尼拉的西班牙當局以及臺灣的西班牙人，都曾派軍艦攻擊臺南的荷蘭據點，但都未成功。而荷蘭人也屢次揮軍北上，試圖驅逐這個鄰居對手，在臺灣搶吃獨食，但也未成功。

荷蘭一開始處於守勢。與日本人火拚的濱田彌兵衛事件及臺灣少數民族（番社）起義，迫使荷蘭人投入全部兵力，鞏固臺灣南部的局勢，而無法分兵對付自己的老對手。雖然如此，荷蘭人並不是毫無行動，仍經常派人去臺灣北部偵察西班牙人的情況。

在臺南地區以北，有強大的鄭芝龍商盜集團夾在西班牙與荷蘭之間，因此，鄭芝龍駐留臺灣時，雙方一直未敢造次。特別是荷蘭人，對鄭芝龍屢戰屢敗，最

終採取與他合作通商的方式來相處。直到鄭芝龍1628年率船隊離開臺灣，進一步接受明朝的招安，荷蘭人才開始實施曾經一直中止的獨占臺灣的計劃。據荷蘭東印度公司寫給本國的報告《巴達維亞城日記》記錄，鄭芝龍離開臺灣後，在臺南的荷人揮兵北上，先征服新港，再陸續征服目加溜社、大武瓏社、麻豆社、蕭瓏社、大目降社等部落，也就是現在臺南地區的新市、安定、善化、麻豆、佳里和新化地區。後荷蘭人繼續北侵，控制了現在的臺南縣東山鄉、嘉義縣一帶。於是北至西螺、南到二層行溪之間的平原地區，大致為荷蘭東印度公司控制。

荷蘭人占領臺灣南部廣大地區，征服了少數民族之後，就開始大規模地進行預定的兩個目標，一是從事轉口貿易，二是伺機打敗北部的西班牙人。

同時，西班牙也不甘示弱。1628年，西班牙人除了不遺餘力地經營臺灣北部兩個重要港口——雞籠和淡水城，還為了兩座城的交通，用武力征服了沿途番社，控制了淡水及雞籠河兩流域的下游地帶。西班牙人腳剛站穩，便迫不及待地強迫漢人和少數民族開採硫磺，採掠鹿皮，大力發展以輸出性為主的海上貿易。

不僅如此，西班牙人還南下進入竹塹（今新竹）地區、二林社（今彰化二林），為下一步的占領作探險性調研。荷蘭人得知這一情況後，深感威脅。

1629年2月10日，荷蘭第三任臺灣長官奴易茲向荷蘭巴達維亞總督報告：「臺灣北部是扼住荷蘭人對中國和日本貿易路線的咽喉要道」，建議驅除北部的西班牙人。巴達維亞批准了奴易茲的建議，並在八九月間，派遣一支艦隊北上攻擊在淡水的西班牙人。西班牙人正為日漸看好的貿易前景而竊喜，怎可輕言放棄。雙方在淡水城下進行了一場殊死的狗咬狗的戰鬥，最終荷蘭人無功而返。雖然如此，荷蘭人仍持續不斷地派出偵查小分隊，時刻關注北部西班牙人的動靜。

1635年以後，對於西班牙殖民當局來說，形勢急轉而下。呂宋南部頻發反抗殖民的起義，西班牙人無暇顧及臺灣；日本在日荷貿易摩擦之後，推行鎖國政策，致使西班牙人與日貿易中斷；當時的中國海上貿易全為鄭芝龍壟斷。這些因素使西班牙人認為再無占據臺灣的需要，遂漸減臺灣北部的駐軍，1638年西班牙人開始從淡水撤兵，並自毀其城。

而此時的臺灣南部地區，荷蘭人正致力於搜刮漢民和少數民族，更重要的是

彈壓少數民族的反抗。

　　1637年12月、1638年12月，荷蘭據臺第五任長官德包爾兩次率兵及千餘名新港武士征討不出席歸順典禮、不到大員致敬的麻里麻侖社。麻里麻侖數百勇士頑強抵抗，雙方死傷慘重，但因敵人聯軍太過強大，麻里麻侖終於不支投降，房屋被燒。

　　到了1640年，在臺灣北部，西班牙的基地只有雞籠一城及附近堡壘一座，其兵力的布置非常薄弱。而就在這一年的3月11日，劊子手德包爾病死，葬在熱蘭遮城下，與第一任長官孫克的孤魂結伴。

　　德包爾死後，其手下保羅‧杜拉弟紐司被巴達維總督任命為第六任臺灣長官。這位後來被彈劾在運回的黃金中摻假的貪婪者，最終在驚恐憤怒中貶歸病死。而他在荷蘭人眼中最大的成就是驅逐了西班牙人，完成了獨占臺灣的歷史使命。

　　杜拉弟紐司在得知西班牙人大幅撤兵拆堡的消息之後，分別於1640年及1641年，兩度派兵赴雞籠和淡水仔細偵察其守備情況，並派遣一名叫林格的屬下向西班牙勸降，最終被拒而返。

　　1641年杜拉弟紐司親率荷蘭兵四百人及漢人舢板船三百艘，至郭懷一所在的笨港登陸，牧師尤紐斯也率新港等十社歸順土番一千四百人來會，全力向大波羅社推進。

　　次年，杜拉弟紐司率兵洗劫臺中地區的虎尾瓏、二林等近十個村社，其中五社的代表相繼至大員，訂定降約。自此，臺中西海岸也盡歸荷蘭人控制，杜拉弟紐司與西班牙決戰的時機來到了。

　　同年8月17日，杜拉弟紐司派遣哈囉斯率領船艦十六艘、兵員六百九十名北進，於8月21日登陸雞籠港，向留守在雞籠的西班牙留守部隊發起總攻。終於，這對冤家在中國的土地上開始了一場魔獸爭霸戰。當時，西班牙守城的部隊共有三百三十人。哈囉斯向西班牙人送達了招降文告，但被西班牙人守軍嚴詞拒絕。堅持了五天之後，西班牙人面臨內無糧草、淡水，外無援兵的窘境，不能殺身成

第三章 西荷侵占及初步大開發時期（1604年到1661年）——西荷奴役體系逐漸崩潰臺人民族意識首次亮相

仁的西班牙軟蛋，只剩下唯一的出路。

　　8月26日，西班牙人開城向荷蘭人投降，正式退出臺灣北部，結束西班牙人占領臺灣北部前後達十六年三個半月之久的割據局面。至此，臺灣北部亦為荷蘭人所盤踞。荷蘭人獨占中國臺灣的黑幕拉開了。

二、荷蘭人的稅有多重

　　昔日田園似大同，自由漁港自由風。

　　如今萬物皆收稅，平埔水深沒[13]佃農。

　　荷蘭人據臺期間，充分利用臺灣少數民族和番社間的紛爭，聯小吞大，各個擊破，逐步擴大其統治範圍。特別是鄭芝龍離臺後，使鄭、荷雙方在臺海的對峙態勢發生變化，荷蘭人不但獲得喘息的機會，還趁機強化其殖民勢力。其「勢力最盛時期」，共計二百九十多個臺灣的村落，接受荷蘭人的統治。

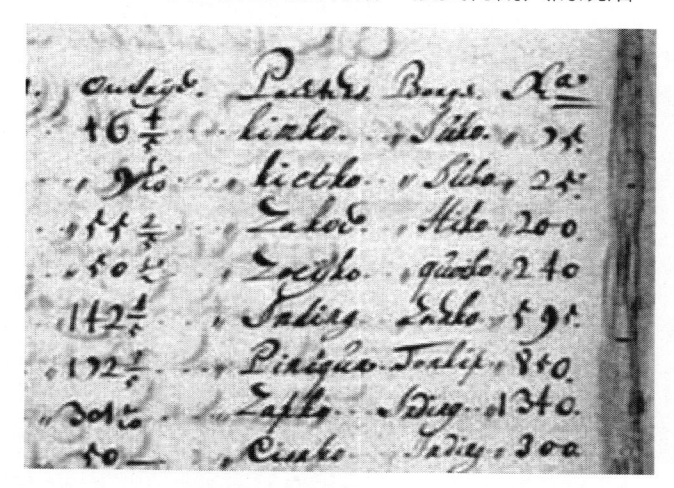

荷蘭在臺灣徵稅的清單。有梅花鹿外銷稅、漁撈稅、屠宰稅、米作稅、家屋稅等十多種稅

　　荷蘭人站穩腳跟之後，就開始大規模地進行轉口貿易，有一位荷蘭總督曾說：「臺灣真是公司的一頭好乳牛。」在荷蘭於亞洲建立的二十五個商館中，其

在臺灣為所獲得的利潤僅僅次於日本。荷蘭人是如何在地少人稀的臺灣實現這樣的意外驚喜的呢？一句話：靠壓榨。

荷蘭在臺灣時，最重視稻、甘蔗的栽培，因為臺灣少數民族的農業技術方面落後，故荷蘭人大量招徠閩南人從事農墾。

荷蘭人將平埔族及漢人拓墾而成的田地，統統收歸於荷蘭國王所有，稱之為「王田」，由東印度公司負責管理和統轄有關事務。同時，荷蘭人以「耕田輸」[14]的名義，將田園分為上中下三個等級，訂立不同的稅率，透過徵收田賦、地租和農具、耕牛、借貸等租稅項目，盤剝臺灣百姓。臺灣百姓，特別是以耕作為主的漢民失去土地，從而成為無依的佃民。

荷蘭據臺期間皆以「利」為前提，漢人所要面對的是多如牛毛的稅金，如進口稅、狩獵稅、貨物交易稅等。

就稅制課徵方面而言，計有「人頭稅」及「人頭稅附加稅」，針對漢人的人頭稅逐年提高，由最初每人每年的一百里爾增至後來七百里爾，增長了六倍。不僅如此，他們還將建築房屋、修建道路、堤防及橋梁等經費，以「人頭稅附加稅」的方式加以徵收。總之，臺灣百姓在荷人的眼裡，是一個個便於計算的物品，而不是人。更可恨的是，人頭稅的最低年齡確定為七歲。因此，荷據時代臺灣的大人和小孩都切身感受到身上沉重的負擔。

人頭稅只是多如牛毛的稅種中的一大類，荷蘭人還針對「商品生產」和「商品流通」環節徵稅。如以租賦之名目，漢人所種的農產品除租賦稅額之外，還被看作是外銷商品，額外再繳十分之一的物品稅或交易稅；而對於輸入到臺灣來的貨物，也要徵收十分之一的關稅。同時荷蘭人為增加稅收起見，於1644年，創立土產品交易中心，課以一定金額的交易稅，名之為「社稅」。

這些交易稅和關稅的收取有著很深的商業背景。荷蘭在亞洲的商館相互連接成一個龐大的商業網路，臺灣在其中扮演中途轉口的角色。當時貿易轉運情形是這樣的：將臺灣生產的米、糖、鹿肉販賣至中國大陸，鹿皮銷往日本；將中國大陸的生絲、犀牛角、藥材販至日本，將綢緞、陶瓷、黃金運往印尼或荷蘭；將印尼的香料、胡椒、錫、木棉和鴉片銷往臺灣和中國大陸。因此，唯利是圖的荷蘭

人對交易稅和關稅都要大收特收。

「狩獵稅」等賦稅是主要向少數民族收取的,一些平埔族村落失去了土地,轉而以狩獵為生。荷蘭人還限制漢人和少數民族私下交易,而指定將少數民族「番社」的交易包給漢人社商。社商即以大陸的布匹、鹽、鐵、煙草等日用工業品,換取少數民族的鹿皮、鹿角、鹿脯和藤等土特產,將之賣給荷蘭,供其對外出口。

1644年,荷蘭第八任臺灣長官加龍上任後,創立了土產交易的中心場所,稱為「社」,由此抽收一定的交易稅,稱「社稅」。

憑藉對臺灣民眾的殘酷盤剝,荷蘭人獲得了其他西方國家所不能奢望的原始積累。據有關統計,從荷蘭侵占臺灣到1653年的近三十年中,荷蘭人在臺灣的貿易利潤猛增了十倍以上。其中,僅鹿皮輸出至日本每年就達到十萬張,最高曾達到十五萬張。臺灣的梅花鹿經此浩劫,現已難見。從這一點可看出,荷蘭人在臺灣攫取超額利潤的心態達到了瘋狂的地步。

三、郭懷一起義

唯留煉獄喚鯤鵬,煮酒當時已起風。

待到中秋明月夜,千營舉火共一聲。

荷蘭殖民者占據臺灣後,先後強徵當地民眾興建了臺灣城(熱蘭遮城,即安平古堡)和普魯文遮堡(赤崁樓,後發展成普羅民西亞城),作為進行殖民統治的中心。赤崁樓背山面海,配有巨炮和重兵,與隔海灣相望的島城——熱蘭遮城成掎角之勢。同時,荷蘭殖民者對臺灣人民實行殘酷的壓榨,特別是對越來越多的漢族人民實行毫無人道的剝削,終於釀成臺灣史無前例的大規模復臺起義。

郭懷一是泉州人,父郭瑞元。因鄭芝龍的船隊補給常到郭懷一父親開的勝和貨棧採購,因此,郭懷一少年時就經人介紹加入到鄭芝龍的隊列。不久,少年郭

懷一還被送至日本學習荷蘭語，曾受命與荷蘭駐平戶港商務館館長史必克商談公事。後者後來調任巴達維亞總督。

郭懷一於1624年隨鄭芝龍、顏思齊從日本來到臺灣。1625年，鄭芝龍被推為新首領之後，郭懷一成為其得力的助手。郭懷一曾建議並促成鄭芝龍趁福建旱災，引大量泉州、漳州饑民來笨港（北港）墾荒。

1628年，鄭芝龍欲進兵漳浦向明廷宣戰，並從新基地金門、廈門特地回了一趟笨港，帶走了留在笨港的全部戰鬥人員。郭懷一等二十多人因水土不服而臥病，滯留在北港。郭懷一在平埔族貓羅社的協助下，利用漢人的農耕技術，加速了北港地區的開發。不僅實現了糧食自給，還用剩餘的糧食與周圍的貓羅社、大武郡社、諸羅山社、他里霧社、鬥六門社及哆囉國等社少數民族交換鹿皮鹿肉。

1629年，郭懷一回故鄉泉州為多餘的糧食尋找銷路，同時也希望帶一些同鄉來笨港共同開發。沒想到一回鄉，便被鄉親們團團圍住，他們紛紛要求隨之前往臺灣。郭懷一有選擇地攜來一批專業人才，如打鐵師、裁縫師、鑿井師、蓋屋者及醫師等。同時帶回開發臺灣所需的鋤頭、犁、柴刀、鐮刀等農具。

崇禎年間閩地大旱，許多人不請自來，一窩蜂來到笨港投靠郭懷一，郭懷一來者不拒，將他們組織起來擴大開發領地。同時，與少數民族首領達成默契，讓開發者入贅這些母系氏族。這種特殊的通婚方式加強了「番漢」的同化和合作。

郭懷一鼓動大家舉行起義（採自高雄市英明中學2000學年度社會科試卷）

1641年，即郭懷一三十九歲之時，荷人第六任長官杜拉弟紐司親自率領荷軍四百人，在笨港（北港）登陸。另有牧師尤紐斯率新港等十社歸順土番一千四百人也來會合，聯合進攻笨港。

笨港的漢人不足兩百人，而且全都是農民。居住在笨港的土著是平埔族群中的安雅族人，總人口約有三千（其中許多是入贅的漢人），雖有武士，但只有刀、矛、盾的裝備，無法與敵人相抗。

杜拉弟紐司到達笨港，居然發現一位能說荷蘭話的漢人郭懷一，相談之下方知他的經歷。於是對郭懷一十分禮遇，堅邀移居大員，並任命為大結首。郭懷一知道荷蘭人半邀半強迫他移居大員是為了就近監督。於是，郭懷一將全家人都遷移到普羅民西亞附近的士美村地區也就是赤崁地區居住。荷蘭人指定一大片原始林地交由郭懷一來開墾，借他管理當地的漢人。因此，在有形無形中，郭懷一成了漢人的領袖。

明朝滅亡之後，大陸沿海難民不斷地渡海來臺謀生，臺灣的漢族人口達到了兩萬五千，是荷蘭人的十倍。

《荷蘭商館日記》曾記載過於1646年就任第九任臺灣長官的歐沃德的一句話：「漢人來到該島愈多，我們將很難一如既往地保持該島為自己的領土。」於是，歐沃德向巴達維亞要求增派軍隊一千二百名，因考慮到經濟成本，巴達維亞總公司並未採納增兵建議。

雖然荷蘭人有隱憂，甚至對中國難民懷有怨恨，但都無礙他們對漢人實行殘酷的壓榨。比如不給土地所有權、任意遷徙漢人離開耕作地、嚴禁漢人和少數民族私下交易、對漢人開徵各項苛捐雜稅、強迫娶少數民族女子為妻的漢人信基督教、嚴禁漢人私藏武器和集會。

本來荷蘭人對漢人課以重稅、限制活動，已經使漢族移民不堪重負，1650年以後，中國東南沿海戰鼓交相呼應，清朝鐵騎與鄭成功等部的抵抗力量進行著殊死的戰鬥，荷蘭與中國、日本的貿易幾乎中斷，其貿易利潤自然也每況愈下。然而，他們竟然在漢人移民身上不斷加稅，還常找藉口敲詐勒索，這對於漢人，無疑是雪上加霜。郭懷一和所有漢人一樣，對此極為憤慨，心中便萌生起義的念

頭。

1651年，臺灣許多地區爆發了小規模抗荷事件，荷據臺灣第十任長官費爾勃格為遏制反荷事件進一步擴大，不顧揆一（即第十二任長官）以及牧師丹尼爾的勸阻，派出精銳部隊一百二十人分兩路於當年2月13日出發，自南向北進行掃蕩，十餘日後平息了所有的反抗。

就在費爾勃格寫信向巴達維亞總部報告彈壓奏凱之時，郭懷一卻正積極醞釀著起義事宜。他時常追憶當年跟隨鄭芝龍稱雄臺灣，使荷蘭人聞風喪膽、不敢出城造次的情景，那是何等的痛快！可如今鄭芝龍早已降清，唯一的希望只有鄭成功能繼承父志，收復臺灣。有段時間，郭懷一曾派人聯絡未曾謀面的鄭成功。他望穿秋水，關注著海峽對岸的戰事。真可謂：青山處處愁無定，拍遍欄杆望鄭旗。

只可惜，鄭成功在對岸肩扛大任，來不及抽身。於是，郭懷一決定發動大夥進行武裝反抗，靠自己的力量收復臺灣。

臺灣長官費爾勃格在鎮壓臺灣小規模反抗事件之後，遷怒漢人，認為漢人都不可靠，變本加厲地對漢人進行拘捕、毒打。同時，自臺灣長官到地方長官賈西亞，再到士兵，無一不貪，只要給錢，就中止捕查，否則就會有各種藉口挨家挨戶地搜查。漢人對此憤恨極大，紛紛到郭懷一處訴苦。

1652年9月7日，郭懷一將過去幾位部下請到家中，酒過三巡，他對眾人慷慨陳詞：「諸君為紅毛所虐，不久皆相率而死，然等死耳，計不如一戰，戰而勝，臺灣為我有，否則一死，唯諸君圖之。」大家被他的大義所激發，群情激憤相約舉事，驅逐紅毛荷蘭人。

郭懷一計劃在9月17日的中秋夜以舉行盛大的中秋晚會為藉口，以自己的大結首身分，邀請紅毛人來參加。最重要的主賓是第十任長官費爾勃格、兩位地方長官賈西亞與歐霍夫。紅毛人來也必定有三十六名以上的護衛士兵一起參加。郭懷一與屬下事先約好：紅毛一到，漢人便趁著演出喝酒的機會突施襲擊，將其一網打盡，然後襲占城堡，最終將荷蘭人驅出臺灣。

天有不測風雲。就在起義緊鑼密鼓進行的節骨眼上，出事了，而且是禍起蕭牆。一個漢奸粉墨登場了，他就是郭懷一的弟弟、熱蘭遮城荷蘭人的通事（翻譯）郭保。郭保當天得知將要起義的消息之後，以起義太冒險、失敗後會遭報復為由勸阻過其兄郭懷一，但郭懷一並未聽從。郭懷一知道弟弟郭保是為個人的榮華富貴而勸說的，但令郭懷一萬萬沒料到的是，這個喪心病狂的弟弟竟當天就向荷蘭長官費爾勃格告了密。這個力求自保、置民族大義於不顧的漢奸將永遠被釘在歷史的恥辱柱上。

　　鑑於荷蘭人早有戒備，郭懷一只好提前起事。就在1652年9月7日晚，郭懷一設了一支伏兵，放火焚燒了市街。這是舉事的信號，幾千名漢人移民相繼舉事，紛紛殺死荷蘭人。他們手舉鋤頭、菜刀、木棍、鏟子和極少量的步槍和獵槍，高呼口號，乘勢圍攻荷軍的普羅民遮城。由於普羅民遮城裡駐兵很少，起義軍很快攻占了該城堡。荷蘭人見勢不妙，急忙派人向海灣對面的總部熱蘭遮城求援。

　　次日，氣急敗壞的荷蘭長官費爾勃格率領火槍隊員一百五十名，以及強徵來的、同樣手持火槍的數百名土著，前往增援。起義軍雖然武器落後，但仍然與荷軍進行殊死的巷戰，終因倉促應戰和武器落後而漸漸不支，起義民眾退出了普羅民遮城。最終起義軍殘部且戰且退，在海灣附近與圍追而來的聯軍作最後的決戰，殲敵數百。

　　戰鬥中，郭懷一身中數彈，壯烈犧牲，餘部在吳化龍的率領下與荷蘭人鏖戰半月之久，起義最終失敗。荷蘭人在赤崁附近搜捕和屠殺起義者，對漢人進行了瘋狂的報復。在這次起義和事後的報復中，荷蘭人共屠殺了約四千名中國農民，起義軍首領遭到五馬分屍、烈火燒烤等酷刑。

　　郭懷一起義表現了華夏兒女不畏強暴、不怕犧牲、爭取民族解放的鬥爭精神，是臺灣在西方殖民統治下二十多次起義中最有影響的一次起義，也拉開了中國人收復臺灣的序幕。

四、鄭成功謀收臺灣

紅魔暴斬友八千[15]，我欲乘風任在肩[16]。

解禁「通敵」[17]君莫怪，旦夕殺至大員灣。

　　郭懷一起義使荷蘭人高度警覺，為防禦並鎮壓臺灣人日益增大的反抗力量，他們決定在普羅民遮城建立一座新的城堡。1653年9月，荷蘭第十一任臺灣長官凱撒上任伊始，強徵包括五百名起義囚徒在內的漢人在赤崁地區開始興建磚石結構的普羅民遮城，即國人所說的紅毛樓或赤崁樓的外城。兩個月後，臺灣全島遭受到大蝗災，蝗蟲遮天蔽日，將大部分的稻米、綠草吃光。禍不單行，同時臺灣發生大地震，持續數日，眾多房屋龜裂倒塌，造成大批漢人及少數民族居民死亡。即使如此，荷蘭也未停止對漢人的搜刮，建城不止。臺灣人民的日子更難熬了，他們紛紛躲進深山，或是盼望著鄭成功來臺。

鄭成功在廈門鼓浪嶼眺望臺灣的塑像

　　與此同時，鄭成功在東南沿海一帶堅持抗清，還與霸據臺灣的荷蘭殖民者鬥智鬥勇。

為孤立鄭成功，清政府於1655年、1656年推行禁海令：商船不經允許不得出海。鄭成功一方面與沿海人民一起聯手反擊「海禁」，一方面派武裝船隊加強與南洋諸國、日本等方面的貿易。荷蘭人在臺灣的商業貿易大受影響，因而荷蘭人對鄭成功到臺灣的商船採取報復手段，劫掠鄭氏商船。為警告荷蘭人，鄭成功於1656年6月25日下令斷絕與荷蘭在遠東各港的往來，並對臺灣全面封鎖，致使荷方貨物缺乏，物價高漲，形勢告急。

第二年，荷據臺灣新任長官揆一到任後，派通事何斌到廈門和鄭成功談判。荷蘭人答應每年給鄭成功納餉銀五千兩，箭支十萬枝，硫磺千擔，以作為允許與臺灣通商的條件。鄭成功正積極準備向江南進軍，所以暫時答應了荷蘭人的請求，同時規定以後臺灣來閩商船由鄭氏指定專人統一收稅。

愛國通事何斌原為鄭芝龍舊部，他乘機勸說鄭成功收復臺灣，把臺灣同胞從荷蘭壓迫下解救出來，並告以臺灣各方面情況，特別是荷蘭人在臺的兵力部署情況。

1659年底，「雄師十萬氣吞吳」的鄭成功北伐南京失敗，永曆帝也逃亡到緬甸，南明的反清運動陷於停頓。而此時荷蘭人故態復萌，繼續在海上劫掠鄭成功的商船，殘酷迫害巴達維亞和臺灣的中國商民，甚至處罰鄭成功在臺灣的代理人何斌，查封鄭氏海商集團在臺灣的產業，阻止其產業的員工向鄭成功代理人納稅。

不僅如此，揆一還效仿前任的鐵腕作風，更加兇殘地對待當地少數民族，多次血洗不服管教的少數民族部落。比如，淡水地區一些村社的長老因當地流行麻疹未能集會效忠，揆一竟派兵大開殺戒，並焚毀相關；比如他命令各地漢人將所藏糧食運入城內，隨意監禁、毆打漢人。

針對揆一暴行，鄭成功一邊要求荷方賠償損失，一邊再次頒出禁貿令。三個多月之內臺灣海峽沒有一只船隻往來貿易，這禁令讓揆一寢食難安。最後他只好又派翻譯何斌帶著大批貴重禮物，兩次前往廈門晉見鄭成功，希望鄭成功開放臺灣與大陸沿海之間的貿易。鄭成功為顧全抗清大局，在限定三個條件之後，撤銷了禁貿令。

鄭成功此時還未放棄以金門、廈門為基地來反擊清朝，但也開始考慮萬一金、廈難以立足怎麼辦的問題。他曾召集諸將，研究收復臺灣和留兵防守金門、廈門事宜。在此期間，何斌因被荷方懷疑出逃歸來，他呈上了冒死繪製的要塞圖，並表示願為嚮導。鄭成功大喜過望，更堅定了收復臺灣的決心。

　　1660年間，謠傳鄭成功要攻打臺灣，揆一的恐慌已達到頂點，每天如坐針氈。他一面加緊進行備戰，一面向總部——東印度公司告急。他派了一艘求援的戎克船專程前往巴達維亞傳遞消息，並表示將在3月27日月圓日，國姓爺將率兵渡海來襲，要求巴達維亞總督派兵來臺保護。

　　可是過了3月27日，熱蘭遮城並未受到攻擊。東印度公司總督笑他神經過敏，但最終還是在1660年7月派出由軍官德蘭率領的十二艘船及六百名士兵增赴臺灣。此事被密切關注荷方動向的鄭成功偵獲。鄭成功決定用計迷惑荷軍。

　　巴達維亞對國姓爺也採取直接方式聯絡，在11月3日派出迪拉特率戰艦三艘直航廈門，將揆一的親筆信送交國姓爺，信中要求國姓爺做出公正的聲明，表態是否願與荷蘭人相互貿易，並維持過去的結盟關係。迪拉特在廈門期間受到熱情的款待，並且在11月29日帶回一封答覆揆一的信。

　　鄭成功以明朝沿海諸軍統帥的名義給荷蘭駐臺長官揆一覆信，告訴他們關於鄭軍準備攻臺之說「實居心叵測者之造謠生事」，勸告荷蘭人不要「誤聽諸多不實報告，信以為真也」。

　　荷方援軍將領以為太平無事了，力主攻占葡萄牙人手中的澳門，他不顧揆一的惱怒和反對，於1661年率兵離開臺灣。鄭成功調虎離山的策略大獲成功。

　　1661年2月，清軍占領整個中國大陸，鄭成功感到形勢緊迫，想起了何斌的話，作出了進軍收復臺灣的決策。為此他派人不斷偵察臺灣情況，籌備糧餉，擴充軍隊。1661年4月，鄭成功命其子鄭經留守廈門，親率兩萬五千名部眾進攻澎湖，拉開了收復臺灣的序幕。

　　注　釋

[1]. 澎橋：指澎湖。

[2]. 據張燮：《東西洋考》卷五《呂宋》。

[3]. 喝斷長橋：大喝一聲能使長橋斷裂。此處借三國張飛喝退魏軍的典故，讚揚沈有容。

[4]. 白沙：澎湖列島中的白沙嶼。

[5]. 戎克船：荷蘭人對中國帆船的總稱。

[6]. 臺：顏思齊所築高臺；臺下：指高臺的四周。

[7]. 宜蘭怒火：指宜蘭平埔族人民一直抗擊西班牙侵略者，致使後者始終無法染指宜蘭平原。

[8]. 關渡：位於臺北市西北端，正好是淡水河及基隆河的交匯口。

[9]. 批拉人：平埔土著凱達格蘭族的一支族群，後被漢化。

[10]. 開關：開放海關。

[11]. 三汊港：當時臺灣南部海邊的河口地區有一個三汊港口，麻豆港是其一部分。

[12]. 西拉雅：即西拉雅族，是臺灣平埔族的一支，包括麻豆、蕭壠、目加溜等幾個社。

[13]. 沒：淹沒，覆沒。

[14]. 耕田輸：又叫耕田輸租，或耕田輸稅。「輸」是「捐獻」之意。指無地佃農租種荷蘭殖民者的「王田」時，種子、工具和耕牛都由荷蘭人所出，荷人根據每個環節向佃農制訂租稅標準，並強制執行。

[15]. 友八千：指在臺灣因起義而犧牲的漢人。

[16]. 任在肩：指在福建地區抗清一事。

[17]. 通敵：與荷蘭人達成口頭協議，接受荷蘭人的物資，以作為允許與臺灣通商的條件。

第四章 收復後至歸統時期（1661年到1683年）——按照傳統文化經營臺灣，堅守明朝正朔以求克復

鄭成功按明朝建制訂立臺灣的行政規劃；陳永華也參照明朝的制度制訂了一系列政治、經濟、軍事、文化和教育政策，比如建立孔廟，推行私塾教育、科舉制度，全面提升臺灣的儒家文化。

同時，鄭氏三代一直奉明朝皇帝為正朔，與中華文化始終保持精神上的聯繫，他們或「西征」大陸，或等待時機以求「克復中原」，曾多次拒絕清廷優厚的招撫條件。

明鄭時代也是尊儒的清廷力圖統一中國的時代，為此雙方作出了各自的選擇。

亂世喚英豪，爭相領海潮。在收復和統一臺灣的過程中，湧現許多重要人物，其命運隨形勢的變幻跌宕起伏。

鄭成功少年得志又國恨家仇聚一身，難免治軍嚴苛、剛愎果敢，一方面成就了他這一民族大英雄，但負面的離心力又讓他含怒早逝；鄭經少年輕佻，排擠老臣名將，卻又不墜青雲之志，再次驅荷，後又西征。施琅出於報私仇而背鄭降清，而後萌發於心的統一意志和歷史擔當使其煥然一新，卻又立功心切。

正如人有複雜個性，事有多個側面，當我們評讀他們時，內心愛恨交織、悲喜共存，這是怎樣的一種糾結和糾纏！

第一節 鄭成功經略臺灣

一、鄭成功收復臺灣

檣櫓齊發遮碧浪，熱城[1]攻破訓紅毛；

臺灣自古中國地，莫戀鄰家水一瓢。

有首叫《復臺》的詩，是鄭成功收復臺灣後寫成的。詩作高度概括其起兵以來的艱難歷程，抒發了自己與將士們同舟共濟、生死相依的戰鬥情誼。

開闢荊榛逐荷夷，十年始克復先基。

田橫尚有三千客，茹苦間關不忍離。

鄭成功，名森，字明儼，號大木，福建省南安市石井鎮人。1624年8月27日生於日本長崎縣。當年9月，荷蘭人占領臺南。歷史常常有驚人的巧合，1662年荷蘭被鄭打敗，三個月後鄭成功病逝。荷蘭人占領臺灣三十八年，鄭成功從出生到去世也是三十八歲。

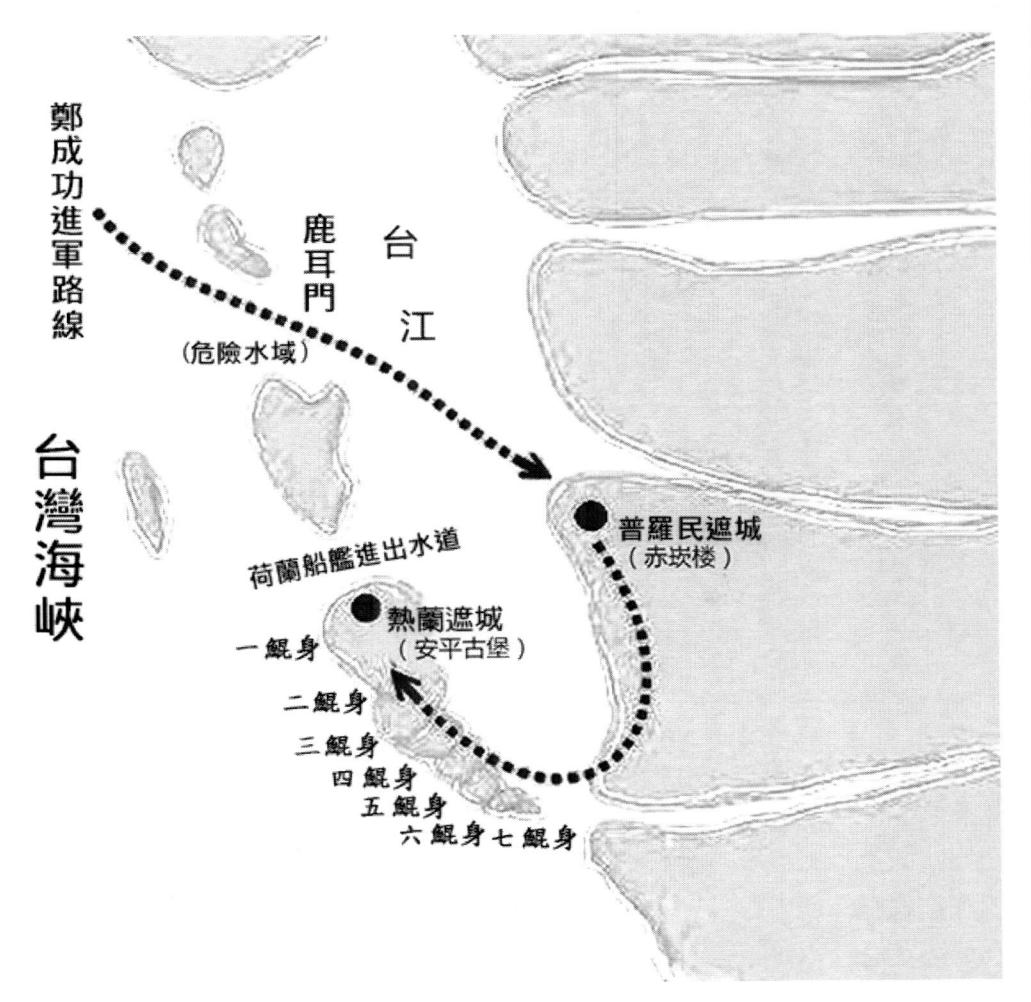

第四章 收復後至歸統時期（1661年到1683年）——按照傳統文化經營臺灣堅守明朝正朔以求克復

鄭成功收復臺灣進軍路線圖。圖中圓點為荷軍當時的兩個據點

鄭森六歲回國，二十歲時入南京國子監太學，師事名儒錢謙益。1645年6月，清軍攻克南京，南明弘光政權覆滅，唐王朱聿鍵在福州被鄭芝龍等擁立為帝，建號隆武。隆武帝看重鄭森，遂賜他與國同姓，易名「成功」。鄭成功可謂在多事之秋，少年得志。

大陸看臺灣歷史

荷蘭殖民者向鄭成功軍隊投降

　　1646年8月,清軍進攻福建,隆武帝罹難。10月中旬鄭芝龍降清,鄭成功力勸未果,憤然斷絕父子關係:「今吾父不聽兒言,倘有不測之禍,兒只有縞素而已。」

　　那份決絕與憤怒,只有內心堅如磐石的人才會說得出口。在大義和孝心面前,他選擇了大義;在苟活與赴死的交叉路口,他義無反顧地選擇了赴死。對親情的失望,更撥旺了他的鬥志,更堅定了他對捨生取義的堅持。

　　願作孤臣趨烈火,

　　不學孺子隱滄波。

　　這以後清軍進襲安平,據說鄭成功之母不堪被辱自殺身亡,鄭成功發誓與清政府誓不兩立。於是,率領部下先在廣東南澳島起兵,並堅毅執著領導著東南沿海的抗清鬥爭。為確保隊伍的戰鬥力,鄭成功賞罰分明。治軍嚴厲是鄭成功的風格,每戰必議功過,作戰不力的人會被處死。因此,也出現錯不至死的部將被殺

死的情況，這成為後來施琅等人離隊的重要原因。

　　1653年，南明永曆帝（朱由榔）又封他為「延平郡王」。當年和次年，在清廷授意下，鄭芝龍兩次寫信致鄭成功，勸他歸降，被斷然拒絕。

　　為收復國土，把臺灣作為抗清的根據地，1661年農曆三月，鄭成功親自率艦隊從金門料羅灣出發，24日，大軍進入澎湖海面，忽遇狂風暴雨，鄭成功傳令大軍連夜破浪前進。農曆四月初一拂曉，鄭成功抵達鹿耳門港外。由鹿耳門外進入臺江有兩條航道：一條是一鯤身和北線尾島之間的南航道，口寬水深，但有敵艦防守，又為陸炮所瞰制，不易透過。另一條是北線尾島北端的鹿耳門航道。北航道口窄水淺，水中淤沙，荷軍還沉船堵塞，只有在漲潮時才能透過。因此，荷軍沒有設防。

　　當天中午，海潮大漲，鄭成功乘機率隊進發，大小戰艦順利透過鹿耳門，進入臺江內海，並在禾寮港（今臺南市禾寮港街）登陸成功，隨即與荷軍發生炮戰。當天晚上，鄭成功命令三支部隊分別控制鹿耳門海口、北線尾和臺江，目的是接應第二梯隊、策應主力並切斷臺灣城與赤崁城的聯繫。

　　為恢復兩城的聯繫，揆一派四艘艦船阻擊鄭軍，鄭成功以六十艘戰船由陳廣和陳沖指揮，把荷艦包圍起來，展開了激烈的炮戰。荷軍大敗，其中通信船「馬利亞」號在戰鬥失敗後逃往巴達維亞，搬救兵去了。

　　四月初三，陳澤率部登陸北線尾，荷蘭艦長貝德爾率領兩百四十名士兵，乘船急駛北線尾，上岸後即分兩路向鄭軍反擊，另有荷砲艦配合攻擊。貝德爾指揮荷軍以十二人為一排，成疏開戰鬥隊形向前運動，逼近鄭軍。鄭將陳澤以大部兵力正面迎擊，以七八百人迂迴到敵軍側後，進行前後夾擊。荷軍腹背受敵，驚慌失措，爭相逃命。貝德爾被擊斃，荷軍被殲一百八十多人，其餘的人逃回臺灣城。至此，赤崁樓、臺灣城這兩座孤立的城堡被徹底切斷了聯繫。

　　鄭成功乘勝圍攻赤崁樓。四月初四，赤崁樓的水源被臺灣人民切斷，描難實叮被迫率部投降。

　　四月初七，鄭成功親自督師圍攻臺灣城。

大陸看臺灣歷史

　　針對臺灣城城高炮多、守備完善的情況，鄭成功採取正面進攻和側翼迂迴、水陸配合的戰法，曾在左翼擊敗出擊的荷軍。

　　鄭成功在致荷蘭殖民總督揆一的「諭降書」中嚴正指出：「然臺灣者，早為中國人所經營，中國之土地也……今余既來索，則地當歸我。」在揆一拒絕投降後，鄭成功調集二十八門大砲運入市區，向臺灣城猛轟，摧毀臺灣城大部胸牆，擊傷許多荷軍。揆一狗急跳牆列炮於城上，集中轟擊，迫使鄭軍後撤。

　　五月初二，黃安等人率鄭軍第二梯隊抵達臺灣，鄭軍的供給和兵力得到加強。鄭成功命人在臺灣城周圍挖壕溝，以圍困荷軍。同時準備了攻城器械和炮具。

　　七月初五，荷蘭「出海王」卡烏率戰艦十艘、援軍七百名到達臺灣沿海，但無法與揆一取得聯絡，幾天後，一場颱風將其中五艘戰艦吹到金門島附近，脫離了戰鬥，卡烏就在其中。[2]另外五艘荷艦穿越風浪進入航道，並在臺灣城前停泊卸下士兵和物質。閏七月二十三日，雙方在海上交戰，鄭成功令黃安抗擊陸上進攻的荷軍，自己則親統陳澤、陳繼美等諸部戰船在海上迎擊，將敵艦團團包圍，經一小時激戰，荷艦幾乎全軍覆沒，只有一艘受傷戰艦遁逃遠海。戰鬥中，陳澤的副手林進紳戰死。陸上荷軍曾一度出動襲擊七鯤身，被鄭軍黃安部伏兵擊退。

　　不久，被圍在臺灣城中的荷軍糧食和淡水告急，病死餓死者過半，士氣異常低落。鄭軍又伺機發起總攻，農曆十二月初六，攻占城外重要據點烏特利支堡，然後居高臨下，向臺灣城猛烈轟擊。揆一見大勢已去，於1661年農曆十二月十三日（公元1662年2月1日）率部投降。經歷了九個月的圍城，這位出身於荷蘭貴族、荷蘭駐臺最後一任總督不得不低下其高傲的頭顱，在議和實際上是投降的文書上簽字，並率領殘部五百人狼狼退出中國領土臺灣。淪陷了三十八年的臺灣又重新回到祖國的懷抱。鄭成功驅逐荷蘭侵略者、收復臺灣的偉大鬥爭，終於取得了勝利。

　　此後，荷蘭又另派「出海王」多次聯合清朝軍隊進攻臺海，但這已是對落日餘暉的留戀。

　　順便提一下臺灣最後一任總督揆一的個人結局：由於他使荷蘭丟棄在東亞的

最後一個據點，因此他在回印尼東印度公司後被判終身流放艾一島，在服刑八年（一說十餘年）之後，由他的子女將他贖回。在獄中他寫下了《被遺忘的臺灣》一書，並在回國後出版。在書中他不承認是被打敗，而是議和；他還將失敗的原因歸為他的上司，譴責東印度公司高層的怠忽職守。

有趣的是，據臺灣媒體報導，揆一的第十四代子孫麥可一家三人於2006年6月中旬首訪臺南市延平郡王祠並祭拜鄭成功。麥可說，這是揆一臨終前的遺願，希望後代子孫能再度踏上臺灣。麥可感念鄭成功的仁慈，他在延平郡王祠鄭成功的塑像前表示，因為鄭成功的仁慈，他們才有機會站在這裡。

「希望子孫再次踏上臺灣。」不知道揆一說這句話時是出於復仇還是出於其他目的。令人欣慰的是，他的後代是以和平的名義和感恩的心懷踏上了這片熱土。也許是命中註定，歷史選擇了他們用敬畏的眼光，傳達一個普世的訴求：各國人民彼此尊重，友好地相處下去。

二、鄭成功神祕死因

枕戈非懼夜沉沉，青雲不墜奈何身！
至今猶念孤臣恨，東渡曾經泣鬼神。

鄭成功收復臺灣後，以臺灣作為東都，將荷蘭殖民者修築的赤崁樓改名為承天府，改熱蘭遮城堡為安平鎮，北部設天興縣，南部設萬年縣，並在澎湖島設安撫司，戍以重兵，完成一府二縣一安撫司的行政規劃。很快，鄭成功在整個臺灣建立了和中國一樣的郡縣制度，建立了行政機構。

鄭成功以臺灣為明王朝的復興基地，並未僭越稱帝，僅停留於「藩主」的地位。荷蘭統治即將結束時，臺灣的人口包括土著居民與移民共約十萬有餘，其中移民據推測有兩萬餘人。鄭成功的大軍及其家屬約三萬，可以說是大陸向臺灣的最集中的一次集體移民。

鄭成功設承天府於臺南的赤崁樓，在此處理行政事務（採自中國臺灣網）

　　鄭成功沒有閒情欣賞「喬木倚山望流泉」，相反由於人口急增，軍隊面臨缺糧無米下鍋的窘境，為此，一向治軍嚴厲的鄭成功處死玩忽職守的管糧官員，以維持軍心。另一方面設法在本島解決缺糧的燃眉之急。鄭成功將荷蘭東印度公司所有的「王田」沒收，移作新政權所有的「官田」。此外，對承天府與安平鎮以及天興縣與萬年縣的文武官員，除了配給建官舍及兵舍所需之用地外，並按家屬的多寡准許其取得必要的土地，稱為「私田」或「文武官田」。至於駐在各地的部隊，在不侵犯少數民族與移民所有土地的條件下，准予開墾土地，稱之為「營盤田」（屯田）。因而以南部為中心的農地開墾迅速擴大起來，糧食生產也因此而激增。這些農地開發與土地制度，因開啟臺灣的土地私有制度而引人注目。土

地的私有制在當時的中國代表著先進的生產關係。

當時，臺灣的少數民族在荷蘭殖民者奴役下，生活十分貧困，生產極端落後。鄭成功在那裡推廣了大陸先進的農業生產技術，從此，少數民族也和大陸漢民一樣，使用牛耕和鐵犁種田。

1662年6月，鄭成功病中第二次派人去金、廈，命令當地將官殺死鄭經等家人，眾將為難，最終再次抗命。此前世子鄭經無行，種下亂倫的淫果。據清人《閩海紀要》記載：

他又外感風寒，病勢日重，但他仍強振餘威，登上將臺，手持望遠鏡，遠望澎湖，是否有船隻到來。文武百官入謁時，他依舊端坐床上，談論國是。因此，許多官員不知其病。及至他病危時，都督洪秉誠調藥送至床前，他將藥投地，嘆曰：自國家飄零以來，枕戈泣血，十有七年，進退無據，罪案日增，今又屏跡遐荒，遽捐人世，忠孝兩虧，死不瞑目，天乎天乎！何使孤臣至於此極也！吾有何面目見先帝於地下。復頓足搥胸，雙手抓面，大呼而逝。

就這樣，鄭成功反清復明的壯志未酬，結束了充滿波折的生涯，享年三十八歲。他的死因有多種說法，最可信也是最籠統的說法是：鄭成功在短短的三個月之內經歷了許多讓其氣塞胸膛、怒不可遏的大事：供奉的旗號和精神支柱——南明永曆帝在雲南被吳三桂殺害；降清的父親、叔叔及幾位弟弟等族人被清廷斬殺，祖墳被掘；鄭經無行，眾將抗命……這些負面因素引爆他易怒的個性，加重了他因水土不服所致的病情，最終急怒攻心，含恨而逝。

需要特別指出的一個細節，鄭成功收復臺灣後，曾派人出使呂宋（今馬尼拉），致函西班牙總督，要求其承認大肆屠殺華人的過錯，並要求對方納貢、通行貿易。信函中的言詞很強硬，理解成戰爭檄文也不為過，摘其中幾句：

倘爾及早醒悟，每年俯首來朝納貢，則交由神甫覆命，予當示恩於爾，赦你舊罪，保你王位威嚴，並命我商民至你邦貿易；倘或你仍一味狡詐，則我艦立至，凡你城池庫藏與金寶立焚無遺，彼時悔莫及矣。[3]

西班牙總督恐懼當地華僑與鄭成功裡應外合，開始故技重演，對華僑進行大

規模殺戮。從逃回來的華僑處得知此事之後，鄭成功大怒，決定出兵馬尼拉，替華僑清算這數十年來西班牙欠下的三筆血債，但還沒出兵，便聞知兒子鄭經的糗事，他自己也未料到，盛怒和瘧疾的夾擊，會讓他一病而歿，壯志難酬。

關於鄭成功的死因，還有許多離奇說法，筆者認為都是些牽強附會：比如，認為鄭成功的易怒嚴厲讓島內的部將感到人人自危，在其微恙時乘勢下藥，致其死亡；再比如，認為清廷派出的細作買通了鄭成功身邊的人，最終害死了鄭成功。

舟師已備身先死，壯士長哭落日西。鄭成功的不幸去世，使臺灣失去了最具威懾力的庇護和最穩定的人心基礎，也使在呂宋翹首以待的華僑悲痛萬分：倘若國姓爺再活上二十年，不，哪怕十五年，反清復明的事業一定會出現新的格局呀！再不濟，也能劍指呂宋，救華僑於西班牙統治的水火之中。

不單是當時的英雄掬淚悲傷，就是後世的人們也在為之遺憾，在心裡「替古人擔憂」：如果國姓爺不輕易動肝火，如果當時軍中有華佗再世，那該多好呀！話說回來，國姓爺實在是太累了，家事、國事、天下事，事事操心，事事不順呀！

鄭成功少年得志又國恨家仇聚一身，難免治軍嚴苛、剛愎果敢。一方面成就了他這一民族大英雄，但負面的離心力又讓他含怒早逝，遺憾地放下他遠遠未竟的政治抱負，套用那句古詩：出師未捷身先死，更使英雄淚沾衫。

英雄已逝，英名長留。因讚許鄭成功趕走荷蘭人及開拓臺灣的功績，移民崇奉他為「開山王」。

第二節 文功武治

一、「臥龍」陳永華

亂世風雲自有家，臨危受命[4]走天涯。

明朝餘夢憑君守，孤島奮發二月花。

　　陳永華，福建廈門人，字復甫，是鄭成功的重要部將之一。十五歲時，其父自殺不降清兵，給他留下深刻印象。十九歲中舉人，二十歲時與鄭成功談論時事，終日不倦。鄭成功將他與孔明相比，稱讚他是「臥龍」，授予參軍的職務。

　　陳永華性情恬淡，誠實待人，做事勤快，從不怠惰。雖身居高位，卻總是「布衣疏飯」，保持清貧本色。

陳永華雕像。陳永華並非《鹿鼎記》中的虛構的陳近南

陳永華遇事果斷，有見識有能力，一旦經過深思熟慮定下主意，絕不會輕易改變。永曆十二年，鄭成功召集將領商議北伐之事，許多將領認為不可，陳永華等少數人則力陳北伐的諸多意義和可行之處。鄭成功很讚賞他，便命令他留在廈門輔佐世子鄭經，曾經對其子鄭經說：「陳先生當世名士，吾遣以佐汝，汝其師事之。」

1662年，鄭成功率軍收復臺灣後不久就去世了，鄭經趕赴臺灣繼承延平王位，對陳永華的忠誠和才幹深為賞識，一再委以重任，而自己大部分時間都征戰於大陸和東南沿海。陳永華不負眾望，制訂一系列政治、經濟、文化建設的措施，並切實貫徹。

陳永華對鄭氏政權的臺灣經營貢獻最大，隨著農地開發，他確立土地制度，進行戶籍管理，並且籌設行政機構與制度，建立了鄭氏政權的基礎，推動了臺灣社會的進步。

在政治上，陳永華健全行政管理制度，分東寧為東安、西定、寧南、鎮北四坊，設里、社，十戶為牌，十牌一甲，十甲一保。

在經濟上，他提倡農桑，指導農耕，發展生產。將中國的耕作方法、生產技術廣泛地傳授給臺灣，如燒瓦、蓋房、製糖、燒炭等技術。手工業的發展，帶動了市鎮的經濟繁榮。

明鄭入臺之初，十餘萬軍民需要吃飯，財政負擔特別沉重。陳永華一邊建議大力發展海洋貿易，分別與英國、日本和南洋一些國家進行貿易往來，其中還與英國簽署了貿易協定；一邊選擇得力將才邱輝和江勝等，突破清朝海禁政策的封鎖，直接打通閩、浙、粵等地的通商管道。

在軍事上，陳永華貫徹執行「寓兵於農」的屯田制度，實行屯田養兵政策，把土地分給各鎮兵士開墾，自己動手，豐衣足食。農閒時抓緊訓練軍隊，保持軍隊的戰鬥力。在文化上，陳永華建孔廟，辦學校教育培養人才。所有漢族同胞的鄉村皆設立了學校，並制定政策，鼓勵當地民族的子弟入鄉塾讀書，臺灣文化從

此快速提升。

作為「開山王」鄭成功的幕後功臣，陳永華的功績曾經被埋沒。筆者有詩曰：

隔世臥龍輔二王[5]，職兼將相鑄金湯。

由來忠義為天地，豈管他人論短長。

因為反清復明的政策，臺灣連年用兵，物資消耗很大，為此陳永華在臺灣也開徵許多稅賦，臺灣居民的負擔也越來越重。

1674年春天，鄭經率兵西渡，以應藩王耿精忠的會師之請。他任命陳永華為東寧總制使，五年後鄭克臧十六虛歲時，經陳永華提議，鄭經才任命長子鄭克臧為監國。鄭克臧娶陳永華小女兒為妻，諸事都受陳永華的教導，曾制止鄭經諸弟占奪民間財產。陳永華也不負重託，為政勤勉，調集了大批糧草，以使大陸和島內的鄭軍無後顧之憂。鄭經敗歸臺灣後，意志消沉，沉湎於享樂，諸多大事仍由陳永華教鄭克臧定奪，陳永華也因此遭到實力派馮錫範、劉國軒的忌恨。為避免東寧府內訌，陳永華於1680年春3月請求解除自己的兵權，鄭經一開始沒有批准，不久又准其辭職，其所部歸劉國軒指揮。之後，陳永華目睹鄭經仍無鬥志，滿足於偏安的地位，心情很沉重，很為臺灣民眾的未來擔憂。《臺灣通史》曾記載這樣一個細節：「一日齋沐，入室拜禱，願以身代民命。」

陳永華初交出兵權時，鄭經知道他家底清貧，表示要贈給他一些大船，如此可以從事海洋貿易，以陳永華的經驗和關係，可迅速致富。但是陳永華婉言拒絕了鄭經，而是自己僱人開荒種地，當年收穫了數千石的糧食。他將幾乎所有的糧食全部接濟了親友故交和其他貧困者，自家所留的只夠一年的口糧。

1681年2月，鄭經病死。馮錫範等主戰派會同鄭經的幾位弟弟，以訛傳的「鄭克臧非鄭家骨血」為由將鄭克臧殺害，立馮錫範的女婿、年僅十二歲的鄭克塽。自此，曾發揮才幹經營臺灣的陳永華被徹底換了下來，由馮錫範掌握政軍大權。

東寧府裡多爭鬥，最使英雄淚沾衫。不久陳永華憂悒成疾，當年在臺灣病

逝。清翰林學士李光地曾上疏表示「臺灣長久以來沒有被收復，主要是由於陳永華經營有方……他殞命，從此臺灣的收復將指日可待。」沒過兩年，臺灣即被清政府收復。

自古高才多歷練，從來奸佞害忠良。陳永華的價值在於對明鄭臺灣的治理上，他身上擔負著打造反清復明基地的神聖使命，而他個人的人格魅力又為這份擔當增色了許多。要問他身上有沒有缺點？有！他太無私心了，處處想著反清復明的大局，按現在的話說就是「你總是心太軟，心太軟」，輕易讓小人得了勢。其實，總制使先生，您真不應該那麼迫切地摘清自己不迷戀權力的嫌棄，那往往是小人的激將法，不是有句成語叫當仁不讓，還有一句「苟利國家生死以，豈因禍福避趨之」，不對，後一句是一百六十多年以後的林則徐的名句，但意思是一樣的。

而在馮錫範這些亂臣賊子心中，永遠只會把個人私利放在首位，為了達到權力巔峰，任何不顧廉恥的事都做得出來。相比他們，您的品格又是多麼的高尚呀！

臺灣人民為緬懷陳永華的功績，在臺南建造永華宮。

二、孤膽將領——江勝與邱輝

金門風起濠江動[6]，夜市燈光火樣紅。

王師無糧隔海望，寄託孤膽[7]兩英雄。

江勝，福建漳浦人；邱輝，廣東汕頭人。倆人的經歷有很多相似之處：都是起義軍領袖，都是鄭經手下著名的戰將，都曾留守在大陸上孤軍奮戰，都具有膽識韜略且身負籌糧重任，都是鄭氏時期開展兩岸經貿的重要人物。

他們都曾經發動和領導沿海民眾起義，抗擊清軍。只不過，一個是在1664年鄭經在大陸戰敗返臺之前，一個是在這之後。江勝曾在金門太武山單獨拉起一

支一百多人的抗清隊伍，其間，與陳永華有過多次交往；1666年，十九歲的習武少年邱輝被抵抗清政府強制遷界的潮陽縣人民推為首領，舉行起義。為防止沿海村民接濟鄭軍，1664年清政府再次實行遷界和海禁政策，沿海村民內遷五十里，潮陽縣達濠地區四十八個鄉都被強制內遷，嚴禁百姓出海謀生，並燒毀漁船。這讓向來「以海為田」的沿海村民無以為生，迫使他們揭竿而起。

　　煙波無路商為道，禁海隔絕最心焦。沿海的貿易因清廷的「遷界令」而告斷絕，臺灣因商品匱乏，物價飆升，並由此產生連鎖反應，人心惶惶，再現了1661年鄭成功初到臺灣時的情景。1666年，經陳永華推薦，江勝成為鄭經帳下一名肩負特殊任務的部將，他被任命為「水師一鎮」，目標是奪取廈門以發展貿易，平抑臺灣物價。據清朝人江日昇所著《臺灣外記》記載，當時的廈門被海盜陳白骨等人占據。當年農曆九月，江勝奉命征討廈門，但初戰失利。審時度勢的江勝率軍南下到潮陽達濠地區，向邱輝求援。邱輝少年老成，當即表示要全力支持。於是，義軍合二為一，同仇敵愾，向廈門進發，最終攻占了廈門。廈門得手後，江勝和邱輝一致要求嚴禁士兵擄掠百姓，按照公價交易的原則發展貿易。這一政策很快得到廈門百姓的擁護，江勝和邱輝的名字在沿海地區廣為頌揚。一時間，大陸上曾做過買賣的生意人不顧清律的禁令，紛紛在夜晚渡海來到廈門夜市進行交易。江勝收集了大批的物資，源源不斷地輸往臺灣，臺灣的物價很快得到了平抑，其經濟秩序得以恢復。真可謂——

　　壯勇不惜揮劍死，

　　穿梭兩岸破蕭條。

　　1669年2月，邱輝率領數千人的船隊沿廣東東部的練江溯江而上，橫掃了和平、峽山、谷饒、貴嶼多個縣區。就在同一年，在江勝的引薦下，邱輝加入了鄭家軍，被封為義武鎮，奉命仍然鎮守他的家鄉潮陽縣達濠地區。這一年江勝也沒閒著，他拓寬了貿易市場，往來於金門和廈門之間，與大陸的村民進行互市。1670年，邱輝繼續進攻潮陽、揭陽、澄海等地。同年邱輝接到鄭經的命令，在達濠地區設置「大明潮州府」，開設商埠和燈光夜市。濠江之上貨船穿梭，漁鹽商賈紛至沓來。漁鹽之利大力地支援了在臺灣的反清軍隊。

可以說在1664年鄭經戰敗返臺之後到1674年鄭經西征大陸的十年之中，邱輝和江勝是少有的有大作為的鄭軍將領。

鄭經東返之後，隨即任命江勝為副水師總提督調駐澎湖。1683年6月，清兵進攻澎湖，在娘媽宮前澳處被鄭軍擊敗。江勝與邱輝緊緊尾隨施琅所乘戰船，將要追上時，總指揮劉國軒卻已鳴金收兵。不久，施琅再用遊船靠近鄭軍窺探，江勝又與邱輝一起發兵趕走了這些遊船。三天後，施琅派上所有的水師來進攻，用五艘船攻擊鄭軍的一艘船，氣勢很猛，鄭軍的艦船大多沉沒。江勝和邱輝陷入了清軍的重圍，最終不願投降的江勝發炮炸毀了自己的船，船與人同歸煙塵；而邱輝堅持與清軍水師戰鬥到最後，壯烈而死，年僅三十六歲。

三、「臺灣孔子」沈光文

忠義隱形天下爭，結廬濟世自躬耕。

三千弟子齊吟詠，荒島流行漢代風。

沈光文，字文開，號斯庵，明浙江鄞縣人。明崇禎三年（1630）十九歲時考中浙江鄉試副榜，二十五歲時進南京國子監讀書。1645年，南明弘光政權覆滅，清軍占領了南京，浙東義師慷慨北上，守衛錢江，沈光文就在這時返鄉，加入了魯王的抗清隊伍，被授予太常博士，並參與了錢塘江劃江之役。後來，沈光文參與迎立南明魯王朱以海，受封工部郎中等職。

1646年是一個嶸歲月：清兵攻陷紹興，沈光文隨魯王入閩抗清，先後晉升為工部郎中、太僕寺少卿等職；被鄭芝龍迎立為隆武帝的唐王朱聿鍵罹難，鄭芝龍「放水」投清，鄭成功與父決裂，並很快成為福建抗清新旗幟；沈光文奔波於浙江、福建、廣東之間，作魯王與鄭成功之間的聯繫人。

1648年，魯王北上，沈光文追隨不及，不久南來金門。當時金、廈尚在鄭成功控制之下，清朝福建總督李率泰派人帶著書信和錢幣前來誘降，沈光文「焚書退幣辭不就」。拒絕清廷後，何處安家？沈光文想到「白水郎」浮游的命運。

據臺灣《諸羅縣誌》記載，後來沈光文準備「從金門搭船至泉州，計劃挈眷以船為家，過「浮家泛宅」的生活，不料一陣颱風把船漂送到臺灣來。

關於沈光文去臺灣的年代有幾種說法。連橫的《臺灣通史》認為是1649年，但那時鄭軍的勢力正如火如荼，反清復明還是有希望的。因此也有史家認為是在1651年鄭成功率主力廣東救援明王，作為後方的金、廈受到清軍攻擊的這一段時間；也有認為是在1652年鄭成功北伐南京期間，金、廈受到攻擊之時。無論何種記載，沈光文都是最早入臺的文人儒家。

當時荷蘭人據臺已有多年，他們在全島推行荷文教育。彷彿是天意安排，沈光文這樣的文化大家來到文化落後且被侵占的孤島；同樣像是天意安排，沈光文在後來爆發的郭懷一起義後，逃過了荷軍瘋狂的「秋後算帳」。

有的報章為了增加沈光文遭遇的傳奇性，竟言之鑿鑿地說：荷蘭殖民者聽說來了一位學者，就聘請他為「賓師」，沈光文先是前往會晤，但後來弄清荷人的想利用他來奴化中國人的意圖之後，便堅決辭官不幹。1660年，惱羞成怒的荷蘭殖民者將他和他的兒子關入牢中。在獄中雖屢受折磨，但沈光文父子拒絕屈服。

筆者查閱諸多的史料，如《諸羅縣誌》、《臺灣通史》、《清史稿》和《臺灣文獻叢刊》等均無詳細記載。實際上，當時盛傳鄭軍攻臺，荷軍殘害漢民，與漢人勢成水火，以此種情形看，荷蘭人是不大可能那樣尊崇一介書生的。

《清史稿》有簡短的介紹：「時鄭成功尚未至，而臺灣為荷蘭所據，光文受一廛以居，與中土音耗隔絕。」其中「光文受一廛以居」是說沈光文接受了一畝半的地作為安家居住所用。這個安家用地是從誰的手裡接受的，是從荷人手裡所得，還是從郭懷一等漢族首領處接受這點土地，史料上語焉不詳。作者認為是後者，而一些報章選擇了前者，然後進行了發揮。

沈光文躬耕臺南，並嘗試以漢文教授子弟，傳播中華文化；他不辭辛勞，經年累月勘探地理，考察臺灣的山川、礦藏和港口道路；採訪民俗，大小事無不詳細記載，為創作臺灣第一部地理志積累了大量資料。1661年，鄭成功收復臺灣，得知沈光文在臺，十分高興，以客禮相待，撥給他住宅、耕田，並按期送來

糧食和錢幣。不僅如此，沈光文還常與隨鄭成功來臺的一批文人賦詩作文。

不久鄭成功病逝，鄭經繼位變其父制，取消了對明朝遺老的優待措施，特別是改「東都」為東寧府，遭到眾多人諫阻。沈光文也上書賦詩諷諫，鄭經對此極為惱怒，視沈光文為眼中釘。沈光文為擺脫危險處境，悄然消失，去了大崗山超峰寺落髮為僧。但責任心又促使他還俗，他結廬於臺南羅漢門山中，改名超光，決心發揚中華民族的燦爛文化於臺灣島。山旁有一個目加溜灣，他便在目加溜社授徒，教授漢字，講授國學。同時由於自給不足，沈光文兼行醫術，開診所為臺灣同胞治病。

1681年鄭經去世，鄭氏家族才對沈光文復禮如故，此時的沈光文已是一位七十歲的老人了。兩年後，清兵入臺，臺灣歸屬於福建省。同鄉好友、閩浙總督姚啟聖承諾答應派人送他回浙江鄞州安度晚年，最終因姚的病逝而未能達成。所幸諸羅知縣季麟光對沈光文尊敬有加，定期撥給錢糧，這使晚年的沈光文有了生活保障。當時「遊宦寓賢，簪纓畢集」，遷臺文人紛紛組織各種詩社，而第一個詩社──東寧社就是沈光文出面組織成立的。他與詩人們相互切磋、互相唱和，以抒情言志，並將詩作編為《福臺新詠》。直至清康熙二十七年（1688），七十七歲的沈光文卒於諸羅。

沈光文寓臺三十多年，寫下大量詩文，著述有《臺灣輿圖考》、《草木雜記》、《臺灣賦》、《流寓考》、《文開詩文集》等。現在臺南縣還留下了不少以「文開」、「文光」命名的路、橋、街亭及詩社。

沈光文詩歌中《感憶》一篇較為著名，不僅是詩本身的優美，也在於該七律詩的現實的意義，「暫將一葦向東溟，來往隨波總未寧……苦趣不堪重記憶，臨晨獨眺遠山青。」

沈光文是臺灣鄉愁文學的開山者，也是中國流寓文學的集大成者。因其第一個在臺灣傳授漢文化而被譽為「臺灣的孔子」。

若細論沈光文的傳奇和詩文，數天數夜也說不完，荒芒用一句詩來概其一生：高義反清山仰止，精華更在誦讀聲。

第三節 關於鄭經

一、鄭經的荒唐與繼志

誓掃腥塵復九州，猶學祖逖到中流。

狂瀾既倒憑誰挽，暫墾營田把酒愁。

　　鄭成功病逝後，在廈門的長子鄭經與在臺的鄭成功幼弟鄭世襲之間發生了繼位之爭。鄭經因與四弟的奶媽私通生子，曾引父怒，雖未被處刑，但被認為缺乏藩主素質。因此，鄭成功死後，鄭成功之弟鄭世襲（也叫鄭襲）立即被擁立為繼承者。擁護鄭世襲的將領多為鄭成功的得力將領，或是鄭世襲的親信，馬信首當其衝（不久病死），還有黃昭、肖拱宸和蔡雲等。蔡雲假借鄭成功的遺言，擁立世襲繼承招討大將軍位，廣布消息以造先勢，並積極練兵布陣，以防鄭經。

《臺灣行樂圖》（1681年，局部），圖中主人被認為是鄭經

　　永曆十六年六月，鄭經以周全斌為五軍都督，陳永華為諮議參軍，馮錫範為侍衛，率領水師五千人，向臺灣進發。七月，鄭經進入澎湖後，命禮官鄭斌前去勸說鄭世襲、黃昭等人，罷兵歸順。除黃昭、肖拱宸強詞拒絕以外，其他的將領持觀望的態度。十八日，鄭軍乘風進入鹿耳門（臺灣臺南安平港北）登岸，這正是當年其父驅荷時登陸之所在，鄭經沒想到自己登岸，卻是為了內戰。十九日清晨，劉國軒奮力攻破黃昭營地，黃昭為流矢所中，眾將不願打內戰，見主將已

死，轉而迎立鄭經。蔡雲自殺，肖拱宸等幾名強硬派被斬首，其餘的人都既往不咎。眾將士仍各回原地鎮守。十一月，鄭經在完成「藩主」繼承大事，安排好部將的職位後，將臺灣管理大權交給陳永華，自己會同周全斌和被打敗的叔叔鄭世襲等人返回廈門，與留守在那裡的將領洪旭、族伯父鄭泰會合。

清朝和荷蘭趁鄭氏內鬥，聯手來攻鄭氏在金、廈的基地，如今鄭經從臺回廈，明示將抗清到底，絕不投降。經過幾番爭奪，鄭經在大陸的兩個基地金、廈二島失守。1664年1月，鄭經帶領約七千名將兵及其家屬遷臺，這是鄭氏一族所代表的反清復明勢力由中國大陸的總撤退。

冷雲頻過星河望，

都是枕戈待旦人。

鄭經遷臺後並未放棄父志，他與陳永華一起殫精竭慮，開發建設臺灣，並伺機反攻福建。

鄭氏一族遷移臺灣以後，清朝政府故伎重演，再次海禁，致使沿海走私猖獗，遷臺人口急劇增加，臺灣也因海外貿易和廣泛開墾而財政豐裕。總之，鄭經在陳永華的輔佐下，制定制度、獎勵墾荒、發展商貿、建學教化、建立寺廟，境內出現大治初象。

鄭經嗣位期間，曾經與清朝展開多次談判，鄭經堅持採朝鮮不削髮、不入貢之例，但是都沒有得到清朝的正面回應。1673年，三藩之亂爆發，不久鄭經接受舊敵靖南王耿氏集團的請援，率軍東渡福建。耿精忠派兵接應時得知鄭軍的軍容大不如前，心生輕視，已有悔意。不久，鄭經勇收回廈門，攻取福建的漳州、泉州與潮州三府，並劍指廣東惠州，耿精忠見此又心生嫉妒。鄭經親率大軍繼續攻城抗清，他派人請耿精忠如約撥船撥地來安插兵士時，遭到耿精忠的拒絕，鄭經對其出爾反爾、不顧大局的行為痛心疾首，雙方開始交惡。後來，「三藩」皆平，鄭經勢單力孤，不得不敗退，僅能守住廈門。1680年，清將萬正色遣人遊說鄭軍水師副都督朱天貴（原為耿精忠部將）率艦三百艘，將士兩萬餘人降清，鄭經只得放棄廈門並班師回臺。之後鄭經意志消沉，第二年病歿，時年三十九歲。

鄭經在廈門與臺灣期間，與英國東印度公司有貿易往來，拓展了臺灣在東亞國際貿易上的重要地位。

雖然鄭經個人在軍事才能和個人品德上不如其父，但他在老臣陳永華等人輔佐下，治臺十餘年，繼志抗清，並按鄭成功生前設想對臺灣進行了開拓性的開發建設。

鄭經曾寫過不少愛國詩篇，或雄渾、悲壯，或婉約、細膩，均表達一種思念故國、渴望驅敵的願望。但因其詩多為古詩化用，因此其價值常為詩家所忽視，不過其詩中亦有特別者，如《悲中原未復》：

胡虜腥塵遍九州，忠臣義士懷悲愁。

既無博浪子房擊，須效中流祖逖舟。

故國山河盡變色，舊京宮闕化成丘。

復仇雪恥知何日，不斬樓蘭誓不休。

二、鄭經打敗荷蘭「出海王」

都說鄭經最荒唐[8]，志大才疏愛乳娘。

機智回擊波爾特[9]，臺灣豈可畏西洋！

國內史學界對鄭成功之子鄭經的研究和認識，大多侷限於其熱衷於內部鬥爭以及與滿清王朝的對抗，當然也包括由此衍生出的是非評論。以此為立足點，鄭經的形象自然以負面為主：什麼品行有失、志大才疏、迷戀割據等。十幾年前，由於封存於荷蘭的有關鄭經的資料公開，[10]使人們瞭解到鄭經的另一面。

原來，荷蘭駐臺灣最後一任總督揆一投降之後，荷蘭並不甘心退出對臺灣的角逐，曾派出「出海王」與清政府聯手，意欲奪回臺灣並實現自由貿易。荷蘭派出的「出海王」名叫波爾特，此人原為荷蘭東印度公司駐巴達維亞的高級商務

員。波爾特出任「出海王」期間，前後三次來到中國沿海活動。

波爾特首犯中國是在1662年6月，也就是鄭成功去世後的第二個月。其所率艦隊有十二艘海船、一千多名士兵。1662年8月，波爾特率艦隊到達福州北面定海港（在今連江縣），開始實施搶劫，同時燒毀了數十艘中國帆船。在此期間，波爾特曾寫信給鄭經，要他將臺灣重新交給荷蘭，鄭經回信予以駁斥。隨即波爾特聯絡福建總督李率泰，表明此行目的。李率泰不敢貿然答應，於是遣使進京面奏小皇帝康熙。由於聖旨遲遲未下，波爾特遂留下部分人員等待結果，自己於1663年3月率船隊返回巴達維亞。

五個月後，波爾特率領十六艘戰艦、兩千七百多士兵第二次進犯東南沿海，並於當年11月18、19日與清軍聯手進攻鄭經地盤，一週內廈門、浯嶼[11]和金門相繼被占，鄭經只好帶著殘餘水軍撤往閩南的東山島。

據封存於荷蘭的有關資料表明，為達到不戰而勝的目的，波爾特在1663年12月27日再次寫信給鄭經，無理地提出「歸還」臺灣、賠款、釋放俘虜等要求。鄭經於1664年1月6日從東山島回信拒絕了波爾特，但為了瓦解清廷與荷蘭的聯盟，減輕自己的壓力，他答應可以與荷蘭人通商，並可以考慮將難以據守的大陸離島——西南部的南澳島贈與荷人。鄭經的答覆距離波爾特的貪心太遠，氣急敗壞又無可奈何的波爾特於1664年2月21日率荷軍再次打道回府。

1664年4月，清軍各路人馬合攻東山島，鄭經彈盡糧絕，諸將叛離，最終只帶著幾十只兵船撤至臺灣。

1664年7月，波爾特率艦隊第三次染指臺海。他與剛剛被清廷任命為靖海將軍的施琅聯手攻臺，聯軍於11、12月在金門集結，均因遇颱風而半途中止。按袁冰凌《新發現的鄭經致「荷蘭出海王」信考》文中介紹：「此後，因耗費巨大，荷蘭東印度公司停止了在中國沿海的大規模軍事活動，波爾特結束了作為『荷蘭出海王』的使命。」

按此說法，荷蘭人並沒有再犯臺灣。而根據《臺灣通史》記載，「永曆十九年（1665），荷人據雞籠」。原來就在清朝棄用施琅，並決定暫緩攻臺之後，荷蘭侵略者單獨實施了攻打臺灣的行動，並最終占領了雞籠（今基隆）。其間由

第四章 收復後至歸統時期（1661年到1683年）——按照傳統文化經營臺灣堅守明朝正朔以求克復

於荷軍實力有限，未敢向南擴大占領區。鄭經新敗回臺不久，需要重新調兵分赴澎湖等地加強防務，而臺灣北部一直是軍力控制較薄弱的地方。直到1666年鄭經才集結好軍隊，命令勇衛將軍黃安率水陸各軍揮戈北上。[12]在鄭軍強大的攻勢下，缺乏外援的荷軍殘部為免遭被圍殲的命運，強行突圍而去。戰鬥中，先鋒官林鳳身先士卒，最終壯烈犧牲。

總之，這一次鄭經毫不含糊地採取了強硬的對策，繼其父之後，再次維護了中華民族的尊嚴。更重要的是他徹底擊碎了荷蘭對臺灣的覬覦和迷戀，自此，荷蘭再也不敢論及攻臺事宜。

第四節 統一臺灣

一、鄭經的煙霧彈

東都日落[13]雷雲熾，正是清風[14]吹浪時。

絕地輕拋煙霧彈，緩兵平亂兩不遲。

康熙元年，永曆十六年五月初八（公元1662年6月23日），鄭成功病逝於臺灣，鄭氏集團發生了分裂。臺灣之將擁鄭世襲繼位，而在廈門的將領推擁世子鄭經。清廷聞聽此事，認為有機可乘，農曆七月，歸順清廷的靖南王耿繼茂、福建總督李率泰「遣信使招撫」。鄭經與其族伯鄭泰、大將洪旭等人一起商量，決定給清廷放個煙霧彈。「乃議照朝鮮例，遣楊來嘉同入京待命。」 按朝鮮的例子意味著，不剃髮、不上岸，只稱臣納貢而已。

鄭經手書扇面

　　其實，鄭經之所以這麼做，只是個緩兵之計，實際上是為了減輕戰鬥前線的壓力，為瞭解除後顧之憂，以便集中力量去臺灣解決內部問題。

　　據《臺灣外紀》記載，農曆八月，耿繼茂、李率泰又派人到廈門，要求鄭經送還其攻取的州縣印信，然後，再為其向朝廷代奏「照朝鮮例」，並表示將對那些投誠官員照例錄用。

　　鄭經當時正集中精力準備東渡平定內亂，不想節外生枝，他便與鄭泰、洪旭、黃廷等密商對策。他說：「……順之，有負先王夙志；逆之，則指日加兵。內外受困，豈不危哉？不如暫借招撫為由，苟延歲月。俟余整旅東平，再作區處。」

　　洪旭認為：此「陽和陰違」之計，是為上策。於是，鄭經虛與委蛇，命楊來嘉等為使臣，在農曆九月裡將十五顆州縣大印送還。

　　此後，耿繼茂上奏清廷，將此次招撫的詳細過程和鄭經所開條件上報待批。由於其間通信條件落後，送達北京需要時間，廷議招撫也需要時間，鄭經按計劃於同年農曆十一月初一率兵東渡平亂。

在鄭經率兵去臺灣爭奪王位之際，清軍與鄭軍之間果然沒有大規模的衝突，但也沒有停止動作：李率泰和耿繼茂派間諜散發傳單，藉以離間鄭經和鄭泰的關係；籌劃向金門、廈門等離島的將士做招降工作。

其間有個插曲就是荷蘭派來「出海王」波爾特有意與清軍聯手攻金、廈，當時耿繼茂正與鄭經講和，便一口拒絕了波爾特。波爾特氣急敗壞，率荷艦隊攻擊廈門，被廈門留守將領洪旭打敗。

康熙二年（1663）正月中旬，鄭氏集團內變平息，鄭經安排好臺灣之事後，率眾回師廈門。此前，鄭經的使者從北京來到廈門，帶回清廷的答覆：「必欲剃髮登岸。」

據清人邵廷採所著史書《東南紀事》記載：「朝廷以錦灰燼垂滅，不許。於江浙閩廣，各設滿漢兵戶郎中一員，專司招輯。」

清廷的答覆正好給鄭經一個拒絕招撫的理由，此時的鄭經新晉延平王，正想幹出一番成就，以顯其不忘先王「克復中原」的志向。每每想起這次一箭雙鵰的緩兵之計，猶自得意，殊不知李率泰更是技高一籌，在鄭經身邊安排的「定時炸彈」就要「爆炸」，詳情後文有敘。這真是——

八卦南拳各自收，強中強者更風流。

孤城合議權宜策，應有連環計解憂。

二、「先王之志不可墜」

東風無力西風驟，對峙和平兩有謀。

彼岸養生缺故土，輕舟冒死解鄉愁[15]。

清廷有意除藩鎮，鄭子無心拜閩侯。[16]

迷惘時思先父志，逡巡不定望沙鷗。

第四章 收復後至歸統時期（1661 年到 1683 年）——按照傳統文化經營臺灣堅守明朝正朔以求克復

康熙三年（1664）七月，清王朝授施琅為福建水師提督，楊富和原鄭經部將周全斌為副手，率領原鄭軍水師部隊進征臺灣。

十一月間，施琅選擇冬天偏北風的季節，首次率領舟師起航攻打臺灣，不料船隊航行到洋面上遇上颱風，無法行進，只得返回，連鄭軍的面也沒有見到。

康熙四年（1665）三月，施琅選擇春季第二次出兵臺灣，自銅山（今福建省東山縣）起航。也是最終遇到了偏東迎面的逆風無法行進，只得折回。

施琅兩次率師東渡均鎩羽而歸，動搖了清廷用武力攻取臺灣的信心，朝中招撫之聲蓋過主戰的聲音。許多滿族官員懷疑施琅有通敵之嫌，連當初支持他的實力人物鰲拜都開始狐疑起來，責成在東南沿海的耿繼茂和李率泰暗查施琅。李率泰是主和派，但秉公密報了事情的原委，打消了清廷對施琅的顧慮。

但此時朝中關鍵人物鰲拜已完全改變了對臺灣的態度，由主戰派變成了主和派。據《清聖祖實錄》記載，李率泰曾於康熙五年（1666）正月病死前，上疏清廷放棄武力征討，改用全力招撫政策。他認為，鄭氏對沿海已不構成大威脅，現在正是讓受苦的百姓休養生息之時。李率泰的意見對清廷的決策有較大的影響，康熙五年（1666）正月，清廷下令從廈門撤軍，並尋找合適人選著手招撫事宜。不久，金、廈二島又先後落入鄭軍的偏師江勝和邱輝等將領之手。

裁撤沿海駐軍、燒毀舟船是清廷作出的高姿態和誠意。其實，清廷力主招撫還有一個重要原因就是，「三藩」未除，經濟不穩，無力用兵海上。

這是康熙親政前一年，當時兩岸雖武裝對峙，但又都有一定的和平願望。臺灣鄭氏面臨許多困難，土地初闢，將士因戰爭和染疾而銳減，生產落後，經濟困難，急需大陸的糧食和物資供應。且鄭經所部大多是福建人，離家日久，思戀鄉土，私下渡海來歸者絡繹不絕。

康熙六年（1667）五月，清廷派總兵孔元章等人主持和談一事。清廷此番招撫鄭氏的經過，在繼任福建總督祖澤溥的奏章《題為孔元章出海招撫事本》中有詳解。這次清廷開出的條件寬了許多，按清人夏琳《閩海紀要》中描述是：「議以沿海地方與鄭經通商、欲其稱臣奉貢並遣子入京為質等三事。」

五月十六日，孔元章遣兩名副手捎帶一封來自鄭經母舅董班舍的信，由施琅派船護送去臺。二使剛傳達完清廷的招撫之意，便遭到鄭經的拒絕，鄭經回了封信由二人轉交孔元章。為表誠意，孔元章決定親赴臺灣與鄭經面議，這次仍然由施琅派船護送。孔元章八月下旬由廈門抵達臺灣。據《海紀輯要》記載，孔元章答應鄭經如歸順，可封「八閩王」，鄭經猶豫不決，後以「和議之策不可久，先王之志不可墜」為由，拒絕清朝的招撫。

　　孔元章之行，除了帶回一些鄭經贈送的錢幣、美食等禮物外，在政治上一無所獲，最終他只好沮喪地返回。但他認為鄭經曾猶豫不決，其主動送物示好說明招撫之門並未關死。福建總督祖澤溥在上奏敘述此事，也照搬此說。

　　孔元章接受鄭經贈禮在官員中引起議論，被認為是中了鄭經的離間計，因為透過鄭經的覆信可以看出鄭經的態度很強硬。

　　據《康熙統一臺灣檔案史料先輯》之《鄭經復孔元章書》記載，鄭經拒絕清廷招撫的理由綜合起有兩個：其一，鄭氏軍力和實力足夠與清軍對抗，無必要受制於人；其二，「今東寧遠在海外，非屬版圖之中。」

　　根據後一點理由，有研究者認為，此時的鄭經已謀求分裂割據，自立為王，從而使得鄭氏與清廷的鬥爭的性質發生了質的變化。筆者認為未必！一是他還奉南明永曆皇帝為正朔；二是此時的他處於矛盾之中，他拒絕的理由，在這一輪兩次的議談中有不同的記載。一句「先王之志不可墜」道出了他的堅守，而在1674年他領兵西征以匯合「三藩」反清復明，這證明至少當時他還踐行著其父的遺志。

　　鄭經曾在拒絕清廷招撫之後寫過一首因滿懷進取而雄姿英發的短詩《滿酋使來有不登岸不易服之說憤而賦之》：

　　王氣中原盡，衣冠海外留。

　　雄圖終未已，日日整戈矛。

　　這裡的「衣冠」就是借代明朝，「雄圖」順理成章就是反清復明的事業。明知不可為而為之，雖然悲壯卻充滿鬥志，真有其父之範。

三、羞於剃髮，三談破裂

康熙設計擒鰲拜，親政高談並九州。

遣使初平峽裡浪，削藩再議海中球[17]。

稱臣納貢學朝鮮，留髮留兵夢諸侯。

莫以狂言[18]吹碧海，長峽應在後庭流。

康熙六年（1667）孔元章議撫失敗後，施琅奉旨赴京上書《盡陳所見疏》，向清廷面陳臺灣地位的重要性，「臺灣平，則邊疆寧靖」，並再次提出出兵征臺，主張剿撫兼施，從速出兵征臺，以免「養癰為患」。其對鄭軍實力、當前局勢、舟師操練、前線指揮等方面的分析和建議受到康熙帝的認同。但由於政權仍由鰲拜把持，清廷眾多官員也不信任施琅，康熙在眾多壓力之下否定了施琅的策略，繼續推行以撫為主的方針。施琅這鬱悶呀！雖被授予內大臣的高官，人也編入漢軍鑲黃旗，留在了京師，但英雄無用武之地，這一閒置就是十三年。

康熙八年（1669）五月初十，十六歲的康熙命宮內「玩伴兒」——滿洲摔跤少年將鰲拜擒捕，一舉清除鰲拜及其黨羽，為其真正親政和解決臺灣問題掃清了政治上的阻力。

六月，康熙命刑部尚書明珠攜兵部侍郎一起入閩，與靖南王耿繼茂、福建總督祖澤沛齊集泉州府，商議招撫臺灣的辦法。隨即派太常寺卿慕天顏等人帶康熙詔書和明珠的信件去臺灣招撫，但鄭經仍不肯接招。為表清廷的最大誠意，康熙再次作出重大讓步，並命慕天顏等人再次前往臺灣。康熙開出的寬厚條件是：允許鄭氏封藩，世守臺灣，但還守著維護法統的底線，是什麼？需削髮。據《明清史料丁編》記載，鄭經提出：「苟能照朝鮮事例，不削髮，稱臣納貢，尊事大之意，則可矣。」康熙帝在敕諭中說：「若鄭經留戀臺灣，不思拋棄，亦可任從其便。至於比朝鮮不剃髮，願進貢投誠之說，不便允從。朝鮮系從未所有之外國，鄭經乃中國之人。」

後來，康熙帝針對鄭經「照外國例」所提出朝鮮曾是箕子領地、日本曾是徐福領地的論據，又明確指出：臺灣皆閩人，不得與琉球、高麗（朝鮮）相比（《清聖祖實錄》卷109）。

康熙在擬定回覆詔書時一定很憤怒：你鄭經和朝鮮能比照嗎？朝鮮是不在中國版圖之內的外國，而你鄭經及臺灣人卻是中國人。最終，康熙不願臺灣成為獨立於中國之外的國家，故談判破裂。

就差「削髮」二字，雙方最終未能談攏，鄭經到底堅持的是什麼？是想獨立？那清廷開出的條件已經夠寬大：有自己的軍隊，有天塹阻隔，這種情況幾乎等同於獨立。那麼說，鄭經再三拒絕清廷招撫，是不想在他的身上犯下放棄其父「反清復明」志向的歷史罪責？否則為何一直奉明朝為正朔，使用南明永曆帝年號？因為鄭經知道，清廷是絕不會答應「削髮」這一條件的，因此，反而屢屢以此為籌碼，然後尋機西征，進而「克服中原」。果如此，其用心良苦，精神可嘉！可在當時又會有誰能理解他呢？

從康熙五年（1666）到康熙十三年（1674）「三藩」亂起之前的這幾年，鄭氏與清廷之間的戰事很少。其中鄭氏集中精力經營臺灣，清廷也力圖解決削藩的問題。

就在鄭經與清廷就招撫一事鬥智鬥勇、來來往往之際，遠在對岸大陸上的「三藩」開始起事反清。明鄭終於也等到了一線難得的「克服中原」的機會，始終以明臣自居的鄭經迅速做出反應，領兵西征以應「三藩」之約。而清廷在投了平叛戰爭的同時，也一直不放棄招撫的方針。

四、把痛苦交與酒色

殘雪借風招舊歲，「三藩」存志又發兵。

鄭經呼應星光暗，玄燁開合日色明。

故土一別常把酒，他鄉半隱莫抒情。

議和絕望終無樹，大戰在前海尚清。

1673、1674年，原來歸順清朝的「三藩」相繼起兵反清，大陸戰火瀰漫。鄭經乘機與吳三桂、耿精忠聯手，占領廈門與漳州、泉州、潮州、惠州各地。此後即以海澄、金門、廈門為據點，與清軍隔海對峙。在長達八年的拉鋸戰中，清政府因面臨來自多方面的壓力，曾多次派員招撫鄭經。新中國《福建省志》中說：「康熙十七年（1678）十月康親王傑書、新任總督姚啟聖從本月至次年五月，先後四次派員招撫鄭經，勸其退回臺灣，以澎湖為雙方通商之地。鄭經寸土不讓，堅持以海澄為雙方往來公所。和議再度失敗。」加上1677年的清朝康清王與鄭經的那次接觸，至少有五次正規的招撫過程。

最讓人驚訝的是，有一次招撫條件已開到最大的限度，但依然沒有達成協議，令人對清廷統一國家的誠意和鄭經志在「復明」的決心都刮目相看。

康熙十六年（1677）四月清軍攻陷鄭經所據漳、泉二府時，鄭經還據有潮州、惠州及沿海的一些島嶼，且心氣很高。清康親王無舟師攻擊，便遣朱麟、臧慶祚等攜函至廈門去招撫，要求鄭經識時務，作俊傑，根本不談「依朝鮮例」。據《臺灣外傳》敘述：鄭經以禮待之，但在覆信時慷慨陳詞：「我家世受國恩，每思克復舊業，以報高深，故枕戈待旦，以至今日。幸遇諸藩舉義，誠欲向中原而共逐鹿。」

不久漳州人蔡寅打著明朝「朱三太子」的旗號，率「白頭軍」數萬人起義抗清，馳騁縱橫於南靖、長泰、同安等縣的山谷間，清軍只好分兵奔波，在各地進行鎮壓，再加上要分兵平「三藩」，清廷根本無力攻打鄭經所部。康親王再次以息兵養民為理由，並主動表示可請照朝鮮事例：不削髮、不交兵權，只要稱臣納貢便可（亦有資料說是重申過去最大優惠條件）。不知是鄭經鐵了心要「克復中原」，還是他認清了這是康親王的緩兵之計，最後，鄭經要求擁有沿海諸島，並以泉、漳、潮、惠四府資給糧餉，對方顯然不可能將得到的諸城拱手相讓。

康熙十七年（1678），鄭經仍然占據沿海諸島，後鄭軍派大將劉國軒自澎湖率水師來援，鄭軍防禦更加堅強，清廷福建總督姚啟聖、開國元勛賴塔見此，

第四章 收復後至歸統時期（1661年到1683年）——按照傳統文化經營臺灣堅守明朝正朔以求克復

又想到了用和談的方式瓦解鄭軍的攻勢，便又一次派人到廈門。鄭經態度未變，和議終未達成，清廷再度加強十多年前的遷界令。遷界令是柄「雙刃劍」，沿海百姓流離失所，生活無著，而兩軍分別為戰事籌餉，使沿海的百姓深受其害。

康熙十八（1679）年五月，清軍又派代表前往廈門議和，鄭方派賓司傅為霖為代表（後降清），到福州進行會談。鄭方開出的條件是：一照朝鮮事例，二以海澄為廈門門戶，絕不可放棄大陸的這個地區。這些條件被姚啟聖拒絕，此後，清廷積極準備並實施武力攻臺的方案。

康熙深知平臺不是一件易事。1679年農曆七月間選定「才略優長，諳練軍事」的萬正色為福建水師提督。閩浙總督姚啟聖採用鄭氏舊部、平臺策士黃性震的計策，設立「招徠館」，積極開展招降活動。招降的規模大，條件非常優厚，如對投誠的官員保留原職或按原銜補官，士兵賞銀二十到五十兩不等。由於清朝的封鎖和誘降，鄭軍的沿海土地日蹙，財源枯竭，士氣低落，人心渙散，先後又有五陸鎮、五水鎮官兵共十餘萬人降清。

轉戰數年，吳三桂失敗，鄭經孤軍難支。康熙十九年（1680），鄭經在金門、廈門被閩浙總督姚啟聖擊敗；二月，萬正色率水師攻下海壇，並乘勝南下廈門；海澄、丙州守將相繼投降。鄭軍水師著名將領朱天貴也率官員六百餘人，兵兩萬餘名、艦船三百餘艘獻銅山降清。鄭經在大陸的最後一塊地盤失守，僅領千人逃回臺灣，沿海島嶼悉為清軍占領。

鄭經經歷著兩難抉擇的痛苦：一方面，他不願接受招降，放棄父親的遺志；另一方面，軍事的失利使臺灣前途渺茫。從此，鄭經沉湎於酒色，不問政事，令長子鄭克臧為監國主政，陳永華全力輔助。

五、臺灣最後主動提和議

暮雨瀟瀟病樹折，東寧府內演三國[19]。

沉舟猶在流連處，朝日已經博望坡。

孤島途窮[20]呼振作，大潮[21]音好唱執著。

第四章 收復後至歸統時期（1661年到1683年）——按照傳統文化經營臺灣堅守明朝正朔以求克復

澎湖必有一決戰，自古投降最被說。

鄭經逃回臺灣，圈地修園，常邀文人武將夜宴行樂。此時的臺灣已經危機四伏。由於軍力只有四五萬人，需強徵鄉民以充兵源，同時養兵需強徵賦稅；由於需在各地修築營壘炮臺，包括重修西班牙人遺留下來的城堡，百姓需出力出錢。一時間怨聲載道，變亂時有發生。

臺灣的這些情況被姚啟聖獲知並密報給康熙帝，康熙覺得收復臺灣的時機已到，便將如何收復解決臺灣的問題提到議事日程表上。但在廷議時，反對武力攻取臺灣的人很多，如兵部侍郎溫代、刑部尚書介山、戶部尚書梁清標等，康熙力排反對意見，而根據賴塔、施琅和姚啟聖的意見，決定採用「先撫後剿，先禮後兵」的策略，以「恤兵養民，與天下休息」。

康熙於1680年提出了最優厚的招撫方案——「三不」政策。其具體方略是：鄭氏集團可以在「不登岸受制，不剃髮易俗，不改換衣冠的優厚條件下稱臣歸來」。這一優厚的政策，充分表明了清政府和平解決臺灣問題的誠意。

清廷招撫的方案送達臺灣鄭氏集團，當時，在鄭氏政權中有主戰與主和兩種勢力：主戰派以侍衛大臣馮錫範為代表，他積極勾結日本對抗統一，企圖成立臺灣國；主和派是以諮議參軍陳永華和監國的鄭克臧為代表，主張接受康熙提出臺灣高度自治的「三不」方案。然而，鄭氏政權最終拒絕這個方案，把自己送入絕境。

1681年正月，鄭經暴死，享年比其父鄭成功多幾個月，三十九歲不到。

鄭經少時輕佻，種下淫果，並為了繼位爭權，重蹈歷史的覆轍：濫殺、排擠老臣名將，導致軍心渙散。同時他卻不墜青雲之志，第二次驅荷於臺，並始終拒絕清廷優厚的招撫條件，直至他最後灰心遁世，一病而疫。

鄭經去世後，其二子為爭位，攪得島內一片混亂。本來鄭經臨終時將長子克臧託付於劉國軒，但權臣馮錫範與鄭經弟弟鄭聰等共謀擁立年僅十二歲的鄭克塽嗣位。馮錫範讓鄭聰等人到董太夫人那裡，造謠中傷鄭克臧非鄭經親生兒。董太

夫人猶豫之際召見鄭克𡒉，馮錫範趁機帶隨從先到府內。就在鄭克𡒉剛踏入董太夫人府內，尚未見到其祖母時，即被馮錫範隨從刺中腹部，幾位叔叔又一擁而上將其棒殺。以上謀害的細節有「非史書」的演繹成分，《清史稿》上只說由馮錫範及鄭經幾位弟弟「共縊殺」。

鄭克塽嗣位後就像一個木偶，權力全掌握在提線的岳父馮錫範手中。一時間，島內人心不服，形成「文武解體，主幼國疑」的混亂局面。鄭氏集團已成為一個腐敗不堪、不再以「克復中原」為目的的割據政權，喪失了人民的同情和支持。

不久，早被擠出政壇的陳永華鬱鬱而死，他的逝世無疑使臺灣失去一個有力的庇護。

同年農曆七月，內閣學士李光地向康熙啟奏：攻取臺灣時機已經成熟。

康熙二十一年（1682）十月，清政府決定進攻臺灣，但臺灣地處大海中，波濤萬頃，作戰需賴水師，而非嫻習馬步的滿族將士。怎麼辦？康熙力排眾議採納大學士李光地等人的提議，啟用已被賦閒十三年的施琅為福建水師提督，「謀劃進取臺灣事宜」。

大兵壓境，福建總督姚啟聖一方面「令知府卞永譽、張仲舉專理海疆，多以金帛間其黨與」，一方面派出相關人員去臺、澎與鄭氏集團接觸。他並未放棄和平統一的努力。1683年鄭氏集團主動表示願意按以前條件議和。據姚啟聖屬下宋淲《剿撫澎臺機宜》記載，鄭克塽「願稱臣入貢。啟聖以奏」，但康熙帝「不許，促水師提督施琅進攻」。康熙帝為何不許？因為鄭氏集團在如此勢窮之時，還提出遵照「朝鮮故例」，不登陸、不剃髮的要求，根本沒有和談的基礎。這一點在《清史稿》中有記載：「二十二年（1683），國軒投書啟聖，復請稱臣入貢視琉球。上趣琅進兵。」

有史家認為，這次談判是姚啟聖不願看到施琅獨得軍功而企圖透過政治解決問題的最後一次嘗試。就在不久前，發生了一件令他很意外很不爽的事：施琅向皇帝進言，請求讓他這個水師提督具有相機攻臺的專斷權，其他軍種都靠邊站，上司總督姚啟專職做後勤準備工作。此奏摺得到了康熙皇帝的批准。而當初在確

定主攻臺灣的將領時，施琅因曾多次降清、反清，備受王公大臣猜忌，是他姚啟聖以全家人的性命擔保舉薦，康熙才決定啟用了他。現在他施琅這樣做，確實讓他這個上司有些「作膩」。姚啟聖有些想不通，心說：「你施琅是能衝鋒陷陣、熟悉水情，然運籌帷幄、籌備軍餉、計收士心，不都是我姚啟聖嗎！」

這只是一種對歷史的揣測，也許當時施琅提出「專斷權」是個最佳選擇，也許這裡面也關照了施琅自己的私心，而姚啟姚對議和的最後努力也是對施琅那一點點私心的應對，或者說是較量。果如此，也讓我們見識了大臣們共赴統一大業背後的暗流湧動。

不管出於公心還是私心，姚啟聖的最後一次努力是被康熙帝否掉了，他能做的就是等待，等待清軍與鄭軍的一次海上總決戰。

六、澎湖大戰

何樣巨人滄浪間，雲帆六百氣如閒。
雷石落水激天柱，檣櫓飛灰入雨煙。
施帥[22]毀容唯恐後，游擊[23]破肚卻爭先。
浮屍不散如萍聚，鹿耳門前論改編。

康熙二十二年（1683）五月，康熙帝見招撫不能成功，遂命施琅進兵。康熙二十二年六月十四日（1683年7月8日），施琅率兵兩萬餘人，乘戰船兩百餘艘由福建銅山進發澎湖。次日到達澎湖西南的貓嶼、花嶼和草嶼等島嶼，夜泊澎湖南大門八罩島。

堅守澎湖的是勇敢善戰的劉國軒，所率兵將戰船與施琅相當。

六月十六日，施琅指揮水師集中到了澎湖。劉國軒親自率領鄭軍水師迎戰。清軍的水師在前進時，忽遇大風，船隊隊形頓時大亂。施琅的船受到鄭軍艦船的包圍，但他臨危不懼，依然身先士卒，堅持指揮戰鬥。其間險象環生，他的右臉

也被敵炮餘焰燒傷,幸好他最終衝出了鄭軍的包圍。

　　清軍初戰就不順利,主帥及先鋒都受了重傷。為了穩定軍心,贏得大決戰的最終勝利,施琅從六月十七日起進行了為期五天的整頓。二十二日,經過了充分的準備,清軍和鄭軍進入了雙方最大規模的決戰。為避免再次被鄭軍包圍,施琅將所部水師重新進行了部署,將水師分成三路:左右兩翼各率戰船五十艘,分別攻牛心灣和雞籠嶼,牽制敵人,自率戰船一百三十六艘為中路,直插娘媽宮。海上交戰開始後,施琅的水軍迅速變換成「五梅花」陣法,以五艘戰船攻敵船一艘。戰鬥中恰逢一陣南風吹來,處於上風的清軍趁勢揚帆疾進,擊毀鄭軍大小戰船約一百六十艘,殲滅鄭軍一萬兩千人,收降四千八百餘人。鄭氏主力幾乎全軍覆沒,劉國軒僅率約三十艘船逃回臺灣。有關鄭軍傷亡的數據,不同的史料其表述也略有不同,據《清史稿》記載:「擊沉錦師船二百,斬將吏三百七十有奇、兵萬餘。國軒以小舟自吼門走臺灣。」

　　澎湖大戰,歷時七晝夜。經過多次交手,場面異常慘烈。用「箭雨飛時人似血,炮船撞後水浮腸」來形容,一點也不過分。

　　在戰鬥中,施琅右眼負傷;游擊藍理中炮「腹破腸流出,為掬而納諸腹,持匹練縛其創,理呼殺賊,麾兵進」。(《清史稿》)

　　晚唐詩人曹松的詩句「憑君莫話封侯事,一將功成萬骨枯」,道盡了戰亂的災難和封侯的罪惡。但澎湖之戰不可與此類比,它不是無義的內亂,而是一場涉及國家統一的戰爭。這場戰爭在當時的條件下是不可避免的,是促成和平的基礎。雖然戰爭是同樣的殘酷,卻又是神州一統的代價。荒芒有詩議之:

　　天裂喚英雛,血流風在哭。

　　古今同理論,白骨讓藍圖。

　　澎湖大戰過程中,有一個重要的插曲。當時鄭軍處於劣勢的戰鬥間隙,望著「千屍漂蕩浮萍聚」的海面,有些將領攛掇劉國軒放棄澎湖,甚至臺灣,將所剩水軍萬人百船開往呂宋(菲律賓)。一來完成鄭成功懲戒西班牙人的夙願,二來占領呂宋作為抗清或自存的新基地。這個計劃完全取決於澎湖統帥劉國軒,劉國

軒思索了好半天,將領們也眼巴巴地等待著他的決定。是否改寫歷史,就在一念之間。但劉國軒的選擇是:不做逃兵,繼續戰鬥!

澎湖戰敗,使鄭克塽東寧府極為震驚、恐慌。而清政府第一項行動目標已經實現:施琅以消滅臺灣方面軍事實力、占領澎湖的戰果,成功實現康熙「因剿寓撫」中的「剿」。軍事上的勝利,具備了實施「撫」的基礎和前提,下一步是對臺灣鄭氏集團進行招撫。

七、兩岸首次統一

三章約法[24]感臺官,攜印稱臣事已遷。

淺道升潮[25]滄浪湧,中秋恰好話團圓。

占領澎湖後,施琅並未立刻進攻,而是堅定地貫徹康熙的招撫政策。在其頒發的《優撫戰俘五條》中規定,儘量打撈鄭軍將士的屍體,殮衣深葬;願意回臺灣的俘虜,可贈船送回等。

為加強對鄭氏集團的政治攻勢,施琅讓被俘的劉國軒的好友陳公飛帶上親筆所書的《約法三章》赴臺灣。承諾:一、到達臺灣後善待黎庶;二、昔日恩怨,概不追究;三、鄭室子孫,皆「賜姓」後代。

陳公飛等被俘的鄭軍將士深深為之感動。幾天後,同意回臺做工作的降將和自願回臺灣的三百餘名官兵,乘船離開澎湖前往臺灣,擔當起勸說鄭氏集團歸順清朝的任務。

卻說劉國軒大敗而歸,東寧府上下震動,人心惶惶。閏六月十七日,明落難皇族寧靖王及其五個妃子自殺殉國,群臣中意欲投降者居多。在精銳盡覆、朝廷招撫的情況下,鄭克塽亦考慮到臺灣一統已成大勢,決定降清。值得一提的是,鄭克塽的這次投誠儘量考慮到民眾的感受和生命安全。

大陸看臺灣歷史

1683年，割據臺灣的鄭氏集團，接受清政府的條件，歸順清政府，從此臺灣重新置於中央政府的管轄之下

對於清朝堅持的「削髮易服」，臺灣和談使者鄭平英為緩解民間的對立情緒，提出「三降三不降」。據《臺灣通史》記載，這「三降三不降」是「官降吏不降，男降女不降，生降死不降」。這裡的「降」字指削髮易服。

雙方的立場基本接近，施琅表示能夠接受。和平統一有了希望。

據清代史家蔣良騏著《東華錄》載：康熙二十二年（1683）七月十五日，鄭氏集團遣馮錫珪、劉國昌和鄭平英等帶著降表文稿來到澎湖去見施琅，請求繳上相關登記冊和大印，率眾登岸，以求安置。施琅派使者吳啟爵持著文告入臺灣，驗視軍民剃髮。福建總督姚啟聖轉奏請頒赦招撫。

鄭克塽終於作出了合乎歷史發展規律的正確決定，向清政府上表投誠。在呈交給康熙帝的降表中，鄭克塽著重請求善待官民和明朝遺老：「至於明室宗親，特別優待；通邦士庶，軫念綏柔；文武諸官，加恩遷擢；前附將領，一體垂仁；夙昔仇怨，盡與捐除。」

鄭克塽還請求不要沒收他們的產業財物，讓他們感受到明君的寬大。

不久，康熙帝批覆接受鄭氏的投降，並頒發特赦令：「……果能悔過投誠，傾心向化，率所屬偽官軍民人等悉行登岸，將爾等從前抗違之罪，盡行赦免，仍從優敘錄，加恩安插，務令得所。」

據史料記載，鄭克塽集團在與施琅談判之後，在島內提出「三不傷」，即清軍入島「不傷鄭室一人，不傷百官將士一人，不傷臺灣黎庶一個」。如此，人心才算安穩下來。

康熙二十二年（1683）八月，施琅率領戰船一百艘、將士一萬餘人駛向臺灣，準備登島受降。這裡還有個小小的插曲：由於鹿耳門水道過淺，船隊無法進入大海灣，只好停在附近水域。一連數日不見潮起，可急壞了鄭氏和施琅，雙方都擔心情況有變。據《清史稿》記載：水師「泊十有二日，潮驟長高丈餘，舟平入」。臺灣人都很驚奇，當年鄭成功兵臨鹿耳門時也面臨水淺受阻，也是在焦慮等待中迎來了海潮驟起，水面騰升丈餘，如此，大軍才得以駛進大海灣。只是國姓爺是從洋人手裡收復了臺灣，而現在是從明鄭手中收回了臺灣，統一了中國。性質不一樣，卻都是中華民族的大喜事。

18日，鄭克塽及文武官全部剃髮；施琅宣讀康熙帝詔令，聽罷詔令，鄭克塽等人衝西北方叩謝，隨即攜家人赴京受封。儀式甫一完成，軍民共呼，歡喜雀躍，共祝兩岸統一的完成。康熙喜聞奏捷，欣然賦詩：「萬里扶桑早掛弓，水犀軍指島門空……海隅久念蒼生困，耕鑿從今九壤同。」當日正值中秋，月圓人亦圓。

臺灣如離家多年的遊子重新回歸祖國懷抱。自此，海峽兩岸終於結束了長達三十多年的戰亂，重新過上了安定的生活。荒芒詩云——

將軍約法捐私恨，克塽應時解眾愁。

鹿耳門前潮水起，一一入夢到中秋。

第五節 平臺功臣

一、爭議施琅

玉山輪換仗施君，奸佞英雄論到今。

主調激揚音色亂，溪流混沌大潮新。

施琅，福建晉江人。自幼生長在海邊，少年時代從師學劍，智勇雙全。清順治三年（1646），跟隨鄭芝龍降清後，因為清朝對其人沒有足夠的重視，施琅與其弟施顯率部投奔鄭成功，聯手抗清。鄭成功最初對施琅非常賞識，並將之視為最得力的將領，但不久兩位同樣個性強又自負的將帥之間出現了不可調和的裂痕。

順治八年（1651），施琅就因反對鄭氏「舍水就陸，馳援廣東以勤王」的戰略方針和強徵百姓糧餉的做法，與鄭氏產生過尖銳的分歧。有學者認為，此時的施琅已不看好南明政權，因此無心為南明政權向清軍作戰。

1651年閏二月，鄭成功自廈門南下廣州意欲解救被圍困在那裡的明王，途中施琅因反對這一馳援計劃而被罷職遣回。當月二十七日清軍乘虛偷襲廈門，鄭軍守將阮引在毫無防備的情況下，匆忙迎敵，卻因兵力不足戰敗，撤至金門。聞變後眾多將士請求鄭成功放棄馳援回師廈門。而此時遣返途中的施琅驚聞廈門失守，遂率領部下親兵六十人從廈門港上岸，殺敗近千人的清軍。清提督馬得功敗回城內，堅不應戰，最終退回大陸。

廈門事件之後，施琅和鄭成功之間的裂痕漸漸表面化：施琅以自己立了大功卻未得到獎賞對鄭成功不滿，而鄭成功以施琅驕橫跋扈、引發陳斌率部投敵，而與他日漸疏遠。次年農曆四月，施琅捕殺了手下一名改投鄭成功的親兵曾德，鄭成功救之不及，轉而與施琅公開走向決裂。鄭成功派人抓捕施琅，又囚禁施琅的父親施大宣和弟弟施顯。施琅被捕後不久逃脫，藏在副將蘇茂家中，並躲過了搜

查。之後施琅請鄭泰從中調停，但鄭成功非但不接受調解，反而派人前去刺殺施琅。行刺失敗後，鄭成功一怒之下竟將施大宣和施顯處死，將施琅逼上了投清之路，在無意中埋下了多年後結束鄭氏政權的種子。

施琅降清後仕途並不順。起初作為降將，他沒得到清朝的重用，因此急於報仇的他並沒有什麼用武之地；更何況，鄭成功在世時也沒有給他任何機會。等到鄭成功去世後，鄭經因內亂而敗退臺島，施琅才得到指令，率水師攻擊。因為心太急切，對臺海氣象情況未作細研，便匆忙起錨，終為大風阻回。此景更讓施琅急躁，又輕率定下攻臺時間。再次進發，水師又被風浪摧散。之後，施琅因受清廷懷疑、暗查而鬱鬱不歡，最後竟被調至京城，賦閒十三載。這一時期，他備受冷落，甚至一度認為再也沒有領兵攻臺的機會。也就是在這段期間，他漸漸地冷靜下來，艱難地將私心放下，從朝廷的角度來思考問題，並把實現國家統一目標當作自己的奮鬥目標。

荒芒有詩記之——

常憶風波鬢染花，青山野樹過雲霞。

窗前星漢光何遠，不為恩仇為大家。

但歷史又一次把施琅推到風口浪尖上，選擇他來完成祖國的統一大業。如果說1652年的施琅想得更多的是報仇洩憤的話，那麼誰能肯定在三十年後的1682年，施琅被重新啟用時的心中所思依然如故呢？實際上，在收復臺灣以及之後，施琅的一些做法還是非常到位的，比如他對於鄭成功的家族的處理說過這樣一句話：「絕島新附，一有誅戮，恐人情反側。吾所以銜恤茹痛者，為國事重，不敢顧私也。」他也確實這麼做的。

有此認識，可知施琅的思想已發生了由蛹到蝶的昇華，其胸襟也不可同日而語。所謂：喜悲非寵辱，但念海一家。

一個人身跨不同的時代，做出令人遺憾的事，卻在後來幹出了驚天動地的偉業，這樣的人在歷史上太多了，施琅正是這樣一位有爭議的人物。不顧抗清大局、糾纏於個人、家族得失，終成背叛之人，確實讓人扼腕嘆息。但隨著鄭成功

第四章 收復後至歸統時期（1661年到1683年）——按照傳統文化經營臺灣堅守明朝正朔以求克復

的病逝和「三藩」的兵敗，鄭氏政權已經不能擔負起統一中國的使命，而此時的施琅又被推到歷史的前沿，幹一番順應歷史潮流的偉業，按舉薦人李光地和被施代替的萬正色所說：攻臺，非他莫能。因此，辯證分析施琅功過應該是我們所採取的基本姿態。我贊成已故著名明清史專家傅衣凌先生在《施琅評傳》序言中的觀點：「鄭成功的復臺和施琅的復臺雖各有具體原因，但是都隱藏著中華民族的大義。」「兩人的處境不同，征臺的出發點不同，但是他們對臺灣戰略地位的重要性則有同樣的認識，都堅定地主張保衛臺灣。從他們兩人對臺灣的認識來說，我們說施琅不是鄭成功的叛徒，而是他的繼承者。」

在施琅的故鄉福建省晉江縣施琅紀念館中，有這樣一副對聯：「平臺千古，復臺千古；鄭氏一人，施氏一人。」這是對鄭成功和施琅功績客觀、完美的寫照，這也證明了那句「世異時移功過轉，誰領潮流誰最親」的含義。

二、「破肚總兵」藍理

腹傷沒愈戰情危，躍起駕舟風在催。

「藍理來了」一陣喊，敵軍色變似青灰。

藍理，福建漳州漳浦縣赤嶺畬族鄉人。自幼習武，精通刀、槍、矛、盾等各種兵器。藍理身高體壯，素有報國之志。十六歲時隻身與海寇盧質角鬥，最終殺死盧質並收降他的手下。誰知當藍理到漳州府報功後，反被懷疑為「賊黨」，被捕時年二十七歲入獄。清康熙十三年（1674）三月，藍理被釋，他在漳州漁頭廟一帶流浪。後來，聽說康親王傑書統帥到浙江，他從小道走出仙霞關，投奔康親王，並向康親王陳述平閩的策略，得到康親王嘉許，康親王命他隨軍作戰。不久年，藍理升為松溪營參將。

清康熙二十年（1681），康熙帝決心出兵收復臺灣，命福建水師提督施琅在廈門訓練水師，施琅早就對藍理勇猛善戰有耳聞，奏請康熙批准。藍理出任前部先鋒後，在廈門訓練水師，嚴肅軍紀，嚴格訓練，深得施琅賞識。

康熙二十二年（1683）六月十六日，施琅、藍理率領水師攻打澎湖。當時澎湖有鄭軍劉國軒統領將士兩萬餘人，戰船兩百餘艘，坐鎮迎戰。激戰中清艦隊被大浪衝散、施琅眼睛也被流矢擊中，情況十分危急，這時藍理大吼一聲：「將軍勿憂，藍理在此！」

藍理越戰越勇，突然一枚砲彈飛來，彈片擊中其腹部。藍理倒下了，鄭軍將領曾遂隔船大叫：「藍理死了！」藍理之弟藍瑤將藍理扶起。藍理掙扎著站起來，握緊拳頭大喊：「藍理沒死，曾遂死了！」並連呼：「殺賊！殺賊！殺賊！」聲大如雷，清軍士氣大振。這時，藍理的腸子已經流出來，血透戰袍。身邊的族子為他將腸子捧放入腹，包紮穿衣。雙方都以鐵鉤鉤住對方船隻，向對方擲火箭、火龍、火罐。藍理命以火藥桶攻敵，擊沉兩艘敵艦，燒死者更多。鄭軍被迫敗退。

三天後施琅出師後不久，帥艦擱淺被圍。養傷中的藍理得知此危勢，一躍而起，駕船去救。鄭軍見藍理船篷上「藍理」兩個大字，大喊：「藍理來了！」未曾交戰，軍心已散，掉頭欲退。藍理乘勢追擊，不僅解了主帥之圍，而且隨同眾將士勇猛殺敵，終於取得了澎湖之戰的巨大勝利。清王朝統一了臺灣。藍理因戰功顯赫，被授予參將，加左都督。康熙帝稱讚他「血戰破敵，功在首先」。

澎湖海戰後，藍理居家侍奉雙親。不久因父亡故，在家服喪。

康熙二十七年（1688），藍理得召上京候任。途中偶遇康熙帝。康熙讓他解衣視看傷痕，當即授陝西神木副將，賜金三百兩。尚未起行，特授河北宣化府總兵，掛鎮朔將軍印。

康熙三十年（1691），藍理調補浙江定海總兵。十二年中，他積極組織墾荒，建設碼頭；建廟重文，資助士人。在其治下，浙江定海社會安定，經濟繁榮。

藍理升任福建陸路提督，這也是他百密一疏走背字的開始。藍理在五十九歲時不僅注重農業和教育、發展貿易，還抑制豪強，沒收他們的不義之財。但藍理的親信勾結地方歹人，敲詐富戶，致使藍理被告為地方「虎患」。又因其治下有人造反，藍理在六十四歲時被撤職。次年，地方豪紳尋仇報復，再次告發藍理，

使其被追贓銀八萬兩，家財沒收歸官府，藍理以前功免死，編入旗籍。

清康熙五十六年（1717），新疆準噶爾部叛亂。朝廷派兵征討，命藍理軍前效力。兩年後，平叛功成，藍理以年老奏請致仕成功，可謂晚節卒保。

三、功臣亦叛將，奉令殺少主

兵臨城下暗潮深，三次攻臺將幾人？

擊水驅荷先雪恥，揮戈助統照乾坤。

周全斌、何義二人分別於1664、1663年投降清朝，是鄭軍將領中投降較早的。其投降的導火線是鄭經縊殺其族伯父鄭泰。

鄭泰是鄭成功的堂兄，長期擔任戶官，管理財務及對外貿易。隆武帝曾封鄭泰為建平侯。

1662年，世子鄭經居廈門，與其弟乳母陳氏私通生子，身在臺灣的鄭成功大怒，派人要鄭泰和金、廈主將洪旭等人殺鄭經、陳氏母子以及管子不嚴的董夫人。此令一出，金、廈眾將驚駭不已，不知所措：所列名單中除了陳氏以外，其餘三人是鄭成功的三代親人，誰敢說殺了他們中的任何一人，自己會有好結果！但王命難拒，父命難違，最終鄭經和眾將只能推出鄭成功的堂兄鄭泰來覆命。鄭泰以「亂命也，不可從」為由拒絕執行這道命令，而只將陳氏母子殺死，讓使者回臺覆命。　如果說二十七八歲的陳氏經不起誘惑，或是主動勾引已有家室的鄭經，該當死罪，但嬰兒赤子又有何罪，可憐小傢伙剛來人世，還來不及多笑幾聲就被殘忍地割了頭。悲夫！

其實世子多情風流，罪不至死，但鄭成功一向治軍嚴格，親疏一致。誰也未想到事情弄到這個地步，本來是可以低調處理的治軍的一細節，卻開啟鄭氏內亂的序幕。抗清的好形勢就此逆轉，功虧一簣，何其遺憾！

話說使者回臺覆命。病中的鄭成功得知後憤恨難平，又派使者持其佩劍前往

廈門，堅持要斬殺世子鄭經等人。正當大家一籌莫展之時，鄭成功派往南澳平叛的「承天府南北諸路總督」周全斌，得勝至廈，幾乎同時到來的還有從臺灣逃回的蔡姓軍官，因犯過懼誅，逃來廈門，並嚇唬鄭經說周全斌「奉有密諭殺董夫人及世子經並諸將十餘人」，鄭經與洪旭驚恐之下便將周全斌拘禁起來，據黃典權著《鄭延平開府臺灣人物誌》和《金門志》等史料記載，鄭經為安全起見，欲殺周全斌，「賴董夫人救護得免」。金門的鄭泰和廈門的諸將為了保護鄭經，也為了自保決定再次抗命，聯手對抗可能到來的鄭成功大軍。

事情是何等的驚心動魄，那位蔡姓軍官的假言讓事情變得撲朔迷離，甚至到了白熱化的程度。

有時歷史事件比小說都引人入勝。正在勢成劍拔弩張之時，傳來鄭成功於一六六二年五月初八病逝、其五弟鄭襲宣布繼統的消息，事情也以難以想像的方式，化解了第一階段的矛盾。隨即鄭經以正統自居，用洪旭之計，放出周全斌，並以他為「五軍都督」，率水師前往臺灣與鄭襲爭奪王位。臺灣的眾將聽說是世子和周全斌領軍，大多持觀望態度。關鍵的一場戰鬥，是周全斌率精銳數十人殺入來襲的黃昭所部，並趁大霧射殺了黃昭。臺灣內亂迅速平息。

鄭經回廈後，理應講究團結，振奮精神，應對清軍猛烈進攻，但一連串的內亂危機使他變得焦躁，多疑。他懷疑族伯父鄭泰與擁立鄭襲的黃昭有所勾結，便欲殺害鄭泰。鄭經其實是上了福建總督李率泰的離間計，據《臺灣外紀》記敘，早在鄭經回臺平內亂之時，李率泰便派間諜至臺灣，發傳單，假傳鄭泰的信給黃昭，表示以後還要「擁鄭拒經」。後來鄭經用洪旭之計，先封鄭泰為金廈總制，假意要把金門和廈門都交給鄭泰。鄭泰不知是計，受封之後，接受邀宴從金門到廈門晉見鄭經，鄭經趁機將鄭泰囚禁起來，並拿出截獲的信示之，鄭泰有口難辯，最終自縊身亡。周全斌受命控制並接管了鄭泰的武裝。

鄭泰死後，其兩個弟弟和兒子鄭纘緒帶著軍艦兩百艘和兵將一千餘人投降了清朝，其中就有鎮級軍官何義。何義走得很倉促很猶豫，要不是他夫人連聲催他，他很可能會像他夫人一樣被鄭經絞死。

何義，字忠甫，身材高大魁梧，因手持板斧奮勇殺敵，保護鄭成功脫離險境

而屢次受到遷升，是當時最年輕的鎮級軍官之一。為了表示惜才和對何義的親信，鄭成功還親自說媒，將表妹馬氏許配給何義。自古美女愛英雄，何況何義還是個高大帥氣的英雄。

北伐失敗後，鄭成功著手收復臺灣時，讓鄭泰、鄭經分守金廈，命何義獨率所部鎮守泉州的圍頭南部及湄州島。其中，圍頭是大陸邊緣，與清軍直接對峙，防守難度更大，但何義竟然守住了，消除了鄭成功的後顧之憂。

何義的降清由鄭經一手造成。何義依著親戚關係，斗膽勸諫鄭經不可拘禁鄭泰，沒想到鄭經一點也不買帳，並降了表姑父何義的職。鄭成功的舊將人人自危，個個寒心。降清的將士如過江之鯽。清將派人挾何義胞弟前來勸降，何義去留難決，十分矛盾。夫人見情勢緊迫，便設計自留金門以迷惑鄭經，力勸何義攜子逃走。無奈之下，何義攜幼子到廈門歸清軍，封為副將。

同年農曆九月，清軍和荷蘭「出海王」趁鄭氏內亂，聯手向鄭軍發動猛烈的攻勢，周全斌率領所部奮勇向前，大破聯軍，並殲滅了清陸路提督馬得功。一時間，周全斌的名字讓清軍聞之喪膽。但由於鄭經指揮失據，又猜疑其父舊部，使得軍心已散，鄭軍將領紛紛降清，其中就包括實力派人物周全斌。當時鄭經因戰敗而擇日東撤臺灣，周全斌此時思及鄭經並非明主，獨木難撐，而且他以前曾被鄭經拘禁過，又加上與鄭經下屬洪旭、黃廷有隙，若到臺灣後恐將受害。在叛將黃梧的勸誘下，周全斌最終於1664年投奔清軍福建總督李率泰。

總之，鄭經逼死鄭泰造成鄭成功十餘年來苦心經營的大陸基地全失。

自此，周全斌、何義死心塌地跟著施琅，並分別作為副帥和先鋒官兩次隨施琅領師征臺，最遠的一次「至澎湖遭風引還」。周全斌後被賜承天伯、散秩大臣。因其病逝於康熙九年（1670），未能像何義那樣在後來親歷並開啟了臺灣統一的歷史。1683年何義以五十五歲的年齡擔當水軍先鋒，參加了澎湖大戰，為國家的統一作出應有的貢獻。

何義進駐臺灣，紀律嚴明，手下秋毫無犯，還念及與鄭氏的舊情，派兵守護，受到臺灣民眾的讚揚：鄭經無情，忠甫有義啊！

何義以軍功先後被清廷授予教統內大臣兼左都督、一等伯爵、光祿大夫。每每想起捨己保夫的夫人，何義心生悲涼和不安；沒有夫人的臨危果敢，哪有他現在的一切呀！好在朝廷一直沒忘這位奇女了，追封她為一品夫人，也算是讓何義心中多一絲寬慰吧。施琅被鄭成功所逼，周、何二將為鄭經所迫，三人共同走上了東征促統的道路。因此，馭軍之術尤為重要，為公為私，都應該善待那些將士下屬。嚴苛易激變，狐疑動殺機，而這兩方面會使事件走向它的反面，遠離初衷。

荒芒詩云：

銜命廈門殺少主，終成尷尬兩邊人。

磐石不為驚濤裂，功過莫憑恩怨分。

四、「平臺策士」一計收萬兵

鋒火流離國未定，平臺十策[26]應時生。

歸心欲靜風不止，大義當前轉愛憎。

黃性震，出身貧寒，但讀書刻苦，胸懷大志，初在鄭經手下任候補僉事道。此人有一特點：喜歡思考，做事用心。他對福建沿海要衝，港灣、島嶼的布列，臺灣、澎湖的形勢，都瞭然於心。鄭氏政權後期，政事腐敗，爭權奪利，財源枯竭，人心離散，已經沒有力量實現國家的統一。由清王朝統一天下，已成大勢。黃性震分析了清、鄭雙方政治、軍事形勢，於康熙十七年（1678）鄭經渡海反攻金、廈期間，決然脫離鄭軍，回歸漳州故里。

當時鄭軍接連攻克閩南平和、海澄等十縣。清廷為扭轉敗局，任命姚啟聖為福建總督，萬正色為福建水師提督協力圍剿。期間黃性震謁見姚啟聖，「進平海條陳十便」，即「平臺十策」，姚啟聖採納了他的策略。「平臺十策」核心是攻心取勝。黃性震認為，鄭軍熟悉海上形勢，但鄭經手下諸將各懷異心。當務之急

應不吝官爵、金帛，誘其黨羽，收買其心腹。姚啟聖認為他說得有道理，就委託他辦理此事。但黃性震卻認為時機尚未成熟，應當再等待時機，並提出出奇兵挫其鋒芒，收復沿海各個要地，使其師喪地蹙，部屬離心，然後才能撫而懷之。姚啟聖從其計，認為是「項籍促使章邯投降的策略」。於是，清軍出師龍虎山，收復長泰縣，大破鄭兵於西溪，奪取漳州江東橋、水晶坪等地。這時黃性震才說：「可以招撫了。」姚啟聖便將漳州衛改為「修來館」，由黃性震管理，招撫海上文武兵民。對投誠的官員保留原職或按原銜補官；歸降的兵民願入伍者，立撥在營，給予戰餉，願歸農者，立送回籍，命令府縣安排。軍官都給予官服、車騎，而且讓其「車馬僕從，炫耀街衢」，這些誘降措施確實讓鄭軍人心動搖。

由於清朝的封鎖和誘降，鄭軍在東南大陸的據點銳減，財源枯竭，士氣低落，人心渙散，至1680年共有十餘萬人降清。其中數鄭軍水師將領朱天貴率官兵兩萬餘名、艦船三百餘艘獻銅山降清最有影響。最後四面楚歌的鄭經僅領千人逃回臺灣。

海邊矗立修來館[27]，勝過雄兵九萬多。黃性震作為一名文人小官，在鄭營不見有什麼突出的成就，卻在歷史的關鍵時刻，找準了自己的位置，憑計策加速了國家統一的進程。難得的是他的平海善後條款已跳出了個人恩怨，充滿了人文關懷。

當清軍攻克金門、廈門時，清軍將領擬議殺盡鄭經部屬，將其子女和家財犒賞官兵。黃性震祕密建議姚啟聖嚴申禁令，使數十萬人免遭劫難。這對爭取臺灣軍民的歸附產生了巨大作用。1683年，清軍攻克澎湖，收復臺灣，黃性震被授予軍功正一品，先後任山西按察司效事、大常寺卿等職。

注　釋

[1]. 熱城：即熱蘭遮城，也叫臺灣城，安平古堡，在今臺南市安平鎮。

[2]. 據華裔荷蘭籍學者袁冰凌發表於《東南學術》2001年第6 期上的《鄭經致「荷蘭出海王」信考》一文披露：後來，卡烏率領在海上漂泊的五艘艦艇前去攻襲廈門，船隊行進中遇大風，有三艘艦艇因脫錨而飄向臺灣方向，卡烏最終逃之夭夭。當他於1662年2月回到巴達維亞時，和揆一一樣，他也受到了荷蘭東印

度公司的審訊。

[3]. 已故華僑大學華僑研究所所長鄭山玉在其專著中認為，該國書信函的中文本已丟失，現僅存外文譯本，又從外文譯成中文。對於外文譯本是否準確以及鄭成功的發函的目的，史學界尚有爭議。

[4]. 臨危受命：指鄭經1662年去臺奪回王位後回廈門，留下陳永華在臺灣主政。

[5]. 二王：即鄭經及其子鄭克臧。

[6]. 金門風起濠江動：此句指江勝和邱輝分別在金門和汕頭達濠地區舉行武裝起義。

[7]. 孤膽：指江勝和邱輝。在鄭經戰敗返臺後的十年中，在閩粵沿海只有此二人堅持抗清。

[8]. 鄭錦：即鄭經，錦為鄭經的字。

[9]. 波爾特：即荷蘭出海王。

[10]. 指鄭經寫給荷蘭「出海王」波爾特的信等資料的公開，這些資料由華裔荷籍學者袁冰凌於1996年在荷蘭圖書館發現。經過對歷史資料的梳理後，袁冰凌寫出論文《新發現的鄭經致「荷蘭出海王」信考》發表在2001年第6期《東南學術》雜誌上。

[11]. 浯嶼：即浯嶼島，是福建漳州龍海港尾鎮的一個小漁村，北距廈門島六海里，東北距金門島八點五海里。

[12]. 關於荷人重新占據雞籠的時間，大陸有一種說法是1664年8月，這與袁冰凌所公布的荷方資料出入很大（見文中）。關於鄭經趕走雞籠荷軍隊的時間，大陸資料比較混亂，有1667年、1668年兩種說法。荷人占據基隆三年以上，鄭經才派兵驅逐，不可信；而臺灣公布的人物和地方志（如《臺南縣誌》、《鄭延平開府臺灣人物誌》）公布的時間卻比較一致，都是1666年。

[13]. 日落：指鄭成功病逝。

[14]. 清風吹浪：指清靖南王耿繼茂和福建總督李率泰派人去廈門招撫鄭經一事。

[15]. 解鄉愁：指一些士兵冒死偷渡回到福建家鄉。

[16]. 此句指鄭經拒絕清廷的可封「八閩王」的條件。

[17]. 海中球：指臺灣。古時臺灣曾稱琉球，是因從遠處看該島像是一只球。

[18]. 狂言：指鄭經要求以朝鮮事例來對待臺灣，被認為是割據的狂話。

[19]. 演三國：指鄭氏集團分成三派。

[20]. 途窮：指鄭氏集團主動提出議和而被拒。

[21]. 大潮：指國家統一的大趨勢。

[22]. 施帥：即施琅。

[23]. 游擊：官職名，這裡指藍理。

[24]. 三章約法：指施琅攻克澎湖後，頒布三條規定，以贏得臺灣民心。

[25]. 淺道升潮：指鹿耳門港潮水升起。

[26]. 平臺十策：又稱平海十策，即黃性震向福建總督所獻平定海戰的計策。

[27]. 修來館：館名，用來接待鄭軍投降的館，在漳州。

第五章 歸政統一時期（1683年到1895年）
——不斷調整政策以防分裂，官民聯手對抗外侮侵犯

臺灣統一後，為防再度分裂，清廷曾作出過努力，也促進了臺灣的經濟開發和民族融合。但由於「重大陸、輕邊防」，加劇了官場貪腐，引發多次農民起義。日本人在臺灣製造「牡丹社事件」後，清廷開始重視臺灣的海防建設。而當外敵侵犯，臺灣人民高舉愛國主義旗幟，毫不猶豫地投入到反侵略的鬥爭中。

朱一貴起義後，清廷派出巡臺御史以監督臺官的貪腐行為，但未能奏效，最終引發了林爽文起義；清廷還確定讓福建大員長駐臺灣或定期巡海，皆因種種矛盾未能真正實現；以後將臺灣納入洋務運動，臺灣建省，首任臺灣巡撫劉銘傳閃亮登場。

在黑暗中摸索一百年，清廷才找對了路子，找對了人，卻又犯了猜忌的老毛病——臺灣發展太快了，現在又要求成立臺灣艦隊，會不會出現尾大不掉的情況呀！於是清廷強力給快速前進中的臺灣近代化剎車。因此，在1895年保臺失敗時，流連病榻的劉銘傳老淚縱橫，次年便抑鬱而終。劉銘傳死不瞑目，劉銘傳死得冤呀！一代中國近代化先驅的實踐，本可以挽狂瀾於既倒，以山島為南中國的長城，但就在頃刻之間便煙消雲散了。

第一節 固臺政策及臺民起義

一、軍政牽制固臺灣

古今人事賽東流,海上膏腴[1]未可丟。

天下何愁無猛士,安邊有賴子房[2]謀。

1683年陰曆七月,鄭克塽在清兵武力的威懾下投降,臺灣進入清統時期。可對臺灣的善後問題,朝中大臣們產生了重大的分歧。以大學士李光地為首的多數派主張放棄臺灣,建議把臺灣放給紅毛(荷蘭人),讓他們俯首稱臣,每年進貢即可。據《清史稿》記述,此前清政府曾答應荷蘭可以作為藩屬國對清進行朝貢貿易,七年貿易一次。在這樣的基礎上,清政府曾在1663、1664年聯合荷蘭人對付過鄭氏政權,導致鄭經不能在金、廈立足。清政府也曾答應如助其驅趕鄭氏,可將臺灣交予荷人管理。

大臣們提出這種主張的最主要理由是:不派精兵良將駐守臺灣,很難抵禦葡萄牙、西班牙、荷蘭等外來的入侵者;若往臺灣派重兵鎮守,朝廷將不堪重負。只有施琅認為,當初在與鄭氏集團多次談判未果的情況下,動用數百艘戰船,經過數萬將士浴血奮戰方攻下臺灣,如今又以「願稱臣納貢,作為藩屬」為條件,把臺灣拱手送給外國人,此議不妥,主張鎮守臺灣。

康熙當然也不肯放棄臺灣,但他有他的顧慮:若派員入臺,又怕像鄭氏、三藩那樣擁兵自重,獨霸一方,不服朝訓。何況臺灣獨處東海,易守難攻。康熙帝當時處於矛盾之中,他曾認為臺灣「彈丸之地,得之無所加,不得無所損」。同樣是他,在其他場合下說過「臺灣棄取,所關甚大……鎮守之官,三年一易,亦非至當之策……棄而不守,尤為不可」。

施琅對臺灣的態度也曾有過猶豫。在攻打臺灣之前,他的態度很明確,主張臺灣不能放棄,並前後兩次上疏朝廷。在他贏得澎湖大戰後,鄭克塽派人請求投誠之時,施琅便派人赴京陳奏,說明情況的同時請求皇上的旨意:臺灣是守還是棄?這一訊息在清代史家蔣良騏所著《東華錄》中有記載:「臣隨遣侍衛吳啟

爵⋯⋯驗視剃髮；即令鄭克塽等繕寫降表⋯⋯至臺灣雖在海外，地方千餘里、戶口數十萬；或棄、或守，伏候上裁。」當年臘月，施琅上呈《恭陳臺灣去留疏》，主張臺灣需留。奏摺提出三方面建議：一是臺灣設總兵一員，兵八千名，澎湖設水師副將一名，兵兩千名，如此並無添兵增餉之費；二是大陸換班，官無久任，兩三年一換，無「擁兵」之憂；虛地遷民，必釀大禍。

施琅的主張很對康熙的胃口，但施琅只是一員精於海戰的猛將，對臺灣善後問題的處理，卻拿不出更為詳細的完美方案來。因為按施琅所奏的那樣設計，臺灣的未來仍然有「擁兵自重」的可能，如何才能完滿地解決這個問題呢？正當康熙皇帝舉棋不定的時候，吏部官員趙士麟向康熙皇帝呈上了他的《臺灣善後疏》，對康熙的決策產生重大影響，也對臺灣未來的管理產生了直接的影響。

趙士麟出身貧寒，康熙三年（1664）考上進士。以善於出謀、理政而聞名，被後世稱為「雲南四傑」之一。他在《臺灣善後疏》中指出：「目今國計之大者，莫過臺灣善後一策⋯⋯此土膏腴，五穀無不可藝產⋯⋯夫澎湖一隅耳，明時尚守之，況臺灣之大哉！」趙士麟認為，派兵守住臺灣，不僅可以打消倭寇和荷蘭人再侵臺灣的念想，還可以減少沿海駐軍。在這一點上他的觀點與施琅的觀點相近。

關鍵的是趙士麟針對康熙的顧慮提出了具體辦法：設一府兩縣，行政歸福建巡撫管轄；再設一總兵鎮守臺灣，設一副將鎮守澎湖，隸屬福建總督衙門；軍政互不相屬，以便相互牽制。再以臺灣的課稅供駐兵所需軍餉，朝廷略作添補即可。

對於臺灣的社會發展，他進一步提出：勸農桑，設學校。數十年後，不但島上休養生息的民眾，可以作為抵禦外敵的屏障，就是詩書禮樂的教化也漸漸興起，可以和大陸媲美。

對於民政，他認為，設流動的官吏，所選官吏提高官俸，三年一換。這是因為官員任期短，一則很多人都願意去赴任，二則不會造成官員因日久勢大而威脅朝廷的局面。

趙士麟的一系列獨到的見解受到康熙讚許，最後全部被採納。他圓滿地解決

了臺灣善後的問題，實現了中國領土的統一完整。不僅如此，基於其見解的臺灣決策，對後世的臺灣管理產生了積極的影響：此後近兩百年裡，軍政互相牽制成為管理臺灣的主要思路。這真是——

一本奏摺名鵲起，

敢教行武敬書生。

趙士麟還做了一件影響深遠的事，就是說服康熙結束長期以來的「禁海」政策。1684年5月，他赴任浙江巡撫後，呈交了《舟山展復事宜疏》，提出了移大陸之民入舟山群島墾荒屯田的問題和方略。針對康熙對防衛軍費開支的顧慮，他又進一層奏道：「歲有額徵常賦，將來漁鹽日益，貿易中心日廣，商稅日增，亦得到充餉於萬一。」如此，既可緩解朝廷裁兵引起的矛盾，減輕軍費開支的負擔，又可斷絕荷蘭、日本或其他入侵者對舟山的不良垂念。

治臺灣，開海禁，守諸島。趙士麟的兩篇奏摺，反映了他較深遠的政治智慧，促成了清朝對沿海的初步開禁。當然，趙士麟也是一個有成就的巡撫，在浙江時的一系列善政就顯示出他的官品、人品和理政才能。

趙士麟還是一位在當時非常著名的書畫家。其中書法出入李建中、趙孟頫之間，有《讀書堂法帖》行世。

二、吳球、劉卻在諸羅舉義

檣櫓成灰[3]髮已削，位卑不敢忘前朝。

雖知舉義難成立，國恨方平血氣撩。

臺灣歸政清朝之後的幾十年是臺灣的轉型期，許多臺灣老百姓心裡還思念著明鄭時代，時常有人籌劃著光復鄭氏所奉的明朝。「且臺自歸清後，視之亦不甚惜，守土官又無能為」，因此，臺灣各地豪傑多有憤慨，大小起義共有十多起，其中吳球起義和劉卻起義是其先聲。

清朝史稱其為民變，甚至誣衊其為盜賊。誠然，起義者當中魚龍混雜，動機也各有不同，但清朝中央政府鞭長莫及，臺灣地方官員腐敗自肥的現像一開始就很嚴重。因此，吳球舉義就是對這一現象的反應。正所謂——

水遇山攔常奮起，

泥沙俱下總為潮。

吳球，諸羅縣新港（今嘉義縣新港）人，家中頗有資產，喜技擊拳術，好結交英豪，為一地方強勢人物。平常就有心與友人一起起義，村居友人中有一位名叫朱祐龍的明朝後裔與其志趣相投。

康熙三十五年（1696）農曆七月底，吳球家開設蘭盆會，並邀請戲班演劇，共來了十多位友人，吳球的妹婿、鳳山縣（今高雄）糧官陳樞恰好也來訪。史料記載，陳樞侵吞官穀被發現後，連忙趕赴大舅哥吳球家借款，以備贖罪解脫。當夜吳球挽留賓客，大家歡呼狂飲，其間有人歷數官府殘暴，眾人都嘆息不已。吳球說：「我們都是亡國之人，連豬狗都不如，是生是死，全由他們決定，我們也只有自嘆生不逢時呵！」陳樞聽後，憤怒地站起來說：「大家難道都是沒有血氣的人嗎，大丈夫豈能如此行事！」吳球說：「老弟你自然是有志向的人，我只是擔心志同者太少了。」眾人紛紛表示：「如果吳大哥敢出頭舉事的話，我們一定不顧惜生命。」吳球見此情景說：「我們大家長期遭受官府的欺壓，全臺的民眾都很怨恨，現在若舉大事，可推舉朱祐龍為頭，用恢復明朝的名義，號召四方，那麼全臺灣的同志一定有願意幫助我們的。」於是，大家舉杯為誓，相約起義，以復明為口號，吸引反清的群眾。但起義還在密謀招人的時候，消息便已經外洩。

告密者是當地的一個林姓的保長，在被邀舉事時，他假裝答應，卻在當夜奔往郡府鳳山告密。郡吏得知消息，命北路參將陳貴前往捉拿吳球等人，吳球在得知官兵趕來的音信後連忙籌劃對抗。初八日，經吳球召集的部分起義者手拿武器等待官兵的到來，隨即吳球派人分告南北兩處的起義者，但未得到眾人的回應。不久陳貴率兵而至，吳球因寡不敵眾，最終被捕，陳樞等六人也同時被俘。七人最終被殺，而朱祐龍逃進深山。就這樣，吳球還未正式起義就已經被鎮壓。吳球

舉義的導火線是陳樞吞糧之事，但是——

陳樞雖染泥汙點，

不礙吳球作鬼雄。

而五年後的劉卻起義卻是真正意義上的起義。

劉卻，也是諸羅人。根據連橫《臺灣通史》記載，他精於技擊，以武力稱雄一鄉，四方無賴都爭相投靠他。劉卻歃血為盟，收集了數百名健兒。他所居住的村莊，偷盜的人從不敢進入。眾人中有人想謀劃起義但又擔心劉卻不答應，於是夜裡在房瓦上燃燒樟腦，火光熊熊，直上雲霄。劉卻看見時非常吃驚，眾人議論，都認為是吉兆。劉卻很自負，於是謀劃起義。他在宅院裡挖掘地穴，假裝放置農器，其實是為了放置軍械，在準備武器的過程中，劉卻與眾人約好起義的日子。有人認為劉卻愚昧，被人鼓動，走上了起義的道路。其實不然，劉卻內心裡早就有起義的打算，而且起義的決心很堅定，就看時機何時來。所謂——

劉卻早尋同志向，

身家不管去從容。

康熙四十年（1701）冬十二月初七日，劉卻召集門下弟子，揮旗擊鼓，攻下並摧毀了茄苳營，緊接著襲擊了茅港尾，並攻進市中，防汛的守軍聞風逃命。之後劉卻率領起義軍駐紮急水溪，北路參將白通隆整軍抵抗，鎮、道兩級官員也發兵增援。十二日，官兵同時到達，與起義軍決戰於急水溪，傷亡人數相當。最後也是因寡不敵眾，起義失敗，起義者陳華、何正等十多人戰死。劉卻逃進深山，起義者各自散去。

兩年後，劉卻再次密謀起義，他往來於北港，暗地裡招收門徒。這年二月上旬，劉卻到秀水莊時被官兵偵知。面對官兵，劉卻持棒立在門外，「上下飛擊，當者莫不辟易」。官兵最後放火燒房。劉卻一人衝出了包圍圈，可惜被槍擊中倒地。劉卻被押往府治鳳山，最終被當眾殺害。劉卻的家人也受牽連，其長子被棍棒打死，其妻及其他子女被發配。

三、「鴨母王」朱一貴反清

風雷翻捲過天臺,萬馬奔騰氣象開。

盛世晴空思普照,烏雲半片送雹來。

朱一貴出生於1690年的福建漳州,二十三歲(一說是二十六歲)時隨父移民來臺,在鳳山縣羅漢門(高雄縣內門鄉)一帶養鴨為生。傳說再調皮的鴨群經過他的調教,都會乖乖地聽話,只聽他一聲吆喝,竹竿拍地或是亂舞,鴨子便相應做出或停或跑的動作。由於他治鴨有方,鄉人稱他為「鴨母王」。朱一貴生性豪爽仗義,健談好客,常常宰鴨煮酒,與人縱論國事,或激昂或悲憤。在他的影響下,許多好漢更加關心起國家大事。

臺灣知府王珍是個典型的貪官酷吏。1720年,知府王珍兼管鳳山縣,但他竟把政務交給了他的兒子處理。其子橫徵暴斂,向農民攤派各種各樣的稅,有句詩「米鄉無米卻無災」,很能說明當時苛稅對百姓的剝削程度。老百姓只能節衣縮食,連糠草都當作了乾糧,人們的臉上饑色畢露。真可謂——

杵臼高懸糠草盡,

灰藍菜色眼前來。

大陸看臺灣歷史

朱一貴塑像

　　第二年，臺灣地震，海水泛漲，農民們用搭臺唱戲的方式來祈求海神，王珍卻以「沒有得到批准」為理由，監禁了四十多人。民眾入山砍竹，王珍以「違禁」為由，拘捕了兩百多名進山謀生的民眾，對待不交錢贖身者則以杖責，並「俱逐過海，攆回原籍」。

　　於是，忍無可忍的朱一貴、黃殿等二十五人拜了把子，他們各自又招集一千多人加入了隊伍。1721年5月16日，朱一貴在岡山起義，因為朱一貴與明朝皇帝同姓，大家便尊奉他為「中興大元帥」，藉此以號召更多反清之士加入。

　　駐紮在府城臺南的總兵歐陽凱接到朱一貴叛亂的消息，派出右營游擊周應龍領兵四百人與臺灣縣丞馮迪所調派的新港、蕭　、目加留灣等社的土番前往鎮壓，膽小的周應龍兩天行軍二十里，來到小岡山，與朱一貴所率一部相遇。戰鬥打響後不久，起義軍迅速撤退，周應龍不敢追擊，觀望不前，並發出布告，「殺

賊一名，賞銀三兩」。百姓既怒且怕，紛紛投靠起義軍。

5月25日，雙方決戰於府城臺南。當時駐守府城的營兵，包括臺灣總兵直屬的鎮標三營、水師三營，共六營約六千名的編制，總兵歐陽凱竟只能調集一千五百人的作戰兵力。經過幾次艱苦的戰鬥，次日義軍占領了府城臺南，獲得兵器彈藥的補充。起義不到一週，早已恨透官府的全臺灣民眾紛紛響應，臺灣臺廈道梁文煊、臺灣知府王珍及以下文職官員十六人逃往澎湖。5月28日，起義軍擁戴朱一貴為「中興王」，朱一貴布告檄文，申述反清復明的宗旨，號召全國人民，推翻清朝政權。

戰敗的滿清官員逃回大陸之後，清廷才知道臺灣發生了民變，且全臺陷落。清廷震驚之下，急調南澳總兵藍廷珍即藍理之子出師討伐，福建水師提督、施琅之子施世驃也速奔澎湖。閩浙總督覺羅滿保自福州至廈門坐鎮指揮，福建巡撫呂猶龍在省城負責籌措糧餉軍需。

總督滿保的增兵計劃得到清廷的批准，臺灣鎮駐兵總數達一萬三千五百人，居全國鎮級建制之冠。

當年7月，清軍在臺南鹿耳門登岸，隨後與義軍展開激戰，義軍炮臺被毀，退守安平。清軍跟蹤圍攻安平。緊接著，義軍數萬人在安平會戰中失利。

安平戰後，起義已處於低潮。此時起義軍內，土豪出身的杜君英父子因圖謀王位不成而作亂，並率部下幾萬人出走，義軍力量因此削弱。

7月15日（康熙六十年六月二十日），臺灣府城被清軍攻破。義軍準備退守諸羅。在義軍退守諸羅山的過程中，又遭藍廷珍伏兵襲擊，朱一貴只好率部退駐溝尾莊。8月，朱一貴因叛徒出賣，被清軍捕獲，朱一貴和其他義軍首領一起被押往北京。1722年1月，朱一貴在北京就義。

朱一貴起義是臺灣歷史上第一次大規模的農民起義，也是歷史上被稱為清統早期「臺灣三大民變」之一。導致起義的主要原因是臺灣地方官員對民眾的壓迫剝削，而朝廷因海峽阻隔而不知。為此康熙帝龍顏大怒，為平民憤、安民心，他將有責任有過失的臺灣官員從最高道員到縣丞、典史全部處決，有梁文煊、王

禮、吳觀域、朱虁、馮迪、王定國、張清遠等，民憤最大的知府王珍雖死也被起棺梟首示眾。康熙還處理了一批平日耀武揚威、激起民變、見變則逃的武官。

起義也促使清廷作出政策調整，直接拉開了清廷實施巡臺制度的序幕，自此，康熙派出御史定期巡臺，以監督臺官和實施中央政策。繼任的臺灣總兵藍廷珍也提出一系列治理和開拓臺灣、促進臺灣社會安定和發展的措施。

四、林爽文起義——以反貪的名義

此間苛政猛於梟，遍地腥羶雞犬逃。

霹靂一聲山響應，旌旗十萬似波濤。

林爽文，福建省平和縣板仔人。乾隆三十八年（1773），十七歲的林爽文隨父渡臺，居彰化大里杙莊（今屬臺中市），少年時曾作過衙役，後被辭退，以耕田、趕車為業。林爽文為人仗義疏財、樂於助人，深受鄉民的擁戴。

臺灣的吏治經歷了藍廷珍和藍鼎元的整肅之後，曾有很大的改觀。但到了乾隆統治時代中期，臺灣又回到了吏治腐敗、貪官橫行的境地。特別是臺灣知府孫景燧任意虧缺國庫，以公肥私，廣大人民對清王朝的統治日益不滿。

1783年，福建平和天地會黨人嚴煙來到彰化，以開布店為名傳會，林爽文加入天地會，為彰化地區天地會重要首領之一。清廷發現天地會活動後，派兵大力搜捕。

臺灣官員藉機燒殺搶掠，濫殺無辜。林爽文忍無可忍，不顧宗親反對，於公元1787年1月16日率領千餘人毅然起義。林爽文以「剿除貪官，以保民生」為口號，當天隊伍迅速發展到三千人。

隨即林爽文等率眾於夜間四更時刻往襲大墩營盤，擊斃副將赫升額、知縣俞峻及官兵數百人。隨後又攻占離彰化縣城四十里的大肚溪，控制著水路，切斷了通往彰化的交通。清知府孫景燧據城自守。兩天後，林爽文率眾攻占彰化縣城。

在這裡,林爽文創建農民革命政權,建元「順天」。義軍節節勝利,民眾群起響應。義軍所到之處,反覆發布告示,宣傳起義的綱領和紀律。

起義軍攻下彰化、下淡水等地後,鎮壓了貪官汙吏多人,並沒收了一些地主的土地,給參加起義群眾耕種。規定向順天政府交納米糧,山田按一九抽收,水田按二八抽收。順天政權提出了「保農業」的政策,派專人管理「開溝放水灌田」,使農業豐收,米價下跌,在大里杙、水沙連等地,米每石僅八百錢,而在清政府控制的鹿港,米每石達三千錢。

林爽文起義的消息傳到鳳山,以莊大田為首的天地會數千人舉旗響應。起義軍同樣嚴肅紀律,要求所有的將士彼此平等相待,不得騷亂普通百姓;對貪官汙吏土豪劣紳則採取堅決鎮壓、無情打擊的政策。

林爽文起義爆發後,清廷即派水師提督黃仕簡、陸路提督任承恩分別領官軍兩千人和一千兩百人先後渡臺,兩者「聲勢相援」,欲力保郡城臺南。半月後,官兵攻克諸羅縣城。此後,黃仕簡赴臺南防守南路,任承恩紮營彰化堵守北路。因兵力分散,久久不敢進攻,清廷打通南北兩路的計劃落空,同時,已攻入臺南城裡的水師一部也陷入孤立無援之境。

1788年農曆三月,南路的莊大田應林爽文約,兩軍乘勝合兵進攻臺灣府城(今臺南市),這時的義軍總人數已達十多萬,控制著除府城和鹿耳門外的西部廣大地區。

起義軍的迅猛發展,引起清王朝的驚恐。清帝乾隆得知黃、任二人一味觀望,不肯會攻,很不滿,以「臨陣畏葸」罪名解了二人的職;先後讓藍元枚、柴大紀和蔡攀龍替換他倆任水、陸提督。又催促總督常青親自渡臺,統率水陸兩提督。

而起義軍一方卻出現了分化。在圍攻臺南城的激戰中,起義軍中的莊錫舍率部眾臨陣倒戈,攻城終受挫。以後,南北兩支起義軍又曾數次聯合進攻府城,但均未成功。

三個月過後,起義軍和官兵處於相持階段,乾隆因臺事無所進展,又認為常

第五章 歸政統一時期(1683年到1895年)——不斷調整政策以防分裂官民聯手對抗外侮侵犯

231

青有失職守,於1788年農曆八月,命人摘去他的雙眼花翎。

　　清廷另派陝甘總督福康安為將軍率軍於農曆十一月初到達臺灣。福康安為清代渡臺作戰之首位欽差大臣,所率大軍主力除參贊海蘭察等侍衛一百多人,更有貴州兵兩千人、湖北兵兩千人、湖南兵兩千人、四川屯番兩千人、江西與廣西合兵六千人、廣東兵一千人,合計一萬一千人。

　　福康安的部隊擁有大量槍炮,且訓練有素。在戰策上,對起義進行了分化瓦解,以優勢兵力分五路解諸羅之圍,又接連攻下鬥六門、大里杙等軍事要地。雖然林爽文率部在清兵行進途中設伏堵截,戰鬥時個個奮勇向前,終敵不過清軍人多和新式武器。

　　林爽文敗退後,清軍繞山抄擊,大肆搜山,林爽文最終未能逃脫。

　　北路義軍被鎮壓後,清軍南下,莊大田退守琅嶠,受重傷被俘,被就地殺害。

　　京都押解人如血,法場殘留月似刀。因是清廷要犯,林爽文來不及換上衣服,滿身汙血,被祕密押往北京。在北京,他受盡酷刑,也不低頭認罪。1788年陰曆三月初十,林爽文被押往菜市口刑場。面對死亡,他面不改色,高喊口號,劊子手未等他呼完,舉刀而下……

　　年僅三十二歲的林爽文在北京英勇就義。

　　林爽文起義是臺灣歷史上又一次大規模的農民起義。

第二節 族群的崛起及融合

一、臺東崛起卑南王

　　山外風雷[4]山裡遲,卑南獵豹最先知。

賞功牌掛如明月，猶記廟堂[5]相見時。

臺灣歷史上曾出現一個唯一的土著「王」，這就是統一臺東地區的「卑南王」。關於這位大名鼎鼎的卑南王的傳說很多，這裡略過不談，只概述其史實部分。

卑南王世家稱雄於17世紀中期，衰敗於19世紀中後期，其中康乾時代是卑南王世家的鼎盛時期。

卑南王誕生在臺東是必然的，這與卑南族人團結尚武以及靈活合作的民族性格有關係。卑南王誕生之前，臺東從未出現過王者。這是因為各族群來自不同方向，彼此語言不通，分割居住在草木豐茂的山坡或沿海，都不具備臣服其他各族的軍事實力。

而卑南族是該地區所有族群的另類。卑南族群共由卑南、知本、呂家、檳榔格等八個部落村社組成。由於位處臺東平原地帶，四周居住著阿美族、雅美族、泰雅族和排灣族等其他族群，而卑南族的人口恰恰是最少的。出於族群生存的考慮，卑南族人透過青年會所制和對外合作理念，加強了其民族的強悍性和靈活性。卑南人從幾歲到結婚之前，每個男子都要在部落會所裡接受軍事化管理。他們個個體格健壯，精神抖擻，真可謂——

少年同擲兩標槍，

劍似寒冰目似芒。

據臺灣學者宋龍生《臺灣原住民史·卑南族史篇》記述，早在南北朝之前，卑南族便稱霸臺東平原，只不過稱霸者是卑南族中的知本部落。進入中古時期（南北朝時期以後），卑南族的知本社與卑南社為爭奪卑南平原的支配權而發生爭執，這就是著名的「竹林戰役」，結果卑南社取得了勝利。自此，卑南世家邁出了統一卑南八社以及臣服臺東諸族的第一步。

荷蘭侵占臺灣後，為了掠奪財富和鞏固在臺灣的統治，派人前往臺東探勘金礦和傳教，卑南人採取靈活的策略，與之建立了一種軍事合作關係。

卑南社在與荷蘭人的合作中取得了控制與支配臺東地區的領導權，並利用中央山脈的屏障與西南部排灣族的阻擋，成功阻止了荷蘭人對臺東地區的滲透。在卑南世家的努力下，卑南平原的族群逐漸由紛擾走向統一，儼然一個自成系統的「卑南王國」。

從荷蘭敗退臺灣到清領時期的前期，臺東地區一直是較為平靜的，尤其是明鄭軍隊幾乎未涉足這一區域。清領前期，臺東地區屬於尚未開化的「生番」地界，漢人不得擅自踏入。正是這一時期出現了卑南歷史上最著名的卑南王父子——加六賽與比那賴。

1721年，臺灣發生朱一貴反清事件，事敗後，有餘眾散逃至後山臺東一帶。當時卑南族領袖加六賽（一說是加六賽的父親）要求所有部落主動採取與清廷合作的態度，將部分舉事者扣留後交給清軍當局。卑南大頭目的姿態讓當時對山胞還持有偏見的清廷大感意外。

1786年，乾隆末年，臺灣再次發生規模較大的林爽文反清事件，加六賽率眾協助清廷防堵林爽文餘部逃入臺東。1788年，反清事件得以平息，清「平臺大將軍」福康安奏准將該事件中有功的「番」社頭目帶往京城封賞。

據媒體披露，2008年7月21日，臺灣史前文化博物館開始展出由卑南王後裔保留的兩塊賞功牌，一塊是由當時的閩浙總督部院所賞，一塊是清廷爵閣部將軍所賞。

清朝頒給卑南王賞功牌

　　1860年以後，由於漢人的大量移民，以及清廷「開山撫番」政策，漢族與少數民族之間、少數民族與少數民族之間的互動與融合不斷加強，卑南王世家逐漸在卑南平原上失去勢力，在不斷漢化的過程中，卑南王家族改姓陳氏。

　　卑南族各部族的紛爭，最終致使卑南族一蹶不振。日據時期，卑南族不僅失去了在東部地區的特權，還因為戰爭以及瘟疫的流行，導致人員大量死亡，最終舉族從卑南地區遷至現在的臺東縣卑南鄉。至此，卑南社舊址被荒煙蔓草所籠蓋，只留下那些零碎而閃亮的傳奇和傳說。

第五章 歸政統一時期（1683年到1895年）——不斷調整政策以防分裂官民聯手對抗外侮侵犯

二、族群爭鬥與融合

分了膏腴分土牛[6]，才通婚嫁又添愁。

原鄉[7]十萬八千血，溶入碧波成主流。

　　清廷對於海峽兩岸的人口管理經歷了一個從海禁到全面開放的過程。1684年，清廷在統一之初採取的政策是取消海禁，但不許移民攜眷，亦不許客家人移臺；到了1732年清廷准許人民攜眷入臺；1776年，清廷准官員攜眷至臺任職；牡丹社事件後，清廷開始重視臺灣，派沈葆楨至臺灣辦理海防，並於1875年取消大陸人民渡臺禁令，臺灣正式全面開放。

1880年代臺灣高山少數民族影像

　　伴隨著政策的變化，漢人移民開始大量出現。17世紀末，臺灣的漢人逾二

十萬；到1811年，臺灣人口已達兩百萬；到甲午戰爭時約有四百萬人。這些移民的到來促進了臺灣的開發，創下無數個臺灣農墾史上的第一。

同時，由於移民的大量湧入和缺乏有力的管理，導致漢民之間為爭奪土地、水、屋廟等生存資源而屢屢械鬥。這種被叫做「分類械鬥」的武裝衝突，根據族群祖籍地的不同分為閩粵械鬥、漳泉械鬥等。之所以發生在漢民之間，最主要原因是，清廷採取了禁止漢人侵占少數民族土地，特別是朱一貴起義的次年即1722年，清廷豎石劃界，以隔漢人進入。這種械鬥幾乎貫穿整個清治時期，不僅造成了財產和生命的損失，致使社會守法觀念的淡薄。最為深遠的影響是，械鬥之後，各族為了防衛與預防再度發生事端，通常會加強各種工事。例如，新芝蘭的類似城堡街道，造成族群之間經濟與文化交流的困難。

與分類械鬥同為族群問題的是漢民與少數民族的互動。少數民族與漢人生活領地有著一段交界地帶，而且這些交界地帶隨著漢人族群的強大和清廷政策的引導，顯出由平埔地域向少數民族山地飄移的趨勢。1731年，西部平原地帶所爆發了「大甲西社抗官」事件，最後由福建總督郝玉麟派遣水師提督王郡從廈門渡海來臺，先後徵調官兵六千名以及一百多船次的錢糧及軍火才將這次起義鎮壓下來。

1737年，清廷頒布政策嚴禁「番」漢通婚，但到了1758年，清廷改弦更張，命令平埔族人民習漢俗，並賜漢姓。這之後，平埔族因與漢系移民通婚終受同化，現在幾乎與漢人沒有什麼差別。而高山少數民族多居山區，清政府為維護高山少數民族的地權，也為防漢人與少數民族聯手起義，採取漢「番」劃界的隔離措施。分界即一般所說的「土牛紅線」，其中「紅線」指地圖上用紅筆劃的界線；在地表上則是築土作堆的「土牛」與挖出來的「土牛溝」作為有形的界線。然而，官方的界線終不停地被漢人突破，漢人與少數民族之間的融合與互動也從未中止，當然清廷也沒有忘記重新界定「番」界。

以苗栗中港溪流域為例，這種變化和推進在清治時期就經歷了三次。三次變化尤以黃斗乃事件最為著名最為典型。據史料記載，嘉慶初年，粵人黃祈英獨自來到臺灣，在苗栗縣斗換坪地區與少數民族進行貿易時，獲利較多。他還入鄉隨

第五章 歸政統一時期（1683年到1895年）——不斷調整政策以防分裂官民聯手對抗外侮侵犯

237

俗,將自己的名字改成黃斗乃,並娶當地少數民族頭目的女兒為妻。以後他邀請了同鄉多人入山,結拜為兄弟,也各娶少數民族女子為妻。他還召集客家人來南莊進行墾荒。就這樣,他以漢人身分成功入主少數民族地區。1796年,在一場廣東客家人與福佬人的衝突械鬥中,黃斗乃利用他的特殊關係,帶領少數民族前往助陣,他們越過當時為少數民族所設地界線——土牛溝以及防堵少數民族的屯兵隘口,粵人在黃斗乃的支持下大勝。面對民間漢人公然率眾「越界」的行徑,清政府大感震驚,於是派兵征討,黃祈英等二十多人被殺,而黃祈英一干漢人在南莊地區所鋪陳的底層社會關係最終也被解除。

第三節 勝敗榮辱兩件事

一、姚瑩擊敗英艦

等閒破解洋槍炮,血肉長城海水礁。

鴉片有心熏綠島,神人恃電在波濤。

道光十八年(1838),桐城派作家姚瑩奉特旨為臺灣兵備道,加按察使銜,負責臺灣地區的軍事。早在1816年,他就曾擔任過臺灣知縣,因其為官清廉、體察下情,受到了島內百姓的普遍稱頌。二十年後,姚瑩被好友林則徐舉薦再赴臺灣。到任後,姚瑩盤查走私,嚴禁鴉片入境,對違令者嚴加懲處,使臺灣成為一片「淨土」。姚瑩還用誠心打動性情剛烈的臺灣總兵達洪阿,使其能夠密切配合自己。之後,姚瑩率領島內軍民搶修海防工事,添置炮臺及槍砲彈藥,為打擊一切來犯之敵做好充足準備。

1840年陰曆六月,鴉片戰爭爆發,英國殖民者憑藉其堅船利炮,在江浙沿海一帶勢如破竹,如入無人之境。道光皇帝和清廷權貴對當時的世界形勢一無所

知，英艦攻下了中國沿海的城市，最高統治者道光皇帝還不知道入侵者從何處冒出，也不知道其國有多大。他在朝廷上說了一句大實話：「實不知其來歷」，忙問眾大臣：「英國和中國的回疆可有旱路相通？英國與俄羅斯是否接壤？」姚瑩當時回京覆命在場，他回答道：英法等國離中國幾萬里路。幾十年來，他們一直在探聽我們的情況，對中國是瞭如指掌，而中國卻沒有一個人留心他們。據此，他得出一個觀點：不用交戰，勝負已明。最後這句話當然是氣話，他復完命後又奔赴臺灣執行自己的使命去了。這個話當然說得比較誇張，但是確實當時中國的政治、經濟、軍事、武器、情報都落後於英國。這說明了一個道理：愚昧必然落後，落後就要挨打。對外國一點兒不瞭解，怎麼跟人家鬥爭？

在當時，瞭解外國情況的人除了魏源，要算姚瑩，連林則徐也在他之後。當時中國的經濟、軍事等方面都比英國落後，整體上與英國相差太大，但臺灣好在防範意識和準備都比較充分。

姚瑩率部在臺灣嚴陣以待英艦的入侵。

與英艦最早一輪的較量是在1840年7月。7月16日，侵華英軍的一艘雙桅船入侵臺灣鹿耳門外海面，姚瑩立即派水師趕赴鹿耳門外加強防守，並令北路鄉縣軍民進行防堵。次日，姚瑩下令水師出擊，炮轟入侵英船，英船中彈起火後狼狽逃竄。

1841年8月和9月，姚瑩又率領島內軍民兩次擊敗入侵英軍。特別是9月30日的那次戰鬥，狠狠打擊了英軍的囂張氣焰。這天早晨，英軍艦納爾不達號駛入基隆港，首先發炮轟擊二沙灣炮臺，打壞兵房。姚瑩與達洪阿督導臺灣守軍開炮還擊，將英艦擊傷，最終英艦在基隆萬人堆洋面觸礁沉沒。英軍乘舢板上岸逃命，臺灣「屯丁鄉勇」分頭追捕，擊斃英軍三十二人，俘一百三十三人，繳獲大砲十餘門。這是臺灣軍民抵抗英國侵略取得的第一次大勝利。道光帝聞報大喜，下旨賞主將達洪阿、姚瑩頂戴花翎。

英軍占據鎮海、寧波之後，不久即派船前來索還被俘之人。守軍開炮還擊，打死侵略者多人，英艦狼狽逃回。

1842年1月，姚瑩依靠當地漁民誘使英艦進入入海口，使之擱淺，生俘英軍

一百多人,並繳獲英軍所劫寧波、廈門的炮械軍冊。他還組織數萬臺灣士民成立自衛團體,半聽官調,半守村莊,「無事則各歸農業,有事則協力從戎」。戰爭期間,姚瑩又組織人馬,著力加強島內的防禦措施,包括堵塞港道、封鎖水面、沿海岸挖戰壕、埋地雷、築炮臺、疊沙袋和整修船隻等。

1842年3月11日,英艦「阿安號」入侵臺灣大安港。姚瑩再次採取「誘敵深入」之計,將戰場從海上轉移到陸上,此役共殲敵百餘名,繳獲大砲十三門。這是中英開戰以來的又一次大捷,清道光帝賞封達洪阿太子太保銜,姚瑩二品頂戴。英軍經過這一仗的慘敗,再也不敢貿然侵犯臺灣了。

兩次大捷中俘獲的英軍俘虜兩百餘名,經姚瑩審問取證後,奏請朝廷排除壓力將他們就地正法。除頭目九人,病死三十六人外,其餘一百餘人全部處斬。

但使英雄持帥印,不教大陸破一城。姚瑩未雨綢繆、嚴陣以待,堅持打擊侵略者的強硬態度,不僅沒讓英軍討到一點便宜,而且還讓英軍吃盡了苦頭。這樣的帥才,朝廷如果能在更大的範圍充分使用,鴉片戰爭的歷史或許會改寫。

英侵略者雖然在臺灣一再失利,但卻連續攻陷了廈門、定海、寧波、鎮江、上海,進逼南京,清政府被迫與之簽訂了喪權辱國的《南京條約》。英方謊稱臺灣主政官員枉殺被風吹至的英國民船,並以不惜再次開戰威脅要求罰辦姚、達二人,道光帝明知兩人委屈,但還是派閩督怡良前往臺灣查辦。臺灣人民情緒激昂,幾乎引起民變,怡良只得草草結案而去。

1843年4月,上諭將姚瑩、達洪阿二人革職,投入獄中。後復出去四川、西藏任職。這期間,姚瑩著書《康紀輶行》,提出:要抵抗西方侵略者,就必須學習他們的科學技術,就必須進一步瞭解他們的情況。這本書和魏源的《海國圖志》一起,開啟了中國早期近代思想啟蒙的先河。

姚瑩幼承家學,為叔祖姚鼐著名弟子之一。在一千多名「桐城派」作家中,姚瑩之獨樹「剛健雄直」文風,這與他在臺灣的抗英經歷是分不開的。換言之,正是這種文風使「桐城派」呈現了另一個可喜境界。

姚瑩於1853年死於任上。其著作還有《中復堂全集》、《東槎紀略》、

《寸陰叢錄》等，他被譽為中國少數民族邊疆史編著之始祖。

二、牡丹社事件背後

東海風雷釀轉機，欲割臺島患無檄。

牡丹灣裡牛羊怒，正是豺狼渴慕時。

牡丹社事件的背後實際上是宗主國之間的博弈，這場博弈以軟弱的清政府的失敗而告終。

1871年11月底，琉球王國（沖繩島，又叫大琉球）島民的兩艘進貢船在駛往宗主國中國的途中遭遇暴風，漂流海上。其中一艘船僥倖駛回，另一艘船卻漂到臺灣南端的八瑤灣（今屏東縣滿州鄉）。六十六名登陸的船員中，五十四名被臺灣排灣族高士佛社民眾誤殺，十二名逃出，在鳳山縣受到清朝地方政府的保護。這一事件給日本想吞併琉球國進而占領中國臺灣找到了藉口。此前在日本江戶幕府時代，琉球國也曾向日本稱臣納貢。

當時美國企圖利用日本而遏制中國，挑唆日本進行武力報復。1873年，日本政府使節副島種臣前往中國向清政府提起此事，清政府相關官員董恂卻以「臺灣生番為化外之民」之詞搪塞，這更給日本人出兵臺灣找到了藉口。

當時清政府對臺灣的開發只侷限於西海岸的平埔人聚集區域，對於廣大高山地帶，清政府劃分界線限制人民越界開墾，這些區域一般也無駐兵。這種漏洞恰恰成為後來日本決定出兵的重要考量。

日本開始租用英、美等國的輪船，僱用美國軍事顧問，派遣樺山資紀、水野遵來臺調查，做好出兵臺灣的軍事準備。

1874年2月，日本政府透過《臺灣番地處分要略》，這成為日本侵臺的綱領性文件。4月，日本藉口琉球人被殺一事，派遣西鄉從道率日軍三千六百人在臺灣射寮（今屏東縣車城鄉射寮村）登陸，進攻排灣族村莊，遭到當地居民的堅決

阻擊。共有五百多日軍被打死打傷，狡猾的日軍便改用迂迴包抄的戰術。

5月22日，佐久間左馬太率領日軍一百五十人進抵石門（今屏東縣牡丹鄉石門村）。石門是從車城鄉進入牡丹鄉的門戶，兩旁有斷崖峭壁夾峙，形成險窄的山口，相距不到二十公尺，四重溪急流從中奔騰而過，為一天然要塹，大有「一夫據守，萬夫莫開」之勢。

佐久間左馬太率日軍以為可以輕易征服石門，誰知舉步維艱，侵略者遭到社員們的強烈抵抗。社員們手拿弓箭、棍棒、刀斧，與全副武裝的日軍展開殊死的戰鬥，給日軍以重創。由於後繼的日軍不斷增援、包圍，最終，牡丹社酋長阿祿古父子戰敗身亡，牡丹社被占領。

佐久間左馬太是一雙手沾滿臺灣人民鮮血的魔鬼，這裡我要多說幾句。在牡丹社事件中，他還參與了四重溪戰鬥，他率領日軍對臺灣少數民族進行瘋狂的殺戮。血腥的硝煙，在他看來是邁向王侯將相的平步青雲。三十二年後，此人當上了日本第五任臺灣總督，是在位最久、鎮壓起義次數最多的劊子手。最著名的就是鎮壓蔡清琳起義和羅福星抗日事件。但此人也沒有好下場，四十年後，佐久間左馬太圍剿臺東太魯閣人民時，遭到人民最猛烈的反抗，這個不可一世的總督大人受了重傷。也許是地下太多的冤魂向他索命，他於次年不治而亡。真可謂發跡於鎮壓，也斃命於鎮壓。

話題回到牡丹社事件。到7月初，臺灣少數民族中的牡丹社、高士佛社、女奶社的反抗都被強大的日軍擊敗。日軍移營龜山（今車城鄉）計劃長期駐紮，但在熱病侵襲之下，日軍像中了魔咒一樣紛紛病倒。與此同時，清廷已派欽差大臣沈葆楨大力加強臺灣防務，臺灣海防無懈可擊。於是，總指揮西鄉從道要求日本政府見好就收，答應他們早日撤兵。

戰爭爆發後，清朝政府才意識到問題的嚴重，派遣沈葆楨來臺查看，並授權他辦理臺灣海防及對各國的外交事務。8月31日，清政府賠償日本軍費五十萬兩。10月，沈葆楨代表中國與日方簽訂《北京專約》，求得「牡丹社事件」的解決。

此時清政府正處於內憂外患之中，對洋人日益顯示出軟弱。誤殺琉球國人理

虧在清政府一方，如何處理那是宗主國中國與附屬國琉球國之間的事，比如賠償、追究責任等。但怯懦的清廷對待日軍的入侵只想無原則地息事寧人，將賠款而且是戰爭賠款支付給了日本，致使日本以後得寸進尺。

影響更深的是專約的簽訂。根據《北京專約》，清政府承認日本出兵是為了「保民義舉」，中止了本國對琉球國的宗主地位；同時日本也表示不再對臺灣屬於中國領土的主權問題持異議。

「牡丹社事件」讓清朝認識到臺灣的重要性，促使清廷轉變思路，調整原先對臺灣的政策。在從1874年到1894年的最後統治裡，清廷加大對臺灣的投入，使臺灣面貌煥然一新。

第四節 清廷的臺灣政策及臺灣近代化功臣

一、從渡海巡臺到臺灣建省

版圖初定多矇蔽，御史渡船一鑑開。
路遇冤情當即審，清風滿滿霎時來。

清朝對臺灣的治理，經歷了一個從長期的消極防臺到短期的積極治臺的過程：隔海遙制—御史巡臺—福建大員輪值巡臺—福建督、撫冬春駐臺—臺灣建省。每一個階段的轉折點都對應著重大的歷史事件。

清初，康熙帝綜合施琅、趙士麟等大臣的奏議，決定對臺灣按閩臺合治體制構架來治理，主要體現在臺灣的行政區劃和臺灣地方官員管理的特殊政策上。

在行政建制上，臺灣分一府三縣（後改四縣）。三縣分別為臺灣、諸羅、鳳山，後增一縣彰化。府治在臺南，隸屬福建。最高文官為臺廈兵備道（後改為臺灣道），正四品。其下屬分知府、同知、通判、知縣等不同級別。臺灣文官由福

建巡撫擇任。道員到任三年,其各下級官員到任兩年,回大陸輪換。

在軍事體制上,臺灣鎮是福建水師五鎮之一,臺灣鎮總兵由福州將軍、閩浙總督和福建水師提督節制。下屬有參將、游擊、千總、把總。鎮總兵與文官道員互不統屬,各司其職,互相監督。

巡臺御史體察民情,接受冤情申訴(此畫為雍正年間作品)

有關臺灣的事務都透過福建武職長官(福建總督)和文職長官(福建巡撫)

代為上奏，交朝廷討論處理。朝廷將臺灣的治理權基本上委託給福建大員，但清初時福建大員並沒有親自前往，因此臺灣資訊就不可能準確快捷地到達朝廷。

本來，閩臺合制是想在體制上遏止臺灣再度分裂的傾向，但是執行起來困難重重。從康熙二十三年（1684）到康熙六十年（1721）朱一貴起義，共三十七載，臺灣大員之福州將軍、福建總督（後為閩浙總督）、福建巡撫、福建水師提督、福建陸路提督，竟無一人渡海巡海，凡事無論大小均委之於臺灣的道員和總兵。閩臺合制變成了鬆散的隔海遙制，福建大員只能透過回閩之臺員瞭解臺灣的情況。

為什麼福建大員不赴臺巡視？一是島內長期沒有發生番漢衝突，閩省大員認為只需坐鎮大陸防止不法分子入臺便可。二是海洋阻隔、風信靡常，水土多瘴，環境惡劣，致人死亡無數，福建大員視臺灣為畏途。[8]康熙六十年（1721），由於知府王珍私自委託其子改徵糧為要銀子，還隨意抓人，激起了朱一貴起義。即使在這樣的非常時期，福建大員也不太願意赴臺指揮，渡海作戰的也只有水師提督施世驃一人而已，閩浙總督覺羅保滿只是在廈門指揮，福建巡福呂猶龍也只是在福州作為後援準備。

朱一貴起義平定後，康熙在處決一大批貪官酷吏和怕死無能的官員之後，決定派欽差御史巡臺。如此，可對遠在海外的臺灣官員作有效監督，快速獲得島內資訊並作出應對。後經廷議決定：每年自京派出滿漢御史各一員，前往巡察，一年更換。如有應該上奏的，都要具體奏明。

御史巡臺政策是康熙帝在堅持閩臺合制前提下巧妙置入的一個楔子，使得京師、福建、臺灣三地的權力出現了互動。巡臺御史一官，任職不輕，倉庫錢糧、命盜案件、治民馭兵等事情，都可以參與。其職責在於溝通訊息，包括朝廷政令之推行和臺灣地方輿情之反映，還要針對當地社會需要或現存弊端等，陳奏自己的見解，供朝廷決策參考。

御史雖是欽差，但相對於二、三品的封疆大吏來說，其級別很小。康熙末，巡臺御史被定為七品官，雍正七年時規定，巡臺御史根據任職資格的不同，定為正五品或正六品，乾隆十七後才有突破，巡臺御定為從五品。[9]

第五章 歸政統一時期（1683 年到 1895 年）——不斷調整政策以防分裂官民聯手對抗外侮侵犯

245

乾隆十二年（1747）之前，清朝的許多臺灣政策調整是根據巡臺御史的奏請達成的。比如，乾隆十一年（1746）四月，巡臺御史六十七（姓六，名十七，字居魯，滿族人）奏准大陸民人來臺奉養或就養，而此前的政策是：四十歲以上且無子嗣之文員，可攜眷同行，但對一般民眾並未放寬。六十七認為，父母子女遠隔海峽，常年不相聚，致使臺灣賭風、嫖風盛行，建議放寬大陸民眾來臺條件。這是人性化的政策，也對臺灣的經濟發展發揮了積極的作用。

巡視臺灣番地，體察番情，是巡臺御史的職責之一。隨著漢民大量移到臺灣，對土地需求越來越多，民番間的土地糾紛也漸多，但乾隆三十一年（1766）理番同知設立之前，臺灣番政大多是由巡臺御史協助臺灣地方官處理的。

巡臺御史至乾隆五十二年（1787）廢止，歷康、雍、乾三朝六十餘年，共四十七位御史先後巡臺。前期，巡臺御史一直受到清帝的青睞，其職權也不斷地被允許擴大。直到乾隆十二年（1747）巡臺御史被彈劾，乾隆帝開始厭惡巡臺御史。

由於御史頻繁參與地方事務，其權限與臺灣地方權力運作出現交叉、重疊，致使臺灣地方官員的權限受到限制和削弱，出現御史透過上奏推翻福建督、撫既定政策的現象。因此，御史與地方官員常常處於對立狀態。

乾隆十二年（1747），發生了御史不許福建到臺灣採買大米而遭彈劾的轉折性事件。事情的背景如下：

乾隆逐漸認為，巡臺御史擾亂了閩臺合治體制，正失去存在的必要，開始著手限制其職權，這之後，巡臺御史的職權逐漸式微，御史巡臺的時間最長為半年，最短為三個月。與之相應的，巡臺御史派遣次數逐漸減少，過去平均一年半派遣一次，此事件之後，平均每四年派遣一次，直到後來規定「因時酌派」，即朝廷認為有必要就派，無必要就不派了。最關鍵的是，巡臺御史幾乎沒有了彈劾權和直接參與當地行政的權力。一些御史認為多一事不如少一事，明明是當時已經發生嚴重的搶劫大案，眾多官員貪腐、政務荒廢，但到了御史的奏摺裡，一切平安無事。如果不是乾隆帝臨時新派大員前往核查，事情往往會敷衍了結。乾隆

四十六年（1781）所派最後一任巡臺御史塞岱和雷輪二人就犯了同樣的過錯。因此，清廷實際上從乾隆四十七年（1782）停止了派遣巡臺御史，御史制度就缺一張廢止的敕令了。

停派巡臺御史使朝廷與臺灣之間失去了一條訊息溝通渠道，朝廷對臺灣的管轄以及對臺地官員的監督也有所放鬆。由於臺官的貪婪和妄動（例如臺灣總兵柴大紀令兵丁回大陸投機交易，從中漁利，事發後從其屋裡地下起出金錠銀兩六萬；知縣唐鎰剛上任不久，就往廣東番禺的老家寄了白銀兩千多兩；[10]臺灣知府孫景燧平時任意虧缺國庫，以公肥私，還在清廷下令取消「天地會」時，藉機燒殺搶奪，派兵燒毀幾個村莊，致使無辜婦孺，號泣於道），終於在乾隆五十一年（1786）激起民變，這就是臺灣歷史上著名的林爽文起義。

乾隆帝在處理林爽文起義善後事宜時，對各級官員的處罰力度可謂空前。追治前任和現任福建督、撫大員的過失，將福建水、陸提督和臺灣道、鎮官員統統換調；將民憤極大的總兵柴大紀等眾多官員一併處決；另將四十多名貪官發配新疆，並追繳贓銀。

同時，乾隆帝認識到必須要有一個新制度來代替不被看好的巡臺御史制度，這就是福建大員輪值巡臺的制度。他認為，以前御史巡臺之所以效果不好，是因為它與福建大員的權力相衝突，如將治臺大權歸還福建大員，則臺灣的管轄體制自會理順。乾隆五十三年（1788）三月，清廷正式確定實施福建大員輪值巡臺。福建督、撫、水陸兩提督以及福州將軍每年（或兩年）輪值一人前渡臺灣，嚴行稽查。如在臺灣玩忽職守，或致臺地有滋事之案，唯福建大員是問。

這一政策果然奏效，清政府加強了對臺灣的管理。雖然這種管理還是一種消極的防臺對策，但至少資訊流暢，反應快速。從乾隆五十三年（1788）到同治十三年（1874），福建大員共有十一人次循例巡臺。另外，還有因追剿海盜、平定民變、彈壓械鬥等事件而巡臺的幾次「因事巡臺」。

同治十三年（1874）日軍侵臺事件之後，清廷認識到臺灣的戰略地位，開始確立積極治臺政策，將臺灣納入洋務運動，並與大陸同步發展。欽差大臣沈葆楨巡臺治臺期間，深知福建大員定期巡臺根本不足於處理臺灣大事，不足於監督

管理下級官員廉潔奉公，因此他奏請朝廷仿照江蘇巡撫分駐蘇州之例，讓福建巡撫移駐臺灣。只有這樣，臺灣事宜才能事權歸一，善後之舉才可全面展開。此建議雖遭到福建巡撫的牴觸，但後來還是實施了，只是閩撫移臺變成了冬春半年駐臺了。從1875年到1885年，臺灣實行了短期的閩撫冬春駐臺管理的政策。

　　隨著臺灣事務的擴展，清廷常派大員到臺灣直管，由於這些官員的官位越來越高，職權越來越重，其與留在福建的總督的矛盾就越來越突出。比如閩撫沈葆楨兼著欽差大臣，其職權遠超閩浙總督李鶴年；丁日昌為閩撫也曾是南洋大臣，其職位名聲也在閩浙總督何璟之上。督、撫的不合，使雙方不能通力合作。臺灣的洋務運動得不到福建的支持，而且雙方積怨越來越多，已成為兩地發展的掣肘。

　　為解決雙方的矛盾，最早由刑部左侍郎袁保恆於1876年提議改福建巡撫為臺灣巡撫，但終因利益各方的衝突而未被採納。十年後，左宗棠再提臺灣建省的建議。左宗棠的建議最終被採納，光緒十一年九月初五（1885年10月12日），清廷宣布改福建巡撫為臺灣巡撫，臺灣成為中國第二十個行省，劉銘傳成為臺灣建省後之首任巡撫。

　　從隔海遙治到渡海巡臺，再到臺灣建省，顯示清廷為防止臺灣分裂，對臺灣進行有效管理的種種努力和探索。事實證明，臺灣建省制度的設計，才是清政府在治臺問題上的正確選擇。臺灣建省十年中，首撫劉銘傳在任六年不到，恰恰就是這短短的五年多的時間，使臺灣從一個邊窮地區一躍成為一個遠遠領先於大陸的近代化強省。這之後的兩位臺灣巡撫不僅未延續劉銘傳的近代化進程，反而推翻了他的多項改革成果。而清廷也害怕臺灣太強大，不好駕馭，為此清廷拒絕劉銘傳成立臺灣海軍的建議。臺灣近代化的戛然而止，使臺灣省失去了最後的抗衡日本的機會，也讓臺灣的大踏步前進變成了落日的輝煌。真所謂——

　　初定乾坤思永治，三番變化為不分。

　　迷途歷盡忽通暢，只是黃昏不等人。

二、沈葆楨保臺、治臺

第五章 歸政統一時期（1683年到1895年）——不斷調整政策以防分裂官民聯手對抗外侮侵犯

臺海一年功蓋古，此生奔走幾崑崙！

自謙光亮如溝壑，人道清輝滿十分。

沈葆楨，福建福州人，林則徐的外甥兼女婿，晚清著名政治家和洋務派代表人物。沈葆楨在道光年間與李鴻章一起考中進士，因抵制太平天國起義軍攻城和治縣有功而官升江西巡撫。自1867年調任福建船政大臣，主持福州船政局，組建南洋艦隊。1874年4月，日本以琉球船民被臺灣少數民族殺死為藉口，派兵占領臺灣西南。沈葆楨臨危受命，以欽差大臣、兼理各國事務大臣的身分前往臺灣負責海防事務兼理外交事務。當年6月14日，沈葆楨從福建馬尾乘船「沿各口而行」，三日後抵達臺灣安平，開始了具有特殊意義的巡臺活動。

沈葆楨起程之日就與福州將軍文煜、閩浙總督兼福建巡撫李鶴年聯名會奏四項「預備方法」：一是爭取西方人支持，以還我公道；二是準備利器，積極採購鐵甲船、水雷、洋槍、洋火藥、合膛之開花彈，以及火龍、火箭等西歐「利器」；三是儲備人才、集思廣益；四是鋪設臺灣到廈門、廈門到福州的電線，以通消息。其實質就是在臺灣快速實行洋務運動。

由於日本人一直推延談判交涉，不可「理喻」，所以，沈葆楨把重點放在設防的環節上。因臺地班兵不夠用，沈葆楨一面請旨在臺地招募兵勇；一面會商大陸，由提督唐定奎率徐州之武毅銘所部來臺，又調浙江候補道、南澳總兵兩名官員渡海統兵。自當年7月上旬，沈葆楨在臺灣北路的淡水、噶瑪蘭、雞籠、蘇澳，南路的府城、鳳山、旗後、琅嶠等地都派了重兵防守。水師則調派安瀾號、飛雲號、伏波號共三艘鐵甲艦赴臺。

日軍見沈葆楨防守嚴密，準備充分，再加上日軍水土不服、疾疫流行，死亡過半，戰鬥力陡降，西鄉從道估計一旦開戰，日軍不會討到什麼便宜。日本政府在得到西鄉從道的報告後，決定放棄武力，重啟談判。中日雙方經過談判最終達成《臺事專約三條》。12月20日，日軍從臺灣全部撤走。

日軍侵臺事件最終以中國賠款並承認琉球國為日本藩屬而告結束，但這一事

件也讓清政府認識到臺灣的重要性。沈葆楨利用這次事件為契機，按照自己在大陸的實踐經驗，結合當地實際情況，對臺灣的經濟、海防等進行了大刀闊斧的改革。自此，臺灣邁入了近代化的進程，臺灣局面為之一變。他也因此被稱為臺灣洋務運動的奠基人。

沈葆楨的改革措施被概括為「四開」：

開禁。沈葆楨瞭解到朝廷有兩項規定，非常不利於臺灣的發展，這就是：大陸民眾不得偷渡入臺；臺灣人不得出海。為此，沈葆楨奏請朝廷開放這兩項禁令。禁令解除後，臺灣迎來了歷史上第二次大規模移民潮。不僅如此，大陸的物力和技術資源也隨著兩岸的自由通商、通航而源源不斷地輸往臺灣。

開府。重新規劃了臺灣的行政區劃。經奏請批准在臺北設府，以實行在臺灣北部地區建立各級政權機構；同時在防務薄弱的臺島南端琅嶠增設恆春縣。改制後臺灣的行政區為二府、八縣、四廳，這為後來臺灣建省奠定了基礎。

開山開路。相對於臺灣沿海平原，臺灣腹地山區是未被開發的大片少數民族聚居地，交通阻塞，山民剽悍。沈葆楨帶領士兵和福建移民逢山開路，遇水搭橋，往往「進一步則需築一堡，駐一哨」，工程艱巨自不待言。沈葆楨還是主張在臺海兩岸架設電信的第一人。雖然此方案因他的調離而中途擱淺，但後繼者正是按照他的構想完成了這項臺灣地區洋務運動的標誌性工程。

開礦。沈葆楨來臺後不久就確定了臺灣的支柱性產業——開礦。在臺灣數十種礦藏之中，煤礦為最多，但當時臺灣的採煤業正受到相關制度的限制。1875年，沈葆楨奏請朝廷減免臺煤的出口稅，解決臺煤與洋煤在稅制上的不公平待遇，使臺灣有機會和能力與洋煤競爭大陸乃至海外市場。為了讓臺煤開採趕上世界水準，沈葆楨邀請外國業內人員進行協助指導，走出一條「官營西式」的煤礦模式。由於廣泛採用世界先進的機器開採技術，臺灣採煤業在短期內便有長足的發展。

為從制度上加強行政長官對臺灣的責任，沈葆楨還奏請清廷，將福建巡撫分駐臺灣：春冬駐臺，夏秋回省。在《請移駐巡撫》折中，他列舉了移福建巡撫駐臺灣的十二大便利。此奏摺最終得到了清廷的採納。從光緒元年（1875）福建

巡撫王凱泰渡臺，至光緒十一年（1885）臺灣建省，十年間清朝共派出七位福建巡撫駐臺。

巡撫駐臺，一改過去御史巡臺、福建大員輪值巡臺的不足，使清廷最終放棄了持續近兩百年的「為防臺而治臺」的消極治臺政策。福建巡撫駐臺後，圍繞海防與洋務、開山與撫番的事務逐漸展開。

沈葆楨治理臺灣一年多，可謂來去匆匆。但正是這短短的一年多時間，臺灣在海防、管轄和經濟開發等諸多方面實現了突破，沈葆楨因此成為臺灣省發展史上傑出的人物。按連橫的評述，他為臺灣「立富強之基」，有「締造之功」。

作為洋務派運動的先驅和中堅，沈葆楨深切認識到人材的重要。早在經營臺灣時，他就開始實施他的人才蒐羅和培養計劃。他還在離開臺灣的次年會同李鴻章奏請派船政學堂優秀學員出國留學，包括嚴復、詹天佑等，這是對近代中國社會的又一大貢獻。

沈葆楨是位勤勉廉潔的官員。他曾對自己有一個謙虛的評價，這就是他早年的一句詩：「一溝足已明天下，何必清輝滿十分。」林則徐將沈葆楨的詩句改了一字，變成「何況清輝滿十分」，詩之境界為之大開，而且這也確實是沈葆楨人生的真實寫照。

1879年12月，沈葆楨病逝於兩江總督兼南洋大臣任上，享年六十歲。

三、臺灣首任巡撫劉銘傳

綠島獨騎滅虎狼，電波放眼火車忙。

驅敵足以名天下，何況經營固海疆。

劉銘傳，出生於安徽肥西縣劉老圩一貧苦農家，為人豪爽、耿直，喜歡舞槍弄棒，練就一身武藝。他曾殺過土豪、劫過富戶、藐視大清律令，帶領夥伴闖蕩江湖，成為官府追捕的要犯。

大陸看臺灣歷史

　　清咸豐四年（1854），劉銘傳接受官府招安，在鄉里興辦團練。在追隨李鴻章、曾國藩鎮壓太平天國運動和捻軍起義的過程中，劉銘傳屢立戰功，最終被提升為記名總兵，成為李鴻章麾下的一員大將。後因在山東鎮壓捻軍而被清廷提拔為直隸總督。1868年，奉旨督辦陝西軍務，不久因積勞成疾，辭官回鄉。

　　1883年，中法戰爭爆發，清政府任命他為督辦臺灣事務大臣，籌備抗法。不久又任命他為福建巡撫，加兵部尚書銜。劉銘傳於1884年7月16日抵達基隆，第二天即巡視要塞炮臺，檢查軍事設施，並增築炮臺、護營，加強臺北防務。在他到達基隆的第十五天，戰爭就爆發了。

　　1884至1885年的中法戰爭，尤以第二階段的臺灣陸戰最為激烈。

　　1884年8月5日，法艦在利比士的指揮下向基隆炮臺猛烈開炮，摧毀了清軍數處炮壘及營房，炸死炸傷守軍十多人。之後守軍開始向腹地撤退。法軍登陸後很快占領了基隆港，將港內各種設施和炮臺盡數破壞。次日下午，法軍陸戰隊向基隆市街搜索前進，並攻擊附近高地。守軍在劉銘傳統率下從各個方向進行反擊，經過幾小時的激戰，法軍傷亡一百餘人，狼狽逃回了軍艦。法軍占領基隆的計劃破產了。

　　法軍失敗後，向清政府提出新的和議條件，清政府再次拒絕。於是，法艦出其不意，於當月23日下午發動突然襲擊，把南洋水師所有戰艦全部擊沉，從此，法軍牢牢地掌握了臺灣海峽的制海權。

第五章 歸政統一時期（1683年到1895年）——不斷調整政策以防分裂官民聯手對抗外侮侵犯

臺灣建省後第一任巡撫劉銘傳

　　10月1日，法軍遠東司令孤拔率艦再次侵犯基隆、淡水。守軍奮勇抗擊，傷亡一百餘人，最後被迫後撤。基隆港灣及周圍陣地均落入敵手，淡水告急。為保衛臺北，劉銘傳決定撤離基隆，移師淡水。法軍占領基隆後，於當月8日又對淡水發起進攻。法軍不慣於陸戰，一進叢林，便失去了統一指揮，只得各自為戰。這時，預先埋伏在各處的清軍從北、東、南三個方向奮起截殺，銳不可當。此戰殺死法軍三百多人。自此以後，法國艦隊只能輪流在淡水河口對這個滬尾港實施封鎖，再沒有能力發動進攻了。

　　法軍自淡水慘敗後，便集中力量控制基隆港。從11月以來，雙方衝突時斷時續。1885年1月以後，戰鬥加劇。3月初，法軍援軍大批到達，3日法軍派出精銳一千三百餘名猛撲月眉山，5日又出動兩千名直攻戲臺山。守軍腹背受敵，抵擋不住，月眉山失守，清軍退守基隆河南岸。兩軍隔河對峙，直至戰爭結束。

大陸看臺灣歷史

1885年6月9日，《中法合訂越南條約》在天津正式簽訂，中國承認越南為法國的保護國，開放蒙自、龍州兩地與法國通商，法軍撤出基隆、澎湖，並撤銷對於中國海面的封鎖。

為加強海防，推動臺灣社會經濟的發展，1885年，清政府決定臺灣正式建省，劉銘傳便順理成章地被任命為第一任臺灣巡撫。

劉銘傳從上任之初便以洋務派的時代眼光、實幹精神，對臺灣的國防、行政、財政、生產、交通、教育，進行了廣泛而大膽的改革，全面推進臺灣的近代化進程。

比如在鞏固海防方面，劉銘傳多次建議在臺灣建立海軍，卻被清政府以「已有南北洋海軍和經費短絀」為由否決。但劉銘傳還是盡力籌資購船，雇洋人造船；興建機器廠、軍械所、火藥局、水雷營等；在臺澎各港口修建了十多個新式炮臺；軍隊全部改用洋槍。在他的大力整頓下，臺灣防務已日見充實。但臺灣的海軍終於沒能建成，劉銘傳無能為力。

在建設交通方面，劉銘傳制定了以「興造鐵路為網紐、輔之以電線郵政」的方針。1887年7月，臺北成立「全臺鐵路商務總局」，聘英德兩國人為工程師，著手修建鐵路，前後歷時六年完成了基隆至新竹全長約一百公里的鐵路。當時全國鐵路公里數只有約四百公里。而且臺灣興建鐵路時，清朝因為經費緊張，責成他自行解決。因此，臺灣鐵路是中國人自辦自建的第一條鐵路。劉銘傳於1886年設電報總局，架設水陸電線七百公里；於1888年設立郵政總局和各地支局，發行郵票。郵船定期穿越臺海，郵路遠至廈門、福州、廣州、上海、香港等地。這是中國最早的自辦郵政業務，比清政府成立的郵政官局早八年。

在興辦新式企業、發展商務方面，劉銘傳設立了煤務局、硫磺廠，設立官辦機器鋸木廠，為鐵路提供枕木。同年又設煤油局生產煤油，組織商人成立公司，興建商店。此外還裝設電燈，購買第一架蒸汽碾路機，並設置了專管市內衛生的機構和警察局。

1886年，臺灣設立商務局，先後向英、德購買兩艘舊輪作為商船。派人到新加坡設立招商局，透過向華僑招募股份購買輪船，設立輪船公司，航行於臺灣

第五章 歸政統一時期（1683年到1895年）──不斷調整政策以防分裂官民聯手對抗外侮侵犯

與大陸各埠，航線遠至新加坡、西貢、呂宋等地。1886年，設立樟腦總局，實行專賣制度，獲利頗多。

在撫番與墾荒方面，也有很大的成果。臺灣中部山深林密，生活著一些少數民族，過去籠統地把他們稱為「番民」或未開化的「生番」。一些番民為生計往往殺人越貨，番語叫「抬郎」。劉銘傳進山「撫番」，針對番民文化程度低，恩威並舉便易於被感化的特點，編了一首《勸番歌》：「勸君切莫去抬郎，抬郎不能當衣糧。……百姓抬你兄和弟，問你心傷不心傷？一旦大兵來洗剿，合社男女皆驚慌。……莫如歸化心不變，學習種茶與耕田。」從1885年冬至1888年夏，兩年半時間內招撫八百七十餘番社，歸化十五萬八千餘人，田園數十萬畝。

總之，自1885年上任臺灣首任巡撫至1891年6月因受朝廷猜忌而請病離臺，劉銘傳透過自己的努力，使臺灣從一個蠻荒之地搖身一變成為當時中國的先進省份。

病歸故里，養疴田園，劉銘傳對臺灣總是魂牽夢繞。他並非懷戀臺灣那「山泉脈脈送寒溪」[11]的迷人風景，而是關注臺灣的改革進程，讓他不敢相信的是他的下兩任，像是說好的一樣，將他的諸多改革成果一一廢棄。

「每念中國大局，往往徹夜難眠，眥裂泣下。」 1895年4月，喪權辱國的《馬關條約》簽訂，6月割臺，10月日軍占領臺灣全境。接二連三的消息傳來，劉銘傳悲憤交加，病情迅速惡化。他對李鴻章既感激又恨。感激他的知遇之恩，恨他多次阻撓自己建立臺灣海軍。他對太后「先答應卻不實施」的做法備感失望。他知道清廷在提防他尾大不掉。如果臺灣有強大的海軍，如果朝廷大膽地使用自己，如果……憤怒讓他不能自抑，吐血於地……他曾在病榻上過於自責地作絕筆詩──《乙未冬絕筆》，以表未能盡忠，以及前功盡棄之憾：「歷盡艱危報主知，功成翻悔入山遲。平生一覺封侯夢，已到黃粱飯熟時。」

1896年1月12日，六十歲的劉銘傳病故於六安劉新圩別墅。詩人梁啟超曾作《遊臺灣追懷劉壯肅公》，表達了他對愛國將領劉銘傳的崇敬之情。

第五節 臺民抗擊日軍

一、臺灣一割怒天下

馬關一紙賣臺灣,臣子無能演這番。

原想丟車能保帥,卻成星火引燎原。

1895年3月20日,在日本廣島馬關春帆樓上,清政府議和代表李鴻章和日本首相

伊藤博文就停戰條件舉行談判

　　因清政府的腐敗懦弱，在甲午海戰中，清朝北洋水師全軍覆沒，這幾乎讓中國洋務運動在海防上的成果喪失殆盡。

　　1895年 4月 17日，這是中華民族蒙羞的日子。在日本的軍事威脅下，李鴻章與日方全權大臣在日本簽訂了《馬關條約》。6月2日，清廷派「割臺大使」李廷芳前往臺灣辦理交割臺灣手續。李廷芳為避開臺灣人民的抗日情緒，未敢登岸，只在基隆外海的日本輪「西京丸號」上，與日本駐臺第一任總督樺山資紀簽署了《交接臺灣文據》。文件規定：「臺灣全島、澎湖列島之各海口及各府縣所有堡壘、軍器工廠及屬公物件全部交給日本。」條約還要求願意回大陸的民眾，須在兩年內回到大陸，不回去的將被視為「日本人」。清政府也要求在臺灣的朝廷命官、清軍官兵在兩個月內內渡大陸。

　　割臺消息傳出，舉國震驚，各界紛紛採取行動，反對這一賣國行徑。北京和臺灣首當其衝成為全國關注的中心。在北京的行動表現為上書請願，在臺灣的行動表現為抗旨自救。

　　清廷內包括督撫將軍、宗室貝勒在內的各級官員，共有五百多人上摺上書一百餘次，反對割臺；正在北京應試的各省舉人，紛紛集會上書。在都察院前，排隊上書請願的隊伍長達一里多路。正在北京應試的臺籍舉人與在京臺籍官員也多方奔走集會，上書都察院，表明臺灣民眾「為國效命」的心跡。

　　在康有為、梁啟超等人的組織下，十八省舉子一千三百餘人在北京城聚會，公推康有為起草請願奏摺。當夜義憤填膺的康有為一氣呵成，寫就了一份一萬八千餘字的長文，反對朝廷割地求和，主張變法自強。也就是著名的「公車上書」。

　　臺灣民眾的反應理所當然的強烈。人們「奔走相告，聚哭於市」。臺北全城民眾進行罷市集會抗議，此後反對割臺鬥爭的烈焰從臺北迅速擴展到臺島各地。負責防守臺南的清軍總兵劉永福、臺東知州胡傳等也都表明守土決心，誓與臺北

城共進退。

舉劍邀快馬,簽名聚怒潮。最引人關注的是,為團結臺島所有民眾抗日,在不得已的情況下,臺灣人民成立了地方抗日政權——臺灣民主國。

二、成立地方抗日救亡政權

風雲驟起島失孤[12],共繡虎旗召信徒。

待到晴天妖氣散,移舟請命派巡撫。

1895年4月10日,日本大本營命令遠在中國東北戰場的近衛師團南下接管臺灣;次日,任命樺山資紀為臺灣總督兼軍務司令官,出兵接收臺灣。

作為臺灣地方抗日武裝政權,臺灣民主國的標誌是藍底黃虎旗

臺灣民眾並未被即將出現的危機嚇倒，他們自發組織起來，相約保衛生於斯養於斯的臺灣。考慮到臺灣是中國的一部分，如果以中國臺灣省的名義宣布抗日，日本政府會向清廷施壓，迫使清政府干預民眾抗日。4月21日，丘逢甲與臺島紳民代表集會，決定成立地方政權自主抗日。5月15日，丘逢甲等人再度在臺北集會，參考了陳季同根據國際公法提出的「民政自主」、割讓地居民有權反對的建議，定下了「自主抗日」的方針；同日，又以全臺紳民的名義分別致電總理衙門、南北洋通商大臣及閩浙總督，表達義民百姓對祖國的難以割捨之情和準備死守臺灣的決心。清政府竟於20日下令臺灣巡撫唐景崧等人馬上「內渡」回大陸，臺灣軍民對清政府徹底絕望了。

　　陳季同、丘逢甲等人成立了被稱作「臺灣民主國」的地方政權，以唐景崧為「臺灣民主國總統」，劉永福為大將軍，丘逢甲為「義勇統領」。為表明臺灣百姓永遠屬於中華，丘逢甲等人定年號為「永清」，並仿照清朝國旗（黃底青龍旗）的樣式，設計了與之呼應的藍底黃虎旗，圖案為一隻尾高首低做馴服狀的老虎，虎首朝向旗杆方向，以示臺灣民眾心向神州之意。

　　對於這一地方抗日政權，在由臺盟北京分部編寫、於2007年出版的《臺灣知識百科》有過表述：臺灣民主國「地方政權是在臺灣面臨日本武裝侵占局面下建立的抗日救亡政權。建立之初，他們對中外宣告：清廷與日本簽訂割臺條約，無人肯援，臺民唯有自主，推擁賢者，暫理臺政；事平之後再請命朝廷；臺民集眾防禦，願人人戰死，但絕不願拱手相讓。這些都表明此政權的建立是臺灣人民為抗日保臺而迫不得已採取的應急措施，臺灣民眾從來也沒有想過要背離祖國、分裂疆土。相反，他們這樣做就是為了使臺灣永不脫離祖國，永屬中華。」

　　這一地方抗日政權成立後，臺灣軍民士氣大振，嚴陣以待日寇的侵犯。

三、抗擊侵略者

　　威海風停臺海動，倭師登陸喚腥風。

黑旗[13]抗旨逐村守，官府揭竿萬民從。

山水多嬌飛碧血，城鄉不懼赴彎弓。

年年切齒說割土，月落蒼茫待日紅。

　　日軍未等到臺灣交割日就迫不及待地發動了對臺灣的侵略。光緒二十年（1895）五月二十九日，日軍避開臺灣軍民嚴密防守的基隆、淡水等重鎮，聲東擊西，突襲基隆一偏僻的小漁村澳底和鹽城一帶，並輕易突破由新募官兵組成的登陸防線，開始由北向南大舉進犯。幾天後，在日軍海陸合圍下，基隆城失陷。隨即，日軍進擊臺北北面的天險獅球嶺。由於基隆潰軍退入臺北，臺北陷入一片混亂，唐景崧攜帶大量庫金逃往淡水，又乘船逃往廈門。

日軍在臺北舉行入城儀式，第三個騎馬者為日本皇室成員、近衛師團長北白川宮能久親王，當年11月被臺灣義軍擊傷致死（此畫為當時日人所繪）

　　臺北失陷後，全臺人民為之痛心，也使他們更加同仇敵愾，決心「拚將十萬頭顱血，須把乾坤力挽回」。義軍重新在徐驤、吳湯興、胡嘉猷等人的組織下進行抗日鬥爭。臺灣民眾和義軍沿臺北至新竹鐵路線節節阻擊裝備精良的日軍，參加民眾達三萬多人。

　　在這以後直到臺南失守，徐驤等率領的義軍和劉永福的黑旗軍頑強地抗擊日軍，大小戰鬥不下百次，湧現出一批可歌可泣的英雄人物和悲壯事跡。

第五章 歸政統一時期（1683年到1895年）——不斷調整政策以防分裂官民聯手對抗外侮侵犯

胡嘉猷率領義軍在臺南安平鎮據宅院與日軍對抗，一直持續了一週之久，日軍用大砲轟擊、炸藥炸，都未能衝入大院。最後因為院內水井被倒塌的院牆堵塞，義軍飲水發生困難，胡嘉猷才下令撤離。

　　1895年7月中旬，義軍幾乎全殲日軍的運糧隊和騎兵隊，使日軍遭受「南進中最大損失」。氣急敗壞的日軍攻入龍潭陂後放火焚燒全街，將未及逃避的居民七十三人捆綁至野地中，用刺刀一一殺死。事後很久才由鄉人收集到七十三具屍首合葬，被後人稱作「七十三公墓」。

　　8月23日起，黑旗軍與徐驤利用有利地形，以低劣的裝備控制了彰化城東八卦山。一籌莫展的日軍在漢奸的帶領下，悄悄爬上山頂。雙方展開慘烈的白刃戰。此戰消滅日寇千餘人，日陸軍少將山根信成也命喪黃泉。義軍犧牲五百餘人，抗日誌士吳彭年、吳湯興等戰死。

　　8月底，大林甫義軍首領誤聽日軍奸細讒言，繳械投降，不料日軍進入大林甫後，燒殺搶奸，無惡不作。義軍首領後悔不已，主動與劉永福所部楊泗洪等聯絡重組義軍，與清軍一起趁夜殺入日軍營地，斬殺大量敵人。軍民又在甘蔗田中設伏打擊潰敗者，只有十餘人狼狽逃回。

　　義軍的後勤供給越來越困難，而敵人的增援卻越來越多，四萬餘日軍集結臺南曾文溪。10月10日，雙方在曾文溪進行決戰。「積屍草木腥，流血海花紅。」此次戰鬥之慘烈，場面之悲壯，是武裝抵抗以來尤為甚者。

　　激戰中義軍統領徐驤、清軍統領王德標等人先後殉國，抗日義軍傷亡很大。到18日抗日義軍和黑旗軍官兵已經餓得站不起來，無力抵抗窮凶極惡的日軍的進攻，19日劉永福不得不下令義軍撤出城外，自己也被迫退回廈門。11月1日，最後的抗日基地恆春落入敵手。

　　臺灣人民的抗戰以失敗告終，但日軍也付出了慘重的代價，包括近衛師團長北白川宮能久親王和近衛第二旅團長山根信成在內的四千六百多人死亡，傷病疫人數達兩萬七千人。這一數字比甲午戰爭正面戰場上日軍傷亡的人數要高出數倍。

「我以我血薦軒轅」。臺灣人民用鮮血和生命彰顯了不畏強暴、捍衛國土的英雄氣概，也為日後臺灣人民的反日起義奠定了基調。

四、黑旗軍首領劉永福

山水無言血氣回，一聲長嘯萬民隨。

反攻臺北奪嘉義，只把勸降當紙灰。

劉永福是抗法抗日的民族英雄。本名劉義，字淵亭，生於廣東欽州古森峒小峰鄉（今屬廣西壯族自治區）。少年時因家貧做過傭工。十六歲那年，劉永福的父母及叔父因貧病交加先後不幸去世，從此在他心中埋下了反抗的火種。二十歲後，劉永福先後投奔多支農民起義隊伍。在吳亞忠領導的起義軍中，劉永福的軍事才能得到了較大的提高和發揮。也正是在這個時候，劉永福創建了「黑旗軍」，並屢戰屢勝。

1873年，法軍在占領越南南部及北方四省，劉永福應邀組建一支一千多人的抗法突擊隊，日夜兼程，一舉拿下河內城。

1882年，法軍再次攻占河內，並窺視中國境內。又是劉永福率三千將士將法軍幾乎全殲。越南政府任命他為三省第一行政長官。

甲午戰爭爆發後，劉永福被任命為臺灣軍務幫辦，率領兩個營的黑旗軍抵達臺灣，駐守於臺南地區。劉永福奉命得知臺灣防務劃分為臺北、臺中、臺南三個互不統屬、各自為戰的獨立防區，便奏請清政府和臺灣巡撫唐景崧採用「必南北聯絡一氣，臨時堵禦、呼應」的方略，但未被採納。

《馬關條約》簽署後，劉永福與臺灣民眾同仇敵愾，曾協助丘逢甲等人成立抗日臨時政權，並拒絕清廷要求軍政人員撤離臺灣的命令，作出了留守臺灣、抗擊日寇的選擇。

大陸看臺灣歷史

甲午戰爭期間，劉永福領導臺灣義軍同日寇孤軍奮戰數月

　　在日軍攻占臺灣的一開始，日軍也以重金為誘餌，想誘使劉永福棄臺內渡。對此，劉永福毫不動搖，當即發回了義正辭嚴的《駁降書》，申明了誓死抗戰的決心。當時日軍相繼攻陷基隆、臺北，唐景崧倉惶逃回廈門。義軍共推駐守在臺南的劉永福為義軍的統領。

臺中是臺南的陸路門戶，臺中失陷，臺南便無險可守。劉永福團結各部義軍，緊密配合，在保衛臺中的戰鬥中，分別於新竹、大甲溪、彰化、嘉義等地，與日本侵略軍作戰數十次，沉重地打擊了侵略者的囂張氣焰。但由於清政府斷絕援臺和無恥叛賣，劉永福領導的抗日保臺鬥爭陷入了困境。

有關劉永福領導臺灣軍民抗擊日寇的故事很多，讓我難忘的是三場戰鬥的三個細節。

第一個細節是劉永福親自發炮，擊退日本海軍。日軍占領了臺北之後，派兩股重兵撲向臺中，另派兵乘戰艦從海路包抄臺南，以實現水陸夾擊臺中的目標。強敵壓境，需要鎮定，劉永福一方面組織各地的抵抗，一方面坐鎮臺南炮臺，加強臺南沿海的防線。不久，日本侵略者果然派出兩艘戰艦偷襲臺南的海港安平口，企圖從這裡登陸。劉永福親自發炮轟擊，擊傷其中一艘日艦。真是老將出馬，一個頂倆，何況劉永福是元帥呀！這一年，劉永福已經年近六旬，軍民見到元帥親自發炮，士氣大振，沿海炮聲和歡呼聲不斷。日寇見臺灣沿海軍民嚴陣以待，無隙可乘，被迫暫時放棄從海上包抄的計劃，只好決定從陸路進犯，與臺中的軍民對決。

第二個細節是在危急時刻親臨嘉義，收復失地。臺中是敵我雙方爭奪最激烈的地區，劉永福副將楊紫雲統領著守軍以及吳湯興、姜紹祖、徐驤所率臺灣民團，在臺中地區與敵人相持了一個多月。他們消耗了大量的日軍，取得多個勝利，自身也損失慘重：楊紫雲、吳彭年、吳湯興等重要首領陣亡，黑旗軍精銳七星隊三百多人全部犧牲。此時，日本的後援部隊卻源源不斷地開來，八卦山、彰化失守，不久雲林、苗栗也被攻占。日軍進逼到嘉義城郊。危急關頭，劉永福趕到前敵諸營，而授機宜，又命令部將王得標守嘉義城，令部將楊泗洪節制前敵，黑旗軍各營及各地義軍組織進攻。重新整頓後的軍民煥發了戰鬥力，他們密切配合，獲得一個又一個大捷，相繼收復雲林、彰化，甚至進入了苗栗的地界。正當臺灣軍民堅守陣地，立志收復時，已到了彈盡糧絕的邊緣。劉永福派人回大陸籌餉，終歸失敗，抗日軍民無不為之憤怒、悲嘆。

第三個細節是與將士們戰至疲軟，依然堅持指揮。日軍攻戰嘉義一個月後，

第五章 歸政統一時期（1683年到1895年）——不斷調整政策以防分裂官民聯手對抗外侮侵犯

265

在海軍的配合下實施登陸，分南北多路夾擊臺南。劉永福組織義軍進行最後的抵抗。此時各營糧餉和軍械越來越成問題，大多數人在饑餓半饑餓的情況下堅持了四個多月。雖然如此，他們也不當逃兵，誓與臺灣共存亡。部屬匯報情況說軍中已經斷糧，請求接濟他們一點點，望著部屬瘦削的臉和堅定的眼神，劉永福眼中含淚，常常是長嘆一聲。他是無能為力呀，自己也時常挨餓。光緒二十一年（1895）十月十五日，日軍進攻臺南城。劉永福駐安平炮臺，策應臺南城中守軍。當時，各軍士都已餓得不能起立，到了無力氣應戰的地步。十七日，日軍攻擊安平炮臺，劉永福親自發炮，殲敵數十人。次日，臺南城中彈盡糧絕，守軍除餓死、病死、戰死的以外，大部分潰散。

當晚，日軍攻城益急，城內土匪蜂起，秩序大亂。劉永福想回城內，部將勸阻：「軍心散矣，各路倭兵大至，此城萬不可守，請公去。」劉永福見大勢已去，仰天捶胸，呼號慟哭說：「我何以報朝廷，何以對臺民！」

五十八歲的劉永福深感回天無力，便聽從眾部將的建議，帶領十多名部將乘英國商船駛向大陸。

中國人民不以勝敗論英雄。劉永福潛回大陸時，從漳州到廣州，一路上受到當地官民的熱情迎送。劉永福內渡後，1902年署廣東碣石鎮總兵。1911年辛亥革命，作為響應，廣東宣布獨立，他被推為廣東民團總長，後辭職回籍。

1915年，日本向袁世凱提出滅亡中國的二十一條，將近八十歲的劉永福義憤填膺，要求重上戰場。他永遠記得當初在商船裡回首寶島臺灣的景象——

流水煙花樹，晴川落日風。

窗中愁點點，浪裡碧山峰。

1917年1月，一代民族英雄病逝於家，葬於惠州城內西湖畔。臨死前他還留下遺言，建議「早定大計，任選賢將，練兵籌餉，振起綱維」，還有各省督軍要「和衷共濟，竭力為國，以救危亡」。拳拳愛國之心至死不渝。

五、春愁難遣丘逢甲

第五章 歸政統一時期（1683年到1895年）——不斷調整政策以防分裂官民聯手對抗外侮侵犯

欄杆拍遍向天涯，鎩羽歸來思渡峽。

滿目風光全是恨，化成絕唱感千家。

　　丘逢甲，出生於臺灣彰化望族，原籍廣東嘉應州鎮平縣（今蕉嶺）。丘逢甲自幼聰慧，素有大志。考中舉人、進士後，任殿試工部主事。但他淡泊仕途，告假返臺以講學度日。甲午戰爭爆發之初，丘逢甲毀家紓難、投筆從戎。他以大義鼓勵鄉親，涕泣而語：「吾臺孤懸海外⋯⋯只有吾臺人自為戰守；否則大禍臨頭，祖宗廬墓之地任人踐踏，吾等怎能安心為家呢？」眾人聽罷，痛哭流淚，紛紛參加義軍。

大陸看臺灣歷史

義軍領袖、愛國詩人丘逢甲

　　攜手同仇向蟒龍，飄搖風雨數英難。丘逢甲倡議集各鄉人民加強訓練，以備戰守，並請命督辦團練。經費不足，他傾家蕩產；兵員不足，去各地動員。他的愛國義舉得到廣大臺胞的熱烈響應，在很短的時間內，全臺便組建了一支號稱百營的義軍隊伍。丘逢甲任全臺義軍統領，設司令部於臺中丘逢甲的任所柏莊。此間，丘逢甲不僅深入士卒、鼓舞士氣，籌集義軍的糧餉問題，還設法瞭解甲午海

戰的進展。

當時唐景崧與劉永福意見不合，丘逢甲曾為他們調停。他傾向於劉永福的「必南北聯絡一氣，臨時堵禦、呼應」的禦敵策略，但唐景崧執意不聽，劉永福只好按既定方案帶兵到臺南駐守，臺北的兵力就此削弱。

當割讓臺灣給日本的消息傳來，丘逢甲上書質問朝廷：「自聞警以來，臺民自籌餉械，不顧身家，無負朝廷，何忍棄之？全臺非澎湖可比，何至不能一戰？」

5月21日，臺民決定建立民主地方政權，丘逢甲被任命為「義勇統領」。

日軍攻打臺北時，丘逢甲人在臺北。令他始料未及的是，唐景崧根本沒有能力控制局面，真是無能透頂。唐景崧在廣東招募的「廣勇」清兵，多為地痞流氓，紀律散漫之輩，他們竟然在大敵當前之時，以索餉的名義劫走庫銀，臺北一時間大亂。唐景崧根本不敢過問，攜款逃至淡水並向義軍求援。

丘逢甲憤怒之極，哭道：「真沒想到唐景崧無能膽小，竟到了這樣的地步，我恨不能吃唐景崧的肉！」丘逢甲明白臺北局面已無可收拾，便立即趕至其駐地南崁。當時他的防線是桃園縣南崁到後崁之間，長達百里，兵力單薄，而且極為分散，需要集結和準備北上的時間。

正當丘逢甲分別派人聯絡舊部吳湯興、徐驤、姜紹祖、丘國霖，以商討北上禦敵之策的時候，日本侵略軍已經攻下了臺北。

義軍各營聞省城被陷，齊集新竹城外，「不期而會者萬人」。由於丘逢甲需「兼顧省垣後路」，因此推薦吳湯興為中部統領。

日軍迅速沿鐵路南犯，丘逢甲也同全臺軍民一道，積極投入戰鬥。他率領義民在新竹一帶與日軍血戰二十多天，直到「餉盡糧絕，死傷過重」，才被迫後撤。義軍丘國霖誠字營表現十分英勇。據《讓臺記》載：「丘國霖引七百人……到大湖口接戰。日軍亦整隊前進，槍子如雨，日軍死者數十人。丘軍猛搏不支，敗績而退。」到7月上旬，丘逢甲義軍還參加了反攻新竹城的戰鬥。義軍在連日的搏殺中重創了日軍，自己的損失也很大，丘國霖不幸犧牲，精銳部隊喪失殆

盡。正在這時，幫辦呂賡虞率部叛變投降日軍，這更使形勢雪上加霜，義軍難以為繼。

此時丘逢甲的身邊只剩下部將謝道隆一人。即使這樣丘逢甲也毫不動搖，決定率領這支小股義軍與敵作殊死一搏。

數千日軍繼續大舉南犯，而丘逢甲所率義軍只剩二三百人。這是一場力量懸殊的戰鬥，日軍不僅在數量上遠超於義軍，在武裝上，義軍更不是對手。丘逢甲率領義軍從溪邊樹林向敵人發起了突然襲擊，日軍也迅速作出了反應，並向丘逢甲所部包圍過來。

黑雲染血屠刀舉，鐵馬衝鋒戰劍橫。儘管義軍拚死進行抵抗，但由於敵人太過強大，義軍最終潰敗，丘逢甲率餘部退往臺中。

其間日敵占領了他的家鄉，縱火焚毀了柏莊司令部。

當時丘逢甲在進退維谷間擬去臺南與劉永福會合，圖謀再舉，但南進的路已被切斷，日軍早趁義軍和守軍潰敗之初，乘鐵路迅速南進，隨即日本對各路進行分割包圍。苗栗的義軍餘部除了徐驤等少數隊伍突破日軍包圍，與南部的守軍會合外，包括丘逢甲在內的各義軍餘部已陷入日本的包圍圈，實際上已經不可能繼續向南前進。丘逢甲欲率殘部十多人跟日軍拚了，隨從都哭著勸阻，認為徒死無益，不如內渡以後再待時機。

丘逢甲眼含熱淚：「義軍組建，因我而起，如今其他的義軍還在戰鬥，還在堅守嘉義、臺南，我作為義軍統領，怎可一走了之。我怎麼對得起我當初的誓言，怎麼對得起四百萬同胞！」因此，任憑隨從跪泣，也未答應。

丘逢甲率十多名隨從抄小道藏在鄉間，暗自聯絡鄉民，待機游擊。由於日軍搜索很嚴，最後甚感無力回天的丘逢甲只得攜家人輾轉離臺內渡。臨行之際，他遙望家鄉臺灣，想到它即將淪為日寇的殖民地，想到父老鄉親正慘遭日寇的踐踏，心如刀割，熱淚長流，寫下悲壯的《離臺詩》六首，其中有「宰相有權能割地，孤臣無力可回天」和「捲土重來未可知，海上誰來建義旗」兩句。

離臺內渡後，丘逢甲時刻以復土雪恥自勵，並為其子起字為「念臺」。抗戰

期間，其子丘念臺召集在大陸臺胞成立抗日組織「東江戰區服務團」，直接打擊日寇，參與全民族的抗日鬥爭。

丘逢甲深居廣東十六年多，將一腔悲憤傾注於詩詞，共寫了一千六百多首。最著名的一首是《春愁》：

春愁難遣強看山，往事驚心淚欲潸。

四百萬人同一哭，去年今日割臺灣。

1912年月2月，丘逢甲積勞成疾，離開人世，終年四十九歲，臨終遺言要求南面而葬，不忘臺灣。

六、英雄徐驤：我願死戰不生還

強敵擁進空城響，鄉勇推行土炮轟。

馳援寧在山中死，退守不為城下盟。

熱血長流身已裂，刀槍中斷手不鬆。

畏縮西渡誰不會！孤島更需一盞燈。

在抗擊日寇、保衛臺灣的英雄中，徐驤是令人崇敬的一位。一是因為在臺灣兵力最薄弱的情況下，他振臂一呼，成立民團，與劉永福的義軍互援協防，成為勢力超過義軍的一股力量。二是徐驤以身踐諾，發誓不打退日寇，絕不內渡，真正地做到「我以我血薦軒轅」，讓人想起慷慨赴死以喚醒國人的譚嗣同，只不過，徐驤做得更傳奇，更壯烈。

徐驤，臺灣苗栗人，祖籍廣東。秀才出身。自幼讀書和習武。他性格堅強，為人豪爽。割臺消息傳來後，他義憤填膺，慷慨陳詞：「吾民之田廬在於是，子孫在於是，祖宗丘墓在於是，臺土無，吾民將安歸乎？」他號召「人自為戰，家自為守」。

1895年6月初，日本侵略軍在占領臺北後，迅速向臺中推進，企圖在一個月之內攻戰臺南，繼而結束攻臺戰役。當時開始駐防臺中和臺南的只有劉永福的軍隊數千人，相對於數萬日軍來說，力量很薄弱。關鍵時刻，鄉紳勇士徐驤挺身而出，仗義疏財，發動鄉民成立民團，徐驤在演說中激情澎湃，淚如雨下，感動了許多鄉民。徐驤率領民團臨陣磨槍，加緊訓練，一邊積極配合劉永福所率軍隊守衛各險要關口。

從6月中旬到10月，徐驤、姜紹祖等人率民團分別於新竹、大義溪、彰化、曾文溪等地節節防守，頑強抵抗日寇，進行了大小二十餘戰。到處都是抗日的義軍，到處都是不屈的怒吼，真可謂——

客家兒女不惜命，

劍光如電幟如虹。

有幾次關鍵性的戰鬥很能說明徐驤的機智果敢。

在新竹以其人之道還治其人之身。新竹是日軍向臺中進犯的必經之地，因此也是兵家必爭之地，駐防於此的守軍是劉永福的部將楊紫雲。當徐驤親率義軍一千多人趕到時，戰鬥正激烈地進行，於是義軍立刻按指令進入防守陣地，手中的火銃、弓箭、標槍一起向敵人開火。相對於義軍守軍，日軍的武器太精良了，他們用大炮猛烈轟擊義軍和守軍，以掩護陸軍攻奪陣地。英勇的守軍和義軍在炮火中打退敵人一次又一次進攻，始終未讓日軍突破防線。狡猾的日軍轉而收買漢奸作嚮導，抄山路迂迴襲擊守軍，守軍頓時面臨腹背受敵的壓力。正在此時，楊紫雲在混戰中犧牲，徐驤率領義軍轉身殺出一條血路，向南突圍而去，但日軍還在分兵「咬」住了他，一時間義軍很難掙脫甩開。此時如果進行阻擊的話，不異於自殺，徐驤急中生智，抓住日軍不熟悉地形的弱點，挪用了日軍剛使用過的戰術——迂迴包抄，前後夾擊。為了贏得部署計策的時間，徐驤果斷地命令一部分戰士攀上小路，吸引了敵人的關注，然後他親率大部分戰士繞到日軍的背後，如天兵天將一樣突然實施攻擊。日軍萬萬沒想到，攻防轉換得這麼快，剛包圍了徐驤，現在又被徐驤包圍了。由於日軍行進在密林小道上且路況不熟，所帶鋼炮不能近射，無處逃避，最後，有一百多人作了徐驤的俘虜。這是日本皇軍自甲午海

戰以來第一批俘虜，他們可是日本引以為傲且目空一切的皇軍，是全身充斥著狂熱軍國主義血液的殺人機器，是寧願戰死也不願意當俘虜的一群野獸。但他們遇到了徐驤和他率領的義軍，徐驤沒有給他們留下從容自殺的時間。

在大甲溪層層設伏，半渡而擊。日軍憑人多勢眾，最終還是占領了新竹，進而向南邊的大甲溪進發。這是一場更為激烈的戰役，此役中徐驤的智慧和神勇得到了淋漓的發揮。大甲溪支流縱橫，溪面寬且流急。當日軍到達時，徐驤也率領義軍趕到這裡。在與守軍將領商討禦敵之策時，他一錘定音：「我軍勢弱，又無大砲，不利與敵人正面交鋒。但我們可依溪設下幾支伏兵，誘敵來攻，我軍攔抄伏擊，必定可以制勝。」仗一開打，日軍果然中了義軍和守軍的埋伏，當潰退後的日軍爭先恐後搶渡溪水時，預先埋伏在溪水對岸的徐驤，乘日軍已渡過一半人馬時，指揮義軍向日軍發起猛烈進攻。徐驤身先士卒衝在隊伍最前面，義軍戰士也個個爭先，如下山猛虎衝入敵陣，勇猛衝殺，大甲溪岸上喊殺聲震耳欲聾。日本侵略軍像驚弓之鳥，水中岸上不能相顧，隊伍大亂，不少士兵紛紛落水，死傷過半。大甲溪以義軍和守軍的完勝而結束。

在嘉義埋好炸彈等劫營。日軍憑藉人多和武器好，再加上漢奸的內應，以慘重的代價攻陷了大甲溪。之後，日軍進攻並於10月上旬占領了臺中地區重鎮彰化，並將進攻目標進一步鎖定臺南的門戶嘉義。徐驤和守將商議，決定在嘉義城外的軍營中，埋下大量地雷、炸藥，然後棄營撤回城裡。日軍不知是計，唱著得勝歌紛紛湧入軍營，到了半夜忽然發出巨響，好像天崩地裂一般，地雷接連爆炸，日軍無處躲藏，死傷七百餘人。在棄營逃命的途中，日軍又遭到義軍的伏擊。第二天，被慘敗激怒的日軍集中炮火轟擊嘉義城，並從轟坍的城牆處攻入城裡，又是徐驤率領義軍與侵略者展開殊死的肉搏戰。這次戰鬥有個收穫，義軍和守軍把日本近衛師團師團長中將北白川宮能久親王擊傷而亡。

在曾文溪彈盡糧絕卻發起反衝鋒。日軍還是靠源源不斷的兵力優勢占領了嘉義，進而進攻臺南的最後一道屏障曾文溪。守軍和義軍首領都明白，最後決戰的時刻來到了。在商討軍事行動的會議上，徐驤沉重地分析了形勢，斬釘截鐵地說：「此地一失，臺灣就亡了，我不願生還中原，我要在此決死一戰，絕不再

第五章 歸政統一時期（1683年到1895年）──不斷調整政策以防分裂官民聯手對抗外侮侵犯

撤。」眾將都為徐驤的大無畏精神所感動激發，一致決定堅守曾文溪。戰鬥打響了，日軍依仗數倍於守軍的兵力和火炮優勢，分兵幾路向曾文溪發起進攻。守軍在徐驤等人的率領下拚死抗擊，曾文溪南岸戰場上炮火連天，硝煙瀰漫。就在戰鬥最激烈的時刻，守軍將士彈盡糧絕，這時，曾經發誓「不願偷生回大陸」的徐驤振臂高呼：「大丈夫為國捐軀，死而無憾」，率領義軍戰士向敵人發起反衝擊，他用刀劈死幾個日軍，但自己也身中數彈，最後壯烈殉國，死時年僅三十七歲。

一代抗日英豪徐驤，將他的熱血以及對臺灣的熱愛毫無保留地留在了那片熱土。杜鵑啼血，聲聲如催，英雄不死，已化豐碑。此後的五十年，臺灣同胞正是在徐驤精神的感召下，與日本侵略軍作著不屈不撓的鬥爭，直至臺灣光復。

注　釋

[1]. 膏腴：指臺灣。

[2]. 子房：即張良，借指謀士。

[3]. 檣櫓成灰：指鄭氏水軍在澎湖大戰中的失敗。

[4]. 山外雷鳴：指臺灣西部發生的朱一貴起義、林爽文起義。

[5]. 廟堂：朝廷，這裡指清廷接見「卑南王」的地方。

[6]. 土牛：既指土與牛等資源，也指「土牛紅線」，即清政府規定的活動界線。

[7]. 原鄉：指大陸，漢族人的故鄉。

[8]. 尹全海：《清代渡海巡臺制度研究》第55頁，九州出版社，2007年。

[9]. 徐萬明：《建省前清政府管制臺灣的若干特殊制度》，《明清論叢》第四輯。

[10]. 參看《清高宗實錄選輯》，臺灣文獻叢刊第186 種之「乾隆五十三年至嘉慶元年」部分。

[11]. 劉銘傳在臺灣時還忙裡偷閒寄情山水。連橫編著的《臺灣詩乘》收有

他的《遊古奇峰垂釣寒溪》：山泉脈脈送寒溪，溪上垂楊拂水低。釣罷秋光閒覓句，竹竿輕放斷橋西。

[12]. 失孤：失去庇護的孤兒。

[13]. 黑旗：指劉永福率領的黑旗軍。

大陸看臺灣歷史

第六章 日據時期（1895年到1945年）——堅持抗日鬥爭五十整年，對祖國的認同發自內心

　　臺灣在甲午戰後被割讓給了日本，但臺灣人民對中國的認同是發自骨子裡的。五十年來他們發動了數百次的武裝起義，並自覺抵制日本的同化政策。而當抗戰全面爆發，數十萬的臺灣民眾紛紛奔赴大陸抗日前線，因為他們知道：只有祖國得到了解放，才能使臺灣得到光復。臺灣人民的愛國精神和民族意識，是臺灣人民勇於抗日的強大精神動力。

　　貫穿這一時期的是一連串對日寇的反抗。那些驚心動魄的故事彰顯臺灣人不畏犧牲，不怕屠殺，一息尚存，戰鬥不止的精神。神槍手柯鐵虎一人身背數桿槍疾行山林，擊敗日寇五百人；熱血警察余清芳起義被俘後，敵人害怕民眾劫法場，竟然動用近千名警察「護送」；蔡清琳聯手山地少數民族起義，最終勇士們視死如歸，從容走上絞刑架；太魯閣族壯丁抗擊兩萬多日軍；印尼華僑奉孫中山之命赴臺起義；霧社族群擊殺日人，退無生路，寧願跳崖；被徵兵的臺灣農民，在發到槍枝之後馬上反戈一擊……

　　每一次日寇都會以大屠殺來報復、恫嚇，但臺灣的起義始終都沒有停息過。正是這份不屈的精神，像接力棒一樣，於無聲處傳染給臺灣民眾，不停地喚醒人們反抗的意志。

　　臺灣人民不畏強暴、不怕犧牲的精神可昭日月。

第一節 「前七年」武裝起義階段

一、黑旗軍將領林大北首義

一腔熱血化霞風,欲滅豺狼劍自橫。

振臂一呼召舊部,青山處處有回聲。

宜蘭野火燒不盡,主帥雖無戰未休。就在樺山資紀宣布「全臺平定」後不到一個月,黑旗軍舊部林大北、林李成就於1895年12月宣布起義,在宜蘭揭開了臺灣同胞「前七年」武裝起義的序幕。

林大北,臺灣宜蘭人,曾參加過反割臺鬥爭。劉永福離臺後,林大北收編抗日武裝殘部,積聚力量,伺機發動對日軍的進攻。

林大北領導的義軍在攻城打援

第六章 日據時期（1895年到1945年）——堅持抗日鬥爭五十整年 對祖國的認同發自內心

12月30日，林大北率眾向臺灣東北部的宜蘭、雙頂溪一帶發起猛烈進攻，殺死日軍百餘人。占領宜蘭縣城之後，林大北發動起義者憤怒聲討日軍濫施屠殺的罪行，決心為「討伐倭奴，光復臺澎之地」而戰。

就在林大北宣布起義後，新竹的胡阿錦、臺北的簡大獅、賴乾和陳秋菊、宜蘭林李成等紛紛響應。義軍曾一起會攻淡水，與日軍激戰兩日。他們利用臺灣地勢的險峻，出其不意地打擊日軍，極大地消耗了日軍。

與此同時，屬於臺北府的淡水、汐止、士林和板橋等地都爆發了抗日武裝鬥爭，南投、雲林、苗栗等地也都重燃抗日烽火。這些抗日武裝大多規模不大，但他們襲擊殖民機構和警察廳所，到處破壞電線鐵路，焚毀倉庫貨棧，不斷地擾亂和打擊日軍的殖民統治秩序。

日本首任臺灣總督樺山資紀原本以為劉永福離開後，臺灣可以順利地占領和管理。他做夢也沒想到，臺灣這麼快就進入了武裝起義時期，更沒想到武裝起義來得這麼猛烈，以至於讓他疲於應付，並在六個月後丟了首任總督的烏紗帽。

讓他記憶猶新的是各路義軍會攻臺北城一役。

1896年元旦，簡大獅、陳秋菊等組織的抗日武裝，聯合臺北地區的義軍進攻臺北府城。林大北派林李成率部分義軍前往支援，新竹抗日武裝領袖胡嘉猷等人也率部前來會合。

義軍聲勢浩大，樺山資紀從夢中驚醒，親率守軍，憑城發炮；隨後又急調一千三百多人的援軍，對起義軍進行血腥鎮壓。義軍頑強抵抗，終不敵日軍炮火，先後退入深山，化整為零，開展游擊戰。他們中的武林高手，經常在夜半時分，神不知鬼不覺地用飛鏢、鐵棍、手榴彈狠狠打擊敵人，使得日軍提心吊膽，草木皆兵。

臺北戰事稍穩之後，日軍隨即集中兵力圍攻宜蘭林大北。

由於沒有援軍，林大北兵敗被俘，慷慨就義，戰友死難者兩百餘人。宜蘭民眾受牽連達數百戶之多，被處死者不計其數。

林大北起義作為臺灣被占據前二十年共百次起義中的首義，具有重大的意

義。儘管起義及其後果很慘烈、悲壯,但起義點燃了臺灣人民不屈不撓、勇於犧牲、反抗殖民占領的鬥志,從此臺灣人民反抗日軍的鬥爭此起彼伏,一直沒有停過。

二、俠客賴乾刺殺日方第一高官

習武少年何所為?千軍出沒抗倭賊。

不甘大棒時時舞,長眼毒鏢凌厲飛。

在反抗日本占領軍的多支義軍之外,臺灣出現了一位孤膽英雄,這就是祖籍漳州的勇士賴乾。他刺殺日據時期日方最高級別長官——中央巡查部部長佐藤尚太郎的壯舉,可謂驚天動地。有關他的傳奇的一生,隨著他的後人向媒介的披露而真相大白。

賴乾出生於咸豐十一年(1861)的臺灣宜蘭,從小習武,稍長以漁為業,既精通武藝又擅長水性。年少時曾與簡大獅、高扁等成立自衛組織,抗擊騷擾出海漁民的小股倭寇,卻被清廷誣為臺灣海上十八強盜之一。

1895年,戰敗的清政府,割讓臺澎給日本。日軍攻占臺灣時,簡大獅和賴乾嘯聚了一支約三千人的隊伍。開始,他們曾與其他義軍一起會攻淡水、臺北,失敗後,退入山區,化整為零,開展游擊戰。義軍的游擊戰神出鬼沒,使當時的臺灣首任總督樺山資紀焦頭爛額。他連續向日本政府請求多派官員和軍隊,以加強對臺灣的控制。

不久,日本政府派遣中央巡查部長佐藤尚太郎率軍赴臺,主持臺灣「大政」。佐藤到臺後,採取一系列高壓政策,無辜百姓被凌辱、關押、殺害,民眾反抗的火焰越燃越旺。為遏制侵略者的淫威,簡大獅、賴乾等人決定刺殺佐藤這一侵臺總指揮。但日本總督樺山資紀為了確保佐藤的安全,特派一支近衛軍中隊負責佐藤的人身安全。佐藤出則前呼後擁,入則戒備森嚴,義軍一時難以找到下手的機會。但賴乾發現,佐藤每天清晨起床後,都要在官邸附近的一棵古榕樹

下,由幾個日本兵守衛著做一套徒手軍操。這是唯一可以下手的機會。1896年1月14日凌晨,賴乾事先躲開日軍的注意,潛伏在古榕樹上,隨身挾帶著八枚見血封喉的毒鏢。與此同時,簡大獅等人也做好了策應準備。在賴乾焦急的等待中,佐藤終於帶著四名警衛走來,他背向榕樹站定,準備做操。賴乾屏住呼吸,瞄準佐藤的後背部左側,右手一揚,一枚毒鏢準確無誤地刺入佐藤的心臟。隨著一聲慘叫,佐藤痛苦地倒在地上。

在警衛還沒醒悟到是怎麼一回事時,賴乾已從古榕樹上騰空而起,飛上附近的屋頂。等到敵人的喊聲、槍聲和警報聲響起,他早已在眾戰友的策應下,跑得無影無蹤了。

賴乾殺死日方在臺最高長官能全身而退,大長了中國人的志氣,卻讓日方氣急敗壞,日本天皇簽發通緝令,一定要置之死地而後快。

1896年暮春,日軍頭目山川一郎得知賴乾潛回宜蘭,便下令將賴乾所藏村莊的男女老少全部抓起來,揚言要燒房殺人。躲藏在地窖裡的賴乾,為了阻止日軍傷害村民,主動走出來「投案」。因為賴乾是天皇下令緝捕的欽犯,樺山資紀特意向東京請示如何處理賴乾,得到的指示是:暫且關押,以為誘餌,伺機將簡大獅等人一網打盡。

在利誘失敗之後,日軍將賴乾關押到條件極差的重犯牢房。這一次賴乾以為自己必死,未想到,在監獄內打雜的、曾得到賴乾救助的工友林土地救了他。林土地將看牢的士兵用酒灌醉,並把送電的開關拉掉,使高牆上的電網失去了作用。整夜沒有闔眼的賴乾,奮力掙脫手銬腳鐐,使出飛簷走壁的功夫,躍上屋頂,成功脫逃,而林土地身中數十彈壯烈犧牲。日本政府得知賴乾逃脫再次大怒,將剛擔任一年總督的樺山資紀當即撤換。

隨後,賴乾、簡大獅等十幾位抗日義士潛到漳州,寄居在楊老巷的簡氏祠堂。1899年夏,媚日的福建都督按照日軍意圖緝捕簡、賴,簡大獅不幸被捕,被押回臺北殺害。賴乾與其他義軍轉移到泉州德化縣的高山上,重舉反清抗日義旗,在德化堅持反清抗日十三年,數十次打敗清軍的圍剿。

1912年,孫中山委任賴乾為中校團長,其部隊全部改編為國民革命軍。從

1915年起,他在石碼先後創辦了漳州市第一家發電廠、自來水廠和中興機器廠。有人認為,石碼中興機器廠是漳州現代化工業的搖籃。

賴乾於1935年病逝於龍海石碼鎮。病中的他常哼唱著臺灣民謠:臺灣,臺灣,您是我的老母!我不願讓您給冤仇搶去!這真是——

實業亦難酬壯志,

臨終猶唱我思親。

三、抗日三猛——「獅虎貓」

虎狼施虐萬靈逃,激怒林中一小貓。

壯士生前曾作惡,恰如周處在前朝。

日本侵略者雖然占領了臺灣,但是臺灣人民的抗日鬥爭並沒有停止,從1895年到1902年連續進行了長達七年的武裝鬥爭。繼林大北起義之後,詹振、陳秋菊、林李成、簡義等抗日義軍領袖在各地群起響應,被稱為「抗日三猛」的簡大獅、柯鐵虎和林少貓分別是臺灣北部、中部和南部地區的傑出代表。

簡大獅是臺北農民武裝起義的領袖。1895年12月31日,簡大獅率義軍襲擊臺北日軍,城內臺胞奮起響應,雙方在八甲町展開激戰,日軍死傷三百多人。1897年5月8日,是日本當局強行規定臺胞選定國籍的最後一天。當日簡大獅等率五千多人再攻臺北,一度占領臺北奎府街,戰鬥打了一天,義軍首領之一詹振力戰身亡。1898年2月,簡大獅率部與日軍在竹仔山一帶激戰,大戰六日後退入深山。

簡大獅兵敗後,殘忍的日軍殺害了簡大獅全家。1899年初,簡大獅內渡大陸,以圖再起,清政府迫於日本壓力,竟逮捕簡大獅並於當年引渡至臺灣。簡大獅被押廈門時,曾憤怒陳詞道:「我簡大獅,係清國臺灣之民……日人雖目我為土匪,而清人應目我為義民。況自臺灣歸日,大小官員內渡一空,無一人敢出首

創義舉,唯我一介小民,猶能取勝眾萬餘,血戰百次。自謂無負於清……願生為大清之民,死為大清之鬼。」

簡大獅

第六章 日據時期（1895年到1945年）——堅持抗日鬥爭五十整年;對祖國的認同發自內心

大陸看臺灣歷史

林少貓

1902年6月,簡大獅被日本人殺害。

簡大獅遇害後,舉國震驚,萬民憤怒。清末一位姓錢的武進士悲憤賦詩:「痛絕英雄瀝血時,海潮山擁泣蛟螭,他年國史傳忠義,莫忘臺灣簡大獅。」上海《申報》評論:「臺灣義民簡大獅為中國爭氣,為全臺爭氣,此中國最有志氣之人。」

而抗日英雄柯鐵虎更具有傳奇性。柯鐵虎真名柯鐵,是雲林縣的一位手工業造紙工人,因臂力過人、善鬥,又愛打獵,精於槍法,因此人稱「柯鐵虎」。

第六章 日據時期（1895年到1945年）——堅持抗日鬥爭五十整年對祖國的認同發自內心

日軍侵入臺灣時柯鐵二十二歲。據清人洪棄父所著《臺灣戰紀》記載：1896年，日軍對雲林城東南二十餘里的大坪頂山進行搜捕。柯鐵從村民中蒐集了十二支槍，十袋子彈，一個人進入叢林中，「登高望兵最多處，連發槍擊之。兵出不意，盡驚駭，疑中伏，槍亂鳴，且擊且走。柯鐵則復轉他路截之。兵見無人，復止，搜山，而槍復至，至如雨……柯鐵一路截之」。孤膽英雄柯鐵一人打退了侵略者五百餘人，一時間成為抗日傳奇，一些熱血青年紛紛匯聚在他的旗下。

不久，敵大隊人馬再次進入大坪頂。這一次他帶領自己的游擊隊，打了一個真正的埋伏戰，殲滅五十多人。柯鐵游擊隊多次擊敗來犯之敵，他們作為根據地的大坪頂山區，被人們譽為「鐵國山」。柯鐵運用「彼來我去，彼去我來」的機動靈活的游擊戰術，不斷奇襲敵人。為粉碎日軍的封鎖，柯鐵率領大家開荒種地，自給自足。因此，「鐵國山」抗日游擊隊雖遭敵軍多次「掃蕩」，但能堅持了四年之久。

「鐵國山」的勝利鼓舞著臺灣人民，林屺埔、臺中、彰化、他里霧、鹿港、員林、大林等地都有群眾積極響應。1896年4月，日軍登陸臺東，當地清軍劉德杓部在新開園一帶狙擊敵人，後來退到雲林山區。6月下旬，林屺埔的抗日武裝在柯鐵游擊隊的支援下，連破雲林、刺桐、北等城鎮。這年下半年，臺中縣城、鳳山縣城、嘉義縣城和鹽水鎮等地，也都曾一度為抗日義軍所攻入。真個是——

旌遮日月敵如蟻，

直把包圍當反擊。

柯鐵還支援其他游擊隊攻占雲林縣治所在地斗六街。當雲林地區另一位起義領袖陳發率部進攻斗六街時，被日軍密集的排槍所阻，戰鬥處於膠著狀態。打到中午時，柯鐵聞訊率部趕到，前後夾擊，一舉擊潰日軍。

日軍為了報復，派出「討伐隊」對附近村莊進行為期五天的掃蕩，毀壞五十多個村莊，殺死無辜百姓約三萬人，這就是駭人聽聞的「雲林大屠殺」。

日本總督於1896年12月12日派數千日軍進攻鐵國山，柯鐵為避免重大犧

牲，實行轉移，隱藏深山。1897年，柯鐵率領義軍五六百人，再次進攻日軍，日軍調來大批人馬，柯鐵等終因力量懸殊，再度轉移。在此次戰鬥中，柯鐵也身負重傷。之後，日軍改用招安政策，不惜以優厚條件誘降柯鐵。游擊隊中的地主階級子弟可恥地放棄了抵抗，而柯鐵等不願屈服的志士則進入了深山，堅持艱苦的抗日鬥爭。1899年10月，柯鐵移往打貓東頂堡的一個岩洞中。由於身患重病，於1900年2月9日不治身亡。

在「三猛」中，林少貓最負盛名，他是臺灣南部最有實力的義軍首領。

林少貓又叫林小貓，出身屏東大族，沒讀過什麼書，但他有濃厚的民族意識。他曾內渡至廈門購買武器，回臺後召集幾百人在高屏一帶建立多處祕密基地，多次率眾襲擊鳳山、潮州、大目降等地的日本憲兵隊、軍營、警署和日據政府機關。1897年，他親率義軍主動攻擊鳳山、潮州間的日軍，打死日軍多人；次年12月，他會同高屏地區抗日武裝三千多人，圍攻潮州辦務署和憲兵隊，激戰三日，因寡不敵眾退到恆春一帶；當月底，他又率領千名義軍攻打恆春城，並占領了虎頭山。此舉震撼了日本總督，企圖以暗殺行動對付林少貓，日軍小分隊化裝成高山族人在深林中埋伏，伺機擊殺，但此計被林少貓識破。因此，林少貓更成為日本人的心腹大患。

1902年5月30日，日本人派大批軍警圍攻林少貓義軍，林少貓等倉促應戰，血戰了一整天，最終林少貓不幸中彈殉難。

第二節 「後八年」武裝起義階段

一、蔡清琳聯手山地少數民族起義

猛士歸山撩怒髮，青峰座座是鉤叉。

沖天一嘯驚竹塹[1]，滿地殺出鐵火娃。

第六章 日據時期（1895年到1945年）——堅持抗日鬥爭五十整年對祖國的認同發自內心

　　林少貓遇害後直到1907年，臺灣的武裝鬥爭經過了五年的沉寂期。1907年至1915年，被稱為臺灣抗日武裝起義的「後八年」階段，臺島共發生了十幾次有規模的起義，掀起了臺灣第三次武裝反抗鬥爭的高潮。與「前七年」不同的是，在這一階段抗日活動中，許多次起義是受到辛亥革命的影響而爆發的。而且，與第一、二次抗日高潮相比，這一時期的抗日行動，大多是因為日本人在臺灣推行殖民地政策造成民間損失而引發的。

　　有人說臺灣少數民族不與漢民聯手起義，還說人臨死前都會恐懼顫慄，我給您推薦一個完全不同的事例，這就是漢人蔡清琳聯手高山少數民族起義。

　　新竹廳北埔革命青年蔡清琳，以孫中山的「興中會」為榜樣，組織「臺灣復中興會」。他當過隘勇[2]和樟腦採集工，熟悉山地的情況，與山地的少數民族關係密切。

　　1907年，日本總督加緊對山地少數民族進行奴役，獨占山區的樟腦開發，並對山民的反抗進行武力討伐。因兵力不足準備徵召北埔轄區內的隘勇。由於是支持日軍的行動，隘勇不願前往作戰。特別是漢族隘勇早就不滿日本人利用臺灣漢人與少數民族互相殘殺，他們或敷衍了事，或偷偷逃回平地；他們還要求與北埔支廳長談判，不願擔任隘勇。這次他們醞釀武裝起義，用激烈的方式來反抗日本討伐少數民族的行動。

　　此前蔡清琳因時常鼓動隘勇集體辭職及不滿日本殖民者的言論，多次受到殖民當局的「說諭告誡」或「嚴重說諭告誡」，最終蔡清琳被日本人抓去關了禁閉。出來後，蔡清琳便萌生用武力反抗日本殖民統治者。日本殖民者組成臨時法院，何麥賢等九人被判死刑。這些義士視死如歸，眾目睽睽之下不忘激發民眾的抗日決心，高呼口號從容走上絞刑架……正是這份不屈的精神，像接力棒一樣，於無聲處傳染給臺灣民眾，不停地喚醒人們反抗的意志。

　　北埔起義的規模不算大，時間也不長，但有高山少數民族人民參加，是漢族人民和高山少數民族聯合抗日的武裝起義，沉重打擊了日本殖民主義的血腥統治。

二、黃花崗英雄赴臺起義

燎原星火黃花崗[3]，點水飛刀日月潭。

苗栗揭竿八面動，長峽暗渡未思還。

自民國元年至四年（1912～1915）的四年間，臺灣全島先後發生九起抗日事件。其中，以羅福星領導的所謂「苗栗事件」，聲勢最為浩大，影響也最為深遠。

羅福星，祖籍廣東省鎮平縣（今焦嶺縣）。其祖父早年去印尼被迫給殖民者承建鐵路。1886年羅福星出生於雅加達，滿週歲後由祖父帶回故鄉生活。羅福星六歲開始受啟蒙教育，接受中華傳統文化的薰陶。

中國同盟會會員、苗栗起義領導人羅福星

第六章 日據時期（1895年到1945年）——堅持抗日鬥爭五十整年對祖國的認同發自內心

1895年，羅福星隨祖父去雅加達讀書。十七歲時，轉赴臺灣，居苗栗一堡牛欄湖莊，在苗栗公學校就讀。後因不滿日本人的歧視和壓迫，與祖父在四年後返回廣東。一次他途經廈門時，接受了革命黨人的宣傳教育，毅然參加了孫中山創立的革命團體同盟會。

1911年初，羅福星參加了著名的黃花崗起義，他隨黃興起義志士一起攻擊清政府兩廣督署，身受重傷，幸未殉難。

次年夏天，羅福星受革命黨人劉士明之邀來到臺灣，從事抗日活動，組織「華民聯絡會館」，籌劃臺灣起義。羅福星把領導總機關設在苗栗，以臺北、臺南、彰化、桃園、宜蘭為據點，以華民會、革命會為外圍，積極招募同志，不到半年，參加者多達一千五百多人，包括隘勇、巡查補（由臺灣人擔任的警察）、保長、甲長、鐵路員工、郵局員工、醫生、教員、公務員等。羅福星趁機發表宣言，號召臺灣同胞「驅逐日人」、「光復臺灣」。

羅福星遣人相繼與大陸的黃興和廣東都督胡漢民、福建都督孫道仁保持聯繫，商定了兩省在臺灣起義時的支援問題。黃興雖忙於策劃討袁，但多次派人前往臺灣協助羅福星。

期間，1913年4月中，羅福星因被懷疑而被苗栗警署傳喚問話。羅福星從容應對，日警署問不出所以然，又沒有真憑實據，不久就放了他。

當時，羅福星在臺灣經過一段時間的醞釀發動，已經動員募集了九萬餘名同志，成立了許多分支機構。起義的組織嚴密，人員整齊，一旦起義，成功的可能性還是比較大的，但這次苗栗大起義最終因幾起偶發事件的牽連而功敗垂成。當時臺南李阿齊、臺中賴來、新竹張火爐和南投陳阿榮等幾起抗日事件，雖與羅福星他們組織的起義並無關聯，但日據當局開始警覺，發動了全面性的島內保甲大搜查，使羅福星精心組織的苗栗大起義受到了波及。

島內氣氛頓時緊張，但羅福星將個人安危置之度外。他南下到南部各地的分支機關聯繫，又來到苗栗。在機關部倆負責人被捕、起義機密可能洩漏的危急關頭，他從容鎮定，開會宣布紀律，又調兵遣將，緊急通知各地同志做好應變準備。　當羅福星來到苗栗車站候車時，出人意料地竟與被捕的同志葉永傳不期而

遇。羅福星一身是膽，見無人貼近監視，便鎮靜地走到葉身邊，與其低聲私語了兩句，搞清了葉並未叛變，敵人欲以葉為誘餌釣「大魚」。

12月16日，羅福星由臺北前往淡水欲伺機內渡，以策劃以後的行動。當他們次日午後剛離開，羅福星下榻的淡水奎柔山莊老闆陳金枝及其舅李煙山即向日警告密。兩日後凌晨，羅福星與周齊仔被捕，押送苗栗臨時法院。當時，與羅福星前後被捕的同志有上千人，此即在臺灣抗日史上著名的「苗栗事件」。

羅福星被捕後雖遭嚴刑逼供，但大義凜然，寧死不屈。他在獄中慷慨陳詞：「為憂國憂民，斃而埋屍臺灣，永為臺民紀念……虎死留皮，人死留名，古今英雄同此志氣。」並從容賦詩：「殺頭宛如風吹帽，敢在世上逞英雄。」顯示出視死如歸的英雄本色。1914年3月3日，羅福星從容就義，當時年僅二十九歲。

三、熱血警察余清芳舉義

愛飲滄波成熱血，揭竿蕩寇雨紛紛。

千敵押解身先死，山海已留俠客魂。

1914年至1915年間，臺灣又發生了幾起武裝抗日的鬥爭。如，1914年6月，臺南六甲發生羅臭頭集合百餘人抗日活動；1915年3月，新莊發生楊臨集眾抗日的事件；1915年6月，又在臺南發生由余清芳領導的規模最大的西來庵起義。

余清芳，字滄浪，臺南人，祖籍閩南。日本強占臺灣後，余清芳由學塾轉入日文學校。1899年，二十歲的余清芳考取了警員，任職期間，因看不慣日本警察欺壓同胞而打抱不平，最終被日方抓捕關了兩年。

在辛亥革命影響下，1915年，余清芳、羅俊、江定等人利用宗教信仰宣傳抗日。他們以臺南西來庵為據點，提出「光復臺灣」的口號，召集民眾，籌措軍費，準備發動起義。但被日本殖民當局發現，余清芳等人只好提前發動起義，攻

打甲仙埔等地的警察所，殺死日本官吏三十多人。8月2日深夜，余清芳率領三百餘人圍攻噍吧哖市街，殺死日本人二十多名。

當時的臺灣總督是六十二歲的安東貞美，是日本據臺的第六任總督。此人光頭粗眉，是個十惡不赦的劊子手，其血腥的統治與前任一脈相承，早在1898年就曾擔任臺灣守備混成第二旅團長，駐防臺中。1912年，安東貞美調任朝鮮駐屯軍司令，三年後以大將銜出任臺灣總督。

安東貞美任職一個月就遇到余清芳等人舉行武裝起義，安東貞美極度興奮、緊張又憤怒。他調集重兵實行圍剿，用大砲轟擊村落。遇害者四五百人。由於敵我力量懸殊太大，余清芳遂率眾敗退深山中。

找不著起義者的安東貞美惱羞成怒，決定拿當地的無辜居民開刀。其實早在余清芳率部隊與日軍作戰時，附近已基本上沒有老百姓，他們大多逃往外地。當日本人打敗了起義隊伍之後，日據當局便出了一份安民告示，上面說凡是回來的居民可以既往不咎，免除一死。消息很快傳到外逃的居民耳裡，他們紛紛趕回原來住處。誰想這竟是日軍精心策劃的誘殺之計。等大多數居民回來後，日軍選其身體健壯者，命令他們挖壕溝，臺民還以為這只是一次懲罰性的勞動。等壕溝挖成，日軍命令這些人面對壕溝而立，眾人正覺莫名其妙，身後的機關槍聲驟然響起，挖溝者全部慘死在自己所挖的壕溝之中。接著大批日軍出動，在以噍吧哖為中心方圓數十里的地面上，進行了一場滅絕人性的大屠殺。一時間屍橫遍野，血流成河，噍吧哖附近因日軍的瘋狂報復而成為人間地獄。事後據有關統計，死難者達一萬二千多人。

八月下旬，已擺脫了日軍追擊的余清芳不幸因漢奸出賣而被俘。總督安東貞美聞訊後，眼裡交織著興奮和凶光，下令在臺南設立臨時法庭，所列被告達一千九百多名，這是世界上最大的「刑案」。為防臺灣人民現場起義，安東貞美命令一千多名軍警押送。最後，余清芳等八百六十六人被處死刑，七百多人被判有期徒刑。其血腥殘暴，震驚國際。

敵人的殘暴並沒有嚇倒起義者，他們寧願全部戰死，也沒有選擇投降或是隱藏。義軍殘部在余清芳副手江定的帶領下，繼續堅持鬥爭，直到第二年5月不幸

中了日軍的誘降之計，全部遭到祕密殺害。

西來庵起義是臺灣民眾反抗日本統治鬥爭較激烈、規模較大的一次起義，也是日軍在臺灣鎮壓「後八年」武裝起義中殺害臺灣人民最多的一次事件。起義失敗後，臺灣武裝抗日鬥爭進入低潮，也標誌著臺灣「後八年」起義的結束。面對日軍的兇殘，臺灣人民反抗殖民統治的方式開始轉變，改為集會、演講、請願、抗議的非武裝抗爭，要求總督府改善對臺灣不合理的統治。

四、山地英雄們的絕頂起義

高山一萬八千丈，宜把吾人屍骨藏。

火銃原來如熱血，盡情噴射向豺狼。

日本殖民者在據臺的第二年開始對山地少數民族實行徹底的警察統治。他們不僅擁有對少數民族生殺予奪的大權，同時還控制他們的經濟命脈。為保護自己的家園，山地少數民族從一開始就與日本殖民者展開了殊死的鬥爭。據史料顯示，至1920年，山地少數民族共舉行過一百三十八次起義，犧牲了約七千人。同時，山地少數民族也給日本殖民者以重創。這一時期臺灣東部、南部地區的三個族群的武力反抗最可歌可泣，持續的時間最長。

太魯閣人分布在臺灣花蓮秀林鄉太魯閣峽谷立霧溪流域，民風勇武剽悍，有獵頭習俗，壯丁臉上大都刻有刺青。日本占領花蓮之初，在花蓮港設置了「守備隊」。幾個月後，又在花蓮的新城設置了「監視哨」。1896年12月，監視哨的日軍侮辱強姦了太魯閣族婦女，憤怒的太魯閣人對哨所發動了攻擊，將十三名日軍全數消滅，史稱「新城事件」。由此引發了該族長達十八年的反日抗爭，也揭開了臺灣少數民族反抗日本殖民統治的大幕。

事發後，日本第三任臺灣總督乃木希典惱羞成怒，半年之內多次派兵前往報復，還調派軍艦進行炮擊。不僅如此，日軍還威逼阿美族人協助討伐，結果均告失敗。乃木希典遂中止行動，改用懷柔的政策對待位於新城附近的「外太魯閣

人」,並與之「友好」相處。

太魯閣族巴托蘭社總頭目卡拉·瓦旦的喉頭與左背雖中彈仍堅持戰鬥,圖為他與幼子的合影(採自《中國民族報》,2010年10月19日)

1906年4月第五任總督佐久間左馬太上任後,制定了「五年討番計劃」,欲將山地少數民族趕出原來的居住地。由於日軍逐漸擴大採樟區域,侵入太魯閣族

人的生存領域，經常引發流血衝突。最嚴重的一次衝突是1906年到次年太魯閣人以「獵頭示威」的激烈方式向日方發難，襲殺日商「賀田組」，共打死在威里社製造樟腦的「腦丁」，以及花蓮港支廳長大山十郎等三十多名日本軍民，此為「威里事件」。此事件震驚了日本朝野，日本總督佐久間左馬太對太魯閣人是又怕又恨，由於對太魯閣族群的不瞭解和對地形的不熟，佐久間這個殺人不眨眼的劊子手未敢輕舉妄動。為了與太魯閣人決戰，他整整準備了七年多的時間。即使如此，他還搭上了一條老命。

佐久間左馬太將全島重新劃成十二個作戰區，用血腥手段鎮壓其他山地少數民族的反抗。他親自督軍攻伐大嵙崁、北勢番、馬利宛、奇那濟等部族。經過日本殖民者多年鎮壓之後，臺灣北部少數民族中堅持抗日鬥爭的只剩下太魯閣人。據日軍情報部門統計，1914年太魯閣大小部落共有五十八個，壯年男子約有兩千五百位。摸清太魯閣人的家底之後，臺灣總督佐久間左馬太於當年發動了規模空前的「太魯閣之役」。他率領兩萬討伐大軍，分東西兩個司令部共五路圍剿太魯閣人。他本人任總司令率領西部三路日軍，分別從中央山脈的畢祿、合歡、奇萊諸峰向東推進；西部日軍分別從花蓮秀林鄉和東海岸山腳向西推進，企圖將太魯閣人圍而殲之。

太魯閣人與日軍的首度遭遇戰，發生在1914年6月4日。當天，大批日本軍警仰攻木瓜溪巴托蘭社群，巴托蘭總頭目卡拉‧瓦旦將男丁分成幾組，共同阻擊。戰士們手持火銃或是刀和箭，以石壁作掩體，居高臨下，多次擊退日軍的進攻。卡拉‧瓦旦和他的小兒子衝在最前線，戰鬥中卡拉‧瓦旦喉頭及左背被敵人打中，前胸後背都是鮮血，他甚至連話都不能說出來，但他仍然堅持戰鬥到最後。

太魯閣諸社各自為戰，節節防守，與日軍頑強戰鬥了兩個多月，打死日軍一百二十多人，傷兩百五十多人。佐久間也在此戰役中負傷並在半年後死亡，他是日本侵華史上陣亡的最高軍階者。太魯閣人最終因彈盡糧絕被迫繳械歸順。

在日本征討山地少數民族時，曾頻繁使用「以番治番」的措施，讓少數民族互相殘殺，且屢使不爽。阿美族就曾被日本人威逼利用過，但阿美族人民最終沒

能忍受日本殖民者沒完沒了的徵用。

　　生活在臺灣東部七腳川社的阿美人是花蓮平原人口最多的少數民族，自1896年到1907年，七腳川部落裡的大量青壯年被日警徵調去圍堵、攻打太魯閣人，經常延誤了本族群的農耕，導致部落口糧嚴重不足。但日本人可不管這些，還是命令他們連年隨徵。1908年，積在七腳川民眾內心的仇恨像火山一樣爆發了。起義者一部分暗中聯絡住在木瓜溪上游的太魯閣人，然後雙方聯手襲擊設在七腳川的日警駐所，殺死日警並焚毀警所。

　　花蓮港派出大批日警前來鎮壓，早有準備的阿美族人發動所有的部落，舉行了更加激烈的反抗，一時間，抗日風暴波及花蓮市區。臺灣總督佐久間左馬太緊急徵調臺北、桃園、宜蘭等地的軍警搭乘軍車馳援，在大砲、機槍的掩護下，日軍攻入七腳川，但熟悉地形的族人早已轉入山區進行游擊戰。日軍面臨太魯閣人和阿美人雙重進攻的壓力，最後只好用武力防衛線進行圍堵分割，不敢再次進攻。第二年，日本人派遣同屬阿美族的荳蘭社族親上山充當說客，承諾無論何時，只要下山歸順，日方絕不追究他們的起義行為。三個月後，一部分七腳川社阿美人因彈盡糧絕被迫下山，另一部分人仍在山中堅持抗日，靠採摘果葉和狩獵果腹。直到1914年太魯閣戰爭爆發，他們再次聯手太魯閣人抵抗來犯的日軍，終因彈盡力竭而下山歸順。至此，他們在荒涼的山中整整堅持了六年。

　　1914年，日本人攻占了太魯閣族之後，命令東部和南部地區山地少數民族上繳賴以生存的獵槍，以控制他們的強悍武力。在幾番交涉均告失敗的情況下，布農族人群起反抗，他們殺死日警，奪過槍枝，由此引發一連串的衝突、鎮壓、安撫等事件。

　　在布農族抗日活動中，出現了兩個大英雄。拉瑪達星星是新武呂溪流域下馬谷社（今臺東縣海端鄉）霧鹿地區的頭領，他勇猛善戰，長於智謀，行蹤飄忽不定。1914年，拉瑪達星星在襲殺新武呂駐在所日警後，率族人轉移到大侖溪上游高山深處的伊加諾萬地區進行據守。由於地勢險要，十多年間未有日警來犯，拉瑪達星星卻以此為基地主動出擊，出沒游擊的範圍有八通關警備道、高雄州、花蓮廳、臺東廳新武呂溪等地。日警忌憚於拉瑪達星星一呼百應的影響力，一直

第六章　日據時期（1895年到1945年）——堅持抗日鬥爭五十整年對祖國的認同發自內心

對他進行招撫,這一點正好被堅決抗日的拉瑪達星星利用。1926年,他假意與日本人簽訂歸順和約,卻利用雨天迅速趕到臺東駐在所殺死日警。1932年5月,日本第十五任臺灣總督中川健藏上任後,尋找透過議會選舉等非武力的方式來達到平穩治臺的目的,但拉瑪達星星根本不吃一套。1932年9月,拉瑪達星星的族人在高雄州殺死大關山駐在所的警察,此事引起日本總督府的極度重視,迅速組成由八十多名警察和一百四十名築路工人組成的搜索隊,進行強力搜捕,最終他與長子、四子一起被捕,並在年底被處死。臨死前他們沒有恐懼,沒有乞求饒恕。

另一位英雄拉荷阿雷是布農族大分部落(今南投縣信義鄉境內)的頭目。1914年日警誘騙拉庫拉溪流域布農壯丁集體到花蓮機場參觀,卻乘虛而入搜走各部落獵槍。對此拉荷阿雷非常憤慨,便於次年與其弟阿里曼希堅率五十六名族人襲擊大分駐在所,拉荷阿雷一人殺死七名日警,最終,日警被全部殺死。

拉荷阿雷領著族人轉戰荖濃溪上游的塔馬荷地區,靠天險建立了安全的基地。臺東、花蓮兩廳的族人也紛紛來投,拉荷阿雷逐漸擁有一支抗日隊伍,共二十七戶兩百六十六人,他們與日警展開長達二十年的抵抗。日本人為了對付拉荷阿雷,修建了關山越嶺戰道。為了避免對族人不必要的傷害,拉荷於1933年接受日本總督中川健藏的和解方案。

山地少數民族起義以其大無畏的意志給日本殖民者以沉重的打擊,他們的抗日行動更激烈、更持久,是臺灣人民威武不屈、誓死抗日的樣本和重要組成部分。

第三節 非武裝抗日階段

一、林獻堂開啟非武裝抗日運動

卿卿國殤近什一[4],驟雨初歇細雨滌。

第六章 日據時期（1895年到1945年）——堅持抗日鬥爭五十整年對祖國的認同發自內心

議會爭權民獲益，在乎身後罵名欺？

臺灣社會運動領導人之一林獻堂

　　武裝抗日運動被鎮壓後，臺灣又出現了利用合法手段進行非武裝抗日的社會文化運動，歷時十五年。這一運動的領袖人物之一是林獻堂。

　　林獻堂，出身望族霧峰林家，父親林文欽是清末舉人。林獻堂曾任霧峰參事、區長，並於1905年被授紳章。由於其領導臺民進行非武裝的請願活動，被稱為臺灣的「議會之父」。

　　1919年底，林獻堂、蔡惠如等人在大陸「五四運動」的影響下，聯合一批留日學生，在日本東京成立「新民會」，這是臺灣青年組成的現代第一個政治團

體。新民會主要從事抗日宣傳，爭取臺灣人民的基本權利。次年7月，該會創辦了《臺灣青年》雜誌。

　　林獻堂還發起「六三法撤廢運動」，要求廢除歧視臺灣民眾的規定。新民會發起的運動，很快轉變為「臺灣議會設置請願運動」，要求在臺灣實施自治，設立擁有立法、預算審查的議會。從1921年到1934年，由新民會組織的請願運動堅持十四年，前後向日本當局請願十五次。

　　1921年，林獻堂在臺北成立「臺灣文化協會」，該協會仿效中國國民黨的制度，推舉林獻堂為總理，蔣渭水為專務理事。該協會是臺灣民族運動時期最重要、作用最大的一個啟蒙性質的組織。該會在臺灣各地進行演講、開辦文化講座等活動，宣傳愛國民主理念。

由林獻堂領導的臺灣議會設置請願團到達日本東京（採自中國臺灣網）

　　面對臺灣的「合法」民族運動，日本政界處於十分尷尬的境地。按照日本憲法規定的民權原則，剝奪臺灣人的參政權是明顯的違憲行為。當時日本不少學者

和民主派的政界人士，也積極支持臺灣人的「民權運動」。1921年，第一次請願運動後，日本總督府雖然沒有同意建立「臺灣議會」，但設置了一個「臺灣總督府評議會」，特聘林獻堂等八名新民會骨幹為「評議員」，對總督的政務進行監督評議。日本原想以「御用文人」的高官厚祿來收買林獻堂等人，使他們自願停止民權運動。但林獻堂並不買總督府的帳，依然積極參與民權運動，所以1922年臺灣總督府罷免了林獻堂的「評議員」職務。

季風[5]一染十餘載，瘦島窮郊慧眼開。1923年，文化協會為激起臺灣人民的民族意識，創立《臺灣民報》，林獻堂擔任該報社的社長。該報被稱為日據時代「臺灣人民的喉舌」。

林獻堂曾花了兩年的時間籌設「大東信託株式會社」，以打破日本人及御用紳士壟斷的金融業。

1927年7月10日，林獻堂、蔣渭水、蔡培火等成立了臺灣歷史上的第一個政黨——臺灣民眾黨。鑑於鳳山此前已成立了「臺灣農民組合」，會員發展到兩萬四千多人，臺灣民眾黨認為可以將這一組織擴大成一個全臺灣規模的聯盟，以形成一種合力。在臺灣民眾黨的運作下，「臺灣工友總聯盟」成立，加入的各類勞工團體多達六十五個。

1928年4月15日，林木順、謝雪紅等受中國共產黨指揮，在上海成立了臺灣共產黨，當時的名稱叫日本共產黨臺灣民族支部。臺灣共產黨當年派成員去臺推動臺灣工農運動。

至此，非武裝抗日的社會文化運動的三個階級和路線已經涇渭分明。據臺灣學者王曉波分析，林獻堂代表地主階級的利益，他採納梁啟超的建議，走「愛爾蘭式」自治道路；蔣渭水代表市民階級，走的是孫中山路線；臺灣共產黨代表農民階級，走的是中共路線。但不論其階級、路線及意識形態有何不同，他們的愛國主義和民族主義卻是共同的。

日本侵略當局為撲滅臺灣人民的抗日烽火，於1929年2月12日突然出動全部警察、特務，在全島範圍內進行大檢舉、大搜捕，襲擊臺灣文協、工會、農民組合等所有機構，逮捕一千多名抗日積極分子和革命團體的領導者，並對他們處以

起訴或非法判刑,這就是有名的「二‧一二」事件。

1930年,林獻堂脫離了已轉向革命的臺灣民眾黨,籌組臺灣地方自治聯盟。二十三年前在日本與梁啟超所談的「民族自治」,終於有了一個可以開展工作的支點。

1931年「九‧一八」事變後,日本成中國的敵人。由於臺灣人始終認定中國人的血統,臺灣總督府,發表了禁止建黨結社的命令,臺灣人「非武裝抗日」的民權運動到此已接近尾聲。臺灣地方自治聯盟雖然還被允許存在,但卻在日本總督府嚴密注視下活動。1936年3月林獻堂在大陸遊歷時曾有「此番歸來祖國視察」等語,回臺灣不久便被日本軍政當局指使浪人打了耳光。次年,中日戰爭全面爆發,臺灣地方自治聯盟宣布解散。

二、蔣渭水因反日十餘次坐牢

一腔慷慨血將乾,天遣英華啟島川[6]。

牢獄幾回能鎖死!丹心已化萬重山。

「莽莽神州幾陸沉,藩籬已削更相侵。強鄰蠶食肇黃禍,碧血橫流滄海深。」這首由臺灣抗日志士蔣渭水創作的飽含悲憤的詩作《嘆神州》,在塵封七十四年後於2005年首次與讀者見面,並被收錄在當時出版的《蔣渭水全集》增訂版中。

該全集用史料說話,為臺胞抗日史「繼絕學」。新華社曾於2005年7月6日發表消息,對該書的出版進行了報導。

第六章 日據時期（1895年到1945年）——堅持抗日鬥爭五十整年對祖國的認同發自內心

臺灣社會運動領導人之一蔣渭水

　　蔣渭水，臺灣宜蘭人，生於1891年，是臺灣非武裝抗日運動的代表人物。在日本殖民統治年代，蔣渭水就讀臺北醫學校（現臺灣大學醫學院），接受現代醫學教育與現代文明。

　　蔣渭水畢業後在臺北開設了大安醫院，時常邀集其他院校學生前往醫院討論有關臺灣時事。這期間他祕密參加了同盟會。1920年起蔣渭水開始參與臺灣議會設置運動。

　　1921年他與其他同志成立臺灣文化協會，作為提倡民權、改造社會的啟蒙運動的組織。1923年因治警事件，蔣渭水被日本當局逮捕監禁。

大陸看臺灣歷史

1924年，蔣渭水等人在請願時，被日警以擾亂治安罪逮捕。臺灣人和一部分支持臺灣民權運動的日本人，在法庭上進行了大規模的法庭鬥爭，取得了很大的成功。最後日本法院釋放了大部分被捕者，但蔣渭水等首領被判了四個月的監禁。

1925年，蔣渭水又因反抗總督政令被囚禁四個月。走出牢籠的蔣渭水仍然不改喚醒民眾的初衷，而日本總督府不會坐視不管，又因其社會影響力巨大，不敢輕舉妄動，殺害蔣渭水。於是又以觸犯刑律為名，將其收監。

蔣渭水一生受日本方面拘捕、囚禁多達十餘次。日本人妄圖用各種手段摧毀蔣渭水的抗日意志，但蔣渭水始終沒有屈服過。這是怎樣的耐力和堅定的心態呵！如果是一般人，早就崩潰了！別忘了，他的敵手是世界上最兇殘的日本殖民者，已有數十萬臺灣民眾被他們殺害。

中新網曾於2007年7月16日轉載一篇文章——《探祕日據時期臺北「水牢」》。文中援引蔣渭水後人的話說，許多囚犯身陷縲絏難免身形消瘦，獄中的蔣渭水卻是「視入獄如入學」，還是增胖第一名。在十餘次的牢獄經歷中，蔣渭水增肥最多的一次曾胖過四公斤。

根據蔣渭水的日記記載，由於獄中米飯不足，蔣渭水嚼著米飯，若咬到小碎石粒，生怕吐出石粒會把米飯一起吐出來，浪費糧食，於是將米粒、石粒通通吞下肚，當作是補充「鈣質」。

1926年，臺灣文化協會因為左右派的路線之爭而告分裂，蔣渭水以「同胞須團結，團結真有力」作為號召成立了臺灣民眾黨，並且出任中央常務委員兼掌財政部長。臺灣民眾黨是臺灣第一個成立的合法政黨。蔣渭水繼續聯合「臺灣工友總聯盟」、「臺灣農民協會」進行鬥爭。

爭得黑洞一絲亮，蜂湧如斯焉向前。蔣渭水領導的臺灣民眾黨想方設法不只一次地向國際聯盟控訴日本在臺灣販賣鴉片特許制，以及在霧社事件之後集中殺死全社無辜青年，讓臺灣的情況得到國際上的注意。

在臺灣的愛國民主運動、籌組工農社會組織和協調社會運動內部事務中，民

眾黨造成十分重要的作用，成為臺灣民主運動的核心。由於臺灣民眾黨信仰孫文學說，最後在謝春木等人主導之下逐漸往階級革命邁進。1931年，日本臺灣總督府勒令解散了臺灣民眾黨，同年蔣渭水因傷寒病過世，年僅四十一歲。

蔣渭水當年去世時，臺灣萬人空巷，民眾不懼怕日本軍警環伺，以街頭追悼的「大眾葬」的方式進行著抗日活動。

蔣渭水以其堅忍不拔的精神，被譽為「臺灣的孫中山」，在民眾心中占據著崇高的地位。

三、把根留住——連橫寫《臺灣通史》

綠島落英春寂寂，山川流血夜沉沉。
亡國路上多牛馬[7]，滅種坑前少魄魂。[8]
忍看族群失母語，敢教通史憶崑崙。
人心從此多激盪，處處揮刀向日輪[9]。

日本占領臺灣後，殖民當局推行殖民同化政策和奴化教育。比如，強令人民禁用漢字，不許講閩南話，有關中國的歷史、思想、文化均在排擠之列；同時，強制推行日語，強迫人民改用日本姓名，企圖從根上切除中華民族文化的影響。

為了反對日本的這種「根除中華文化」的卑劣行徑，愛國史家、臺灣報人連橫先後五次遊歷大陸，歷時十年寫成《臺灣通史》，以大量的史實史料證明，臺灣自古屬中國。此書於1920年出版後，先後被翻印成十多種版本，成為人民自覺抵制「皇民化」的精神支柱。

連橫還用兩年時間撰寫了《臺灣語典》，對於臺灣通用的閩南方言，尋根探源，旁徵博引。他說：「臺灣文字傳自中國，而語言則多沿漳、泉。顧其中既多古義，又有古音……昧者不察，以為臺灣語有音無字，此則淺薄之見耳。」

大陸看臺灣歷史

在日本殖民者統治臺灣的歷史條件下，連橫敢於奮筆為臺灣修史，這是需要膽識和史德的。

《臺灣通史》及作者連橫

連橫出生於臺南市。作為一位愛國者，他一生反抗日本的殖民統治，為臺灣回歸祖國奔走呼號，表現了臺灣愛國知識分子憂國憂民的赤子情懷。早在連橫十二歲時，其父曾對他說：「汝為臺灣人，不可不知臺灣事。」光緒二十一年（1895），連橫的家鄉被日本人侵占，其父因憂鬱而去世。他飽嘗了國難家仇的憂患。

連橫十八歲開始蒐集文獻史料，為他日後修史作準備。1899年，二十一歲的連橫任臺南《臺澎日報》漢文部主筆，其後任《臺南新報》等多家報紙的主編和創辦人，在報界任職二十餘年。為寫通史，他在公務之餘廣覽群書，考察臺灣，終寫「民族精神之所附」的「必傳之作」。

1929年，連橫的兒子連震東從日本東京慶應大學畢業，連橫要求他「回祖國效命」。連震東奉父命，赴西安工作，不久被任命為中央訓練團少將高級教官，直到臺灣光復才返臺。

1933年，連橫為「遂其終老祖國之志」，赴上海定居。1936年，連橫因病逝世。彌留之際，他念念不忘臺灣光復事業，勉勵其子曰：「今寇焰迫人，中日終必一戰，光復臺灣即其時也，汝其勉之。」

連橫還是臺灣著名的詩人，先後出版了《臺灣詩乘》、《劍花室詩集》、《寧南詩草》等大量詩作，控訴日軍侵略者的暴行。他在遊歷大陸後寫成《大陸詩草》，表達了對祖國山水和文化的熾熱情懷。

第四節 堅持抗戰到勝利

一、二等公民的長夜

布穀一催萬戶忙，種得十畝未存糧。

青黃斷處[10]嬌兒鬧，甘蔗野花度饑荒。

日本在臺灣實施殘酷的殖民統治，總督府於1896年發布了「關於施行臺灣之法律」。這一文件編號為第63號法律，所以稱為「六三法」。此法確立了總督的獨裁權力，總督可鎮壓抗日義軍和剝奪臺灣人民的基本權利。

日本在臺灣殖民統治主要靠軍隊、憲兵、警察維持，更多的是靠權大無邊的警察管制社會和民眾。日總督府還復活封建保甲制度，規定十戶一甲，十甲一保，保甲內部實行連坐，保甲另外組織壯丁團，接受警察當局指揮、監督。

日本還控制臺灣的經濟命脈，壓制中華文化，引入日本文化，企圖將臺灣人民同化成畸形的日本人。臺灣人民深受民族歧視，政治上沒有參政權，經濟上備受壓榨，處於二等公民的地位。

日本殖民者從法律上否定了臺灣少數民族對居住地及部落土地的所有權，這樣山地資源便為國有而可隨意開發了。日總督府還規定，管轄少數民族的機構同時也就是開發山地資源的機關，譬如說撫墾署的分內事就是以下四件：處理「番人」；樟腦製造；開發森林；移民日本人。這使得這些管理機構對山民們有生殺予奪的大權。

臺灣種稻的農家生活狀況如何？廈門大學陳小沖教授著《日本殖民統治臺灣五十年史》中記載，1931年度的統計調查顯示，該年度臺灣稻作農家所得除去稅費負擔後的純收入，自耕農為五百七十一元，半自耕農為五百八十九元，佃農為三百五十九元，但維持生活所需開銷卻分別為九百五十五元、六百六十四元和五百三十四元。換言之，他們入不敷出，呈現一種赤字狀況。彌補赤字的方法只能來自加倍的勞動投入，即以農業外收入來補充。

日本資本家壓榨臺灣蔗農，以低價收購甘蔗。當時臺灣流行一句話：「第一憨（傻），種甘蔗給會社磅。」

日本殖民政府強迫臺灣農民改種甘蔗

再看臺灣的漁家生活。臺灣處於冷暖流交匯處,漁業資源豐富,照理說此地漁家的日子應該好過些吧!但情況恰恰相反:

一網三鱗[11]稅九成,

無錢餬口夜光濃。

這句詩恰好能反映出臺灣漁家生活的窘迫及其原因。

日據時代,臺灣廣設「公學校」和「教育所」,貫徹日語,盡廢漢文。鼎盛之時,專為奴化漢人兒童的公學校達六百六十一所,「番族」兒童教育所一百八十處,針對成年人開辦「國語講習所」三百六十七所。甚至規定:所有機關、學校等公共場合,禁止漢語;不會日語者不准就業;不學日語者罰款。

不僅如此,日本殖民者還強迫臺民接受歧視教育,這就是對中、高等教育的嚴格控制;即使是當地士紳家庭的孩子能受到中、高等教育,但也會受到日本師生的歧視。正是這種「差別教育」,將臺民永遠固化在「文化底層」。

生於高雄大地主家庭、日後成為抗日分子的陳明忠老先生,就是因為在學校備受日本同學欺凌,才意識到自己是中國人,才走上了「抗日」的道路。2008年他對媒體回憶那時的情景,深有感觸。

1929年,陳先生出於高雄一個大地主家庭。他於日據末期考上高雄中學,

也正是這個階段,他才切身體會到日據時代的臺灣人是二等國民。當時他們一班五十個人,只有十個臺灣人,其他都是日本人。他常被罵作「清國奴」,動不動就被打。有一次他因反抗擊敗了日本同學,惹來十幾名日本學生前來報復,最後一個日本學生臨走時對他說:你可以與日本人打架,但不可以打贏他。那時的他還小,不清楚對方為何這麼說,因為從小就受到日本總督府的思想灌輸:臺灣屬於日本,臺灣人就是日本人。後來,他透過打聽和學習,才知道自己不是日本人,是中國人。也就是從那時,他才轉變了思想。

「在日據時代作為臺灣人,真是一點尊嚴都沒有。我們是二等公民,甚至是三等公民(因為還有沖繩的琉球人)。我家是大地主家庭,我每天有牛奶喝,但因為在日本人面前沒有尊嚴,所有的臺灣人,在日本人面前都沒有尊嚴。那時候我才知道尊嚴最重要。」

日據五十年,對臺灣民眾來說,是暗無天日的五十年,也是中華民族發展史上悲慘的一頁。

二、霧社起義——高山少數民族的一次強烈反擊

軍曹易怒杖人頭,泰雅天生愛自由。

刀劍翻飛神化羽,被逼絕頂莫須愁。

霧社位於臺灣島中部南投縣山區,北港濁水溪與眉溪的分水嶺上,靠近著名的日月潭。因長年雲霧繚繞而得名。這裡聚居著泰雅人十一個社兩千一百人,還有一百多名漢人。日寇在這裡設立了十八個警察所,安插了幾十戶日本移民。1928年起,日本人在霧社大興土木,修建武德殿和旨在奴化兒童的「公學校」等工程。他們命泰雅族民眾到高山砍伐木材用人力運回霧社,常有工人被弄傷,或被斥責鞭打。此外,日本巡查強娶民女,封閉山林,不讓少數民族狩獵,人民的生存空間頓時變得侷促不堪。

1930年10月7日,日本巡佐吉村應邀參加馬赫坡社一對年輕人的婚禮。因其

白手套在握時沾上汙漬而大怒，吉村杖責數名村民，盛氣凌人地不肯接受族長莫那魯道的事後道歉，並揚言報復。

1930年10月，臺灣泰雅族霧社首領（中）舉行抗日武裝起義（採自中國臺灣網）

是繼續忍氣吞聲，還是豁出去拚個魚死網破？在面臨生死選擇的時候，莫那魯道及其族群一致選擇了為尊嚴、自由而戰，即使死亡也不可惜。這是怎樣一種無奈而悲壯的心境！

1930年10月27日早晨，霧社「公學校」舉行運動會，由郡守小笠敬太郎主

持開幕典禮，許多日本人都前往參加。就在日本國旗上升之際，突然一名霧社青年飛身跳上主席臺手起刀落，一個侵略者頭子的腦袋應聲落地。預先埋伏在會場內外的起義者在莫那魯道的率領下一起動手殺死會場上所有日本人。接著，義軍襲擊日本警察所、機關、學校、郵局，日寇傷亡近三百五十人，其中死亡一百四十多人。

日本總督石塚英藏獲悉霧社事件後，喪心病狂地從臺北、臺南、臺中和花蓮等地調動了兩千七百多名軍警，其中包括砲兵和一個飛行小隊，企圖用最短的時間撲滅霧社山胞起義。敵眾我寡，敵強我弱，怎麼辦？英勇的霧社民眾並沒有投降，他們繼續利用深山老林的有利地形，使用簡陋的土製武器，與日寇周旋。他們邊打邊退，一直打到位於懸崖峭壁上的有野獸出沒的馬赫坡洞窟內。許多婦女為激勵丈夫殺敵而無後顧之憂，集體跳下懸崖。

日本總督府一面以提供賞金和槍枝為條件，威逼利誘霧社地區的陶渣社（臺灣文本稱之為道澤社）等「友番」協助日軍進攻馬赫坡；一面出動飛機，投下包括糜爛性瓦斯彈在內的各種炸彈，但都阻止不了起義者堅持戰鬥。在飛機大砲的掩護下，日軍逐漸逼近馬赫坡岩窟。霧社山胞已是彈盡糧絕，見大勢已去，他們便以三四十人為一組，集體自殺，或跳崖或懸樹自盡，起義領袖莫那魯道也自殺身亡。

這是何等悲壯的場面！樹上掛滿了他們的屍體，懸崖上不時出現飄墜的身影。樹木是他們的民族圖騰，懸崖下就是樹的海洋；他們視死如歸，要從祖靈那裡汲取力量和安慰；他們寧願自殺也不願讓自己落入敵手，不願看到日本鬼子那令人憎恨的狂笑。當死亡來臨的時候，他們沒有恐懼，而是攜手同行，用自己的行動詮釋屈原《國殤》中的那句「身首離兮心不懲」的份量。他們是可以被打敗，但他們是永遠不會被征服的錚錚鐵漢、巾幗烈女！

參加起義的霧社山胞主要有馬赫坡、荷哥等六個社，總計一千二百餘人，其中戰死或自殺者達六百四十多名，戰敗被收容者為五百六十多名。

令人髮指的悲慘之事還沒有結束。

霧社起義失敗後，臺灣民眾黨不畏強暴，發動全臺範圍的抗議活動。日本帝

國議會對臺灣總督府的兇殘作法也表示強烈質疑，日本政府最終於1931年1月將總督石塚英藏與總務長官等人撤換召回。新任總督太田政弘更加狡猾兇殘，這位「二戰」甲級戰犯走馬上任後，先解散民眾黨，然後又打起了霧社起義的劫後餘生的主意。

1931年4月25日清晨，在日警的陰謀策劃下，「友番」陶渣社等五個社群組織襲擊隊，要為在戰鬥中被打死的頭領報仇。他們分兩隊先後向「霧社事件」所在的收容所展開襲擊，殺死了五百一十四名中的兩百多名，史稱「第二次霧社事件」。

為了對起義的少數民族趕盡殺絕，而又不給政治對手留下把柄，日本總督府竟利用「以夷制夷」的策略，挑起各族群之仇恨，其陰險、歹毒，真是令人髮指。而那些被利用的族群被仇恨所矇蔽，置民族大義於不顧，竟幹起了令親者痛仇者恨的事，這是少數民族人民共同的悲事、憾事和恨事。

「友番」襲擊隊在日軍教唆下殺死兩百多被俘者，並割下他們的頭顱向日軍邀

功，此為第二次霧社事件

兩次劫難之後，收容所只剩下老弱病殘兩百九十八人，幾乎瀕臨滅種。那些殘存者於次月5日，在軍警的押送下，被迫遷往霧社西邊數十公里外的北港溪右岸，重新命名為「川中島社」，環境迫使他們過起了不熟悉的農業生活。

遭受如此慘烈的暴行，霧社民眾應該屈服了吧？日軍野獸般的殘暴也應該收斂了吧？不，兩者都沒有。

史料披露一個細節：有四名霧社倖存者偷偷地潛回原住地替慘死的同胞報仇，終被日警逮捕。令日本人吃驚的是其中有一個還是個小孩。日本處死了另外三個報仇者後，並未善罷甘休。經過長期布線調查，發現還有二十三人於事件中襲殺日人，於是日本總督府於1931年10月15日逮捕並殺死了這二十三人（一說逮捕了近四十人），這就是第三次霧社事件。

霧社起義不是在衝動的情況下舉行的，作為曾被日本總督府評為模範村的負責人，莫那魯道曾被推薦去日本觀光，考察中他深深知道，無論其如何反抗也無法戰勝日本。但日本殖民者確實欺人太甚，是可忍孰不可忍。因此，霧社起義是臺灣少數民族在忍無可忍的情況下反抗日本殖民統治的一次總爆發，其威武不屈、視死如歸的民族氣節激勵著當時島內、後來大陸和全世界範圍內的人們，反對殖民統治，爭取民族的解放。

三、臺灣義勇軍的作為

富貴生來錦繡鋪，卻思西陸[12]覓藍圖。

軍旗獵獵江潮湧，雷電海峽一丈夫。

第六章 日據時期（1895 年到 1945 年）——堅持抗日鬥爭五十整年對祖國的認同發自內心

臺灣抗日義勇隊創建人李友邦（採自中國臺灣網）

一從日據淚不乾，炮響盧溝熱血翻。1937年「七七事變」後，中國進入全民族抗戰時期，這重新喚起了臺灣人民的抗日激情。在抗戰爆發的第一年，臺灣就有五萬多人內渡大陸，奔赴全國各地的抗日戰場，臺灣抗日運動遂與祖國的抗日戰爭結合起來。大陸臺胞成立的組織包括「民主總聯盟」、「臺灣革命青年大同盟」、「復土血魂團」、「臺灣革命同盟會」、李友邦領導的「臺灣義勇隊」、丘逢甲之子丘念臺領導的「東區服務隊」、李萬居擔任副主任的抗日諜報組織「國際問題研究所」等。臺胞們為救臺灣先救祖國，在大陸的戰場上相互支援、前仆後繼。李友邦就是臺灣在大陸的武裝抗日活動中最具代表性的臺灣人。

李友邦為新北市蘆洲鄉望族子弟，從小就有強烈的民族意識，他曾因與同學襲擊日警派出所而被學校開除。作為臺灣文化協會的主要成員之一，他積極地參加協會所組織的愛國活動。日寇的殘酷鎮壓，使得島內堅持武裝抗日的環境越來越惡劣，他的父親及兩個弟弟就是在參加抗日活動中犧牲的。李友邦寄希望於祖國大陸，於1924年前往中國大陸。在大陸他有幸聆聽孫中山演講，參加了中國民主革命，並成為黃埔二期學員。

據報導，在大陸，李友邦又因從事抗日等革命活動，竟然兩次被國民黨政府逮捕入獄。1937年李友邦出獄後，毅然決定發起成立臺灣義勇隊，繼續為祖國的抗戰事業出力。

《解放軍報》曾披露，臺胞在組建臺灣義勇隊的過程中，曾得到中國共產黨及周恩來的悉心指導和鼎力幫助。[13]組建臺灣義勇隊需經國民政府軍事委員會政治部批准方可，該機構在國共建立抗日民族統一戰線後，於1938年初成立。1939年初周恩來到浙江金華參加第三戰區會議時，在聽取中國共產黨工作人員關於李友邦擬成立臺灣義勇隊的工作匯報後，作出指示，建議李友邦充分運用國民黨內部關係使該組織獲得批准。

臺灣義勇隊活動在江浙閩一帶，抗擊日寇（採自中國臺灣網）

　　李友邦分別找到國民黨浙江省、福建省政府的負責人黃紹竑和陳肇英，並透過他們的關係面見政治部主任陳誠。經過做國民黨內部幾方面的工作，由李友邦出面申請建立臺灣義勇隊的報告，較順利地獲得國民政府軍事委員會政治部的批准。

　　就這樣，在國共雙方的支持下，李友邦將旅居閩浙一帶的臺灣同胞組織起來，並於1939年2月22日在浙江金華組織臺灣抗日義勇隊，李友邦被任命為少將總隊長。他率領這支隊伍戰鬥在抗日第一線。以後他又將來自臺灣的少年組織起來，成立「臺灣少年團」。

　　臺灣義勇隊活躍在浙江金華、福建浦城、龍岩、廈門等地，廣泛從事抗日宣傳、瓦解日軍、戰時醫療服務、蒐集和傳遞軍事情報、戰時社會服務等工作。不僅如此，義勇隊還多次殺奔抗日前線，打擊日軍和偽軍。1943年6月30日，臺灣義勇隊組織襲擊廈門虎頭山日本海軍駐地，炸毀了日軍油庫，打死打傷日軍和偽軍幾十人。次日，臺灣義勇隊又襲擊了日寇在廈門舉辦慶祝活動的會場，當場炸

死日軍和偽軍數十人。連續的軍事襲擊,使駐廈門的日軍和偽軍惶惶不可終日。

作為國民政府臺籍少將的身分,李友邦還積極發動「臺灣復省」運動,對日後臺灣的光復作出了重大的貢獻。

四、臺灣青年反戰暴動

烽煙遍地巨龍飛[14],臺海徵兵作炮灰。

血性男兒齊暴動,願拿生命護崴嵬[15]。

1942年日本在臺灣強徵「特別志願兵」赴中國華南、南洋充當炮灰。圖為出發前的新兵

日本帝國主義發動全面侵華戰爭以後,為支援侵華戰場,日據臺灣總督府加強了對臺灣的控制。一時間臺灣軍警密布、特務如牛毛。同時日本總督府還在臺灣全島徵兵,讓他們開赴中國大陸、南洋戰場。二十歲至四十歲的青壯年男子多不能倖免。據《臺灣同胞抗日五十年紀實》統計,自1937年到1945年止,日本

在臺灣以軍伕和志願兵的名義一共徵募約二十萬名戰鬥和非戰鬥人員。其中有三萬餘人戰死或病死。

臺灣人民不願成為日本法西斯的戰爭工具，風起雲湧發動反戰暴動。現整理兩岸部分書刊所載的暴動如下（由於具體數字常有出入，故有的略去）：

1. 1937年11月，宜蘭礦工舉行暴動；同期屏東枋寮高山少數民族及漢民聯手暴動。

2. 1938年初，霧社少數民族反對日人徵調壯丁而舉行反日暴動。

3. 1939年3月13日，被徵調農民千餘人，在高雄兵站舉行反戰暴動，與日憲兵互擊半日，失敗後大部分被害。

4. 1939年10月10日，被徵調壯丁數百名準備開往大陸戰場，在基隆集中時舉行反戰暴動，殺死日軍一百餘名後退入山中。

5. 1941年3月，臺東兩百餘名高山少數民族同胞暴動。

6. 1942年2月，大批被強徵入伍的臺胞在基隆暴動。

臺灣人民的反戰暴動，有的是有組織的，有的是自發的。絕大多數的暴動都被日軍殘酷鎮壓了下去，但臺灣人民不怕犧牲，也不會屈服於日寇。每一次暴動都是一個響亮的回答：他們寧願與日寇同歸於盡，也不願與大陸同胞自相殘殺；每一次暴動都是一個艱難的告別：他們知道這一出手，就可能再也見不了親人，但他們無悔。

當然也有暴動成功的例子：1938年3月，宜蘭礦工再次暴動，他們在工黨領袖高斐領導下進攻日軍指揮部，焚毀火藥庫，激戰數小時後，攜帶劫奪的大量軍火返入阿里山，與少數民族同胞聯合開展抗日游擊戰爭。

在所有暴動中最悲壯要數高雄的兩次暴動了。1938年10月，高雄、六甲等地相繼發生襲擊日警的反戰暴動，日本侵略當局急調軍警鎮壓，參加暴動的民眾有兩百餘人遭殺害，四五百人被逮捕。1939年3月13日，高雄地區被強徵入伍的一千多名農民被押往侵華戰場，他們不願去打祖國同胞，在領到槍械後於高雄車

站突然「譁變」。這真是——

戰士正愁無寸鐵，

一堆利器到跟前。

英勇的高雄籍士兵與日本憲兵隊激戰半日，互有死傷。最後暴動失敗，有六百名義士慘遭殺害。

1941年，太平洋戰爭爆發後，日本疲於兩線作戰，兵力嚴重不足，決定在臺灣招收志願兵。招兵的方法是充分利用日本在臺灣進行的「皇民化」教育和欺騙的手段。1942年，臺灣總督府頒布「志願兵訓練募集綱要」，正式在臺灣人中募集志願兵。一開始，這些志願兵大多被補充到日本的臺灣駐軍中，隨著軍隊的調遣，大多被派遣到中國的海南省以及東南亞及南洋地區作戰。

那些被遣到海南的臺灣籍士兵，決定投入到當地的抗日武裝，為此他們不惜付出巨大的犧牲。1943年至1944年，海南島有萬餘名被日本強徵的臺灣兵起義，起義失敗後，七千多人遭殺害，共有約四千名臺灣兵成功地參加到抗日隊伍中。

日軍還利用高山少數民族的剽悍又適應叢林作戰的習性，用優厚的條件誘騙他們志願當「軍夫」、「農耕隊」。但這些所謂非武裝人員，到了前方之後，都被強制進行軍事訓練，成為山地和叢林作戰的特種部隊以及一些敢死隊，即所謂的「高砂義勇隊」。

在1942年到1943年間，共有數批約兩萬名臺灣少數民族被日本強迫送到東南亞戰場，他們到了那裡就被全部投入戰場。因「高砂義勇隊」多被派到戰爭的第一線，故死傷極為慘重，很多人都死在了戰場，戰後生還者僅占三分之一，且多數成為傷殘。也有隊員因不能忍受日軍的欺凌而逃跑或暴動。

日本戰敗後，將戰死的「高砂義勇隊」同胞的靈位擺進靖國神社，與進犯臺灣的日本侵略者的靈位並列，共同接受慰靈祭祀。這種將兇手與被害者同置一處的做法，是對臺灣同胞最大的侮辱，也是他們所不能容忍的。近年來，臺灣知名人士、泰雅族人高金素梅一直在為請回先人靈位而奔走、鬥爭。

五、臺灣祕密抗日行動

山鎮地火響不停,雨打寒蟬未廢鳴[16]。

朴子街頭[17]臺北夜,人人點火續光明。

日本在臺灣大搞皇民化,圖為皇民化下的臺灣小學生在操場訓練

  1931年,臺北印刷、煤炭工人和蔗農相繼舉行罷工,對此,日本人進行了殘酷的鎮壓,並對勞工運動背後的反日組織採取「一刀切」的取締。民眾黨遭取締,蔣渭水逝世,臺共也在「赤色大檢舉」中遭破獲。「九一八事變」之後,日本把臺灣定位為「臺灣是國防的第一線,日本南門的鎖鑰」,更加緊對臺胞的控制。軍警、特務遍布孤島。不屈不撓的臺灣人民在舉行武裝反抗的同時,頻頻採取「潛行運動」——祕密的抗日活動。相對於非武裝抗日的形勢,「潛行運動」的鬥爭更加艱苦、更加悲壯。

  1932年初,在臺灣共產黨新竹大湖支部領導下,大湖農組準備發動起義,

並任命了下屬十一個地區行動隊的負責人,事情被大湖警察局一名巡警家屬偶然得知而洩漏。日本殖民當局聞訊後迅速開展祕密調查,逮捕了大湖農組的主要成員及大批「嫌疑分子」共九十多人。最終,七十多人受到審訊,多人死於日本警察的嚴刑拷打。

1934年9月,日本兩位親王在臺灣準備參加10月1日舉行的一個大型典禮,以慶祝「把臺灣作為國防第一線」,此事引起抗日志士強烈不滿。9月29日上午11時,在基隆就發生了炸彈案,警察署部分建築物被毀,多名日本人被炸傷。日本總督府非常恐慌,大肆搜索後得知是一個叫鄭清水的年輕人所幹。原來鄭清水乘日人不備,隻身潛入日本基隆警察署,埋下了炸彈,欲行刺日本親王。日本人多次搜捕鄭清水,均被他機智脫逃。一個月後,鄭清水因為生活窘迫,向當地的保正廖某商借旅費,後者向日人告密,招來軍警圍捕。鄭清水臨危不懼,殺傷日警多人,然後盤坐在田邊。數十名日本軍警都不敢走近,後見久無動作才一點一點靠近,發現鄭清水已死在血泊中。原來鄭清水已用刀剖腹自殺。鄭清水之死,如此慘烈,令日寇膽寒;其視死如歸、寧死不屈的精神鼓舞著臺灣人民的抗日鬥志。

「七七事變」後,臺灣即進入「戰時體制」,日本殖民統治者嚴禁臺灣有任何反日活動,但祕密反日活動仍持續不斷,接連發生了1937年的「中華會館案」、1938年的「久留米油庫被炸案」、1940年的李欽名「朴子思想案」、1942年的歐清石、吳海水、郭國基的「東港事件」、1943年的「李建興案」、1944年臺大醫學部學生的「蔡忠恕案」和「蘇澳間諜案」。

1935年以前,中國政府一直未在日據臺灣設立領事館。僑務一直沒有人主持,1927年,臺北中華會館首先應運而生,至1935年止,臺灣已有三十處中華會館。中華會館每年開代表大會一次,總會館總務主任是林梧村,是國民黨黨員。對於這個半官方的中華會館,日本總督府也承認。自大陸國民黨政府在臺灣設立領館之後,中華會館就變成一個社交、經商的社會團體。1937年國民黨宣布對日作戰,並撤回駐臺領館,日本便喪心病狂地拿曾與國民黨走得較近的中華會館開刀。1937年底,日總督府肅清所有在臺的「中華會館」,前後兩次搜

捕，株連達兩百餘人。透過嚴刑拷打，強逼口供，要他們招認有「抗日救國團」，酷刑而死者即有易炳漢、何再來、陳顯銳、潘文漢、龔邦鎮等多人。更多的人被判處理八至十五年的監禁，如莊奕球被處刑十年，至光復時才出獄。

其中1938年夏，抗日分子炸毀著名的久留米儲油庫，死傷日本守軍三十餘名，焚毀可供日軍使用六年的燃料，給日軍以沉重的打擊。此案搜捕甚久，株連亦甚廣。

1940年春，臺南東石郡朴子街小學青年教師李欽名、李啟名兄弟，團結志同道合的志士五十餘人，祕密組織「臺灣民族主義青年團」，進行反日鬥爭。他們經常集會，準備在祖國軍隊復臺時發動起義響應。同年5月，日本警憲在偵知李欽名等人的活動後，於27日突然實行大搜捕，李欽名兄弟等近百人被逮捕。多數人被日本人酷刑致死，李欽名也慘死獄中。

1942年，發生「東港事件」。據日方報告：抗日分子歐清石、郭國基、吳海水等人募金買漁船，鼓動臺胞起義，以配合國民黨軍在東港、枋寮登陸作戰。吳海水為參與「文化協會」活動的醫生，歐清石為著名律師。共有兩百多名知識分子因受此案牽連而被捕，其中多人死於獄中。

1944年春，發生「謝娥事件」。留日歸臺的外科醫師謝娥，一心想潛回祖國戰場抗日。她與陳炳基、郭宗清、唐志堂、黃雨生、劉英昌等人祕密討論有關迎接盟軍登陸之事。剛好唐志堂和劉英昌剛畢業，將被迫應徵為日軍，這是他們都不能接受的事。因此謝娥出資託人安排了船隻，擬從新竹偷渡潛赴大陸參加抗戰，因被人告密而遭逮捕，嚴刑拷打後投獄，直到光復後，她才出獄。

1944年，臺大醫學部學生蔡忠恕集合兩百餘名青年學生祕密集會，醞釀反日起義，以期驅逐日寇，收復臺灣，迎接抗戰勝利，但不幸消息洩漏。同年4月，日本警憲大肆搜捕參加反日活動的學生，蔡忠恕等一千餘人被捕入獄。蔡忠恕受盡酷刑折磨而不屈，卻在次年六月遭盟軍轟炸時，死於獄中。

1944年4月，在「蔡忠恕案」大檢舉中被捕的臺北商校學生雷燦南，因寧死不出賣同志，竟被日本人的酷刑和囚禁逼瘋而死。他在中學時日記中就立志：「余之理想要渡海回大陸。臺北二中畢業後再讀高商，然後整理家業，領導本島

民族,大力展開活動。」

不管是學生、教員、醫生、律師,還是革命派、職業戰士,他們不以個人的力量為單薄,卻以拯救祖國、拯救民族為己任,其胸懷可謂博大,其鬥志可謂堅定。他們嚮往回到祖國的抗日前線,可貴的是他們不是空自嚮往,而是以實際行動在孤島上與日寇作不妥協的戰鬥,而從不顧惜自己的生命。

炎黃一脈出滄浪,慣把犧牲作遠遊。儘管日軍在臺灣實行殘酷的法西斯統治,但臺灣人民始終沒有放棄起義暴動和祕密活動。為此,臺灣人民付出了數十萬生命,直到日軍投降。

六、臺灣光復,點亮被壓抑五十年的喜悦

笑語歡歌燒紙錢,滿城煙火鼓喧天。

油松燈籠齊奔看,羞怯女兒猶搶先。

臺灣同胞的命運,始終與祖國人民的命運聯繫在一起。作為中國戰區的一部分,其何時能逃離水火,完全取決於大陸在世界反法西斯戰場上的態勢。

1943年,反法西斯陣營開始反攻,消滅德意日法西斯的戰爭進入最後決戰階段。如何部署盟軍的全面攻勢和戰後政治格局,已成為盟國面臨的迫切問題。當年11月,蔣介石、邱吉爾和羅斯福三巨頭,舉行了開羅會議。會議在第一階段通過了著名的《中美英三國開羅宣言》,其中規定「……剝奪日本自1914年第一次世界大戰開始以後在太平洋所奪得或占得之一切島嶼」,要求日本所竊取的滿洲、臺灣、澎湖群島等均歸還中國。

第六章 日據時期（1895年到1945年）——堅持抗日鬥爭五十整年對祖國的認同發自內心

臺灣光復後，在臺北公會堂舉行受降儀式，圖為群眾熱情地在場外守候

    1945年，《波茨坦公告》重申：1943年開羅宣言所說的收回日本占領中國領土一事，必須得到執行。

    1945年8月15日，日本宣布無條件投降。臺灣人民久久的盼望已經成為現實，人們紛紛拿出實際行動，想為臺灣的光復做點什麼。尤其是大學生，很活躍。他們主動到中小學校教唱國歌，受到歡迎。大學生還辦起了國語訓練班，請會國語的老人教大家說國語，從注音字母教起，很多人自發趕來學習。閩南話講得好的同學，則跑到寺廟裡，向那些老先生老太太講「臺灣回歸祖國了，我們要如何歡迎他們」等等。[18]

    同年10月17日，美軍的三十多艘軍艦和十多架飛機，滿載中國國民政府接收人員和軍隊到達臺灣。國民黨的第73師在基隆港登陸時，臺灣同胞都十分興奮，主動維持秩序，自發到碼頭歡迎前來接收的祖國的軍隊。女生拿著花，男生拿著旗子。為了表示勝利的喜悅和對祖國軍隊的歡迎，許多臺灣同胞還登上火車前往臺北。就這樣，三十萬民眾站在幾十公里長的鐵路兩邊夾道歡迎自己的軍

隊。

但他們看到的情景與想像的完全不一樣：士兵們個個面黃肌瘦，穿得破破爛爛，這不免讓他們有一點失望。但一想到這是因為連年戰火，將士們浴血奮戰殺日寇的結果，也就打心裡理解並敬愛他們了。

中國海軍第二艦隊司令的李世甲中將率部於19日晚上到達基隆，翌晨抵達臺北，在臺北教育公會堂設立了中國海軍第二艦隊司令部。當天上午，李世甲即命令日本海軍駐臺灣司令官福島中將，立即造具臺灣日本海軍投降官兵花名冊，並造具艦艇、炮械、彈藥、財產、物資，以及檔案、圖表、機密文件等清冊各三份，聽候點收；禁止對外通訊，所有電臺均由我方監視；戰爭期間，在臺灣海峽港口所布水雷，嚴令限期掃清，不得遺漏。[19]

10月25日上午，「中國戰區臺灣省受降儀式」在臺北公會堂舉行。作為中國政府主要受降官陳儀、李世甲等八位受降官一起坐在主席臺正中，主席臺正對面就是投降席，坐著日駐臺灣總督、日本陸軍大將安藤利吉為首的五個日本海陸空軍將領。安藤利吉低著頭、哭喪著臉代表日本政府和十六萬駐臺日軍向中國政府代表、臺灣省行政長官陳儀脫帽鞠躬，呈上軍刀，並最終在投降書上簽字，始終不敢抬起頭來。

之後，陳儀宣布：從今天起，臺灣和澎湖列島正式重新回歸中國，所有一切土地、人民和各種事務都回到中國政府主權管理之下。隨著安藤利吉在投降書上簽字，臺灣全島立刻變成了一片歡樂的海洋。街頭有獅子舞、龍舞，家家戶戶祭拜祖先。

臺灣正式光復了！臺灣終於回到祖國的懷抱。臺灣同胞歡欣鼓舞，揚眉吐氣，愛國熱情高漲。臺灣作家描寫了臺灣同胞當時的激動心情：「且一般民眾張燈奏樂，燃爆掛旗，張貼標語，歡聲若雷，抑鬱五十年之積憤，有如山洪，發泄無遺。」「島民似一日千秋，又似孤兒等待母親般的心情，等待祖國軍隊的來臨。」

著名詩人臧克家更是準確地表達了臺灣同胞內心的情感：

五十年的黑夜,

一旦明了天,

五十年的屈辱,

一顆熱淚把它洗乾,

祖國,你成了一伸手,

就可以觸到的母體,

不再是只許壓在深心裡的,

一點溫暖。

………[20]

第二天,臺北市三十萬人舉行火炬大遊行,慶祝新生。高山少數民族同胞也同樣狂歡慶祝了三晝夜。

注　釋

[1]. 竹塹:臺灣地名,即新竹的舊名,位於臺灣北部的西海岸。

[2]. 隘勇:是日本殖民政府在臺灣僱傭招聘的用於維持山地治安的士兵或警察助理。日本殖民政府為了將少數民族和漢民隔開,在臺灣山地拉起了隘勇線,即用鐵絲、木牆、哨站所延伸或拓展而成的防衛線。

[3]. 黃花崗:地名,在廣州。羅福星曾參加黃花崗起義,且身負重傷。

[4]. 　什一:十分之一,指臺灣在日據時代死難者占臺灣人口總數的十分之一。

[5]. 季風:借指非武裝抗日運動。

[6]. 啟島川:啟發臺灣人民的民族意識。

[7]. 牛馬:非實指,而是指當牛作馬的亡國奴。

[8]. 滅種坑前少魄魂:指在日軍同化政策之下,少了一些敢擔當、敢認同民

[9]. 日輪：既實指太陽，也指日本，日本的國旗是太陽旗。

[10]. 青黃斷處：青黃不接之時。

[11]. 三鱗：取三鱗兩爪之意，借指收穫很少。

[12]. 西陸：指中國大陸。

[13]. 《解放軍報》2005年9月20日第7版。

[14]. 巨龍飛：中華民族覺醒，這裡指全民族抗戰。

[15]. 崴嵬：山勢高峻的樣子。《楚辭·九章·抽思》有云：「軫石崴嵬」。

[16]. 廢鳴：放棄吶喊。

[17]. 朴子街：臺北的一個街名。

[18]. 黃幸在臺灣光復六十週年接受媒體採訪時的回憶。當時他是臺北帝國大學（現臺北大學）的學生，詳情見《人民日報》2005年10月25日第十四版《親歷光復者說》一文。

[19]. 臺灣光復後第一任臺澎要港司令李世甲之子李作健在臺灣光復六十週年接受媒體採訪時回憶的內容，他也是光復臺灣的見證者。

[20]. 該詩的標題是「表現」，副題是「有感於臺灣『2·28』事變」，臧克家於1947年3月8日在上海寫成。這是第一段，描寫的是光復時臺灣人民喜極而泣的心情。

第七章 戰後時期（1945年至今）——自強不息迎來民主時代，放棄隔絕共謀兩岸發展

戰後至今，是臺灣社會發生劇烈變化的時期。前期，臺灣維持著政治高壓和經濟崛起兩個維度。黨外人士要求民主，要求分享權力，並為此作出了不懈的鬥爭，而國民黨也在內外因素的影響下，加快民主的步伐，向西方的政黨政治轉變。其間蔣氏父子對共產黨及左翼力量、臺獨分子實施過殘酷鎮壓，並連累過許多無辜百姓；但同時為堅持一個中國而與共產黨聯手共同反對美國的分裂陰謀，甚至有過三次論及中國統一的密談。因此，民族主義和愛國意識是中國和平統一的基礎。

蔣經國去世前，實現他在三十八年前的承諾：讓臺灣老兵回大陸探親。這不啻是一聲春雷，打開了橫亙在人們心頭的閘門，讓壓抑了太久的思鄉潮水釋放了。是呵，沒有哪個民族被隔絕了四十年之久，也沒有哪個民族的凝聚力會如此的濃烈、強大。當時兩岸媒體連篇累牘地報導老兵思鄉和探親的感人故事。臺灣老兵的故事感動著國人，兩岸開放的故事感動全世界。

如果說開放兩岸民眾探親，是對兩岸血濃於水的親情的順應，那麼，兩岸克服困難，實現通郵、通商和通航，便成為兩岸民眾的民生訴求及民族振興的號角。所幸，我們都趕上了這樣的時代，成為一個激動人心的歷史見證者。

第一節 退守臺灣初期

大陸看臺灣歷史

一、香煙點燃「二二八」事件

方離虎穴又逢狼,料峭春寒夜未央。

原望賣煙能果腹,引燃烽火卷蒼黃。

臺灣光復後,臺灣同胞慶幸自己終於擺脫了日本的殖民統治,熱切地期待自己能夠當家作主,做一個堂堂正正的中國人,不再是一個「二等公民」。他們滿懷著一種對美好社會的憧憬,希望從此過上幸福的生活。

然而,島內在「二戰」之後,面臨著通貨膨脹、貪官橫行、日本殘留勢力滋事、退伍軍人沒著落等問題,讓社會處在崩潰邊緣。「二二八」事件的爆發,點燃了整個社會的火藥桶,[1]而「二二八」的導火線是香煙專賣制度。

當時的國民黨政府在大陸發動了內戰,需要臺灣在經濟上給予支持。為了替政府斂財,臺灣行政長官陳儀便對部分商品實行專賣,並由此形成「統制經濟」。這種不當的執政方式阻斷了許多臺灣同胞的生路。

1947年2月27日傍晚,國民黨專賣局專員傅學通等武裝緝私人員在臺北市街頭,以查禁香煙為名,沒收了以賣私煙餬口的婦人林江邁的香煙,並用手槍柄毆打婦人,這一下激起了民憤。傅學通一行見勢不妙,匆忙逃跑,人們在後邊追趕,緝私人員向尾隨的人群開槍,又將圍觀的一位群眾打死。市民隨後包圍公安局,要求嚴懲兇手。這就是震動一時的「緝私血案」。

2月28日,眾多市民來到行政長官公署,向行政長官陳儀請願,提出取消專賣局,懲辦殺人兇手,賠償損失等要求,竟遭到衛兵槍擊,當場打死數人。新的血案激起了群眾的憤怒,臺北市民舉行了遊行示威和請願活動。這些活動很快演變成大規模的群眾運動。一場反專制、反獨裁、反暴行,爭民主、爭自由的運動在全市漫延。臺北市民舉行罷工、罷課、罷市,焚燒臺北專賣分局的煙酒和鈔票,並與軍警不斷發生衝突。憤怒的群眾奪取了廣播電臺,號召人民積極行動起來。起義風暴很快席捲全島,整個臺灣省除國民黨海軍駐守的澎湖、重兵把守的

基隆和高雄兩要塞及少數軍政部門外，全為民眾所控制。

事發當日，陳儀馬上宣布臺北市實施戒嚴，命令武裝憲警巡邏全市，並火速致電蔣介石「奸匪勾結流氓，乘專賣局查禁私煙機會，聚眾暴動」，稱「宜速增兵」。[2]

後又急電南京：「臺灣發生暴亂，請速派『國軍』赴臺救援。」蔣介石從內戰前線抽調二十一軍和憲兵第四團赴臺。3月5日，「國軍」在基隆和高雄登陸，並很快集結完畢。

次日，謝雪紅將起義隊伍編成著名的「二七部隊」，控制了臺中地區，隨即開赴前線迎戰前來鎮壓的國民黨軍。由於國民黨軍過於強大，起義最終失敗。之後，謝雪紅轉赴上海、香港，與楊克煌、蘇新等醞釀組織臺灣民主自治同盟。

在「二二八」事件發生的幾個月內，許多臺灣民眾或被暴民所殺，或遭軍隊槍決。對於死難者人數，有不同的調查和說法，從三千人到數萬人不等。

事後，為了平息眾怒，蔣介石將陳儀革職查辦。陳儀後來的命運也真是波詭雲譎，他與由他一手接濟、栽培的義子湯恩伯一起開始反蔣。在奉命主持浙江政務時，他主張「效法東歐民主國家作風」，曾向李濟深派來的聯繫人表示，願作傅作義第二。他還不聽中共地下黨員的勸阻，去上海聯絡義子湯恩伯，終被湯出賣。[3] 1950年臺灣白色恐怖年代，他被蔣介石以「投共」罪殺死在他最熟悉的臺北馬場町刑場。

從大背景上來說，「二二八」事件的本質，就是官逼民反，是當時全國範圍內興起的反專制、反獨裁、爭民主運動的組成部分。當局的鎮壓給剛剛從日本殖民統治下掙脫出來的臺灣人民的心靈造成了巨大的傷害，給臺灣社會製造了深深的鴻溝。

二、政治高壓下的快速重建

重砌灶臺重洗牌[4]，新鮮氣象為之開。

分田「戡亂」齊發動，倉廩充實刀劍來。

1940年代末至70年代初，國民黨在臺灣大搞政權重建和強權專制。

1949年，蔣介石集團率兩百萬軍政人員退踞臺灣。為了維持其統治，除了拿出主要精力對付人民解放軍的進攻之外，同時還加緊了對島內局勢的控制。1949年5月19日頒布了戒嚴令，並宣布臺灣地區處於戰時動員狀態，封閉全省，限制人們出入境，對臺灣實行軍事管制。臺灣當局封鎖了大陸消息，取消了人們言論、出版、罷工和遊行的權利。此後臺灣國民黨當局頒布了一系列有關法令和法規，矛頭直指中共和「臺獨」分子。

兩個月後，蔣介石頒布《中國國民黨改造案》，剝奪了原先一批黨政元老、派系首領、軍事將領的決策權，涉及黃埔、中統、CC系（中央俱樂部）、政學系等各個單位部門。

相對於四分五裂的桂系，相對於有將無兵的其他地方派，如閻錫山等，CC系仍然是最大的掣肘。CC是陳果夫、陳立夫二陳兄弟的縮寫（另一說法是中央俱樂部的英文縮寫）。他們二人從事黨務工作二十餘年，是蔣介石的「得力助手」，曾先後輪流擔任國民黨中央組織部長及其他要職。但他倆的實力擴充得很快很大，曾控制了當時全國大多數省黨部，成為國民黨內最大的一股勢力。蔣介石決定向他倆下手最主要原因是，在大陸時，CC派曾拒絕讓權給蔣經國。特別是1946年5月，CC派暗中策劃「國立政治大學」學生反對蔣介石任命蔣經國為該校教育長，此風波讓蔣氏父子大丟顏面。更為重要的原因是，在退守臺灣之後，把持「立法院」的陳立夫拒絕了臺灣省主席陳誠關於讓「立法院」授權以行政命令代替法律的特別要求，成為實施改革以穩定臺灣局面的絆腳石。陳誠建議將陳立夫等人抓去火燒島監禁，陳立夫見事情鬧大了，蔣介石又倚重陳誠，便請求出國。隨著陳立夫的出國，CC派都靠邊站了。

在對這些單位進行大清洗之後，國民黨政府開始整頓各級組織，發展新黨員，以培植起一批擁護蔣氏父子的新實力派。自此，蔣氏父子絕對控制了國民黨。

一時間，臺灣處於白色恐怖之下，各種案件和事件層出不窮。既包括針對左翼運動和民主運動的打擊，如1949年的基隆中學案和雷震案；也有針對「臺獨」活動及主張者的整肅，典型的案件及事件有1950年黃紀男等人的「臺灣再解放聯盟臺灣支部案」、1964年彭明敏師生被捕事件、1972年溫連章等人的「臺灣獨立革命軍」事件；還有針對山地少數民族自治運動的壓制，導致林瑞昌、高一生、湯守仁等山地精英的遇害；更有政治權力的鬥爭、情治特務單位之間的鬥爭，特別是情治特務人員為爭功製造了大量的冤假錯案；最後是大搞文字獄，許多著名作家如柏楊、李敖等都被逮捕入獄。

國際形勢的發展，促使國民黨重新調整政策。1958年，蔣介石從「反攻大陸」的政治狂熱轉向務實，他提出「建設臺灣，反共復國」的方針，採取了一些有利於經濟恢復的政策、措施，使臺灣經濟在1960年代開始進入了高速運轉期。當然，這其中美國政府提供的數十億美元援助、從大陸運去的黃金和美鈔等外匯以及從大陸赴臺的人才都起著不可忽視的作用。

國民黨在臺灣實施的戒嚴體制非常方便其鞏固、強化對臺灣的專制統治。1960年，蔣介石透過「國民大會」修訂了「動員戡亂時期臨時條款」，通過這一條款，他獲得了連任而成為「終身總統」。這種手段引發島內的反蔣民主運動，蔣介石對待這些反對勢力則採取嚴厲打擊的高壓政策。其中，最具代表性的是「自由中國事件」：1960年9月，《自由中國》雜誌的創辦人雷震因抨擊時政、籌建中國民主黨而遭逮捕。

三、1950年白色恐怖

冤魂多列榜[5]中央，全島飄紅[6]警報長。
萬戶噤聲猶祈禱，明朝親友莫上牆。

「二二八」事件後，許多青年的思想陷入無出路的苦悶狀態，便轉而傾向共產黨所代表的「紅色祖國」。臺大醫院第三內科主任許強與王耀勳、蘇友鵬等部

分醫生在郭琇琮等人領導下，祕密展開了學習左派理論的讀書活動。

當時大陸局勢多變，國民黨政權連連敗退，各地學潮風起雲湧。臺灣亦不例外，臺大、師院兩校學生，先後聯手走上街頭示威，表達對當局的不滿。1949年4月6日，臺灣警備司令部出動大批軍警，突然包圍臺灣大學和臺灣師範學院，逮捕數十名從事民主宣傳活動的學生，通緝若干進步人士，此事史稱「四六事件」。

為嚴防「匪諜」滲透，國民黨當局於1949年5月頒布實施戒嚴令，大力推行法西斯化的「保甲連坐」制度。此外還重建特務機構，最終歸於「總統機要室資料組」，由蔣經國負責。蔣經國遵照父旨，為「臺灣存亡的必要，實施鐵腕政策，只要行動可疑，經人檢舉，一概列入危險分子，格殺勿論」，白色恐怖籠罩全島。

彭孟緝的保安司令部及其附屬保安處游查組，以抓人破案為升官手段，甚至寧可錯殺三千，絕不放過一個。是共產黨人的者當然死路一條，左傾或有些牽連的也在劫難逃。有「通共嫌疑」者一律投進監獄，無辜受害者不計其數。據董顯光公布的資料，僅在1950年上半年內，「臺灣治安當局處理了匪黨地下活動案三百件。牽涉的嫌疑犯在千人以上。」[7]

首要的案件是「中共臺灣省工委事件」及由此引發的「吳石案」。

1949年9月，國民黨情治機關在一名基隆學生身上搜到一張中共基隆工委的機關報《光明報》，國民黨當局偵破了中共基隆工委會，負責人鐘浩東的太太蔣碧玉也是一名地下黨，面對來勢洶洶的保密局特務，她視死如歸地說：「這次我們失敗了，我們難逃一死，但是，我們能為偉大的祖國、偉大的黨在臺灣流第一滴血，我們將光榮地死去！」

緊接著，國民黨當局又破獲了成功中學、臺灣大學法學院等處的「中共臺工委」分部。

早在此前的1949年4月，高雄市的「臺工委」就開始遭到破壞。先是4月31日，「臺工委高雄工委會」書記陳澤民、委員朱子慧被捕。「臺工委」書記蔡孝

乾意識到形勢嚴峻。他急忙找到中共特派員朱楓（即朱諶之）商議，盡快想法讓身分暴露的同志內渡。10月5日至7日，高雄市工委會所屬的工、農、學運各支部人員謝添火、蔡國智、梁清泉等三十多人先後被捕。同年12月，「臺工委」的張志忠、李法夫婦及謝富被捕並判死刑。次年1月，蔡孝乾也被捕入獄，涉嫌此案者多遭受槍殺。

蔡孝乾被捕後最終叛變投敵，這位參加過長征、久經考驗的老戰士，竟然煎熬不住，投向國民黨。「臺工委」諸多分部被一一破獲，四百多名地下黨人被其供出、抓捕。[8]

國民黨對吳石的懷疑，開始於蔡孝乾首次被捕時的筆記本上的「吳次長」字樣，國民黨情治人員立即撲向時任「國防部中將參謀次長」的吳石的住宅，並從其房間搜出簽發給中共女特工朱楓前往舟山的《特別通行證》。吳石被捕，時間是1950年3月1日。

其實，吳石是中共打入國民黨內部的最高情報官「密使一號」，之前已將大批絕密軍事情報透過朱楓由香港傳到大陸。毛澤東知曉後大加讚賞，表示要給他們記上一功，並當即賦詩一首：「驚濤拍孤島，碧波映天曉。虎穴藏忠魂，曙光迎來早。」[9]

「吳石案」牽涉的人員大都被投入了監獄，受該案牽連而被捕的人有：吳石的妻子王璧奎、中共聯絡人朱楓、老部下聶曦、前「聯勤總部」第四兵站中將總監陳寶倉、中校參謀方克華、參謀江愛訓及吳石的副官王正均等。1950年6月10日，吳石、陳寶倉、聶曦、朱楓四人被「特別軍事法庭」判處死刑，當天下午被押赴臺北馬場町刑場，從容就義。[10]

國民黨情治機關曾多次在臺大醫院抓人。1950年5月13日，臺大醫院第三內科主任許強醫師、眼科主任胡鑫麟醫師、皮膚科醫師胡寶珍和耳鼻喉科醫師蘇友鵬，同時被捕。1950年9月，軍法處裁定許強與郭琇琮、吳思漢、王耀勛等十名同案「共同意圖破壞國體以非法之方法顛覆政府而著手實行，各處死刑並褫奪公權終身」。另外，謝桂林醫師等四人也以其他罪名被處死刑。這是「臺大醫院案」。

大陸看臺灣歷史

　　1950年5月,臺南縣麻石鎮「鎮長」謝端仁等三十三名地方人士被國民黨當局以「共同意圖顛覆政府」罪逮捕。最終全體被一一判刑,其中三人被判死刑,九人被判決無期。此為「麻豆事件」。

　　1950年6月,臺北電信局桃園收報臺林清良等七名職員,因「共黨嫌疑」被國民黨當局逮捕。其中林清良等三人因傳閱中共文件書籍,被以「意圖顛覆政府」等罪名判處死刑。此為「桃園事件」。

　　還有發生於1950年3月的震驚全島的「兩大企業案」。據新華出版社1997年版《蔣介石與臺灣》一書披露:臺灣當局深恐官營企業高級職員受到主管負責人已投奔大陸的影響,特向最大的糖、電企業開刀,殺雞給猴看。臺糖公司的總經理沈鎮南及助手林良桐被槍斃,部下多人被判刑。沈的罪狀是故意不出售糖,「保留物資讓共黨接收」。臺電公司總經理劉晉鈺及職員嚴惠先也均遭殺害。劉晉鈺的罪狀是其子在臺大因參加「左傾」團體被逮捕;嚴惠先在大陸失守後滯留一個時期才來臺,有通共嫌疑。

　　受到牽連的人不計其數。據資料披露,抗戰時期「抗日義勇隊」隊長,當時的國民黨臺灣省黨部副主委李友邦,也因其妻子的牽連被槍殺;諾貝爾獎得主李政道的母親張明璋和兄弟李崇道,因在家裡留宿一位舊時廣西大學同窗,竟然也被語誤以「掩護匪諜」罪投進監獄。

　　1950年代,全島人人自危,生怕被扣上一頂可怕的紅帽子。臺北街頭、火車站等公共場所,處處可見臺灣當局用紅墨水寫的槍斃死刑者名單的布告;電影院每次放映電影的開始字幕就是「通匪者殺」;國民黨《中央日報》上「匪諜×××數犯被槍決伏法」等標題,一星期要出現好幾次。市民聽慣了警笛、戰鬥的槍聲以及耳聞目睹的死訊。數以千計的共產黨人被槍殺,那些因言獲罪,因黨派暗鬥或被無辜羅織罪名的人,要麼被禁監、流放,要麼被槍殺,具體數字無法計算。

　　秦風在《歲月臺灣》一書曾披露這樣一個插曲。那些被禁監流放者大部分集中在距臺東十八海里的綠島上。高峰時期,這裡的囚徒共有三個大隊一千七百多人,其中包括著名作家柏楊。每個大隊轄四個中隊,一個中隊又轄二個分隊,此

外還有一女生分隊。他們天天被重複「洗腦」，過著沒有自由、隨時有生命危險的囚徒生活。

誕生於1954年夏天的《綠島小夜曲》，當年唱遍了包括綠島監獄在內的臺灣每個角落，這首歌曲調優美，人人會唱。雖然它只是一首抒情歌曲，與政治犯的思緒情懷無關，但由犯人唱來，卻別有一番滋味。

四、反對獨裁的雷震事件

一腔熱血再朝東[11]，參透濃雲參透風。

邀聚潮頭千面鼓，為君敲響第一聲[12]。

「雷震案」為臺灣戰後民主運動史上一個標誌性事件。雷震是這一運動的先鋒人物，他所主持的《自由中國》在臺灣戰後「白色恐怖」時代著力灌輸的自由民主理念，為日後臺灣的政治轉型起了重大的推動作用。

雷震，生於1897年，浙江長興人。1917年加入國民黨。1923年考取日本京都帝國大學，主修行政法與憲法。1927年回國後，先後擔任過教育部總務司司長、國民大會副祕書長等要職。後隨國民黨來到臺灣，當年與胡適共同創刊《自由中國》雜誌。

1953年，胡適自美國返臺講學，與雷震攝於《自由中國》社

　　《自由中國》雜誌的宗旨是支持和督促國民黨當局「走向進步，以抵抗中共，早日反攻大陸」。該刊名義上由胡適充當發行人，實際上主事的是雷震。

　　一開始，雷震與蔣介石還保持一種合作的態度，他在1950年1月被蔣介石聘為「國策顧問」。不久，這種合作與信賴就因為相反的政治理念而中止。雷震對蔣獨裁專制愈加不滿，他與胡適結成政治夥伴，經常在《自由中國》半月刊發表文章，抨擊蔣介石搞「家天下」。1954年12月16日，因《自由中國》刊登一篇文章，抨擊蔣經國在中學推行的政治課是「假教育之名行黨化之實」，蔣介石「勃然大怒」，下令開除雷震的國民黨黨籍。這成為雷震與國民黨當局走向決裂的關鍵一步。

　　由於《自由中國》的評論是依據西方民主思想，且標榜反共，蔣又為爭取「美援」裝潢「民主」，故蔣一時難以對該刊下手。1956年10月蔣介石七十大壽時，蔣介石事前發通知，徵集各種政治意見以便「採擇實施」。《自由中國》相機出版了「祝壽專號」，胡適、雷震、毛子水、徐復觀等人紛紛發表文章，暢談對「國事」的看法。雷震發表社論，建議當局選拔人才，確立內閣制，實施軍隊國家化；在美國的胡適也寫了一篇題為《述艾森豪總統的兩個故事給蔣總統祝

壽》的短文；徐復觀著文剖析蔣介石的性格……

　　隨後《自由中國》雜誌又連續八個月在全島推出了關於「今日問題」的大討論。雜誌主筆殷海光撰文說：「我們所處的時代，正是需要說真話的時代。」一時間，《自由中國》雜誌影響大增，再現洛陽紙貴。

　　《自由中國》半月刊所為，戳到了國民黨的痛處。其中「反攻大陸無望」等言論最具衝擊力，動搖了民眾對蔣介石統治的信心。雷的主張令蔣深為不滿，雷、蔣衝突升級。國民黨當局初使一些手段刁難雷震，但後者並不買帳。這真是——

　　一有江河日夜東，萬山攔阻亦從容。

　　胸中不滅千堆雪，直趨潮流浩蕩風。

　　1959年至1960年間，蔣介石準備修改相關條款，意欲實現三連任。雷震聞訊後，決定以護「憲」為名，公開反對蔣介石。

　　其間還發生了雷震拒絕蔣介石請他擔任高官和收購雜誌的兩件事。

　　1960年1月，雷震出任《自由中國》社長，宣揚臺灣實行美國式兩黨政治。這時的雷震已不滿足於「空言改革」，他要以組黨的形式直接挑戰國民黨的執政地位。同年5月20日，雷發表題為《我們為什麼迫切需要一個強有力的反對黨》一文，呼籲一切「相信民主政治的人，趕快集合起來，組織一個強有力的反對黨，以打破國民黨獨霸的局面。」他還進而會同臺灣反蔣人士郭雨新、李萬居等籌組反對黨「中國民主黨」。

　　1960年9月1日出版的《自由中國》第23卷5期刊載了八篇文章（約三萬字）。其中第一篇是社論——《大江東流擋不住！》，第二篇是雷震、李萬居、高玉樹以發言人名義發表的《選舉改進座談會緊急聲明》，第三至第八篇都是關於組黨和「政黨的承認問題」的文章。

　　籌建組黨一事，在臺灣當時的體制下，超出了當局所能容忍的限度。

　　1960年9月4日，國民黨當局以所謂「包庇匪諜、煽動叛亂」等罪名，逮捕

了雷震及其同事傅正、馬之驌、劉子英等。雷震被判處十年徒刑,《自由中國》也因雷案而停刊,胡適雖多方營救未果。1961年,雷震在獄中過生日,胡適手書南宋詩人楊萬里的詩句相贈:「萬山不許一溪奔,攔得溪聲日夜喧。到得前頭山腳盡,堂堂溪水出前村。」

　　《自由中國》事件發生後,在島內引起軒然大波,在國際上引起了強烈的譴責,特別是美國社會輿論的批評。但蔣介石為了維護自身的利益,甘冒天下之大不韙。自此,臺灣進入一個更加嚴酷的高壓統治時期。這一時期內,殷海光、李敖、柏楊等一大批堅持反集權、反專制立場的知識分子或遭逮捕流放,或避禍海外。

　　1971年雷震刑滿出獄,1978年病逝。

五、1950年海峽風雲

潰兵孤艦蒼茫去,風捲東南到澎湖。

乘勝欲將趨淡水,仁川[13]烽火斷藍圖。

　　遼瀋、淮海、平津三大戰役勝利後,中國共產黨為解放全中國,作出瞭解放臺灣的戰略部署。1949年3月15日,新華社發表題為《中國人民一定要解放臺灣》的社論,首次提出「解放臺灣」的口號。據陳雲林主編的《中國臺灣問題》一書介紹:1949年12月31日,中共中央發表《告前線將士和全國同胞書》,明確提出,1950年的任務就是「解放海南島、臺灣和西藏,全殲蔣介石集團的最後殘餘勢力」。

第七章 戰後時期（1945年至今）——自強不息迎來民主時代放棄隔絕共謀兩岸發展

1950年6月27日，美國第七艦隊進入臺灣海峽，阻撓中國人民解決臺灣問題（採自中國臺灣網）

　　1949年底，國民黨潰逃到臺灣後，已是四面楚歌，眾叛親離。對此美國徹底絕望。1949年12月，美國中央情報局作了估計：如果沒有美軍的占領或是控制，臺灣「大約於1950年底將置於中國共產黨的控制之下」。經過一番激烈的內部爭論，美國政府傾向於放棄臺灣，退出中國內戰，而不是出兵與中國共產黨直接發生衝突。為此美國作好了從中國內戰脫身的輿論準備。1950年1月5日，美國總統杜魯門正式發表聲明，重申《開羅宣言》、《波茨坦公告》關於臺灣歸還中國的規定。美國「不擬使用武裝部隊干預其現在的局勢」，「不擬對在臺灣的中國軍隊供給軍事援助或提供意見」，並重新議定了美軍在西太平洋的圍堵防線，將臺灣摒除在防線之外。駐臺美軍人員，亦悄悄地整束行裝離臺。

　　杜魯門的「不干涉」聲明，頓時引起臺灣當局的恐慌，但臺灣當局仍作最後的掙扎。2月12日，國民黨政府宣布關閉並封鎖大陸沿海各港口，各國軍商船艦不得擅自進出。同時，中國人民解放軍部隊亦向東南沿海集結，準備渡海解放臺灣。

為擺脫這一危機時刻，爭取美國私下軍援臺灣，蔣介石於3月1日恢復「總統」職務，並開始起用親美的抗日名將孫立人中將，由他統率臺灣各路部隊，但這些臨危措施並未造成絲毫作用，美軍去意已決。

　　據中國社科院臺灣研究專家張景旭所著《臺灣問題——中美關係的焦點》記載，1950年6月中旬，美國情報部門再次對臺灣海峽局勢作出公開評估，這次評估將中共「奪占臺灣」的時間大大提前了。「臺灣將於7月15日以前遭受中共全面攻擊，由於國民黨軍紀蕩然，民心浮動，中共將於發動攻勢後數週之內順利奪占臺灣。」一支美國海軍的特遣部隊駛抵臺灣東海岸待命，準備隨時撤走島上的兩百零九名美僑。蔣家王朝的潰亡與美國在臺勢力的終結，在當時來說，只是一兩週的事。而此時的海南島、舟山群島、萬山群島和東山島等海島都已相繼解放。

　　與此同時，第三野戰軍根據中央軍委指示，由粟裕負責解放臺灣的準備工作。人民解放軍已在華南各地修建軍用機場三十多個，四百架戰鬥機已進入機場；福州、廈門、汕頭等港口的大量登陸艦艇、船舶隨時準備起航。

　　臺灣處於「統一於新中國」的最佳時刻，也正是臺灣蔣氏政權最危急的時候。國民黨沿海防務鬆弛，守軍兵力嚴重不足，官兵惶惑不安，戰鬥意志低落。1950年5月，國民黨失去了海南島，雖然在金門古寧渡一戰取得了小勝，但看起來不會影響共產黨解放臺灣的大局。蔣經國思索派人祕密去對岸與共產黨談判。他物色到曾是黃埔軍校六期學員、後成為臺灣某飯店老闆的李次白「出使」，李次白的妹妹是陳毅的大嫂。蔣經國對李次白說：「你和陳毅是至親，我看可以深談。最低限度，希望不進攻臺灣。」同月，李次白赴上海見到陳毅，說明來意，希望把蔣氏的國共合作、停止進攻的意思轉達北京。陳毅的答覆：至於臺灣，讓它爛下去！[14]

　　一葉將沉沒，

　　風波共此時。

　　正在解放軍兩大兵團每日登船操練，為攻臺加緊準備時，朝鮮的局勢也在日趨緊張。1950年6月25日，朝鮮七個師的部隊跨過「三八線」，打響了朝鮮戰爭

的第一槍，朝鮮戰爭正式爆發。當天早上7點過後，蔣介石像往常一樣翻閱報紙用早餐，負責簡報的蔣經國急匆匆拿著兩份資料走進來，說道：「打起來了！在三八線打起來了！」蔣介石為之一震，臉色有些漲紅，眼睛都亮了：「經國，加緊與駐漢城的邵大使聯繫。」蔣經國在忙著準備反攻大陸事宜時，還沒忘記派人拍電報告訴李次白「國共合作之事不必說了」。

毛澤東密切關注著美國政府的反應。不到四十八小時，一個最令毛澤東擔心的局面出現了：6月27日，美國總統杜魯門悍然宣布臺灣未來地位尚未確定，隨之下令美軍第七艦隊入侵臺灣海峽，繼續扶蔣反共。與此同時，杜魯門還宣布美國將出兵朝鮮。

美國侵入臺海，「挽救」了國民黨。隨著美軍逼進鴨綠江中國邊境，中國被逼不得不派遣志願軍入朝，人民解放軍的戰略重點由東南轉向東北。攻臺作戰便在事實上無限期地推遲了。

六、臺灣「土改」——耕者有其田

百萬饑腸[15]盤小島，荒田無米價翻番。
減租一味安神劑，穩住飄搖不周山。

蔣介石國民黨當局去臺之初，臺灣，人口突增兩百萬，工農業生產幾乎停滯，民眾生活困難，經濟瀕臨崩潰。在對外貿易方面，因國際地位每況愈下，美臺關係籠罩著陰影，對日貿易尚未恢復，與外界的聯繫幾乎隔絕。

本來就物資奇缺、物價飛漲，蔣介石卻又不得不採取「軍事第一」的政策，龐大的軍費支出更使通貨膨脹加劇。據統計，1949年臺灣物價上漲率由1947年的77%猛增至1189%，就當時的情形而論，真可謂是一個隨時可能爆炸的火藥庫。

為穩定危局、制止通脹，挽救臺灣經濟，臺灣省省長陳誠首先完成了臺灣幣

制改革，穩定了物價，又採取了一系列旨在恢復經濟的舉措。而農業生產的恢復則從土地改革開始。

國民黨退守臺灣之前，臺灣佃農需將一半以上的收穫量繳納給地主，農民的負擔很重。為了緩和島內佃農與地主的矛盾，提高廣大農民的積極性，陳誠從1949年到1953年，採取「和平漸進」的方式，進行了一次資產階級改良性質的「土地改革」。

土地改第一步：實行「三七五減租」。也就是「從佃農的收穫量中減除肥料等實際費用的25%，其餘則由地主與佃農各分37.5%的平均分配方式」。如此，地主對佃農的租額不得超過全年收穫的37.5%。此外還規定，地主出租土地，租期不得少於六年，期滿必須續租，不得隨意撤租升租、保障佃農的相對穩定；農業歉收時，地主應臨時減免地租。但是，佃農若欠繳地租達兩年總額後，地主有權終止租約。由於租率下降，也導致了地價下跌，這為進一步實行土地改革創造了條件。

陳誠所實施的「三七五減租」，實際上就是他早年在大陸嘗試的「二五減租」。早在「圍剿」紅軍之初，陳誠就曾深入基層，瞭解了共產黨推行土地革命對於喚醒農民積極性的重要性。第四次「圍剿」紅軍前夕，他曾要求國民黨江西省政府進行「限田制度」的試點，用逐步向地主贖買土地的策略，實現「耕者有其田」，如此可得到農民的擁護。但此主張因觸及大地主、資產階級的利益，被當時的國民黨江西省主席熊式輝所拒絕。抗戰時期，陳誠擔任第六戰區司令長官兼湖北省主席，他便抓住這一便利條件，在湖北省範圍內落實國民黨的土地政策——「二五減租」，達到了激發農民生產積極性和緩解地主與佃農矛盾的預期目的。所謂「二五減租」也是指糧食收穫後，優先提取25%的糧食給佃農，剩下的糧食由地主和佃農各取37.5%。

土地改革第二步：實行「公地放領」。從1951年開始，將從日本人手裡接收過來的耕地陸續賣給農民，地價為耕地正產品全年收穫量的兩點五倍。為了不受貨幣貶值的影響，以實物計算，全部地價由農民在十年內分期償付，不負擔利息。土地改革第三步：實行「耕者有其田」。為了防止地主隱瞞耕地，從1952

年1月到1953年4月,將全島地主耕地進行重新丈量,登記造冊。規定地主可以保留相當於中等水田三甲(四十三點五畝)或者旱地不超過六甲,超過的耕地一律由政府徵收後放領給農民;徵收耕地價也是按耕地主要產物全年收穫量的兩點五倍,政府用債券和股票的形式支付給地主。對於地主來說,「耕者有其田」政策,帶有一定的強制性。

陳誠的土地改革制度一經推出,就遭到臺灣當地大地主及省參議院中地主階層代表的公開反對。為了順利推行土地改革,陳誠多次召集相關的士紳、地主、官員開會,耐心細緻地介紹有關土地改造的總體思路。既分析農民的生產積極性調動起來後,糧食產量大幅提高對穩定臺灣局勢的好處;同時也提出了國民黨政府作為補償給地方的方案:這就是將國營水泥、工礦、造紙、農林四大公司轉為民營,透過發行公司股票,讓地主按出讓土地的數量持有股份。他還形象地比較說,農業產量只會一點點遞增,利潤不可能連續成倍增長,而工業的產量是可以幾倍幾十倍遞增的,利潤也便可以幾倍幾十倍地增長。臺灣的地主們雖然仍有一小部分人反對,但絕大多數接受了陳誠的「和平土改」方案。

土地改革政策的實施,極大地激發了佃農購置土地及生產的熱情。當年臺灣糧食產量便增產五分之一以上,達到一百二十萬噸,在推行不到一年間,臺灣共有近二十三萬戶佃農重新訂立了租約,占當時全省農戶的近一半。

「三七五減租」給農民特別是佃農的生活帶來了極大的改善。很多佃農減租後的一兩年內就蓋起了新房,購買了耕地、耕牛,更難得的是,許多原先因貧困而無法結婚和完婚的農家也順利地娶妻立戶。「三七五」是那個時代臺灣的關鍵詞之一,臺灣農村稱剛過門的新娘子為「三七五新娘」,人們寄信時也都紛紛購買臺灣當局發行的「三七五」郵票。

透過和平贖買的土改辦法既解決了農民的土地問題,同時又成功地將地主的農業資本轉化為工業資本,為臺灣跨入「亞洲四小龍」行列,為臺灣經濟的振興打下了堅實的基礎。

對於臺灣土改成功的原因,一些學者認為,國民黨去臺後與當地的地主勢力幾乎沒有什麼經濟聯繫,這給改革帶來了較大的靈活性。其實,早在1920年

代,孫中山就提出的「耕者有其田」的政策,但國民黨在大陸統治時期一直沒有真正推行過。蔣介石在敗退臺灣之後,總結以往失敗的教訓,痛定思痛,意識到解決土地問題的重要性。儘管為時太晚,但其土地改革制度還是顯示了其優越性,對社會穩定也造成了立竿見影的作用。

七、經濟搭上特快列車

黃金運後美援來,土地復甦邀俊才[16]。

機電領航逐鹿去,風口浪尖做頭牌。

就在新中國追求「一大二公」[17],加緊對資本主義工商業進行改造時,臺灣也在加緊資本主義改良,恢復生產。

臺灣經濟恢復得益於陳誠的嘔心經營。他在1965年去世前,完成了臺灣經濟的第一次轉變,並將臺灣經濟送入了「快車道」。

1953年到1956年,臺灣當局在大力發展農業、以農業養工業的同時,採取了兩大發展原則:一是臺灣鼓勵民間投資;二是發展進口替代戰略,即依靠大米、糖及其農副加工產品出口,換取進口,替代工業所需的機器設備、生產原料和生活必需品等。兩項舉措大大提高了臺灣工業的發展水準。據相關統計數字表明,工業生產總值以年均11.7%的速度增長。工農業的發展帶動了整體經濟水平的提高。

為了平抑物價,謀求財政收支平衡,使島內的經濟發展有一個好的運行機制,臺灣當局採取了一系列的措施。

首先,整頓稅制。將原來的五十多種稅目簡化為九個主要稅種,同時整頓了稅務行政。這些措施使國民黨當局的稅收大幅增長。

其次,壓縮財政支出,並對行政機構進行簡化。在臺灣當局的財政支出中,「國防外交」和日常政務支出所占比例最大。尤其是1950年度,達到四分之

三。面對如此龐大的行政費用，臺灣當局決定精簡機構，如「行政院」的各「部會」所屬機構前後裁撤了八十四個單位，裁退人員五千餘人。[18]

另外，臺灣當局還透過發行公債、增加煙酒產量和提價、處理當年的「日產」等辦法，獲得不少財政來源。

透過這些措施，臺灣當局逐步減緩通貨膨脹率，物價漸趨穩定。這為臺灣經濟的快速發展營造了一個較好的運行環境。

1960年代初，臺灣當局調整經濟政策，透過鼓勵出口，使臺灣經濟走向出口擴張的新階段。臺灣對外貿易進入一個為期約十年的高速增長時期，年平均增長率超過10%，工業年平均增長率達19.4%。臺灣由此建立了以加工出口為依託，以輕紡工業為核心的外向型經濟體系，並實現了經濟的初步振興。

1970年代後，蔣經國當局繼續利用西方發達國家向發展中國家或地區轉移勞動密集型產業的機會，吸引外地資本和技術，調整經濟發展戰略，創造了世界經濟奇蹟，成為「亞洲四小龍」之首。

1973年，「經濟部長」孫運璿欲仿效韓國的「科技研究院」，成立半官方機構性質的工業技術研究院。其目的是以高薪聘請歸國學人，從事產業研發。但成立「工研院」一事遭到最高權力機構「立法院」的強烈反對。反對的理由是「工研院」以當局出資為主，但當局卻管不了它，因為「工研院」具有財團法人的身分。蔣經國得知詳情後，多次召集有關方面進行協調，最終透過了成立「工研院」的決議。「工研院」的成立是決定臺灣未來經濟發展走向的關鍵，「工研院」本身在日後逐漸成為培育臺灣高科技產業和高級工程師的搖籃，帶領臺灣科技升級，經濟振興。

同年，蔣經國責成並全力支持孫運璿等相關官員提出「十大建設計劃」，總投資約合六十億美元。到1979年，十大建設工程大部分完工，建立了發達的交通與港口運輸系統以及現代化的鋼鐵與石油化學工業。臺灣藉此不僅增加了大量的就業機會，還推動了產業轉型，產生諸如「中國鋼鐵」、「中國造船公司」、「中石化」這些重工業。重工業的發展，一改過去臺灣以輕工業為主、重工業不足的狀態，從此臺灣逐步形成配備合理的工業體系。

孫運璿力排眾議的第二件大事是花巨資取得美國集成電路的技術。此項技術雖然耗費了一千萬美元，但日後卻為臺灣創造了超過一兆新臺幣的年產值，其遠見備受各界公認。

　　那是1974年的事，孫運璿經與旅美學人潘文淵深談，決定將半導體產業作為臺灣1970年代中期之後的經濟發展重點。由於當時的石化工業勢頭很好，因此反對引進半導體產業的聲音呈現一邊倒之狀。蔣經國一開始也反對這種提議，並與孫運璿進行了辯論。但當孫運璿表示堅決要引進此項技術，除非他不當這個「經濟部長」時，蔣經國被他的公心和遠見所折服，惜才、識才的蔣經國轉而力排眾議，成為這項提議的全力支持者。三年後，臺灣新竹開始徵用土地，建立新竹科學園區，成為臺灣科技產業的主要基地與集成電路示範工廠。

　　後來的事實證明，這次引進是對的。1970年代末，隨著國民黨當局與美國「斷交」，第二次世界能源危機的爆發，臺灣經濟再次受到衝擊，特別是石化工業受到衝擊最大。臺灣當局不得不再次調整經濟發展戰略，即以高科技工業為主。而蔣經國、孫運璿幾年前的決定恰好為這一轉變做了鋪墊。有關數據顯示，從1969年到1984年孫運璿因中風而卸任「行政院長」，臺灣人均年收入由三百二十美元增到三千美元。

　　由於臺灣經濟始終堅持「科技領航」的發展方向，因此在後來很長一段時間內，臺灣的經濟仍然向前快速發展。

第二節　共識「一個中國」

一、首次臺海危機與「和平解放」口號

浙江島上易紅旗，卻把金門當作謎。
早料浮雲謀斷海[19]，和平解放應隨機。

第七章 戰後時期（1945年至今）——自強不息迎來民主時代放棄隔絕共謀兩岸發展

1955年，周恩來第一次提出和平解放臺灣的主張

　　1954年12月至次年5月間，是中國政府對臺政策發生重大轉變的時段。短短的半年中，發生了第一次臺海危機，隨著國內外形勢的變化，中國政府第一次公開提出以和平的方式解放臺灣。

　　1953年7月朝鮮戰爭結束後，臺灣當局開始加緊推動與美國簽訂「共同防禦條約」，以求得長久的保護。1954年7月，中國共產黨和中國政府向全國人民再次提出解放臺灣的任務，表示不能承認美國軍事干涉和占領臺灣。人民解放軍於9月3日開始炮擊金門，這就是所謂的第一次臺海危機。但美國政府不顧中國人民的強烈反對，於12月2日與蔣介石集團簽訂了《共同防禦條約》，把臺灣、澎湖列島置於美國的「保護傘」下，阻撓中國統一。所謂的「臺灣問題」正式浮出水面。對此，周恩來於12月8日發表聲明，指出所謂《共同防禦條約》「根本是非法的，無效的」，強調「一切關於所謂臺灣『獨立國』、臺灣『中立化』和『託管』臺灣的主張實際上都是割裂中國領土，侵犯中國領土，侵犯中國主權和

干涉中國內政，都是中國人民絕對不能同意的」。指出中國人民一定要解放臺灣，完成自己祖國的完全統一。

1955年一二月間，人民解放軍發動渡海戰役，解放了浙江省沿海的一江山島和大陳島。這樣，國民黨軍隊占據的離島就只有金門和馬祖島了。就在這時，美國加緊實施其「劃峽而治」與製造「兩個中國」的陰謀，要求國民黨放棄金門、馬祖二島。但蔣介石從維持其「法統」地位和保持與大陸的政治聯繫出發，堅決反對撤軍，反對美國搞「兩個中國」的陰謀。

為了挫敗美國的圖謀，中國共產黨調整對臺方針，將「武力攻臺」改變為「和平解放臺灣」。據九州出版社出版的幹部讀本《中國臺灣問題》表述，為爭取和平解放臺灣，中國共產黨和中國政府從以下兩個方面開展了工作：

一是敦促美國政府與中國政府談判。1955年4月「萬隆會議」召開期間，周恩來發表聲明指出：「中國人民同美國人民是友好的。中國人民不要同美國打仗。中國政府願意同美國政府坐下來談判，討論和緩遠東緊張局勢問題，特別是和緩臺灣地區緊張局勢問題。」周恩來這一聲明得到了美方的響應，由此促成了中美大使級會談（斷斷續續談了十年共一百三十六次）。

二是向臺灣當局提出和平解放臺灣的倡議。1955年4月，周恩來在訪問緬甸期間與吳努總理會談時說：「如果美軍撤退，我們可能用和平的方式解放臺灣，如蔣介石接受，我們歡迎他派代表來北京談判」；5月，周恩來在全國人大常委會第15次會議上明確宣布：「中國人民願意在可能的條件下，爭取用和平的方式解放臺灣。」這是第一次公開提出和平解放臺灣的主張。

二、戰後國共首次密談及其中止

多姿多彩浪潮中，滬上香江幾度紅。

《蘇報》[20]鼓呼山水動，老來奔赴九州同。

第七章 戰後時期（1945年至今）——自強不息迎來民主時代放棄隔絕共謀兩岸發展

1950年代中期，海峽兩岸雖有摩擦，但都致力於經濟建設，人心思定。此時對於中國最大的威脅是美國一直給蔣介石施加壓力，企圖使臺灣獨立出去。為此，國共兩黨均給予了抵制。

1955年4月，周恩來一方面向國際發表緩和臺灣緊張局勢的主張，另一方面首次向臺灣當局提出和平解放臺灣的倡議。

中共的新政策對於一些民主人士有很大的感召力，曾參加過國共談判的章士釗，就主動請纓去香港，聯繫滯留在那裡的國民黨舊故，尋找與蔣介石溝通的途徑。據卞洪登編著《統一臺灣》書上表述：中共中央同意了章士釗的請求，還專門寫了一封信，希望他透過關係轉交給蔣介石。

此信主張國共談判合作，並提出了兩岸統一的四條具體辦法。其中講到，除外交由中央統管外，臺灣的人事安排、軍政大權由蔣介石管理。還提到了中央政府經濟援助、臺灣社會改革從緩、互不搞破壞。信中結尾說：「奉化之墓廬依然，溪口之花草無恙。」希望蔣介石能在祖國統一後回故鄉看看。

大陸看臺灣歷史

1950年代的章士釗先生

　　1956年春，在周恩來的具體安排下，章士釗赴港會見了國民黨駐香港負責文宣工作、主持《香港時報》的許孝炎先生。許孝炎知道事關重大，當即從香港乘飛機飛往臺北，直接到「總統府」，將中共的信件交給了蔣介石，並將他與章士釗的會談情況向蔣介石作了詳盡報告。蔣介石聽後，展開中共的信件，反覆看了幾遍，長時間沉默無語，沒有作任何表示。

　　此前的政治、軍事背景是：就在周恩來提出和平倡議前後，人民解放軍解放

了浙江沿海諸島；美國艾森豪威爾總統特使訪臺灣，建議蔣介石從金馬撤軍。1956年以後，中國進入社會主義建設時期，需要一個和平安定的環境。臺灣在需要美國的同時，也感受到來自美國的壓力。

經過一年的考慮，蔣介石決定派人去一趟北京，實際瞭解一下中共的真實意圖，並要求許孝炎從海外人員中挑出合適的人選。許孝炎再三考慮，提出三個人選，蔣介石反覆權衡後，選中了宋宜山。

宋宜山曾是蔣的學生，曾任國民黨中央候補委員。其胞弟宋希濂是國民黨高級將領，被中共俘虜後，關在戰犯管理所改造。宋宜山到北京去，可以說是探親。

1957年4月的一天，周恩來在北京會見了宋宜山，與他進行了親切的談話。周恩來談起宋宜山的弟弟宋希濂，說宋希濂是抗日名將，在滇西惠通橋指揮的戰役中重創日軍，人民永遠不會忘記。還說今年是宋希濂五十歲生日，並主動建議宋宜山去看看胞弟，宋宜山為此深受感動。

話題轉到國共和談，宋宜山告訴周恩來，臺灣派他來的目的就是瞭解中共關於和談的意向。周恩來聽後說：「我們都是一家人嘛！抗戰勝利後在重慶談判時，蔣先生就說，大革命時代，國共兩黨的同志們曾在一個屋裡開會，共一個大鍋吃飯。希望我們還會在一起合作。具體的問題，李維漢先生跟你商談。」周恩來還表示，歡迎滯留海外的國民黨人員回大陸考察、觀光、探親、訪友、工作和定居，並表示來去自由。

不久，在周恩來安排下，中共中央統戰部部長李維漢出面與宋宜山商談，就第三次國共合作、祖國統一的一些具體問題進行協商。李維漢提出中共關於合作的四條具體條件：兩黨可以透過對等談判，實現和平統一；臺灣可以作為中央政府統轄下的自治區，享有高度自治；臺灣地區的政權仍歸蔣介石領導，中共不派人參與，而國民黨可派人到北京參加中央政權的領導；美國軍事力量撤離臺灣海峽。

宋宜山回到香港後，蔣介石並沒讓他回臺灣當面匯報，而是讓他先寫一個書面報告。宋宜山即寫了一篇長達一萬五千字的報告，交許孝炎轉蔣介石。

大陸看臺灣歷史

由於宋宜山的報告對共產黨和大陸的成就讚揚過多，蔣介石看後大為不悅，認為宋宜山被赤化了。[21]再加上大陸此時已開始了反右鬥爭，使蔣介石認為國共談判的時機並不成熟，從而中止了國共間進一步的接觸。這真是——

家人呼喚心不定，

恩怨未消獨自愁。

三、炮打金門——國共反美的雙簧戲

仙洲[22]就在風煙裡，一葉沉浮日月旁。

單打雙停[23]堪供應，冤家共憤唱雙簧。

1958年8月23日，福建廈門前線，人民解放軍的遠程大砲向著廈門對岸的大小金門島及其所有港口猛烈開火。頓時炮聲隆隆，硝煙瀰漫，短短一小時就落下了三萬顆砲彈。

「人民解放軍炮擊金門」宣傳畫

第七章 戰後時期（1945 年至今）——自強不息迎來民主時代放棄隔絕共謀兩岸發展

金門島上的國民黨官兵被炸得暈頭轉向，到處亂跑。剛走出地下指揮所的金門總指揮官胡璉和美國總顧問連忙縮身回洞，而在陣地上活動的兩個美國顧問則未能逃脫炮火的怒吼。臺灣「國防部長」俞大維頭部和手臂被炸傷，還有駐守金門的三個副司令趙家驤、章傑、吉星文連同約四百名國民黨官兵一同喪生。這次炮戰還擊沉了國民黨一艘大型運輸艦，臺灣金門的海運一度中斷。這就是震驚世界的金門炮戰，也叫「八二三炮戰」，或稱「第二次臺海危機」。

令人意外的是，當蔣介石得知解放軍炮打金門後，連說：「打得好！打得好！」原來炮戰的背後暗藏著他和毛澤東達成的共識。

早在1955年4月，美國艾森豪威爾總統派特使訪問臺灣，建議蔣介石從金、馬撤軍，想造成海峽兩岸「劃峽而治」的局面。為此美國承諾：只要蔣介石願意自金、馬撤軍，美國將在臺灣部署核武器，直至大陸宣布放棄「解放臺灣」。對此，蔣介石態度堅決地予以拒絕。

1956年以後，中國進入社會主義建設時期，為爭取一個和平安定的環境，中國共產黨進一步確立了對臺新思路，這就是爭取用和平方式解放臺灣，爭取與國民黨進行第三次合作。

但1958年國際形勢複雜多變，當年7月美英分別侵入黎巴嫩和約旦，蔣介石也一直沒有停止放棄在沿海搞破壞。毛澤東決定炮轟金門，以牽動全球戰略格局，震懾美蔣頑固勢力。

1958年8月23日，人民解放軍炮擊金門之後，美國政府一方面無理要求人民解放軍「放棄對金門和馬祖使用武力與武力威脅」；另一方面，強迫蔣介石從金門、馬祖撤軍。為粉碎美國「劃峽而治」的陰謀，維護國家和民族的根本利益，中國共產黨正確地處理了兩種關係：一方面堅決反對美國的干預和插手，同時繼續採取「聯蔣抵美」的策略。[24]

9月，金門守軍海上補給線被截斷後，美蔣海軍組成了聯合艦隊進行護航。中國外交部對美艦侵略中國主權的行為提出嚴正警告。9月8日，當美艦護航再

次進入金門海域時,毛澤東下令開炮,只打蔣艦,不打美艦,以試探美臺《共同防禦條約》的效力到底有多大,美軍在臺灣海峽的介入到底有多深。結果人民解放軍一開炮,美艦即扔下蔣艦掉頭轉向逃避,急得蔣艦大罵「美國人混蛋」。事情再明白不過了,美國是不會冒同人民解放軍發生直接衝突的危險的。其實,中美雙方都盡力避免與對方發生直接衝突。

1958年10月6日,毛澤東發表了親自起草的《告臺灣同胞書》。文告重申「只有一個中國,臺、澎、金、馬是中國的一部分」,「美帝國主義是我們共同的敵人」,宣布從10月6日起,停止炮擊,以七天為限,這七天中,蔣軍「可以充分地自由地輸送供應品,但以沒有美國人護航為條件」。

美國國務卿杜勒斯在隨後訪臺時要求國民黨減少駐外島兵力,並承諾不以武力打回大陸,再次玩弄「劃峽而治」的把戲。蔣介石頂住了美國的壓力,迫使美國表示「在當前情況下,金門、馬祖與臺灣、澎湖在防衛上有密切關聯」。

中國共產黨和政府為了進一步緩和海峽兩岸局勢,於同年10月25日發表了《再告臺灣同胞書》,闡述了「化敵為友」、「一致對外」的具體措施,即單打雙停,保證供應,以利臺「長期固守」。

從1958年到1979年元旦,中國人民解放軍用長達二十年的象徵性炮擊這樣奇特的方式,把國民黨軍隊「挽留」在金、馬島上。毛澤東曾形象地説:「我們一打炮,蔣介石就有理由不走。」金門炮戰在中外戰爭史上絕無僅有,它是毛澤東和蔣介石默契配合下的一次戰爭,它使美國所謂「劃峽而治」的「兩個中國」陰謀始終未能得逞。

四、祕密特使轉達和平統一方案

「一綱四目」謀突破,一味煎湯固本心。

駭浪連天息壤[25]下,澤被後世[26]啟濃陰。

第七章 戰後時期（1945年至今）——自強不息迎來民主時代放棄隔絕共謀兩岸發展

1956年6月，離別大陸整六年的曹聚仁，透過香港大公報社社長費彝民介紹要來大陸採訪。除採訪新聞外，他還有重要使命，就是「為祖國統一作橋梁」。

也正因北京方面事先得知曹聚仁肩負不平常的使命，除了派出邵力子等人前往機場接機之外，周恩來總理在1956年7月13、16、19日三次接見曹聚仁。[27]特別是7月16日傍晚，曹聚仁應周恩來邀請，參加在頤和園舉辦的宴會。有關這次宴會的經過，曹聚仁在回到香港後撰文刊登在《南洋商報》上，正式向海外傳達了中共領導人的國共和談設想。

「國共可以第三次合作」，這一重大消息的傳出，強烈震動了國際社會。

7月29日，曹聚仁離開北京去上海。同日中共中央發出《關於加強和平解放臺灣工作的指示》，文中說：「目前對和平解放臺灣的工作，應採取多方影響，積極並且耐心爭取的方針，工作重點應放在爭取臺灣實力派及有代表的人物方面。這就是透過各種線索，採取多樣方法，爭取蔣氏父子、陳誠為首的臺灣高級軍政官員，以便臺灣將來整個歸還祖國。」

曹聚仁回到香港，蔣經國馬上派機要祕書王濟慈前往香港探望曹聚仁。曹聚仁詳細轉達了周恩來的幾次談話內容，王濟慈也轉達了蔣經國對於國共進一步談判的意見。

曹聚仁回到香港不到一個月，第二次前往北京，9月1日到達北京。由於周恩來的推薦，毛澤東也決定接見曹聚仁。

1956年10月3日下午，毛澤東與曹聚仁作了長談。毛澤東在談話中表示：「如果臺灣回歸祖國，一切可以照舊。臺灣現在可以實行三民主義，可以同大陸通商，但是不要派特務來破壞，我們也不派『紅色特務』去破壞他們。談好了可以簽個協定公布，臺灣可以派人來大陸看看。公開不好來就祕密來，臺灣只要與美國斷絕關係，可派代表團回來參加人民代表大會和政協全國委員會。」

這番話給出了中共最高層對國共第三次合作的大致框架。

10月12日，曹聚仁帶著毛澤東、周恩來的這些承諾返回了香港。

不久，曹聚仁接到臺灣指令，讓他再赴大陸，去浙江奉化驗證一下蔣氏祖墳

是否還在、是否完好。

　　1957年5月，曹聚仁再次返回大陸。他在北京只待了幾天，便匆匆趕往浙江奉化。在溪口鎮他住進了當年蔣介石常住的妙高臺，仔細參觀了蔣介石父子分別住過的豐鎬房和文昌閣，並代表蔣氏父子到蔣母的墓園進香掃墓。

　　曹聚仁回去後，向蔣經國和臺灣方面通報了他此次大陸之行，又將他在溪口拍攝的照片寄給蔣氏。為了表達自己對國共兩黨重開談判的看法，曹聚仁還單獨寫了一封信給蔣經國，勸蔣經國意志要堅定些。但此時的蔣介石還心存疑慮，既想保持聯繫，又持觀望態度。對待曹聚仁的努力，既不讓他撒手，又不具體表態。

　　1958年8月18日，毛澤東又一次單獨會見曹聚仁，並與他共進午餐。這次兩人談話的內容主要是臺海關係。當時，美國插手臺海關係，策劃「劃海而治」，毛澤東準備還以顏色，決定炮擊金門。他希望曹聚仁轉告蔣氏父子：炮擊金門主要是打給美國人看的。由於時間緊迫，曹聚仁來不及透過正常渠道傳遞訊息，他把電訊發給《南洋商報》，報紙以醒目的標題刊出兩小時後，預定的炮擊才正式打響。

　　毛澤東第三次專門接見曹聚仁是1958年10月13日，即人民解放軍炮擊金門其間。這次談話內容主要是有關兩岸和平統一的問題，毛澤東、周恩來與他專門談了中共對臺的新方針。毛澤東說：只要蔣介石、蔣經國能抵制美國，國共就可以再次合作。[28]

　　針對解決臺灣問題，中國共產黨又提出許多重要原則。1960年5月，毛澤東在中共中央政治局常委會議上表示，臺灣寧可放在蔣氏父子手裡，也不能落到美國人手中……解放臺灣的任務不一定要我們這一代完成，可以留交下一代人去辦。

　　據田鶴年等編著、華文出版社出版的《臺海歷史縱橫》記載，中央政治局常委擴大會後，周恩來約見張治中等民主人士，請張治中致信蔣介石。信中列舉了一些有關對臺政策的具體內容。同樣內容的信還有張治中致陳誠、屈武致於右任、邵力子致於右任、張治中與傅作義致蔣經國、傅作義致張群，等等。每封信

寫好後，周恩來都認真閱讀、修改，有的還由中共中央政治局常委傳閱。

1963年，周恩來將中國共產黨對臺政策歸納為「一綱四目」。「一綱」即臺灣必須統一於中國。四目為：一、臺灣統一於祖國後，除外交必須統一於中央外，臺灣之軍政大權、人事安排等悉委於蔣介石。二、臺灣所有軍政及經濟建設一切費用不足之數，悉由中央政府撥付（當時臺灣每年赤字約八億美元）。三、臺灣的社會改革可以從緩，必俟條件成熟並尊重蔣的意見，協商決定後進行。四、雙方互不派特務，不做破壞對方團結之舉。毛澤東一再表示，臺灣當局只要一天守住臺灣，不使臺灣從中國分裂出去，大陸就不改變目前的對臺關係。

「一綱四目」作為和平解放臺灣的新方針，明顯突破了1950年代初「和平解放臺灣」方針的政策框架。「一綱四目」雖仍堅持「一國一制」，但已有了「一國兩制」的雛形與基本思路。這就是在一個中國的原則下，中國內部的任何事情都是可以透過談判妥善解決的。

1965年夏，當國民黨二號人物李宗仁回到大陸受到北京方面熱烈歡迎的時候，蔣介石父子也展開了行動。據中國友誼出版公司出版的《統一中國》透露，蔣介石由蔣經國陪同，在自己的官邸接見了曹聚仁，並在極祕密的狀態下開始了談話。整個談話自始至終只有他們三個人。開始由曹聚仁介紹中共方面的條件，然後逐條討論、商談，蔣氏父子也不斷提出自己的意見。經過幾次討論，很快達成六項條件，其主要內容為：

一、蔣介石攜舊部回到大陸，可以定居在浙江省以外的任何一個省區，仍任國民黨總裁。建議撥出江西廬山地區為蔣介石居住與辦公的湯沐邑。

二、蔣經國任臺灣省長。臺灣除交出外交與軍事外，北京只堅持農業方面必須耕者有其田。

三、臺灣不得接受美國任何軍事與經濟援助。財政上有困難，由北京按美國支援數額照撥補助。

四、臺灣海空軍併入北京控制。陸軍縮編為四個師，其中一個師駐廈門和金門地區，三個師駐臺灣。

五、廈門和金門合併為一個自由市,作為北京與臺北之間的緩衝與聯絡地區,該市市長由駐軍師長兼任。此師長由臺北徵求北京同意後任命,其資格應為陸軍中將,政治上為北京所接受。

六、臺灣現任文武百官官階和待遇照舊不變。人民生活保證只可提高,不准降低。

曹聚仁與蔣氏父子在日月潭談妥了這六項條件後,立即返回香港,將談判情況及六項條件報告給了中共。

然而,當此事正在進行之際,1966年,大陸發生了「文化大革命」,這一運動的風浪也波及臺灣,蔣介石對國共重開談判產生了疑慮,從而改變了主意。不僅中止了國共兩黨的談判,而且還開始了更深的敵對。

「文化大革命」的發生,對人民是災難,對祖國優秀文化是浩劫,海外華人均感震驚與困惑。蔣介石利用這場動亂來反共。據《蔣介石與臺灣》一書透露,當年10月9日,蔣介石發表《告中共黨人書》,號召「反共志士」聯合起來。次日又發表文告說:破四舊,立四新毀滅人類文明……臺灣軍民要枕戈待旦,與大陸同胞「共同討逆」,邁向三民主義大道……

五、蔣介石再拒「兩個中國」陰謀

求實「宋孔」講偏安,欲保會籍能貫穿。

誰解「漢賊不兩立」,[29]此中深意似天寬。

美國侵占臺灣、炮製「兩個中國」的陰謀,在1950年代消解於毛澤東和蔣介石默契的配合中。但在1960年代,美國政府透過另一種形式——利用聯合國代表權問題重新製造「兩個中國的陰謀」,受到了蔣介石的堅決抵制。

1960年代,美國政府曾幾次透過宋美齡和孔家的管道,向蔣介石傳達了美國有意讓中華人民共和國進入聯合國,並希望臺北的「中華民國」同時擁有聯合

國的中國代表權的席位。美國政府多次遊說臺灣當局容忍「兩個中國」的存在，其目的是分裂中國，並企圖在未來與中國大陸交往時重獲利益。

當時的「中華民國」借助美國在聯合國的操控，得以長期占據聯合國的合法席位，新中國卻被無端排斥。而臺灣在聯合國的代表權的確立，是與宋美齡的爭取分不開的。

1964年，中國第一顆原子彈試爆成功，使中國國家地位大大提高。同年法國與中華人民共和國建交。隨著更多的第三世界國家加入聯合國，中華人民共和國獲得了更多的支持。1965年11月17日，第20屆聯大對支持中華人民共和國加入聯合國的阿爾巴尼亞提案的表決形成四十七票贊成對四十七票反對的突破性局面。同時美國出於對抗蘇聯、結束越南戰爭等因素的考慮，也需要改善與中華人民共和國的關係。

美國國務卿魯斯克於1966年5月14日向約翰遜總統匯報說：「即將到來的21屆聯大已不可能再維持現狀」，「如果美國不採取新策略，這屆聯大極有可能出現驅蔣納共的局面」。他認為，在可供選擇的政策方案中，風險最小的是「兩個中國」的政策，既重申臺灣政府擁有聯合國席位的合法權利，同時準備接納共產黨中國加入聯合國。[30]

鑑於這一方案必將遭到國共雙方的共同抵制，魯斯克認為美國當務之急應在於說服蔣介石，接受「兩個中國」的方案。

現在面對美國的重新考量，蔣氏與宋、孔兩方曾有過激烈的爭議。

在士林官邸關於聯合國問題的論戰中，蔣介石援引諸葛亮《後出師表》中一句「漢賊不兩立」，表達自己無意偏安的觀點，堅決反對美國人在聯合國裡玩「兩個中國」的圖謀。宋美齡及其外甥、哈佛大學博士孔令侃堅持「審時度勢」和「外交務實」的立場。孔令侃認為，蔣介石「漢賊不兩立」政策很不理性，是自掘墳墓。他主張應該效法東西德的模式，繼續留在聯合國以護衛「中華民國」的席次，就算中華人民共和國「奪得」了安理會的席次，蔣介石亦不應自行退出。而中國主權爭議，盡可留待時間解決。宋美齡也贊同暫時屈從美國外交走向、確保臺灣在聯合國會籍的觀點。

蔣介石之所以否決了宋、孔的計策，主要的考慮是，只有他領導的「中華民國」才是中國的「正統政府」，如果「中華民國」與新中國並列於聯合國，不僅意味蔣政府放棄了對中國正統政權的爭取，更意味著屈從了美國一貫的「兩個中國」的框架。

堅持這一觀點的還有蔣經國。當時蔣經國在蔣介石的提攜下日漸得勢並擺出接班姿態，他本人也完全贊同其父的主張。新任美國「駐臺大使」馬康衛於1966年6月30日奉命赴臺北。正如預料中的那樣，蔣介石在會談中明確重申：「臺灣無法接受任何帶有兩個中國意味的提案。若兩個中國的決議案在聯合國獲得透過，臺灣將不得不立即退出聯合國。」

7月3日魯斯克親自赴臺。他先向國民黨「外交部長」魏道明表示美國無法阻止其他國家提出兩個中國的提案，必須採取新的辦法來應對。雙方會談沒有交集，不歡而散。

次日，魯斯克直接向蔣介石表示同樣的意見，蔣介石明確表示不接受任何導致中國大陸進入聯合國的政策安排。雖然魯斯克向蔣保證臺灣沒有必要擔憂美國對臺的根本政策會轉變，蔣並未感一絲欣慰，拒絕繼續討論相關的話題。魯斯克見會談無果，只好鬱悶而歸。

其實，早在1951年蔣介石就考慮了萬一被聯合國開除時不得不採取的態度，他在回憶錄中說：「……復國基礎有二：在國際上，法律地位的憑藉，則為聯合國；在內政上，則為復興的基地臺灣……如兩者不可兼得，則我寧可放棄聯合國……」[31]

臺灣問題研究專家認為，蔣氏父子這一歷史關鍵時期對一個中國政策的堅持，功不可沒。專家張景旭認為，蔣氏父子當年忍痛主張「漢賊不兩立」，固然相當程度上是基於鞏固自身政權的考慮，然而從整個中華民族的角度觀之，他們不失為堅決的民族主義者。他們為避免中國主權的割裂、為抵制美國分裂中國國土，作出了貢獻。

六、國共第三輪密談終成遺憾

老驥黃昏磨鐵肩，香江評論[32]義薄天。

舉杯邀友重開宴，要泯恩仇五百年。

1970年代初，中華人民共和國恢復了聯合國的席位，中美關係改善，中日關係改善，聯合國成員國絕大多數與臺灣斷絕「外交」關係。這些重大的事件使臺灣的處境急轉直下，形勢對中共十分有利。因此，毛澤東和周恩來又把和平解決臺灣問題提到了議事日程上。

國共兩黨重開談判，仍然需要一個在兩方面都說得上話的人居中調解。由於曹聚仁已於1972年7月2日病逝，這方面的人選一下子成了空白。於是，九十歲高齡的章士釗再度請纓赴港，擔當和平專使。

據資料記載，周恩來得知章士釗的想法，感到十分為難。[33]因為章士釗幾年前從病床上摔下來造成骨折，一直行動不便，只能靠輪椅代步。如此情況，怎能長途旅行呢？於是，周恩來便向毛澤東匯報了此事。

毛澤東反覆權衡，認為章士釗的作用是其他人無法替代的。於是提出：「如果準備得好一點，是不是可以去呢？比如說派個專機去。」最後，在徵得章士釗家屬同意後，毛澤東與周恩來決定派章士釗到香港。

經過周密的安排，1973年5月25日，章士釗從北京乘專機啟程赴港，周恩來親自到機場為他送行。

章士釗到香港後不到一個月，因頻繁的活動，過度的興奮及對香港氣候的不適，加之年事已高，到6月下旬便一病不起。

周恩來得知章士釗病重的消息，即派醫療隊緊急赴港，指示盡一切辦法穩定章士釗的病情，然後護送其回京治療。然而，當醫療隊風塵僕僕趕到香港時，章士釗已於7月1日與世長辭。

由於中共多次發出和談建議和邀請，也出於對臺灣前途的考慮，蔣介石經過一年多的思考，又動了與中共重開談判的念頭。但是，託夢蝴蝶尋信使，故人乘

鶴暗香江。私人密使曹君已不在，誰來擔此重任呢？

　　1975年春節期間，蔣介石感覺到自己來日不多，心中更加牽掛著能達成國共和談。他一生始終堅持「一個中國」的立場，那麼和談便不可避免，而人到暮年，這個願望就會更加迫切。他將這一使命交給了剛從美國回來的國民黨元老陳立夫。陳立夫在抗戰前曾主持過國共兩黨祕密談判，他接受任務後，當即以「總統府資政」的名義透過祕密渠道向中共中央發出邀請毛澤東到臺灣訪問的消息。

　　也許是陳立夫知道蔣介石的身體狀況，也許是他本就心情迫切，在中共還沒有回音的情況下，陳立夫便寫了《假如我是毛澤東》一文，在香港報紙上公開發表。他在文章中殷切歡迎毛澤東或周恩來到臺灣訪問，與蔣介石重開談判之路，以造福國家和人民。他特別希望毛澤東能「以大事小」，不計前嫌，效仿北伐和抗日時期國共合作的先例，握手一笑，開創再次合作的新局面。[34]

　　然而，國共兩黨的主要領導人都沒有能夠看到國共重開和談和再次合作局面的出現。蔣介石在此後一個多月，於1975年4月5日溘然長逝。去世時，大陸的消息還沒有回應過來，這或許是他永久的遺憾。他在去世前曾表示，日後要將他的遺體運返南京，葬於中山先生之側。第二年的9月9日，毛澤東也與世長辭，留下未竟的祖國統一大業。

　　在維護國家統一、反對「臺獨」的大是大非問題上，毛澤東和蔣介石有著高度的共識，並為此作出了不懈的努力。從1950年代反對美國的「劃峽而治」，到60、70年代反對美國提出的「雙重代表權」，從多次互派使者尋求國共合作，到公開發出倡議或邀請……其間經歷了許多希望和波折。雖然倆人臨終也未能達成國共第三次合作的願望，但在國共雙方的努力下，他們的遺願並沒有中斷，正在變成現實。

第三節　西式民主運動

一、政治開放中的陰影

洪流[35]化雨掃荒蠻，冰島起風將退寒。

奔電忽來驚睡眼，泥沙[36]自始入清潭。

　　1970年代至80年代中後期，臺灣當局為應付新的國際形勢及臺灣社會的變化，開始向西方式的政治制度過渡。而這一過程伴隨著黨外勢力的重組和增強。

　　1970年代初期，是臺灣的多事之秋：知識青年掀起「保釣運動」，臺灣當局被逐出聯合國，臺美關係驟變，臺日斷交，蔣經國出任「行政院長」。同時，經濟的發展、教育的普及帶動了階級關係發生重大的變化，新興的中產階級要求打破外省籍官僚長期壟斷上層權力的局面，希望分享政治權力。各種矛盾互相交織，國民黨政權再次出現了危機，臺灣社會正醞釀著一場較大的社會變革。

　　一批學術界和工商界青年以有官方改革派背景的《大學》雜誌為陣地，倡導政治革新，要求擴大「政治參與」、「廢除政治特權」、「改選中央民意代表」。相應地，黨外勢力開始活躍並得到發展，他們質疑國民黨以「戒嚴法」為藉口，實行長期的專制，強烈要求「解除戒嚴令」、「開放黨禁、報禁」。這些人彙集在民主的旗幟下，有的是國民黨員，有的是黨外人士，有的後來參與了「民進黨」的組建，有的後來又脫離了「民進黨」。

　　蔣經國面對內外各種危機，為了應變求存，開始在政治上作出一些調整，推出了一系列「革新保臺」、「在臺生根」的措施，有意識地提高臺灣省籍人士在政權內的地位，比如邀請日後大搞「臺獨」的李登輝任「政務委員」。經過這一系列措施，蔣經國的政治權力與地位得到了加強。但是臺灣的主要矛盾並沒有發生變化，這就是戒嚴體制下的一黨專政。

　　1978年蔣經國當選第六任「總統」後，黨外運動繼續有發展，最著名的事件是「美麗島事件」——頗具影響的《美麗島》雜誌社聚集了一大批黨外人士，意圖組織反對黨，以制衡國民黨。黨外勢力發動民眾於1979年12月10日在高雄

舉行遊行示威,並與強行攔阻的警察發生了嚴重的衝突。

這些黨外運動中,有些人主張民主、統一,有些人主張「臺獨」。其中「臺獨」分子披著「爭民主」的外衣,進行分裂祖國的活動。

在以後的幾年裡,中國共產黨和中國政府多次向臺灣當局發出和平倡議,呼籲國民黨當局告別戒嚴體制,結束對立,為實現祖國統一的事業作出寶貴的貢獻。比如1979年全國人大常委會發表的《告臺灣同胞書》宣布中國人民解放軍從此停止對金門等島嶼炮擊;1984年中共提出「和平統一,一國兩制」的方案,使臺灣當局實施三十多年的戒嚴體制失去了存在的理由。

中國共產黨和中國政府關於和平統一臺灣的方針,對國民黨當局形成新的壓力。1986年3月,專制獨裁了二十一年的菲律賓馬科斯政權被推翻,給長期實行軍事戒嚴的國民黨當局造成極大震撼。美國也一貫地敦促國民黨當局解除戒嚴,開放黨禁,實行政黨政治。

最重要的是國民黨這種封閉、管制式的統治體制,已經與臺灣社會的多元化發展趨勢和社會大眾要求民主的潮流格格不入,形成了尖銳的矛盾和衝突。臺灣的黨外勢力借助許多社會、政治事件,批評國民黨的獨裁。[37]特別是江南命案與涉及眾多高官貪腐的「十信事件」的接連發生,重挫國民黨的政權形象,使國民黨不得不面臨再次求變的選擇。

此時島內黨外勢力發展較快,且派系林立。這些組織密切關注島內時局的發展。

據《國民黨下臺內幕》一書透露,1985年12月25日行憲紀念大會等三個會議舉行聯合典禮,蔣經國主持會議並致詞,出人意料的是,他突然離開預先準備好的講稿說:「現在,有兩個問題,經國想做一個明確的說明:第一就是,總統繼承者的問題……下一任總統,必然會依據憲法而產生……有人或許要問,經國的家人中有沒有人會競選下一任總統?我的答覆是,不能也不會。第二就是,我們有沒有可能以實施軍政府的方向來統治國家?我的答覆是,不能也不會。執政黨所走的是民主、自由、平等的康莊大道,絕不會變更憲法,同時也絕不可能有任何違背憲法的統治方式產生。」蔣經國的話一出,震動臺灣政界,引起西方的

關注。

　　1986年3月底，國民黨召開十二屆三中全會，蔣經國在會上提出「政治革新」的主張，決定要調整內外政策，包括解除戒嚴、開放黨禁報禁、調整「中央民意機構」、實行地方自治法制化、推動黨務革新、進行「總統」集體接班的部署，等等。但黨外人士已經有些迫不及待，於1986年9月，在臺北圓山飯店宣布成立民主進步黨。由於當時還沒開放黨禁，因此即使當時「民進黨」並未主張「臺獨」，但從程序上來說仍然不合法。這是臺灣歷史上的大事，社會各界一時非常關注，不知道當局是要鎮壓還是順應改革的形勢。《我們臺灣這些年》中曾介紹這樣一個細節：

　　民主進步黨一成立，當局情治部門立即呈上「反動分子」名單，蔣經國未批，說道：「使用權力容易，難就難在曉得什麼時候不去用它。」後來，蔣經國在「雙十節」指示修訂「人民團體組織法」、「選舉罷免法」、「國家安全法」，開啟臺灣民主「憲政」之門。國民黨要人則紛紛質疑，有人說：「這樣可能會使我們的黨將來失去政權！」蔣經國說：「世上沒有永遠的執政黨。」

　　而據後來披露的新聞顯示，民進黨的成立大會曾得到當局的默許，黨外人士殊不知，蔣經國透過監控攝影看完了大會直播的全過程。之所以不干預，是因為蔣經國已在心裡接受了政黨政治的理念，已經決定要開放黨禁了。當時「許信良在美國成立臺灣民主黨，美國參議員甘迺迪等人設立臺灣民主化委員會，民主化潮流已蔚為風潮，無法阻擋，蔣經國會同意民進黨組黨，應該是考慮到反對黨在臺灣成立的話，比較容易監控。」[38]

　　黨外勢力組黨是一個過激的行為，但並未影響蔣經國既定的民主革新的步伐。民進黨成立之後，蔣經國接受美國《華盛頓郵報》和《新聞週刊》訪問時，率先預告臺灣將要解嚴以及開放黨禁的消息，表示任何新政黨必須遵守「憲法」，與「臺灣獨立」劃清界限。當年10月15日，國民黨中常會通過了解嚴和開放黨禁的決議。

　　蔣經國未曾料到的是，在其去世的幾年後，「民進黨」撕下民主的偽裝，將「臺灣獨立」寫進了黨綱；更沒料到的是，李登輝在出任臺灣地區領導人之後，

藉著政治開放的名義,最終與「臺獨」勢力同流合汙,背棄了蔣經國政治開放中的反「臺獨」根本精神。

二、《大學》雜誌事件——政治革新第一呼

凶天[39]吝嗇一滴雨,大漠揚塵封萬堞[40]。

壯士豈憑血氣勇,請栽紅柳第一枝。

1960年代以後,隨著臺灣經濟「起飛」,臺灣出現了一個力量龐大的中產階級。他們不滿足於「納稅有份,參政無份」的狀況,要求獲得與其經濟貢獻相當的政治權力。而教育的普及,使臺灣知識分子的隊伍不斷壯大。他們受過良好的教育,嚮往西方式民主政治,不滿國民黨的專制統治。因此順應潮流,自然成為中產階級的代言人。一批臺灣知識分子代表黨外勢力創辦了許多政治性刊物,表示自己的政治主張,其中《大學》雜誌是早期影響最大的黨外雜誌。

第七章 戰後時期（1945年至今）——自強不息迎來民主時代放棄隔絕共謀兩岸發展

《大學》雜誌的主筆之一陳鼓應教授

　　《大學》雜誌創刊於1968年1月，最初是一本文藝、教育類刊物，創立者為張俊宏與陳鼓應。1970年初，臺灣新一代知識青年聚集一起，組成了頗為強大的筆陣，以《大學》雜誌為園地，作了一次集體性的意見表達，主要宣傳「革新保臺」主張。

　　從1971年開始，《大學》雜誌的編輯方針轉變為以政論、社會評論為主。《大學》1971年元月號發表了劉福增、張紹文、陳鼓應聯名發表的《給蔣經國先生的信》。該信成為臺呼籲「政治革新」的心聲。同期發表的重要文章還有陳鼓應的《容忍與瞭解》、陳少廷的《學術自由與國家安全》、張俊宏的《消除現代化的三個障礙》等。

　　1971年4月，《大學》雜誌發表了由九十多名學者、中小企業家等人士共同署名的《我們對釣魚臺問題的看法》。同年7月，當時還是國民黨員的許信良聯

合張俊宏等人發表了一篇長文《臺灣社會力分析》，分別對舊式地主、農民及其子弟、知識青年、財閥、企業幹部及中小企業者、勞工及公務員等階層的性格加以深入的分析，建議執政當局不要忽視最有潛力的人力資源，應迎合併運用這些人來從事社會建設。此文實際上想表達臺灣中產階級參政議政的心願，也因此引起了世人的關注，蔣經國曾推薦黨團幹部都要詳加研讀。

1971年10月，《大學》再發表《國是諍言》，由楊國樞、張俊宏、高準、陳鼓應、許信良等十五人聯合撰寫，從人權、經濟、司法、立法、監察等方面，對「國體」、「政體」與「法統」等問題進行深入探討，提出了「政治改革」的主張，在臺灣社會造成巨大震動。該文和同期發表的《中央民意代表的改選問題》，實質上已經觸及國民黨統治的「法統」。這種對國民黨「法統」的挑戰是最為敏感的話題。該文尖銳批評道：「二十幾年來，我們始終在維持著一個龐大、衰老而且與廣泛大眾完全脫節卻以民意為名的特權集團。」

1972年1月，《大學》四週年紀念刊又發表了《國是九論》，對臺灣社會的結構性問題進行系統批評，並對蔣經國倡導的「革新保臺」提出建言。新一代的在野問政至此也達到最高潮。

針對陳鼓應在《大學》發表文章主張開放學生運動，建議開闢校園「民主廣場」，讓學生參與「政治革新」，國民黨當局則指使《中央日報》發表反駁文章《一個小市民的心聲》，與陳鼓應展開論戰。

與此同時，臺灣當局還透過各種方式對《大學》雜誌施加壓力，先是由情治機關約談陳鼓應、王曉波，然後指使臺大當局解聘了陳鼓應等十四位哲學系教師。1973年2月，楊國樞辭去《大學》雜誌總編輯職務。3月，陳鼓應等以「組織閱讀共匪文件和毛澤東書籍」的罪名被捕。

雖然《大學》雜誌經過改組後繼續出版，但失去了問政意識和勇氣的雜誌再也沒有產生什麼影響，直至最後停刊。

三、中壢風雲——許信良的努力

軒轅舉薦認賢良，官是公僕最恐慌[41]。

中壢晴空藏欲水[42]，春風未到惹蒼黃。

「中壢事件」發生在1977年11月19日，起因是國民黨故伎重演，在選舉中不擇手段擠垮黨外候選人。

中壢是位於臺北西南方向二十五公里處的一個小鎮，隸屬於臺灣桃園縣。1977年11月，正值臺灣將進行「五項地方公職人員選舉」。原國民黨黨員許信良因被國民黨剝奪參選桃園縣長的權益而宣告退出國民黨，他最終以無黨籍身分與國民黨正式的候選人歐憲瑜進行競選。國民黨採取了許多手段來對付許信良，而志在必得的許信良也廣泛發動黨外人士特別是青年助其競選。因此早在選舉之前，雙方已經唇槍舌劍、劍拔弩張。

11月19日清晨，投票正式開始。國民黨黨員、投票所監察主任范姜新林，來到設在中壢小學的213號投票所，監督投票。上午10時30分，年過七旬的鐘順玉夫婦因為視力不好，正在商量如何圈選，此時不該進入選民圈票區的范姜新林走上前來，拿過兩位老人的選票，看了看後說是廢票。此時，黨外派來的邱姓監督人當即現身，稱范姜故意把油泥抹在選票上，致使選票作廢。事後，桃園選舉監察小組的調查結果顯示，廢票確是因為兩位老人在選票上蓋了私章所致。[43]

但監察主任擅離崗位一事引起群眾強烈不滿，長久被壓抑的憤怒情緒開始發作，雙方發生言語爭執和肢體衝突。桃園縣警察局得知消息後派出大批警察趕到現場，將監票主任帶走，其實是將其保護起來，對此，選民更加不滿。隨後，國民黨舞弊的消息從其他地方不斷傳來，這無疑是火上澆油。憤怒的選民們聚集在一起，將中壢警察分局圍得水洩不通。直到次日凌晨，臺灣當局宣布已將舞弊人員法辦，同時公布許信良以高票當選為桃園縣縣長。對國民黨的迅速反應，民眾表示接受，這才逐漸散去。

這是國民黨去臺後舉辦「地方公職人員選舉」以來發生的規模較大的一次政治性事件。由於參與的民眾人數太多，考慮到對島內外的影響，對此事蔣經國沒

有進行武力鎮壓,事後也未逮捕任何參與的民眾,但事件造成的震動是不容否認的。此時的黨外勢力已逐漸壯大,實施政治高壓政策可能帶來危險。事件平息後,蔣經國數次發出指示,在以後提名候選人時,要注意考察學歷,讓劣跡少、名聲好的黨員出場;同時注意修正競選方式,以增加取勝的根本條件和改善國民黨的參選形象。為完成這一轉變,蔣經國同意「中央黨部組工會主任委員」李煥辭職,改組負責國民黨選舉事務的最高黨務部門——「中央組工會」。

許信良(左)拜訪施明德,施許兩人都曾當過民進黨主席(採自臺灣《聯合報》)

而這種勝利成果讓黨外勢力從事件中受到極大鼓舞。在當年的五項選舉中,黨外人士取得了歷史性的突破,一舉奪得30%的選票。其中二十個縣市長席位中奪得四席、七十七個「省議員」席位奪得二十一席,五十一個臺北市議員席位奪得六席。這種結果,對於黨外運動的發展有著關鍵性的影響,也激發了更多的青年知識分子和中產階級參政議政的熱情。

許信良後來加入了民進黨,曾兩度當任民進黨主席,後又因反對陳水扁而退出過民進黨。他一直堅持自己的觀點,早在1999年接受國際媒體採訪時就主張

早日實現三通，並認為未來臺灣主要銷售市場在中國大陸。他還呼籲早日改變臺灣與大陸間接通話一年要多花十多億美元的不合理局面。據《統一中國》一書介紹，他還在同一時期，將自己的兒子送到北京大學上學，這對兩岸文化交流無疑是一種表率作用。

四、美麗島事件——在野派的叫板

美麗島中英俊[44]多，欲開風氣遇隔閡。
龍蛇[45]趁勢成兇猛，匯聚洪流向漫坡。

「美麗島事件」又稱「高雄事件」，是臺灣黨外勢力直接領導的、與國民黨當局展開的一場有組織、有準備的政治較量。

中壢事件之後，臺灣本地的黨外人士已經成為國民黨的主要反對力量。為了鞏固在「五項選舉」中取得的成果，進一步分享政治權利、宣傳社會思想，1979年9月，由黃信介為發行人、許信良任社長、張俊宏任總編輯的黨外政論性刊物《美麗島》在臺北創刊。該刊不僅言論激烈，而且來勢兇猛，僅社務委員就達七十名，幾乎網羅了當時所有的知名黨外人士，並在全島設立十多個辦事處，大有借創辦刊物集結力量以創造實質性政團的勢頭。

大陸看臺灣歷史

施明德，因反對國民黨當局，兩次入獄。在任民進黨主席期間，曾表示「民進黨執政後，不會宣布臺灣獨立」。陳水扁上臺後，施因不滿民進黨的迅速腐敗、墮落而離開了民進黨，並發起「倒扁」運動

　　如果說七年前的《大學》雜誌只是以黨外人士為主的書生論道，中壢事件是因國民黨在地方選舉時不擇手段而導致街頭行動的話，那麼美麗島事件則是結合了兩者特性的一次總爆發。按《我們臺灣這些年》裡的話說：「這些人也不是無黨籍的地方士紳，而是一群『行動者』，懂得結合政治及社會思想去做『運動』。」

　　1979年11月30日，《美麗島》雜誌與「臺灣人權委員會」聯合向臺灣當局申請於12月10日在高雄舉辦紀念「國際人權日」集會遊行，遭到拒絕。《美麗島》雜誌決定不理會臺灣當局的態度，按計劃行動。

　　12月10日，集會如期舉行，臺灣當局派出大批軍警部署周圍街道，並對附近實行交通管制，禁止車輛入內。晚上6點，黃信介、姚嘉文等就地發表演講，與會三千多名群眾情緒激昂。集會組織者多次出面與警方交涉，要求警察撤離，

但遭拒絕。於是，幾千民眾持木棍、火把開始遊行，雙方發生嚴重衝突。到11日凌晨2時30分，局勢才趨於平靜。

這次衝突的規模遠遠大過中壢事件，是1949年以來的最大的一次警民衝突，共造成雙方約兩百人受傷。事後臺灣當局開始大規模搜捕事件參與者，黃信介、施明德、張俊宏等一百五十二名黨外人士以「涉嫌叛亂罪」被抓，聚集在《美麗島》雜誌周圍的黨外運動核心人物幾乎被一網打盡。

雖然國民黨利用戒嚴體制的法令抓捕了事件的重要參與者，卻在次年的大審判中展示了其開明的作風。按戒嚴體制，國民黨啟用的是軍事法庭審判，但並未像以往50年代白色恐怖時期或是60年代的軍事審判那樣，有太多的限制和操縱，而是可以讓對方聘請「辯護律師團」進行辯護，律師團可以與官方進行交鋒。同時法庭也有限向社會開放，各大報紙均可向政府發言人發問，並可輕易得到判決和律師答辯書。這些寬鬆的細節在以往的臺灣是不可想像的，這說明蔣經國已經有意識地想鬆動國民黨在臺灣的戒嚴體制。

1980年4月18日，臺灣當局對高雄事件中被捕的黃信介等八名非國民黨人士分別判處有期徒刑和無期徒刑。臺灣當局在判決中，以所謂「意圖以非法的方法顛覆政府而著手實行」的罪名，判處黃信介有期徒刑十四年，剝奪公權十年；判處施明德無期徒刑，剝奪公權終身；姚嘉文、張俊宏、林義雄、林弘宣、呂秀蓮、陳菊各有期徒刑十二年，各剝奪公權十年。黃信介等八人的全部財產除酌留其家屬必需生活費外全部沒收。[46]

從高雄事件發生到次年大審判的過程中，有兩件事頗受社會關注，最後終變成了歷史懸案。一件事是關於衝突發生的真正原因，是如法庭上所提供的物證那樣——民眾襲警在先，還是社會上盛傳的那樣——政府派人在民眾裡當托兒，故意攻擊警察？另一件事是是誰殺死了主嫌人之一林義雄三位家人？是如警方所言「國際陰謀集團」，企圖激化島內矛盾，還是如傳言中所説的國民黨「殺雞儆猴的示警手段」。

總之「美麗島事件」及其大審判，備受當時島內外社會的關注。作為焦點之一的年輕律師們，也從幕後走到了幕前，有的甚至也在這期間投入到了黨外的政

治運動，並越來越成為主角。

「美麗島事件」是臺灣現代史上繼中壢事件之後又一起大規模的反對國民黨當局的事件，是臺灣政治、社會生活發生轉折的標誌性事件。經過此事，國民黨與黨外勢力之間的矛盾進一步加深，也促使國民黨加快了政體改革的步伐。

五、江南事件——名記者的硬骨頭

遭逢亂世駕洋舟[47]，塊壘於胸未可留。

一筆素描[48]驚小蔣，不殺「叛逆」誓不休。

1984年10月15日，美國當地時間9點20分，美國舊金山附近的戴利市江南寓所，江南來到自家樓下的汽車房，準備開車和妻子一起去位於舊金山漁人碼頭的自營禮品店。妻子崔蓉芝還在樓上收拾，突然她聽到來自車庫的「砰！砰！砰」三聲脆響。她連忙下樓察看，令她大驚失色的是，丈夫江南倒在血泊中不省人事，頭部中了一槍，腹部中了兩槍。雖送醫院搶救，但因傷勢過重，江南於當天上午10時30分不治身亡。

江南因撰寫《蔣經國傳》而得罪臺灣當局被殺，圖為他被殺前不久與妻、子的合影

這起駭人聽聞的血案，與當時正在當地火爆連載的《蔣經國傳》有關，是一場政治謀殺。

江南，真名劉宜良，江蘇省靖江縣人。幼年在家鄉讀書，後去臺灣，曾就讀於臺灣師範大學。1963年畢業後投入臺灣新聞界。因不滿蔣氏父子的強權政治，1967年以《臺灣日報》特派記者身分離臺赴美。在美利堅大學國際關係研究院完成碩士課程。後因種種原因，江南改文從商，以經營中國工藝美術品謀生。

期間，他以江南為筆名在美國與香港的中文報刊發表了大量文章，並且撰寫了《蔣經國傳》及《吳國楨傳》。特別是1984年於美國報紙連載的《蔣經國傳》，公正客觀，取材廣泛，文筆生動，感觸敏銳，堪稱江南的代表作。《蔣經國傳》披露了蔣介石父子一些鮮為人知的「醜聞」，以及蔣氏父子統治臺灣的內幕，在華人社會引起強烈反響，江南也因此結怨於臺灣當局。

在劉宜良結集出版《蔣經國傳》前，臺灣當局曾派人去美國向他表示願出高價買斷版權，被劉宜良拒絕。該書出版後，國民黨當局非常惱怒，便開始進行祕密策劃。國民黨當局並未直接派特務執行暗殺，而是指派在臺灣赫赫有名的黑社會「竹聯幫」執行暗殺任務。

三名殺手分別是：竹聯幫幫主陳啟禮、總護法吳敦和堂主董桂森。

劉宜良被害一事傳開後，海內外華人社會倍感震驚，各界紛紛舉行集會，發表講話，對這一慘無人道的暗殺行徑進行口誅筆伐。一些在美國的華人學者以及劉宜良的生前友好，還組建了「為劉宜良伸張正義委員會」，要求有關當局追查元兇，給社會一個交代。

為了逃避這一命案的罪責，臺灣當局採取了「捨車保帥」的手段。將坊間普遍懷疑的真正幕後人蔣孝武外派到新加坡，而拿臺灣「國防部情報局長」汪希苓

的單獨行動來說事，拿具體執行這一暗殺行動的殺手陳啟禮、吳敦當作「捨卒保帥」的替罪羊——他們三人都被判刑。[49]

這一事件自始至終沒能得到徹查，國民黨當局的威信也因此受到了沉重的打擊，成為黨外勢力詬病、孤立國民黨的說辭之一。這件事也成為臺灣向西式民主化改革的一個契機。在江南案審結之後的次年，即1986年，臺灣開始大踏步地進行政治改革——而這恰恰是江南著作寫文揭露黑幕的初衷。

最後交待一下幾名案犯的結局。1991年，陳啟禮在坐了六年牢被假釋出獄後，信佛從商，逃亡海外，最後於2007年客死香港。汪希苓1991年恢復自由後，一直低調做人，著書回憶自己的情報官生涯。吳敦出獄後成了電影製片人。外逃的董桂森於1991年2月21日，在美國賓州路易斯堡聯邦監獄被刺殺身亡。[50]

第四節 親情的呼喚

一、于右任的渴望

神木[51]天涯立，離人海角吟。

今生書快意，何日了歸心。

故土思完璧[52]，玉山瞰碎銀[53]。

天長存翳䂮[54]，日久化甘霖。

于右任，陝西三原人。原名伯循，字誘人，後以「誘人」的諧音「右任」為名。

于右任傳奇的一生，首先從諷刺詩開始。他是清朝光緒年間舉人，因刊印

《半哭半笑樓詩草》譏諷時政被清廷通緝，亡命上海。後加入光復會和同盟會，追隨孫中山參加辛亥革命。1907年起先後創辦《神州日報》、《民立報》，積極宣傳民主革命，成為著名的報刊活動家。他還是國民黨重要決策人物，歷任南京臨時政府交通部次長，國民聯軍駐陝總司令，審計院、監察院院長。

玉山峰頂上的于右任眺望大陸的塑像

　　1949年，于右任被裹挾到臺灣，而結髮妻子和兒子卻留在大陸，從此天各一方。寓居臺灣十五年，他沒有一日不思念大陸的家人。於是，于右任常寄情書法和詩詞，聊以安慰自己那顆悲傷、深沉的心。于右任早年積極倡導國共兩黨合作，寓居臺灣期間，也致力於祖國統一和民族復興。1960年代初，周恩來曾請民主人士邵力子給身在臺灣的于右任寫信，以促進國共交流，還要求有關部門對

于右任在西安的髮妻和後代給予照顧。

1957年,民國元老于右任歡度七十八歲華誕,由其子和孫女奉侍在旁

1962年1月12日,于右任在日記中寫道:「我百年之後,願葬玉山或阿里山樹木多的高處,山要高者,樹要大者,可以時時望大陸。我之故鄉是中國大陸。」

玉山頂峰常有濃霧湧起,如逢晴好天氣,可鳥瞰波光粼粼、閃如碎銀的海峽水面,可看見白檣長掛、鷗鷺集翔的場景,看見白雲下朝思暮想的大陸。於是青山、白雲、滄海、日月對他來說都是一種獻愁供恨的載體。于右任先生曾多次想登上臺灣最高峰玉山主峰遠望大陸,都因身體和其他緣故未能達成。他只能靠回味往日的登山所見,回憶故鄉的老屋故人,來感受內心濃濃的思鄉情。這一年的1月24日,于右任創作了他著名的愛國詩作《望大陸》(又名《國殤》):

葬我於高山之上兮,望我大陸;

大陸不見兮,只有痛哭。

葬我於高山之上兮，望我故鄉；

故鄉不見兮，永不能忘。

天蒼蒼，海茫茫，

山之上，國有殤。

詩的前兩節採用《詩經》中常用的賦的手法，反覆詠唱，抒發對大陸、對故鄉深切嚮往、眷戀的情懷。正是這真摯強烈的情感和刻骨銘心的思念，給讀者以強烈的震撼，引起讀者感情與思想上的共鳴。詩的最後一節開頭兩句化用了北朝民歌《敕樂歌》裡的兩行詩，疊字連用以示情愁綿綿。最後兩句「山之上，有國殤」語意雙關而寓意豐富，抒寫自己死後不能葬在大陸，不能魂歸故里的遺憾。詩人借助這兩句詩，表達出許許多多和詩人有著相同經歷的人們的心。這真是——

滄浪猶思奔碧落，

銀河何忍墜人間。

1964年8月中旬，于右任因病住院。9月的一天，于右任的老部下楊亮功到臺北榮民總醫院去探望他。于右任很高興，但由於病重及喉嚨發炎，想講的話又無法講出來。楊亮功於是拉著他的手問道：「院長有什麼事情吩咐我？」于右任略思片刻，伸出一個指頭。楊亮功不知道是什麼意思，過了一會，于右任又向楊亮功伸出三個指頭，楊亮功猜測了幾個答案都被于右任搖頭否定了。楊亮功只好說：「院長，等你身體好一些後，再來問你剛才表示的是什麼意思，行不行？」于右任點了點頭。不料，于右任的病一天比一天重，於1964年11月10日晚上辭世，享年八十五歲。

他沒有留下任何遺言，人們便把他的《望大陸》一詩及其日記中的心願，當作他的遺囑。當局把他埋葬在臺北最高的觀音山上，人們便計劃在玉山頂峰豎立起一于老遙望大陸的雕像，其本意是要補足四千公尺的高度（玉山當時測量數據為海拔三千九百九十七公尺）。玉山山勢險峻，三公尺高的銅像和許多建材如何運上去？臺灣登山協會的會員們得知此事後，自告奮勇包攬了這項任務。銅像很

沉，山路壁立，一不小心便可能出現像毀人亡的險情。登山隊員呵護著銅像，就像呵護著于老的愛國之心，不讓銅像有一點損傷。汗水浸透衣背，手腳常常蹭傷，都不能阻止他們的決心，他們知道他們的背後有無數民眾期望的眼睛，有無數顆同樣思念故鄉的遊子之心。就這樣，他們將于老的銅像和建材一點一點地背上了玉山的主峰。「于右任」終於了卻了登高遠眺故土的心願。

一個指頭、三個指頭是什麼意思，很長時間裡沒有人能夠猜透。後來，資深報人陸鏗覺得這樣理解「一個指頭、三個指頭」會更符合于老的本心：將來中國統一了，將他的靈柩運回大陸，歸葬於陝西三原縣故里。

人們感懷於于老的愛國情懷，情念於他的詩書情操，敬佩於他的心繫蒼生，便用其老家故居和老槐樹為詩作評：「三間老屋一古槐，落落乾坤大布衣」，可謂恰如其分。

二、老兵王錫爵駕機歸來

良人[55]空自遣鄉愁，每遇出更心淚流。

今日卻知風正好，左翼[56]微傾下廣州。

1986年5月3日註定要寫入中國民航及兩岸交流的史冊。當天下午3時左右，廣州白雲機場破天荒地迎來了一架臺灣中華航空公司（簡稱華航）的貨機。這是一架波音747的大型貨機，從泰國起飛，計劃暫停香港後返回臺灣。機長王錫爵因不堪忍受三十七年的思鄉之苦，帶著副駕駛董光興、機械師邱明志及二十二萬磅貨物，轉飛廣州，踏上了大陸的土地。王錫爵一下飛機，抑制不住激動，迫不及待地對前來接洽的當地負責人說：「我要和家人團聚，我要求到大陸定居」，而同機抵達的董光興和邱明志則表示願回臺灣。這就是震驚兩岸的「華航事件」，這是新中國成立以來臺灣民用航空公司的飛機第一次飛往大陸。

第七章 戰後時期（1945年至今）——自強不息迎來民主時代放棄隔絕共謀兩岸發展

臺灣華航公司機長王錫爵駕駛貨機飛抵廣州上空（採自人民網）

　　王錫爵1931年出生於四川遂寧，1948年入國民黨空軍軍官學校，次年隨國民黨部隊撤退至臺灣。1950年代，他曾駕駛過戰機飛臨大陸偵察。他擔任過國民黨U-2機隊聯隊長，佩中校軍銜，1967年轉業到「華航」，擔任駕駛員。

　　當王錫爵乘著大陸的飛機到達北京機場時，他的父親和弟弟等親人也被安排從四川到機場迎接。三十七年沒見了，如今父子兄弟相認，骨肉終得團圓，身穿臺灣「華航」制服的王錫爵執手望著白髮蒼蒼的父親，真是悲喜交加，場面令人感動。

　　大陸有關方面致電臺灣華航，希望對方速派人員來北京，共同磋商善後處理辦法。

「華航事件」的突發和大陸方面的主動態度，令臺灣當局進退兩難。據香港報載：事發當晚，「華航」董事長烏鉞急忙向臺灣「交通部長」連戰報告事件經過，並請示處理意見，連戰在電話裡至少有一兩分鐘無言以答，烏鉞還以為電話出了毛病，連喊「喂！喂！喂！」喊了十餘聲才聽到連戰的聲音：「怎麼會發生這事！怎麼會發生這事！」接著就把電話掛斷，著手應急處理方案。[57]

當時蔣經國正在臺北養病，得知此事後很惱火也很激動，下令組成專案小組，並制定出「不隱瞞，不渲染」的宣傳要點，初步確定在堅持不與大陸方接觸的情況下，透過其他途徑即第三者索回人機的處理方案。

5月11日，中國民航局再次給「華航」去電，敦促臺灣當局前來商談，明確申明立場：對此事件的處理是華航和中國民航之間的業務性商談，是交接的技術問題，不會涉及政治問題；應由民航相關人員直接地、面對面地進行對話，以確保兩位回臺人員、貨物和飛機的安全。[58]

「華航貨機事件」在臺灣社會引起強烈反響，尤其是那些和王錫爵有相似經歷的老兵及其家屬，心靈上更是受到巨大震撼。一些學者開始發表文章，指責臺灣當局的大陸政策為自欺欺人的「鴕鳥政策」；一些「立法委員」也向「立法院」提出質詢。在各方面壓力下，臺灣當局的態度終於有所轉變，特別是在接到中國民航局的電報後，立即「緊急作業」，反覆討論，經蔣經國同意後，決定由「華航」與中國民航直接洽談。這一消息一經傳出，海內外各主要媒體為之一震，特別是廣大華人期望能以此為契機，融化臺灣海峽的冰凍，因為此前臺灣當局一直堅持著「不接觸、不談判、不妥協」的「三不」政策。

5月17日，「兩航」談判在香港正式舉行。這是三十七年來，海峽兩岸有關方面就處理具體問題進行的第一次公開商談。談判中，氣氛十分融洽，也較順利，很快便就交接的時間達成一致。但在飛機的交接地點上出現了分歧：中國民航主張在事發地廣州交接，如此既簡便、快捷，又合乎情理；而「華航」方面則鑑於島內的官方考量，主張在香港交接。[59]對此，中國民航方面表現出最大的誠意，最終同意在香港交接。雙方共經過四輪友好的會商，就交接時間、地點、交接的安全保障、交接手續及其他技術和細節達成協議。

5月23上午，中國民航組成臨時機組，駕駛華航波音747貨機抵達香港啟德機場，董、邱兩位組員也同機抵達，雙方代表在機場舉行隆重的交接儀式。至此，舉世矚目的「華航事件」圓滿解決。

　　「兩航談判」的成功，受到了海內外媒體和廣大民眾的好評，被稱作是推動海峽兩岸關係向前發展的劃時代事件。它打破了海峽兩岸自1949年以來三十七年裡沒有任何公開的官方接觸的局面，開始了第一次半官方性質的直接接觸，實質上化解了臺灣當局頑固僵硬的「三不」立場，標誌著臺灣當局的大陸政策開始進入一個有限開放的階段。

三、臺灣老兵的鄉愁

昨夜孤燈昨夜夢，桃花尚在舊宅東。

老妻應是龍鍾樣，何以紅顏淚縱橫！

　　1949年，國民黨退據臺灣時帶去了軍隊、家眷和機關人員共兩百萬人，其中軍人六十萬。光陰荏苒，當年的這些老兵如今大多離開人世，健在者也都是古稀之年。當初這些老兵退役後有著怎樣飄零的身世？他們如何化解心中那濃濃的思念？他們是如何推動返鄉探親運動的？他們中有的已回到家鄉定居，但大部分健在者留在了臺灣，他們有著怎樣的心路歷程和訴求？以下六組人物的故事很典型、很具代表性。

大陸看臺灣歷史

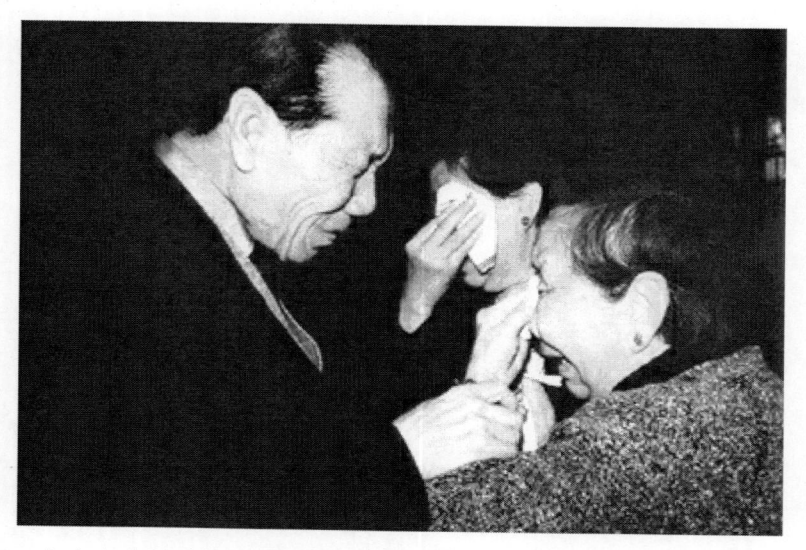

1987年,六十九歲的臺灣電子專家蔡秋風先生返鄉探親,與分隔五十年的姐姐蔡秀珍相會(採自《團結報》)

飄忽的命運

當初這些軍人到達臺灣後,緊接著就開始了艱苦而又危險的兵役生涯。許多老兵盼著退役,可是一旦退役,他們又變成了無業遊民,住房和吃飯便成問題。這些退役軍人因為無文化和技能,不得不幹一些又髒又累的體力活。因為沒錢成家,他們當中許多人都是孑然一身,過著孤獨漂泊的生活。

1969年5月,來自吉林農安縣的老兵呂和退伍了,卻正發愁靠什麼生活。殊不知,就在這一年,遠在大陸的妻子傅廣榮收到來自有關方面的「呂和已死」的「確切消息」,她大哭了一場,自己等了二十二年卻等來了這個的結果。傅廣榮將呂和結婚時那套新衣服和被縟埋在了村頭,二十歲的兒子在父親的「衣冠塚」前燃起了紙錢。

事實上呂和在朋友們的幫助下買了一輛「計程車」,從此這輛車便成了呂和的家。幾年的計程車生涯,呂和一直在路上漂著度過,風雨無阻,風餐露宿,就連做夢與妻兒見面,都是在計程車裡。後來他開始給當地的菸酒公賣局看倉庫,

直到1985年退休。四年後他才回到故鄉。

　　來自遼寧建昌縣的老兵溫盛春在服役時受盡了欺辱，為找機會退役，故意將豆漿潑向長官。1963年，溫盛春結束了被罰的苦役。他四處流浪，靠打短工、做苦工維持生計。即使這樣，他還時常接濟一位當時剛結婚不久的同鄉老馮一家。同鄉老馮意外死亡後，他的妻兒就一直由老溫來照料，田裡的農活幾乎是他一個人全包。就這樣，他將同鄉的三個孩子撫養成人。他在接受筆者採訪時說，他當時不敢停下手中的活，一停下來就想家，想父母，想妻子。但是晚上總有閒時，望著天空就發呆，一想起父母親逐漸老去而不能見面，心裡就堵得慌。這真是——

　　銀河迢迢海有溝，生死茫茫問未休。

　　難料明朝能見面，青天無際恨悠悠。

　　更多的退役老兵參與了臺灣建設。1960年代初，臺灣橫貫公路開工興建之時，啟用了一大批退役的老兵。正是他們，用一支支鋼和一把把鐵錘，親手開鑿出這條壯觀的山路。第一個拿到返鄉證的江西籍臺灣老兵熊光遠正是其中的一員。據他說，由於地勢陡峭，許多老兵被吊在半空中作業，稍不留神空氣鑽就會敲斷繩索，而身下是萬丈深淵。在臺東山區太魯閣公園半山腰的「長春祠」裡，供奉著當年築路工程中死難的老兵。

　　後來當局陸續在臺灣各地興建了「榮民之家」，年過六十的臺灣老兵（臺灣稱「老榮民」）可以靠退役養老金在此生活。

最痛的鄉愁

　　湖北籍老兵何文德隨國民黨部隊離開故鄉，這一走就是四十年。離家時老祖母叮囑他「別忘了送我上路」的話，至今還清清楚楚地迴蕩在他耳邊。在兩岸隔絕的日子裡，他日夜被思鄉的情緒折磨著。逢年過節，別人家歡天喜地，他卻只能面向西方，看著海上明月，默默流淚。那道淺淺的海峽對於老兵來說，就像一道深遠得無法踰越的鴻溝。

第七章　戰後時期（1945年至今）——自強不息迎來民主時代放棄隔絕共謀兩岸發展

385

青島籍老兵劉先生在女兒六歲時離開了她，四十年後女兒去臺北辦理他的後事，發現屋子裡擺滿了布娃娃。原來在臺灣他每年都要買一個布娃娃，聊以慰藉對女兒的歉疚。見此情景，女兒淚流滿面。

遼寧籍老兵溫盛春曾託一位日本友人多次向家中寄信，但未得到回信，那時候兩岸還未通郵。直到1986年他才收到妻子梅素蘭的信，知道父母均已去世，但妻子一直在等他。照片中妻子的頭髮斑白，滿臉皺紋。溫盛春老淚縱橫。荒芒有詩記之——

曲岸青青常賞月，煙波渺渺再登舟。

新婚入夢花枝俏，老病憑欄雁陣稠。

面對漸濃而又無法化解的親情，老兵中有人選取了極端的方式，一是實施自殺，一是選擇冒死泅渡。筆者採訪溫盛春時就聽他說，他曾親眼看見一位老人懸在門框上，脖子繫著自己的褲腰帶。而大多數老兵選擇了忍受，忍受鄉愁來襲，當然他們也有排解寂寞的方法。比如，他們可以去酒吧聽歌、與歌女交往，燈紅酒綠的氛圍讓那些老兵得到片刻的歡愉。

天若有情天亦老。進入中老年後，老兵思鄉之情更加熾烈。許多老兵在兩岸開放探親以前便設法跑回大陸。江西贛州籍老兵戚武全以去日本觀光的名義轉道東京回到了家鄉。原本打算偷偷看一下就回臺灣去，可是回到家鄉贛州後，他做出了一個重要決定：放棄在臺灣的一切待遇，定居故鄉。

同樣回到了家鄉的姜思章卻沒有選擇定居故鄉，他有更重要的事要做。姜思章是老兵返鄉活動的主導人之一。他十四歲不到，就被抓去臺灣充軍，等了三十多年之後，怎麼也忍不住想家的念頭。於是他不顧政府禁令，在1982年時，認了一門香港「親戚」後偷偷跑回大陸，探望已經七十多歲的老媽媽。當他輾轉到了舟山群島，看到在碼頭閘門外等他的老媽媽，姜思章眼淚早已流了下來。當初國民黨在舟山群島抓走的年輕人就超過兩萬人，許多老兵的家屬趕來請姜思章帶信，姜思章再次流了淚。

1950年，福建省東山島的林紅知被抓走時，兒子剛五歲。他上了東去的兵

艦時，還不懂事的兒子從很遠的村子一直追到海邊，衝著他喊道：「阿爸，回家記得給我買雙鞋。」

在臺灣的日子裡，他只要一閒下來，眼前便出現兒子追跑的那一幕……他時時都盼望著回家給兒子買雙鞋。

苦澀的守候

有一個妻子望夫的悲痛故事：一個在國民黨部隊裡負責核稅的軍官1948年去了臺灣，其妻苦熬苦盼到1967年辭世，臨死前睜著眼喘著一口氣就是不肯離去，直到有人把她丈夫的照片塞到她手裡。

其實，望穿雙眼、痴情不改者何止千千萬萬，聞名遐邇的「寡婦村」就集中反映了這樣的情景。

1950年春天，國民黨軍撤離大陸時狠抓壯丁，一夜之間，福建東山島銅鉢村兩百八十九戶人家的一百四十七個男人被抓去臺灣，九十一位已婚婦女成了「寡婦」，銅鉢村變成了「寡婦村」。這些守活寡的婦女除了兩三位改嫁以外，其餘的都在獨自為「臺灣老兵」撐起一個家。她們日復一日，年復一年，青燈作伴，苦盼親人。

林秀真的丈夫在被抓的第二年就死在臺灣，她望穿淚眼，苦等三十八年卻全然不知；吳阿銀算是幸運，盼到了離別了三十九年的同樣是孤身相守的丈夫；而林招玉見到丈夫時，丈夫在臺灣又有了新家，一夫兩妻，欲說還休，風燭殘年，兩地穿梭，心中的酸楚更與何人訴說。荒芒有詩嘆之——

望夫成皓首，思故月推門。

對岸添白骨，猶為夢裡人。

「寡婦村」裡只有十七名婦女盼來了與丈夫團聚廝守，大多數婦女或因其中一方死亡，或因丈夫有新家而最終不能團聚。銅鉢村中另外五十多位去臺灣的未婚男子，他們大多數沒有見到自己的父母。

林金全被抓走了,拋下家裡年邁的母親沈香圓和多年守寡的嫂子沈心匏。1970年,林金全一封家信和十幾元錢透過海外親友寄回到了銅鉢村母親手裡。老母親收到信和錢,和兒媳商量後當天便去買回一頭小豬崽,按家鄉的風俗,在小豬的身上繫了一根紅紗線,表示將以此祭天。從此,婆媳天天精心飼養,盼小豬快快成長,可兒子遲遲未歸。鄉親們勸說很多次將豬宰了,可老母親說什麼就是不肯。終於在十年後的一天,老豬大叫一陣老死門前。婆媳抱頭大哭,鄉親們無不流淚。

母親又開始飼養一頭小豬,養到第七年時,她不幸去世。兒媳接著養,最終小叔子也沒有回來過。

動情的抗爭

「雁陣兒飛來飛去白雲裡⋯⋯雁兒呀!我想問你,我的母親可有消息?秋風啊吹得楓葉亂飄蕩,噓寒呀問暖缺少那親娘⋯⋯」

一曲《母親您在何方?》在二十多年前的夏夜唱響,勾起臺上臺下老兵近四十年的思鄉情,當時臺上臺下的老兵哭成一片。父母一別三十九載,他們是否還安在;自己這邊長苦挨,想回故土路途窄。

1987年,一向被視為國民黨政府禁衛軍的老兵,在沉默了太久之後終於走向街頭,大聲疾呼,希望政府能盡快讓他們回家探親。這一行動是老兵們絕望之後做出的「反抗」。早在1979年元旦,全國人大常委會《告臺灣同胞書》發表,激起了臺灣同胞要求促進兩岸關係緩和的巨大熱情。但是,臺灣當局卻針對性地提出了「不接觸、不談判、不妥協」的「三不」政策,把老兵們再次推到了絕望的邊緣。1986年5月3日,華航機長王錫爵不勝思親的折磨駕機回到大陸,此舉成為臺灣民眾爭取權利的又一契機。

從1986年底開始,臺灣掀起了聲勢浩大的要求返鄉探親的運動。當時著名的黨外雜誌《前進》總編輯張富忠,在疾呼民主改革的同時,注意到老兵有家歸不得的心酸。他不顧政府的禁令,透過與香港的渠道幫助老兵們轉信。

第七章 戰後時期（1945年至今）——自強不息迎來民主時代放棄隔絕共謀兩岸發展

當老兵何文德找上《前進》，想利用當時已經如火如荼的黨外運動與老兵返鄉探親的訴求合而為一時，張富忠二話不說，立刻答應。

1987年4月，由何文德和姜思章發起組織的「外省人返鄉探親促進會」成立。當年5月的母親節，老兵穿著寫上「想家」的衣服，以「母親節遙祝母親」的名義，手持「抓我來當兵，送我回家去」、「白髮娘望兒歸，紅妝守空幃」的標語，在國父紀念館門前舉行活動。活動遭到了警察的阻止，為了防止不測，老兵何文德預先向家人立了遺囑，委託了後事。老兵姜思章在宣傳單《我們已沉默了四十年》上寫道：難道我們沒有父母？而我們的父母是生是死，卻不得而知？我們只要求：「生」則讓我們回去奉上一杯茶；「死」則讓我們回去獻上一炷香。

當《母親您在何方？》的歌聲響起時，原先憤恨的情緒早已被想家的心情替代。看著一群六七十歲的老先生像孩子般痛哭，在場的所有人都為他們揪心。「返鄉省親運動」在島內外得到廣泛同情和支持。

蔣經國早在1950年代就曾對老兵說過，「我帶你們來臺灣，就一定帶你們回大陸去」。三十多年後，在海內外輿論的譴責下，晚年的蔣經國下決心不做「民族罪人」，要「向歷史交代」。在他去世前幾個月，終於打破自己制定的所謂「三不」政策，規定自1987年11月2日起凡符合規定條件者均可向紅十字會登記，經由第三地轉赴大陸探親。一時間，歸心似箭的老兵們競相申請，場面壯觀而感人。

急切的返鄉證

得知當局允許民眾赴大陸探親這一消息時，江西籍老兵熊光遠當時正在一個朋友家裡打麻將，他欣喜若狂。當即騎摩托車馱著另一老兵，疾駛在彎曲險峻的山間公路上，在午夜12點趕到了臺灣的紅十字會組織。經過八個小時的漫長等待，他領到了編號為001號的返鄉探親證。看著身後，有成千上萬的老兵不斷彙集而來。他的心情更急切：「就是沒有翅膀，要不然早就像海鷗一樣飛走了。」於是他將家裡能送的東西都送了人，急切地奔赴故鄉。真可謂——

呼朋換酒贈家物，邀友唱歌望陸洲。

原想此生無計轉，航班已過海之溝。

老兵何文德也順利地回到了家鄉，但他的妻子和兒女都在臺灣。兩岸都有家，兩家都不能割捨，這使他變成了「空中飛人」飛來飛去。據何先生介紹，有許多老兵明明可以或者已經拿到返鄉證，但就是不願意及時地回到家鄉，因為許多老兵平時沒有積蓄。兩岸隔絕的時間太長了，他們對回家鄉已不抱希望，每個月的錢都被吃光、玩光，過著今朝有酒今朝醉的生活。

還有一種情況是，許多人都是老年單身漢，不好意思孤身一人回去，需要時間「策劃」出一個家庭來，編出假夫妻、假兒女的故事。山東青島籍老兵李亮臣經友人幫忙，照了個全家福，寄往家裡以博父母歡心。回家鄉方知，父母早已故去。

遼寧籍老兵溫盛春在得知妻子一直在等他之後，歸心似箭。但苦於當時還無探親政策，而且財政大權都在女主人手中。在得知他去意已決時，女主人表示拒絕提供路費，她希望藉此難題挽留他。年已花甲的溫盛春一氣之下，搬到了老兵聚集的「榮民之家」，開始省吃儉用，還推車賣小吃，一個月一個月地攢起了退役養老金。三年後，當局開放了探親政策，他也湊足了路費。於是老溫一刻也待不住了，他連封信都來不及寫，立刻啟程奔赴故鄉。

淚眼的團聚

拿到001號返鄉探親證後，熊先生滿心期待地回到了家鄉——江西南昌熊家莊。但父母雙亡，老婆早已嫁人了，只有兒子和兄弟們。熊光遠傷心而自責，他將母親的遺像擺放在賓館房間的床頭，在床邊他跪了一整夜，睹物思人，熊先生不知抹過多少次眼淚。第二天，他帶著紙錢和鞭炮去給父母上墳。熊先生選擇了在家鄉定居，接著就是買房、結婚，過上了幸福的晚年生活。

吉林籍老兵呂和於1989年9月踏上了家鄉的土地。有關方面安排他與傅廣榮在農安縣政府賓館見面，倆人淚眼相望，卻不知一時從何說。曾經年輕漂亮的青

絲紅顏已變成銀髮皺臉，而已經「死」了的丈夫竟又神奇地「復活」，只是他已經是謝頂的老人。由於傅廣榮後來所嫁的男人已在事故中死亡，因此兒女們便又為她與呂和再次操辦了婚禮。後來，呂和攜妻來到「相思嶺」上自己的「衣冠塚」前，互說著當時雙方的處境，不免感慨、唏噓。荒芒有詩嘆之——

村前又是相思嶺，古道依然無限情。

倚樹看墳還淚笑，卻說生死兩伶俜。

再說遼寧籍老兵溫盛春的回鄉之旅。1995年10月27日，從香港飛到天津後已是夜晚，叫過一輛計程車連夜跑長途趕往家鄉。次日，他終於看到了兒時的山村，興奮又緊張。當在人群中發現了衰老的妻子時，他熱淚盈眶。歲月讓她駝了背，滿臉褶子；他說話還是那麼衝，只是耳背得很。他們的雙手握在了一起，人們報以熱烈的掌聲，而溫盛春夫婦則百感交集。心存感動和自責的溫盛春最終選擇了定居家鄉，即使放棄退役養老金也在所不惜。由於當地田地本來就少，他只好自力更生在荒山邊和河套裡開墾了一些口糧地。好在當地政府及時伸出了援助之手，為二位老人辦理了「五保」，享受定額補助。

福建老兵林紅知終於等到回歸東山島的這一天。在事隔三十八年的1988年，他回到了東山島這個令他日夜思念的漁村。當年那個少不更事、追著他喊「阿爸，回家記得給我買雙鞋」的兒子都已四十三歲了。如今他的包裡真的裝著一雙漂亮的皮鞋，他知道這不是一雙等待了三十八年的鞋，而是一份等待了三十八年的親情。

據央視報導：臺灣方面統計，截止到2003年，在臺灣有關部門登記領取退役養老金的老兵中，回到大陸定居的超過六千名。而在大陸的統計中，回鄉定居的有一萬人左右，這其中包括那些被中止了養老金的老兵。

回鄉老兵正在享受親情，他們也會想起在臺灣的日子，想起那些渴望回家卻永遠留在了那裡的弟兄們。[60]

四、大陸民航包機首日飛臺

大陸看臺灣歷史

玉山東望路八千，親友如隔冷翠煙。

往日歸途多滯澀[61]，今朝彈指一揮間。

「每逢佳節倍思親。」春節是中華民族最重要的節日，在大陸投資的臺商熱切盼望能搭機回臺，與親人們一起過年。

2005年1月29日是一個難忘的日子。當天是臺商春節包機啟程的首日，京、滬、穗三地都開啟了臺商包機首航。這一天的臺商包機創下了兩岸民航史上多項「首次」的記錄。

包機首航現場，洋溢著濃濃的情意。

2005年1月29日，臺商包機首日航創下了兩岸民航史上多項「首次」的記錄。到2月20日，兩岸六家航空公司實現往返於京、滬、穗和臺北、高雄之間的雙向載客飛行（採自中國臺灣網）

第七章 戰後時期（1945年至今）——自強不息迎來民主時代放棄隔絕共謀兩岸發展

廣州，相逢何必曾相識。在鑼鼓聲以及舞龍隊的歡送聲中，臺商們興奮地打著招呼，不管彼此是否相識。因為他們知道：他們所乘的南航航班是大陸民航五十六年來首次飛抵臺灣，也將是春節包機中第一架降落的包機。兩百四十二名臺商大部分都提前兩小時到機場，他們以特製的猩紅背心見證這次首航。上午8：05，飛機在晨曦中升空，新白雲機場上爆發出陣陣歡呼，這歡呼飽含著人們對兩岸直航長久的期待。十九年前的1986年5月，臺灣華航王錫爵駕機北飛，就降落在廣州這個城市，自此兩岸堅冰被撞開。

北京，寒潮有意來捉弄。大風降溫使北京迎來入冬後第一個最冷天，但首都機場大廳正演繹著前所未有的激情。兩百多名中外記者興奮地記錄這一歷史時刻。歡送的儀式簡單而熱烈，國航航班負責人表達了他們的心聲：用實際行動減少臺胞取道輾轉、勞心勞力之憂。5時許，第一批共兩百二十一位臺商懷著似箭歸心辦理了登機手續。臺胞莊宗諭說：「其實，回家的路並不遙遠，只要兩岸直航就行了。」

上海，登機如到自家門。值機人員笑容滿面，給每個臺胞佩戴了鮮花。東航的空姐還用閩南語向臺胞問候。她們小心翼翼抬著坐輪椅登機的章心佛先生，並噓寒問暖；專人照料無人陪伴的十歲小臺胞唐國庭。上航和東航還為臺胞精心準備了耀州青瓷碗、大紅棗、大白兔奶糖、香包等禮品，這些透著鄉情之物讓臺胞們愛不釋手，感受到了回家的溫暖。

大陸民航班機「伴隨著春天的腳步」先後飛越湛藍的海峽上空，它們以最穩健的姿態「飛越五十六年兩岸的阻隔」。

隨著臺灣一家電視臺不斷播放的臺商春節包機廣告，人們開始關注這一歷史性的航行。臺北桃園機場，2005年1月29日上午9時28分，南方航空公司首航班機飛抵，機尾上那象徵蓬勃生機的鮮豔的木棉花使人眼前一亮，歡迎的人群一擁而上。快捷、省時的航行使臺商臉上也不再有往年取道迂迴的疲憊，他們掃視著記者和接機的人群，自豪而又興奮。

高雄小港機場，喜氣洋洋。獅子舞起來，綵帶掛起來，期盼的人群的心情就像當時燦爛的陽光。飛機一進入人們的視線，馬上就有人喊：「快看，快看，飛

來了,這就是大陸的飛機!」

鎂光燈聚焦著一路走來的臺胞乘客,一張張喜悅的臉龐被特寫放大。他們紛紛訴說這次飛行如何省時省錢,並期待以後包機能成為常態。兩岸業界代表的發言將氣氛推向高潮,大家共舉酒杯,共祝未來。身處其境的人都因此感受到了喜悅的氣氛。

同一天從臺北起飛的臺灣華航航班,飛過臺海,於中午12時降落北京首都機場。這是五十六年來臺灣民航首個飛抵北京的航班。國航舷梯車對接臺灣華航航班,於是「AIR CHINA」字樣和「CHINA AIRLINE」字樣也正好交集在一起。

據新華社綜合各航空公司的統計數字顯示,僅1月29日一天,大陸和臺灣的民航班機共有八家航空公司的九架客機搭載約兩千二百人往返兩岸。

包機還不限於臺商包機。2006年9月24日,首架兩岸醫療包機在上海浦東國際機場起飛,運送臺胞李江景梅回臺治療。據瞭解,二十多年來,兩岸同胞的親情交流,推動著兩岸關係向前發展。特別是大陸臺商群體的壯大,開啟了兩岸民航的新篇章。從這一點來說,「臺商一小步」正是海峽兩岸的一大步。[62]這真是——

臺灣大陸一水間,昔日迂迴累心尖。

春氣方出知漸暖,人人寄望每天簽[63]。

五、兩岸實現「三通」

待到直航線似裁,神州寶島自由來。

等閒飛過銀河去,不礙準時家宴開。

2008年3月22日,臺灣領導人選舉舉行了公開投票。中國國民黨籍候選人馬英九、蕭萬長獲勝。自此,臺灣局勢峰迴路轉,進入一個新的時期。兩岸加大經濟、文化交流合作的力度,同時兩岸週末包機、大陸居民赴臺旅遊等事宜正式實

施。

2008年12月15日是一個歷史性的日子，這一天，兩岸三通全面啟動。上海飛行情報區與臺北飛行情報區完成歷史性的直接交接，兩岸空運直航由此啟動；兩岸間的海上直接運輸投入營運，大陸六十三個港口與臺灣十一個港口間構建起一條繁忙的「黃金海路」；還有一條聯結兩岸的「心路」也如虹般跨越海峽，兩岸全面直接通郵也成為現實。

兩岸的客機、輪船和信件歷史性地跨越臺灣海峽，不再繞經第三地而直接通往彼岸，兩岸民眾期待三十年之久的夢想在這一刻成真。[64]

在兩岸直接通郵儀式上，年過八旬的臺胞鄭堅老先生寄出了直郵至臺灣的第一封家書。他也因此成為諸媒體競相採訪的對象。鄭先生出生於臺灣彰化，父親因抗日而被日本總督府通緝，兄弟姐妹六人靠母親做針線活拉扯度日。1937年鄭堅隨父親來到大陸。1949年以後，兩岸陷入長期隔絕。鄭堅和大姐二弟隨父親在大陸，母親帶兩個妹妹和三弟在臺灣。一家八口彼此之間音訊全無，生死不明。母親望眼欲穿，偶然從福建對臺廣播裡知道子女的下落，這讓她看到了生命的光亮。

1979年，全國人大常委會發表《告臺灣同胞書》，首次提倡兩岸「雙方盡快實現通郵、通航」，這讓鄭堅的母親激動不已。這一年，她72歲，頭髮全白。為了能早日見到大陸的親人，她於兩年後輾轉美國舊金山，從那裡與子女取得了聯繫。那一年的機場留下感人的一幕：鄭堅姐弟與父親終於見到闊別33載的母親，一家五口抱頭痛哭。

大陸看臺灣歷史

2008年12月15日,一百六十二名天津遊客乘首航包機飛赴臺北。當日兩岸「三通」全面啟動(採自北方網,攝影馬成)

　　鄭堅父親在第二年帶著一絲安慰去世了。五年後,臺灣終於開放民眾赴大陸探親,但信件尚需要從香港轉運。1991年,鄭堅接到了臺灣二妹的一封家信:母親病危。鄭堅急切要回故土,但由於當時兩岸的開放還不夠,直到當年母親去世安葬,鄭堅也沒能成行。

　　三通的實現是兩岸關係發展史的具有里程碑意義的大事,它為兩岸的交流以及親情的維護提供了便利。《石獅日報》曾刊發過一篇新聞,裡面講述了一個八旬老人王人瑞的感人故事。

　　從1988年第一次回到家鄉到2009年,他已經連續二十一年、第一百五十次回家鄉探親,其中清明掃墓,已是第二十次!「每到清明節,心裡就特別思念先人,想回家看看。我已經與族人相約在清明節當日一起祭奠祖墳。」因為每年需

十多次繞道港、澳,甚至其他的國家,他幾乎將他所有的積蓄全花在了路費上。而像他這樣的人很多,祖籍在石獅的臺胞約有三十萬人,祖籍在大陸其他地區的臺胞則更多。在「三通」之前,每年臺灣同胞因商、因探親而繞道往返,需多花數以百億美元,臺灣與大陸間接通話一年要多花十多億美元。

回想起未開「三通」的不便,王人瑞是深有感觸:「誰都知道,兩點成一直線的直航距離最近也最快。然而,只需要半個鐘頭就能飛越的臺灣海峽,我這一百多趟航程卻每次都不得不繞道香港、澳門或馬尼拉,不知花費了多少時間、精力和冤枉錢!在2002年我就說,兩岸直航的時間表一定要再加快,不要讓我這古稀老人再轉飛一百多次了!」[65]

老先生如今是得償所願,提起做「海峽飛人」,再也不像以前那樣淨喊累了,而是滿臉輕鬆。受益於「三通」的,何止千萬個像王人瑞這樣的臺胞,還有無數的大陸民眾。

2009年4月,兩岸達成一致,要對航空運輸增加定期化航點和班次。7月8日,國家民航局正式確定,九家大陸的客運航空公司及兩家全貨運航空公司將執行兩岸二十七個航點每週一百三十五個客運定期航班和十四個貨運定期航班。[66]

「三通」之後,兩岸迎來了旅遊熱潮,文化、經濟交流更暢行了。過去那深不可測、難以跨越的海峽,現在彷彿變淺了,變細了,就像是一條小溪那樣易於渡過;過去的兩岸彷彿相距很遠,兩岸同胞曾用了許多年才走到一起,現在兩岸變近了,近得就好像是在自家的後院。這真是——

山水從今醒,旅行呼快舟。

春風臨後院,天塹作溪流。

三通的全面實行,為加強兩岸經濟、文化等各方面的合作和實現中華民族的偉大復興,提供了便利的物質條件,也使十三億人民的共同訴求和期待——國家的和平統一大業,向前邁了一大步。

注　釋

[1]. 王曉波：《陳儀與二二八事件》，海峽學術出版社，2004年。

[2]. 舒均治、李杰：《誰是「二二八」關鍵人物》，《世界新聞報》2007年3月5日。

[3]. 高錄軒、吳汝華：《蔣介石與臺灣》第156頁，新華出版社，1997年。

[4]. 重洗牌：指蔣介石對原來的各種派系進行清洗整頓。

[5]. 榜：指國民黨將判處死刑名單張貼公布。

[6]. 全島飄紅：指大街小巷、車站、碼頭貼滿了打滿紅叉叉的殺人榜。

[7]. 《蔣介石與臺灣》，第150-151頁。

[8]. 因其叛變造成中共地下黨員被捕的數字，有不同的版本。本文取2011年4月6日《北京晚報》所刊《英雄無名》一文中的觀點。

[9]. 參看2011年3月15日《作家文摘》所刊《吳石身後事》。

[10]. 參看《湘潮》2005年12 期所刊《紅色女特工朱楓》。

[11]. 再朝東：指雷震隨國民黨到臺灣。他曾於1923年東渡日本留學。

[12]. 第一聲：《自由中國》雜誌事件是臺灣民主化進程中的第一件大事情。

[13]. 仁川：韓國西海岸城市，朝韓內戰期間，美國派海軍從此登陸，將朝鮮人民軍一截為二，並最終導致朝鮮敗退鴨綠江。

[14]. 參看新華出版社1997年版《蔣介石與臺灣》。

[15]. 百萬饑腸：指1949年國民黨共有兩百萬黨政軍人員退守臺灣，糧食成為急待解決的問題。

[16]. 邀俊才：指蔣經國主持行政時，大力使用專業人才。

[17]. 一大二公：指人民公社第一規模大，第二公有化程度高。1958年，高級農業生產合作社，在極短的一個月時間，重新改組為「人民公社」。

[18]. 參看新華出版社1997年版《蔣介石與臺灣》。

[19]. 斷海：指美國謀求劃峽而治，製造兩個中國。

[20]. 《蘇報》：1896年6月26日創刊於上海。1903年，愛國學生章士釗擔任《蘇報》主筆，因大力宣傳革命而受到清政府的迫害，章士釗也因蘇報案而聲名鵲起。

[21]. 參看《世界知識》2005年第10期《蔣介石的兩岸統一方案》一文。

[22]. 仙洲：金門的古稱。

[23]. 單打雙停：金門炮戰時，共產黨與國民黨達成的默契——逢單日打炮，雙日不打，以便國民黨部隊在雙日輸送物資彈藥。

[24]. 參看2005年5月由新華出版社出版的《國民黨下臺內幕》一書，作者王建民等。

[25]. 息壤：中國古代神話傳說中的一種能自己生長、用來治理洪澇災害的土壤。

[26]. 澤被後世：使後世受惠。這裡指「一綱四目」的政策中包含「一國兩制」的雛形與基本思路。

[27]. 參看2009年第3期《名人傳記》所刊《國共密使曹聚仁》一文。

[28]. 參看2000年12月22日《金華日報》所刊《曹聚仁記者生涯》。

[29]. 「誰解」一句，指誰明白蔣介石「漢賊不兩立」的深意。

[30]. 陳長偉：《1960年代中期美臺關於聯合國中國代表權問題的合作與分歧之研究》，《國際論壇》2007年1期。

[31]. 參見《臺灣與蔣介石》，第303頁。

[32]. 香江評論：指陳立夫在香港發表文章，力主國共談判。

[33]. 參看中國友誼出版社出版卞洪登所著《統一中國》一書。

[34]. 《蔣介石與臺灣》第352頁。

[35]. 洪流：指受西方影響的民主運動。

[36]. 泥沙：指當時成分複雜的民進黨既有要求民主的一面，更有臺獨的傾向。

[37]. 張春英主編：《海峽兩岸關係史》第四卷第945頁，福建人民出版社，2004年12月。

[38]. 中國新聞網2010年09月28日摘錄臺灣《玉山週報》文章，重起標題為《臺媒揭祕：蔣經國監看民進黨成立全過程》。

[39]. 凶天：不幸的天氣。古之玄學著作《鐵冠數》有「國運人事……所主亂者，諸天凶天也。」的記載。

[40]. 萬墀：墀，臺階之意，萬墀意指千家萬戶。

[41]. 恐慌：遠古時代部落首領是人民的公僕，他們會擔心不能勝任而互相謙讓。

[42]. 藏欲水：指隱藏著一黨的私慾。

[43]. 參看《國民黨下臺內幕》。

[44]. 英俊：人才。

[45]. 龍蛇：指反對國民黨的政治勢力魚龍混雜。

[46]. 見1980年4月18日《人民日報》所刊載的《臺灣當局判決高雄事件當事人》一文。

[47]. 駕洋舟：指劉宜良為避迫害而選擇出國留學。

[48]. 素描：指劉宜良創作《蔣經國傳》。

[49]. 參看2007年11月16日《南都週刊》所刊《江南命案 震驚全球》一文。

[50]. 參看2007年10月23日《羊城晚報》所刊《他，令陳啟禮殺人內幕曝光》一文。

[51]. 神木：相傳阿里山最高處有一株約兩千歲的靈木。

[52]. 完璧：指祖國的完全統一。

[53]. 碎銀：海峽波光粼粼像碎銀一樣。

[54]. 靉靆：雲彩很厚的樣子。

[55]. 良人：古時對從軍者的一種美稱。李白詩云：「何日平胡虜，良人罷遠征。」

[56]. 左翼：王錫爵自南洋向北飛回，因此飛機左翼的方向是大陸。

[57]. 香港《星島時報》，1986年5月。

[58]. 參看2002年9月廣東人民出版社出版《臺前幕後：1949～1989年的國共關係》一書，馬振犢主編。

[59]. 張春英主編：《海峽兩岸關係史》第四卷第992頁，福建人民出版社，2004年12月。

[60]. 本文除採訪部分老兵之外，還參考了其他一些媒體資料。部分資料如下： 2002年6月上旬南京電視臺播出的八集電視紀錄片——《血脈》；2004年1月28日～31日CCTV《海峽兩岸》欄目系列專題《臺灣老兵》；2004年10月17日《東南早報》所刊《她們為何要守活寡》一文；2007年11月20日《參考消息》所刊《臺灣老兵：「回家這條路，走了二十年」》一文；1999年第12期《八小時以外》所刊《一個志願軍戰俘的百變人生》一文。

[61]. 滯澀：指需轉道香港，費時費力。

[62]. 本文係以新華社及大陸國內諸多媒體報導為材料改寫而成。

[63]. 每天簽：指兩岸間民航每天航班正常化。

[64]. 參看新華網北京12月14日電《「三通」夢圓時 兩岸開新篇》

[65]. 李林玉、林志杰：《兩岸「大三通」後臺胞回鄉祭祖掃墓更方便了》，《石獅日報》2009年4月4日。

[66]. 參看2009年7月9日《第一財經》報所刊消息《兩岸直航航班落定三大

401

國有航空占六成》。

後記

本書幾經周折，幾經修整。其間，海峽兩岸也經歷了諸多大事的考驗。

撰寫本書，完全出於對那塊土地上人和事的好奇。

在平常的閱讀中，你總會撞上一些曾在臺灣留下華麗符號的人、事。比如「三七五減租」；比如一介書生鄭成功如何歷盡磨難，淬煉成鋼；比如郭懷一杯酒激志抗荷人；比如元世祖、隋煬帝、孫權指點臺灣海圖；比如臺灣最後一次與大陸分離，以及臺灣曾經生存過一群黑矮人等。這些精彩有益的故事就像桃花源前的溪水，引領你走入一個廣闊的境地，走進一個個陌生而又驚奇的生活畫卷。

你會有閱讀衝動和閱讀期待，渴望並願意花時間買書、找資料，要找到遠古時她的模樣。這種閱讀衝動很有意思，有點像少遊長江想知道其源頭，而當你翻書得知源頭何在時，仍然一片茫然，直到有一天，你去了長江源。

正是如同探訪長江源的心理，促使我進一步閱讀，而閱讀給心靈帶來的衝擊則更出乎意料，就像一路的風景不僅會帶來賞心悅目，還會帶來風暴過後的猙獰與狼藉。這時，面對已經變得沉寂無聲的一切，你的面前你的耳邊會有倒回，會有畫外音。

先是好奇，然後覺得有一點小小的責任，覺得應該寫一本書，按時間順序用重要的人和事串起臺灣，讓更多像我這樣對臺灣一知半解的人懂得臺灣。不僅懂得臺灣是「山海秀結」的膏腴之地，自古就寄託著四方客家尋找樂土的夢想，而臺灣也敞開她寬闊的胸襟，接納一批又一批炎黃子孫，臺灣也因他們的開發而變得更加美麗；還懂得臺灣人民不怕犧牲，勇於犧牲，其抗擊外國侵略者，反抗統治階級壓迫的意志歷來就堅定，這種反抗到了日據時期則達到了頂峰，其戰鬥之猛烈、抵抗之頑強、堅持之長久，可以說是空前的；懂得臺灣人民始終愛國，臺

灣人民的命運與大陸人民的命運息息相關；懂得如何抹去封蓋在歷史表面的塵土，看清其回歸的必然。

有關臺灣的書很多，大多數是就一個時期的人、事或考古進行研究介紹。而利用考古成果進行梳理，再配以近體詩詞的敘述形式，這樣的詩話文本之於我，更具有吸引力。

本書的體例和特點是：用近體詩來介紹、感受臺灣從古到今的一些人物和大事。每一首（組）詩下面對應一篇獨立的文章，作為相關人和事的詳細介紹。採取這種互動搭配的形式，旨在於註譯之外，集中交代相關背景和人物細節。也許這樣更有利於讀者理解詩意。

本書中的詩詞完全按近體詩要求而創作，由於一百零八部平水韻中許多字的聲調已發生較大變化，故韻腳採用中國作協、中華詩詞學會公布的新韻執行，不當之處，請大家指正。

關於臺灣各個不同時期的劃分，本書綜合了兩岸歷史學家不同的劃分方法，將臺灣歷史劃分為七個歷史時期。為便於讀者參照，在敘述前兩個歷史時期時，我在每篇文章的標題旁都註明其所對應的中國歷代王朝。另外，為便於敘述，第三時期表述為「荷蘭、西班牙侵占時期」，按此劃分，荷蘭人占據臺灣本島之前的兩次侵犯澎湖，便可納入這一時期。

在寫作此書時，筆者蒐集了許多的歷史資料，借鑑了許多學者、專家的研究成果，謹向他們表示由衷的敬意和感謝。

特別感激中國史學會會長、中國社科院近代史研究所原所長張海鵬老師，中國作協中華詩詞學會副會長、《中華詩詞》主編楊金亭老師的熱情提攜和悉心指導，放下手頭大量的事務和研究工作，撥冗寫序。

非常感謝中國社科院臺灣研究所張景旭老師，對全書的史實部分進行逐字逐句的勘誤把關，還熱情相贈許多有關臺灣的書刊，並將最新訊息抄錄相贈。

另外，本書圖片大多來源於歷史資料，也感謝中國臺灣網為本書的圖片提供

網路支援。另有部分圖片雖標明出處，但暫時還無法聯繫上具體作者，請作者得知訊息後，與我聯繫。

趙國明

附錄

百年臺灣詠懷

序：臺灣歷史以日據時最為慘烈，此間國殤什一；臺灣歷史以隔絕後最為痛心，海天鄉愁縷縷；臺灣歷史以「開禁」後最為精彩，所謂大潮滾滾。特作排律詠之。

江山留勝長相憶，雲水獻愁猶可追！

甲午割臺全島拒，戊戌變法舉國催。

屠刀亂舞殺童叟，炸彈齊發抗寇賊。

村寨成墟屍首望，溪流如堵血衣隨。

懷愁逢甲登危卵，挾恨徐驤赴死圍。

霧社由來崇自在，友邦[1]茲去忘卑微！

腥風歲歲傳寒顫，地火年年夢碧垂[2]。

舉義停歇風似鏡，啟蒙推進雨如錐。

盧溝烽火天將裂，臺北鐵雲城欲摧。

惡虎逞兇施詭計，蒼龍制怒重常規。

宣言入耳黃昏近，公告關心暮色違[3]。

苦雨忽收風轉碧，春雷乍過颱吹灰。

張燈放炮千家宴，結綵遊街萬戶炊。

原望寬仁興百廢,怎知貪暴引千捶。

揭竿初解國人恨,遣艦最添華夏悲。

冬霧幾番壓熱血,春風一度慰荒圩。

和平逃似無毛鳥,內戰敗如獨腳龜。

戡亂急急驚草木,分田切切喜糧堆。

新規[4]固島流活水,舊制環山攏落暉。

正恐秋風蕭落木,忽逢半島豎飄麾[5]。

金門炮戰雙簧唱,島內「獨行」單鼓擂[6]。

萬里工商天下富,十年科貿島中肥。

玉山登眺波光攬,鼓浪懸泂地氣推。

決眥難尋青黛隱,舉頭常見淺灰飛。

西風斷雁聽鄉櫓,曉月迷津問故桅。

郊外忽聞參議動,臺城驟見老兵偎[7]。

煙波間阻三八載,對面相識五六回。

原想此生無計轉,未思今世有緣皈。

春潮有信迎兄弟,晴翠無眠送黨魁。

經貿洽談波浩蕩,破冰尋旅葉葳蕤。

家書越海無懸念,血脈憑空有作為。

福祉龍翔誰與共?雄雞啼曉頌回歸。

主要參考文獻

書籍類

連橫著《臺灣通史》，廣西人民出版社2005年9月版。

張崇根著《臺灣四百年前史》，九州出版社2005年8月版。

史式、黃大受著《臺灣先住民史》，九州出版社1999年9月版。

郭理主編《臺灣知識百科》，臺海出版社2007年5月版。

柏楊著《中國人史綱》，同心出版社2005年9月版。

王建民、劉紅著《國民黨下臺內幕》，新華出版社2005年5月版。

秦風著《歲月臺灣》，廣西師範大學出版社2005年11月版。

楊彥杰著《荷據時代臺灣史》，江西人民出版社1992年9月版。

陳孔立著《清代臺灣移民社會研究》，廈門大學出版社1990年版。

陳在正等編著《清代臺灣史研究》，廈門大學出版社1986年版。

王曉波編著《臺灣殖民地傷痕》，帕米爾出版社1985年版。

郭輝譯《巴達維亞城日記》，臺灣省文獻委員會1970版。

張承鈞編著《誓不臣倭——臺灣人民抗日史》，臺海出版社2002年7月版。

安然著《臺灣民眾抗日史》，臺海出版社2003年9月版。

戚其章著《甲午戰爭史》，上海人民出版社2005年7月版。

陳孔立著《簡明臺灣史》，九州出版社1998年1月版。

鄭彭年著《甲午悲歌》，中國社會科學出版社2000年1月版。

陳孔立主編《臺灣歷史綱要》，九州出版社2006年4月版。

田鶴年編著《臺海歷史縱橫》，華文出版社2007年1月版。

章曉明著《中國高層新智囊》，光明日報出版社2006年10月版。

《中國臺灣問題》編委會編《中國臺灣問題》，九州圖書出版社1998年9月版。

張景旭著《臺灣問題——中美關係的焦點》，福建人民出版社1999年9月版。

卞洪登編著《統一中國》，中國友誼出版公司2000年5月版。

於秀著《臺灣老兵——口述實錄，我在臺灣四十年》，河北人民2000年1月版。

張春英主編《海峽兩岸關係史》，福建人民出版社2004年12月。

高景軒、吳汝華編著《蔣介石與臺灣》，新華出版社1997年8月。

尹全海著《清代渡海巡臺制度研究》，九州出版社，2007年9月。

閻崇年、陳捷先主編《清代臺灣》，九州出版社，2009年11月。

張海鵬著《書生議政：中國近現代史學者看臺灣的歷史與現實》，九州出版社，2011年1月。

消息短文類

張景旭、劉佳，《剖析美國〈與臺灣關係法〉》。《臺灣研究》，1999年月2月。

張勇，《陳雲林會見許信良：政治分歧不影響兩岸經濟交流》。新華網北京2004年11月8日電。

劉舒凌、路梅，《〈蔣渭水全集〉增訂版發表書寫臺胞抗日史》。中新社臺北2005年7月5日電。

李凱、陳斌華、何自力等，《新華社記者親歷兩岸2005年臺商春節包機首日》。新華網北京1月29日電。

柴驥程、張奇志，《考古表明：周口店古動物從陸路「步行」到臺灣》。新華網杭州8月29日電。

樊繁，《臺灣民眾奮起抗擊日軍》。《環球時報》，2005年2月18日。

王海濤、晏萌、張宇，系列節目《臺灣老兵》。CCTV《海峽兩岸》欄目，2004年1月28日至31日。

《她們為何要守活寡》。《東南早報》，2004年10月17日。

李志躍、趙子雲，《余清芳起義抗日》。《文史春秋》，2006年第7期。

張茵，《臺灣：西太平洋的咽喉》。《中國國家地理》，2005年第04期。

杜元古，《一個志願軍戰士的百變人生》。《八小時以外》，2002年。

範泓，《萬山不許一溪奔：臺灣「雷震案」真相》。《南方週末》，2002年10月24日。

《1624的澎湖》。《海峽快訊》，2000年10月30日。

曾繁旭，《高金素梅讓原住民運動重新點燃》。《南方人物週刊》，2005年06月24日。

林垂宙，《平常心看臺灣鄉土意識和焦慮心態》。《參考消息》，2007年11月20日。

《臺灣老兵：「回家這條路，走了20年」》。《參考消息》，2007年11月20日。

蔡省三，《臺海關係中的美國因素》。《參考消息》，2007年11月20日。

古籍篇

〔戰國〕《列子·湯問篇》

〔西周〕《周禮》

〔春秋〕《逸周書·商書·伊尹朝獻》

〔西周〕《周禮·職方氏》

〔戰國〕《古本竹書紀年》

〔東漢〕《越絕書》

〔西漢〕《史記》

〔三國〕《臨海水土志》

〔東漢〕《後漢書·東夷傳》

〔唐朝〕《隋書》

〔北宋〕《唐書》

〔清代〕《全唐詩》

〔北宋〕《太平寰宇記》

〔元朝〕《宋史》

〔元朝〕《島夷志略》

〔明朝〕《閩書》

〔明清〕《海紀輯要》

〔清代〕《臺灣小志》

〔清代〕《臺灣府志》

〔清代〕《臺灣外記》

〔民國〕《臺灣通史》

〔民國〕《清史稿》

注　釋

[1]. 指李友邦，臺灣淪陷後，他赴大陸尋找並組建抗日隊伍。

[2]. 碧垂：即碧落。道家稱東方第一層天，碧霞垂落，叫做「碧落」。後來泛指天空。

[3]. 此聯中的「宣言」和「公告」分別指《開羅宣言》和「波茨坦公告」。

[4]. 此聯中的「新規」指國民黨在臺灣實行的土地政策。

[5]. 指朝鮮戰爭爆發。

[6]. 指蔣介石在臺灣對「臺獨」派進行堅決打擊。

[7]. 指1987年國民黨開放臺灣老兵赴大陸探親政策，萬人排隊領取返鄉證。

國家圖書館出版品預行編目(CIP)資料

大陸看臺灣歷史 / 趙國明 著. -- 第一版.
-- 臺北市：崧博出版：崧燁文化發行, 2019.02
　面；　公分
POD版
ISBN 978-957-735-653-6(平裝)

1.臺灣史

733.21　　　108001802

書　　名：大陸看臺灣歷史
作　　者：趙國明 著
發行人：黃振庭
出版者：崧博出版事業有限公司
發行者：崧燁文化事業有限公司
E-mail：sonbookservice@gmail.com
粉絲頁　　　　　　網　址：
地　　址：台北市中正區重慶南路一段六十一號八樓815室
8F.-815, No.61, Sec. 1, Chongqing S. Rd., Zhongzheng
Dist., Taipei City 100, Taiwan (R.O.C.)
電　　話：(02)2370-3310　傳　真：(02) 2370-3210
總經銷：紅螞蟻圖書有限公司
地　　址：台北市內湖區舊宗路二段121巷19號
電　　話：02-2795-3656　傳真：02-2795-4100　網址：
印　　刷：京峯彩色印刷有限公司（京峰數位）

　　本書版權為九州出版社所有授權崧博出版事業股份有限公司獨家發行電子書及繁體書繁體字版。若有其他相關權利及授權需求請與本公司聯繫。
定價：700元
發行日期：2019 年 02 月第一版
◎ 本書以POD印製發行